Franz Kugler

Geschichte Friedrichs des Grossen

Franz Kugler

Geschichte Friedrichs des Grossen

ISBN/EAN: 9783743444751

Hergestellt in Europa, USA, Kanada, Australien, Japan

Cover: Foto ©ninafisch / pixelio.de

Manufactured and distributed by brebook publishing software (www.brebook.com)

Franz Kugler

Geschichte Friedrichs des Grossen

Lith. v. G. Schröter.   gest. v. A. Tuchel.

Verlag v. G. Senf's Buchh. Lpzg.

Geschichte

Friedrichs des Großen

von

Franz Kugler.

UTRAQUE FULGENS.

Sechste Auflage.

Mit Friedrich's Portrait nach Schadow in Stahlstich.

Leipzig, 1867.

Verlag von G. Senf's Buchhandlung.

Inhalt.

Erstes Buch. Jugend.

Zweites Buch. Der junge König.

Drittes Buch. Der siebenjährige Krieg.

Viertes Buch. Alter.

Erstes Buch.

Jugend.

Erstes Kapitel.

Geburt und Taufe.

Friedrich, den seine Zeitgenossen den Großen genannt haben und den die Nachwelt ebenso nennt, wurde am 24. Januar 1712 im königlichen Schlosse zu Berlin geboren. Mit großer Freude wurde seine Erscheinung begrüßt, denn die Hoffnungen der königlichen Familie beruhten auf ihm. Noch saß der Großvater des Neugebornen, König Friedrich I., auf dem preußischen Throne; aber er hatte nur einen Sohn, Friedrich Wilhelm, und diesem waren bereits zwei Söhne bald nach ihrer Geburt gestorben; blieb Friedrich Wilhelm ohne männliche Nachkommen, so mußte die Krone auf eine Seitenlinie des königlichen Hauses übergehen. Es wird erzählt, die frohe Nachricht sei dem Könige gerade zur Mittagsstunde, eben als die Ceremonien der Tafel beginnen sollten, überbracht worden; augenblicklich habe er die Tafel verlassen, der hohen Wöchnerin in eigner Person seine Freude zu bezeugen und den einstigen Erben seiner Krone zu begrüßen. Alsbald erhielten die Einwohner der Residenz durch das Läuten aller Glocken und durch den Donner des sämmtlichen Geschützes, welches auf den Wällen stand, Kunde von dem segensreichen Ereignisse. Mannigfache Gnadenbezeigungen und Beförderungen treuer Diener des Staates, die Speisung aller Armen in den Armenhäusern der Stadt erhöhten die Feier des Tages.

König Friedrich I. hatte seine Staaten als Erbe seines Vaters, des großen Kurfürsten von Brandenburg, Friedrich Wilhelm, empfangen. Der große Kurfürst war der Erste, aber auch der Einzige gewesen, der, nach den Gräueln des dreißigjährigen Krieges und gegen die verderbliche Uebermacht Frankreichs, den deutschen Namen mit Würde zu vertreten wußte. Er hatte sein fast vernichtetes Land zu einer achtunggebietenden Macht erhoben. Er hatte so glücklich gekämpft und so weise regiert, daß die Eifersucht des österreichischen Kaiserhofes rege ward; mit Verdruß bemerkte man in Wien, daß an den Ufern des baltischen Meeres, wo vor Zeiten das Volk der Vandalen gehaust, sich ein besonderes „Vandalen-Königreich" emporzuthun beginne; denn der kaiserlichen Majestät, die nach abhängiger Herrschaft über Deutschland streben mochte, schien es wenig vortheilhaft, in den Händen untergeordneter Reichsfürsten eine bedeutsamere Macht zu erblicken.

Friedrich I. hatte den Thaten seines großen Vaters eine neue hinzugefügt, die, oft als kleinlich gescholten, von den großartigsten Folgen war und die auch an sich von eigenthümlichem politischen Scharfblicke zeugt. Er hatte sein nicht zum deutschen Reichsverbande gehöriges Herzogthum Preußen — das heutige Ostpreußen, denn Westpreußen war den früheren Besitzern des Landes durch die Polen entrissen — zum Königreiche erhoben und sich zu Königsberg am 18. Januar 1701 die königliche Krone aufgesetzt. Langjähriger Widerspruch, besonders von Seiten des österreichischen Hofes, war zu beseitigen gewesen, ehe Friedrich I. sich zu diesem Schritte entschließen durfte; aber mit standhafter Beharrlichkeit hatte er seinen Plan verfolgt, bis die politischen Verhältnisse sich der Ausführung günstig erwiesen. Wie wichtig dieser Schritt war, bezeugt ein ahnungsvolles Wort des Prinzen Eugen von Savoyen, des größten Feldherrn und Staatsmannes, den Oesterreich zu jener Zeit besaß; nach seiner Ansicht hatten die Minister, welche dem Kaiser zur Anerkennung der preußischen Krone gerathen, Todesstrafe verdient. Denn allerdings war der königliche Name kein leerer Titel und der königliche Hofhalt kein leerer Prunk; Beides setzte — und namentlich in einer Zeit, die Alles nach dem Richtmaß der Etikette abschätzte — den Kurfürsten von Brandenburg in eine Stellung zum deutschen Reichsverbande, die auf ein Streben nach Unabhängigkeit

von dessen schon morsch gewordenen Gesetzen hindeutete: eine weitere Ent=
wickelung des brandenburgisch=preußischen Staates mußte dieses Streben
zur That hinausführen.

Doch war es dem ersten Könige dieses Staates nicht verliehen,
sein Werk in solcher Weise zu vollenden; äußere Verhältnisse, innere
Kraft und geistige Ueberlegenheit mußten zusammenkommen, um so
Großes vollbringen zu können.   Friedrich I. begnügte sich, seine Krone
mit demjenigen Glanze zu schmücken, der zur Behauptung ihrer Würde
unerläßlich schien und es in der That für jene Zeit war.   Er umgab
sich mit einem prunkvollen Ceremoniell und vollzog die anstrengenden
Satzungen desselben, gleich einer Pflicht, mit strenger Ausdauer.   Er
feierte die denkwürdigen Ereignisse seiner Regierung mit einer ausge=
suchten Pracht, welche das Ausland staunen machte und sein Volk mit
demüthiger Bewunderung erfüllte.   Zugleich aber war er milden Sin=
nes und von seinen Unterthanen in Wahrheit geliebt.   Auch wußte er
dem äußerlichen Schaugepränge durch reiche Begünstigung der Kunst und
Wissenschaft eine innere Würde zu geben.   Großartige Werke der Kunst
entstanden auf sein Gebot; Andreas Schlüter, der unter ihm eine Reihe
von Jahren in Berlin arbeitete, ist ein Meister der Bildhauerei und Bau=
kunst, wie die Welt lange vor und lange nach ihm keinen zweiten gesehen
hat.   Eine Akademie der Wissenschaften wurde ins Leben gerufen, deren
Seele der größte Philosoph seiner Zeit, Leibnitz, war, obgleich dieser
nicht dauernd für Berlin gewonnen werden konnte.   Berlin hieß damals
allgemein das deutsche Athen.

Die Geburt des künftigen Thronerben, zumal unter den Umstän=
den, von denen oben die Rede war, erschien als ein zu wichtiges Ereig=
niß, als daß sie nicht zu neuer Entwickelung der königlichen Pracht
hätte Gelegenheit geben sollen.   Auch betrachtete man es als eine gün=
stige Vorbedeutung, daß der Prinz im Januar, dem Krönungsmonate,
geboren war, und es ward, um dieser Vorbedeutung ein größeres Ge=
wicht zu geben, auch das Fest der Taufe noch in demselben Monate an=
geordnet.   Am 31. Januar fand die Taufe in der Schloßcapelle statt.
Der ganze Weg von den Gemächern des Kronprinzen bis zur Capelle
war mit einer doppelten Reihe von Schweizern und Leibgarden besetzt.
Die Markgräfin Albrecht, Schwägerin des Königs, trug den jungen

1*

Prinzen, unterstützt von ihrem Gemahle, einem Stiefbruder des Königs, und dem Markgrafen Ludwig, einem jüngeren Bruder; der Täufling hatte eine kleine Krone über dem Haupte und war in Silberstück, mit Diamanten besetzt, gekleidet, dessen Schleppe sechs Gräfinnen hielten. In der Kapelle wartete ihrer der König nebst seiner Gemahlin, seinem Sohne, dem Fürsten Leopold von Anhalt-Dessau, dem berühmten Befehlshaber des preußischen Heeres, und den übrigen Personen des Hofes. Der König stand unter einem prächtigen, mit Gold gestickten Baldachin, dessen vier Stangen von vier Kammerherren getragen wurden, während die vier goldnen Quasten desselben vier Ritter des schwarzen Adlerordens hielten.   Vor dem Könige war ein Tisch mit goldenem Taufbecken; er selbst übernahm den Täufling, der nach ihm mit dem Namen Friedrich getauft wurde. Aufs Neue läuteten alle Glocken der Stadt und ertönte der Donner des Geschützes, während in der Capelle die heilige Ceremonie von rauschender Musik begleitet ward.   Glänzende Festlichkeiten am Hofe und in der Stadt beschlossen den freudigen Tag.

Einige Monate nach der Geburt des Prinzen, im Frühjahr und Sommer 1712, erblühte im königlichen Lustgarten zu Köpenik, in der Nähe von Berlin, eine amerikanische Aloe, welche daselbst schon vierundvierzig Jahre ohne zu blühen gestanden hatte, zu ungemeiner Größe und Fülle. Sie trieb einen Stamm von einunddreißig Fuß Höhe, an welchem man 7277 Blüthen zählte. Tausende strömten von nah und fern herzu, um dieses Wunder der Natur zu sehen; in Druckschriften, in Gedichten und Kupferstichen wurde die Pracht der Riesenblume verkündet. Man betrachtete sie als ein Sinnbild jenes Glanzes, zu dem das preußische Königshaus emporsteige, und wußte ein solches Gedankenspiel in kunstreich gebildeten Denksprüchen durchzuführen.   Den Hoffnungen, welche die Geburt des künftigen Thronerben belebt hatte, schien hier eine neue Bestätigung gegeben.   Aber man ließ auch nicht unbemerkt, daß die Pflanze selbst absterbe, während die Blüthenkrone sich in vollster Pracht zeige; man deutete dies auf den bevorstehenden Tod des Königs.

Eine solche Deutung war freilich so gar verwegen nicht, da der König, überhaupt von schwächlicher Körperbeschaffenheit, schon längere Zeit kränkelte.   Die Geburt seines Enkels war der letzte freudige Glanz

seines Lebens gewesen.   Am Geburtstage desselben im folgenden Jahre,
bei dem Feste, welches der Kronprinz zur Feier des Tages veranstaltet
hatte, erschien er zum letzten Male öffentlich.   Bald nahm seine Krank=
heit eine drohende Wendung.   Schon am 13. Februar berief er seine
Familie und die höheren Staatsbeamten vor sein Lager, um Abschied
von ihnen zu nehmen. Er ertheilte dem Kronprinzen seinen Segen, ebenso
seinen Enkeln, dem einjährigen Prinzen Friedrich und der Schwester
desselben, der vierjährigen Prinzessin Wilhelmine, die mit ihren Eltern
am Bette kniete.   Am 25. Februar verschied der König.

Zweites Kapitel.

Die ersten Jahre der Kindheit.

Der Tod Friedrichs I. brachte eine bedeutende Veränderung in
der Regierung des preußischen Staates, im Hofhalte, in der Lebens=
weise der königlichen Familie hervor.   Friedrich Wilhelm I. war seinem
Vater durchaus unähnlich.   Das strenge Ceremoniell, dem er sich bis
dahin hatte fügen müssen, war ihm lästig, der kostbare Prunk der Fest=
lichkeiten verhaßt; die höhere Wissenschaft und feinere Sitte, in der ihn
seine Mutter, die schon früher verstorbene hochgebildete Königin Sophie
Charlotte, hatte erziehen wollen, erschien ihm als ein sehr überflüssiger,
zum Theil verderblicher Schmuck des Lebens.   Ihm war von der
Natur eine ausschließliche praktische Richtung gegeben.   Sein Be=
streben ging dahin, statt der Summen, welche der glänzende Hofhalt
und neben diesem auch die Willkür bevorrechteter Günstlinge fort und
fort verschlungen hatte, einen wohlgefüllten Schatz herzustellen, seine
Unterthanen zu ausdauerndem Fleiße anzuhalten und den Wohlstand
des Landes durch die sorglichste Aufsicht zu befördern.   Die Bedeu=
tung seiner Krone sollte nicht ferner durch glänzenden Schimmer, son=
dern durch ein zahlreiches und wohlgeübtes Kriegsheer vertreten werden.
Die Festlichkeiten, welche den Schmuck seines Lebens ausmachten, be=

ſtanden in der Schauſtellung kriegeriſcher Künſte. Durch unermüd=
lichen Eifer brachte er es dahin, daß bei den militäriſchen Uebungen
ſeine Soldaten eine Schnelligkeit, Sicherheit und Gleichförmigkeit der
Bewegungen entwickelten, welche bis dahin unerhört waren. Ebenſo
ſehr lag es ihm am Herzen, daß ſeine Regimenter, beſonders die erſten
Glieder derſelben, ſich durch Schönheit und Körpergröße vor allen aus=
zeichneten; ja, er ging hierin ſo weit, daß er für dieſen Zweck Summen
verſchwendete, die mit ſeiner ſonſtigen Sparſamkeit auf keine Weiſe in
Einklang ſtanden, und mannigfach hat ihn gewaltthätige Werbung großer
Leute mit ſeinen Nachbarſtaaten in verdrießliche Händel verwickelt. Berlin
ward unter ſeiner Regierung nicht mehr das deutſche Athen, ſondern das
deutſche Sparta genannt.

Sein Familienleben war auf einen einfach bürgerlichen Fuß ein=
gerichtet, und er gab hierdurch — zu einer Zeit, wo an den Höfen faſt
überall ein furchtbares Sittenverderbniß eingeriſſen war — ein ſehr acht=
bares Beiſpiel. Eheliche Treue galt ihm über Alles. Seine Kinder,
deren Anzahl ſich im Verlaufe der Jahre bedeutend vermehrte, ſollten, ſei=
ner ſchlichten Frömmigkeit gemäß, in der Furcht des Herrn erzogen wer=
den; frühzeitig war er bemüht, ſie durch die Gewöhnung eines regelmä=
ßigen Lebens, durch ſtrengen Gehorſam und nützliche Beſchäftigung zu
tüchtigen Menſchen nach ſeinem Sinne zu bilden, während Alles, was
der Eleganz in Leben und Wiſſen angehört, entſchieden aus ſeinem häus=
lichen Kreiſe verbannt blieb. Unter einer rauhen Hülle bewahrte er ein
deutſches Gemüth, und er ließ Dem, der ihm in gemüthlicher Weiſe
entgegenkam, Gerechtigkeit wiederfahren; undeutſches Weſen aber und
Widerſpenſtigkeit gegen ſeine gutgemeinten Anordnungen fanden an ihm
einen unerbittlichen Richter, und er mußte, von Natur zum Jähzorn
geneigt, ein ſolches Thun aufs Härteſte zu ahnden.

In den erſten Jugendjahren ſeines Sohnes, des nunmehrigen
Kronprinzen Friedrich, konnte es noch nicht in Frage kommen, wie weit
dieſer mit der Richtung und Geſinnung des Vaters übereinſtimmen
werde. Die erſte Pflege des Knaben mußte den Händen der Frauen
anvertraut bleiben. Seine Mutter, die Königin Sophie Dorothee,
eine Tochter des Kurfürſten von Hannover und nachmaligen Königs
von England, Georgs I., war durch eine natürliche Herzensgüte und

Neigung zum Wohlthun ausgezeichnet; auch war sie der edleren Wissenschaft nicht so abhold wie ihr Gemahl. Diese Neigungen suchte sie auf ihre Kinder fortzupflanzen. Leider besaß sie jedoch nicht diejenige hingebende Liebe, welche, im Einklange mit dem Willen des Gemahls, zum Segen des Hauses hätte wirken können.

Eine Ehrendame der Königin, Frau von Kamecke, war mit der Oberaufsicht über die Erziehung des Kronprinzen beauftragt worden. Ein größeres Verdienst, als diese, erwarb sich die Untergouvernante, Frau von Rocoulles. Die Letztere hatte schon den König selbst in seiner Kindheit gepflegt; ihr fester und edler Charakter, ihre treue Anhäng= lichkeit an das preußische Herrscherhaus hatte sie so empfohlen, daß es nur ein gerechter Dank schien, sie aufs Neue zu einem so ehrenvollen Geschäfte zu berufen. Französin von Geburt gehörte sie zu den Schaaren der Reformirten, die ein thörichter Religionseifer, die Hei= mat eines Theiles seiner besten Kräfte beraubend, aus Frankreich ver= bannt hatte und die in den brandenburgischen Staaten willkommene Auf= nahme fanden. Daß überhaupt eine Französin, selbst an dem derbdeut= schen Hofe Friedrich Wilhelms, zur Erziehung der Kinder berufen ward, darf in einer Zeit nicht auffallen, in welcher die Welt von französischer Bildung beherrscht wurde und die Kenntniß der französischen Sprache unumgänglich nöthig war, um sich in den höheren Kreisen der Gesell= schaft verständlich zu machen; überdies war gerade in Berlin durch die Schaaren jener Eingewanderten, welche Kunstfertigkeiten und wissenschaft= liche Bildung aus Frankreich herübergebracht hatten, die französische Sprache nur um so mehr ausgebreitet worden. So ward auch der Kronprinz von früher Jugend an, gewiß nicht ohne Einfluß auf sein späteres Leben, vorzugsweise in der französischen Sprache gebildet. Wie treu aber seine Erzieherin ihre Pflichten an ihm erfüllt hat, beweist am Besten der Umstand, daß er ihr bis an ihren Tod in unwandelbarer Anhänglichkeit zugethan blieb.

Als Friedrich vier Jahr alt war, wurde ein merkwürdiges pro= phetisches Wort über ihn gesprochen. Die trotzige Rücksichtslosigkeit des Schwedenkönigs, Karl XII., hatte damals König Friedrich Wilhelm zum Kriege genöthigt, dessen Folge die Eroberung eines Theiles von Vorpommern und die Einverleibung desselben in den preußischen

Staat war. In der Weihnachtszeit des Jahres 1715 war Stralsund erobert worden; eine bedeutende Anzahl schwedischer Officiere, die man hierbei zu Kriegsgefangenen gemacht hatte, befand sich in Berlin. Einer von diesen Officieren, Namens Croom, stand in dem Rufe, aus den Sternen und aus den Lineamenten der menschlichen Hand die Zukunft lesen zu können; die ganze Stadt war voll von seinen Prophezeiungen. Die Königin und die Damen des Hofes waren begierig, durch ihn eben= falls Einiges von ihren zukünftigen Schicksalen zu erfahren. Man be= rief ihn in die Gemächer der Königin. Hier untersuchte er die darge= botenen Hände und sagte Dinge voraus, die später in der That auf überraschende Weise eintrafen. Der Königin, die sich eben in gesegneten Umständen befand, sagte er, sie würde in zwei Monaten von einer Tochter entbunden werden; der ältesten Prinzessin verkündete er, daß sie neben manchen trügerischen Hoffnungen ihr ganzes Leben hindurch viele Leiden würde zu erdulden haben; einigen Hofdamen sagte er ihre baldige, wenig ehrenvolle Entfernung vom Hofe voraus. Als ihm der Kronprinz vorgeführt ward, so prophezeite er diesem viele Unannehm= lichkeiten in seiner Jugend: in reiferen Jahren aber würde er Kaiser und einer der größten Fürsten Europa's werden. Der Titel des Kaisers ist Friedrich allerdings nicht zu Theil geworden; sonst aber ist auch diese Prophezeiung vollständig in Erfüllung gegangen.

In den ersten Lebensjahren, wie auch noch mannigfach in späterer Zeit, bis kriegerische Beschäftigungen den Körper abgehärtet hatten, war die Gesundheit des Kronprinzen schwankend; die traurigen Erfahrungen, die man bereits an zwei frühverstorbenen Prinzen gemacht hatte, ließen auch für ihn gegründete Besorgnisse entstehen. Zugleich hatte dieser körperliche Zustand, vielleicht aber auch eine Gemüthsanlage, welche die äußern Eindrücke früh mit Bestimmtheit aufzufassen und nachdenk= lich zu verarbeiten nöthigte, ein eigenthümlich schweigsames, fast schwer= müthiges Wesen zur Folge, welches jene Besorgnisse noch mehr zu recht= fertigen schien. Um so emsiger war man auf die körperliche Ausbildung des jungen Prinzen bedacht. Mit voller Zärtlichkeit hing dieser an sei= ner älteren Schwester, die sich in ihren Erholungsstunden nur mit dem Knaben beschäftigte. Dieses innige Verhältniß hat bis an den Tod der Schwester ausgedauert.

Eine Scene aus dieſen Kinderjahren iſt durch ein ſchönes Gemälde des damaligen Hofmalers Pesne der Nachwelt überliefert worden. Der Prinz hatte eine kleine Trommel zum Geſchenk erhalten, und man bemerkte mit Freude, daß es ihm, im Gegenſatz gegen ſein ſonſtiges ſtilles Weſen, Vergnügen gewährte, den Marſch, den man ihn gelehrt, rüſtig zu üben. Einſt hatte ihm die Mutter erlaubt, dieſe Uebung in ihrem Zimmer vorzunehmen; auch die Schweſter war mit ihren Spielſachen dabei. Der Letzteren wurde das Trommeln des Bruders zu viel und ſie bat ihn, lieber ihren Puppenwagen ziehen zu helfen oder mit ihren Blumen zu ſpielen. Aber ſehr ernſthaft erwiderte der kleine Prinz, ſo gern er ſonſt jeder Bitte der Schweſter nachgab: „Gut Trommeln iſt mir nützlicher als Spielen und lieber als Blumen.“ Dieſe Aeußerung ſchien der Mutter ſo wichtig, daß ſie ſchleunig den König herbeirief, dem das ſelten geäußerte ſoldatiſche Talent des Knaben die größte Genugthuung gewährte. Dem Hofmaler mußte die Scene, ohne daß die Kinder die Abſicht merkten, noch einmal vorgeſpielt werden.

Der König war gern im Kreiſe ſeiner Familie; ſeine Zuneigung zu den Kindern zeigte ſich häufig auch darin, daß er ſelbſt an ihren Spielen Theil nahm. Einſt trat der alte General Forcade ungemeldet in das Zimmer des Königs, als dieſer eben mit dem kleinen Prinzen Ball ſpielte. „Forcade,“ ſagte er zu ihm, „Er iſt auch Vater; Er weiß: Väter müſſen mit ihren Kindern zuweilen Kinder ſein, müſſen mit ihnen ſpielen und ihnen die Zeit vertreiben.“

Es iſt ſchon bemerkt, daß die Königin ihren Wohlthätigkeitsſinn auf ihre Kinder überzutragen beſtrebt war. Den Kronprinzen machte ſie früh zu ihrem kleinen Almoſenier. Die Hilfsbedürftigen, die ſich vertrauensvoll an die bekannte Milde ihres Herzens gewendet hatten, ließ ſie zu ſich kommen, bezeugte ihnen ihr Mitleid, und die Betrübten wurden dann durch den kleinen Almoſengeber mit Geſchenken entlaſſen. Dieſe ſchöne Sitte war von den erfreulichſten Folgen auf das Gemüth des Kronprinzen; ſchon früh gab er das Zeugniß, wie lebendig er die Lehre der Mutter ſeinem Herzen eingeprägt hatte. Die Eltern pflegten in der erſten Zeit nach ihrer Vermählung jährlich eine Reiſe nach Hannover zu machen, um den Vater der Königin zu beſuchen; ſeit ſeinem dritten Jahre wurde der Kronprinz auf dieſen Reiſen mitgenommen.

In Tangermünde ließ der König gewöhnlich einige Stunden anhalten, um ſich dort mit den Beamten der Provinz über Gegenſtände der Verwaltung zu beſprechen.   Bei dieſen Gelegenheiten verſammelte ſich ſtets ein großer Theil der Einwohner, um den jungen Kronprinzen zu ſehen; die Königin erlaubte ihm gern, zu dem Volke hinauszugehen. Einſt bat er einen der Zuſchauer, ihn zu einem Bäcker zu führen; hier öffnete er ſchnell ſeine kleine Börſe und ſchüttete ſeine erſparte Baar= ſchaft in die Hand des Bäckers, mit der Bitte, ihm dafür Semmeln, Zwieback und Brezeln zu geben.   Er ſelbſt nahm einen Theil der Eß= waaren, das Uebrige mußten ſeine Begleiter und ein Bedienter tragen. Dann wendete er ſich zu den Einwohnern, die ihm in Schaaren gefolgt waren, und theilte ſeine Beute freudig an Kinder und Greiſe aus. Die Eltern hatten den Vorgang vom Fenſter des Amtshauſes ange= ſehen und ließen, als die erſte Spende beendet war, noch eine zweite holen, um dem Prinzen das Vergnügen der Austheilung zu verlängern. Jährlich, bis zum zwölften Jahre, erneute der Kronprinz dieſe Spende in Tangermünde und legte dazu ſtets ſchon einige Zeit vor der Abreiſe etwas von ſeinem kleinen Taſchengelde zurück.   Die Tangermünder nannten ihn mit Entzücken nur ihren Kronprinzen.   Nach ſeiner Thronbeſteigung äußerte Friedrich öfters, daß er an dieſem Orte zum erſten Male das Vergnügen genoſſen habe, ſich von Unterthanen geliebt und Dankesthränen in den Augen der Kinder und Greiſe geſehen zu haben.

Drittes Kapitel.

Die Knabenzeit.

Mit dem Anfange des siebenten Jahres endete die weibliche Erzie=
hung des Kronprinzen. An die Stelle der Gouvernanten traten nun=
mehr der Generallieutenant Graf von Finkenstein als Oberhofmeister,
und der Oberst von Kalkstein als Untergouverneur. Die Söhne dieser
beiden verdienten Männer, sowie die markgräflichen Prinzen des Hauses,
wurden die Spielgefährten des Thronerben; das kindliche Verhältniß
zu dem jungen Grafen von Finkenstein ging nachmals in eine wirkliche
Freundschaft über, und Friedrich blieb diesem, der später sein Cabinets=
minister wurde, fortdauernd mit hohem Vertrauen geneigt.

Der König gab den beiden Hofmeistern eine ausführliche Instruc=
tion, welcher gemäß sie die Erziehung des Kronprinzen leiten sollten.
Als Hauptpunkt wird darin eine reine christliche Frömmigkeit, als zu
welcher der Zögling vornehmlich hinzuführen sei, vorangestellt: — „und
muß er (so heißt es u. A. in der Instruction) von der Allmacht Gottes
wohl und der Gestalt informiret werden, daß ihm alle Zeit eine heilige
Furcht und Veneration vor Gott beiwohne, denn dieses ist das einzige
Mittel, die von menschlichen Gesetzen und Strafen befreite souveraine
Macht in den Schranken der Gebühr zu halten.“ Sodann sollte dem
Prinzen Ehrfurcht, Hochachtung und Gehorsam gegen seine Eltern ein=
geprägt werden. Doch setzte der König die schönen Worte hinzu: „Gleich=
wie aber die allzugroße Furcht nichts Anderes als knechtische Liebe und
sclavische Effecten hervorbringen kann, so soll sowohl der Oberhofmeister,
als der Sougouverneur dahin arbeiten und ihr möglichstes anwenden,
Meinem Sohne wohl begreiflich zu machen, daß er keine solche Furcht
sondern nur eine wahre Liebe und vollkommen Vertrauen vor Mich
haben und in Mich setzen müsse, da er denn finden und erfahren solle,
daß Ihm mit gleicher Liebe und Vertrauen begegnet würde.“ Ueberall
wird in der Instruction auf strengste Sittlichkeit gedrungen; dem Stolz
und Hochmuth, wenn diese sich zeigten, ebenso den Einflüsterungen
der Schmeichelei sollte auf's Eifrigste entgegengearbeitet werden.

Dagegen sollte der Prinz von früh an zur Leutseligkeit und Demuth, zur
Mäßigkeit, Sparsamkeit, Ordnung und zu bestimmtem geregeltem
Fleiße angehalten werden. Was wissenschaftliche Bildung anbetrifft,
so faßt die Instruction nur die praktisch brauchbaren Kenntnisse in's Auge.
Latein sollte der Kronprinz gar nicht lernen, dagegen im Französischen
und Deutschen sich eine gute Schreibart zu eigen machen. In der Ge=
schichte sollte besonders auf die Ereignisse des eigenen Hauses und Staa=
tes, überhaupt auf diejenigen, welche zum Verständniß der damaligen
Zeitverhältnisse nöthig waren, Rücksicht genommen werden u. s. w. Auf
tüchtige Ausbildung und Abhärtung des Körpers sollte ebenfalls, ohne
den Kronprinzen jedoch übermäßig anzustrengen, vorzüglich geachtet wer=
den. „Absonderlich (so wird endlich den Hofmeistern vorgeschrieben)
haben sie beide sich äußerst angelegen sein zu lassen, Meinem Sohne die
wahre Liebe zum Soldatenstande einzuprägen und ihm zu imprimiren,
daß, gleichwie nichts in der Welt, was einem Prinzen Ruhm und Ehre
zu geben vermag, als der Degen, Er vor der Welt ein verachteter Mensch
sein würde, wenn er solchen nicht gleichfalls liebte und die einzige Gloria
in demselben suchte."

Den eigentlich wissenschaftlichen Unterricht des Kronprinzen leitete
ein Franzose, Dühan, der als Kind nach Berlin geflüchtet war und den
der König im Jahre 1715, als Führer eines jungen Grafen, in den
Laufgräben vor Stralsund kennen gelernt hatte. Dühan ist ohne Zweifel
von großem Einfluß auf die Bildung des Kronprinzen, auf dessen Uebung
im eignen Lesen und Denken, gewesen. Ihm verdankte Friedrich die
Kenntniß der Geschichte und der französischen Literatur. Die deutsche
Literatur war zu jener Zeit auf der tiefsten Stufe des Verfalles, während
die französische gerade ihren höchsten Gipfelpunkt erreicht hatte. An den
Musterbildern der Letzteren wurde der Geist Friedrichs genährt, wie ihm
schon durch seine Gouvernante die französische Sprache geläufiger gemacht
war, als die eigne Muttersprache. Auch für Dühan hat Friedrich bis
an dessen Tod eine treue Zuneigung bewahrt.

Der Unterricht in der lateinischen Sprache war, wie schon bemerkt,
durch die Instruction des Königs verboten worden. Doch hat Friedrich
selbst in späterer Zeit öfters erzählt, er habe in seiner ersten Jugend
— ob aber mit Bewilligung des Vaters, wissen wir nicht zu sagen —

einen lateinischen Sprachmeister gehabt. Einst sei der König dazuge=
kommen, als der Lehrer ihn aus dem berühmten Reichsgesetze der goldnen
Bulle Einiges habe übersetzen lassen. Da er einige schlechte lateinische
Ausdrücke gehört, so habe er den Sprachmeister gefragt: „Was machst
du Schurke da mit meinem Sohne?“ — „Ihro Majestät, ich explicire
dem Prinzen auream bullam.“ — Der König aber habe den Stock
aufgehoben und gesagt: „Ich will dich Schurke auream bullam“ —
habe ihn weggejagt, und das Latein habe aufgehört.

Der König, wie wenig er die höhere Kunstbildung zu schätzen
wußte, hatte doch Wohlgefallen an der Musik, das heißt, an jener stren=
gen Musik, als deren Meister besonders der große Händel dasteht; Hän=
del selbst soll der Lieblings=Componist des Königs gewesen sein. So
wurde denn auch der musikalische Unterricht des Sohnes nicht verab=
säumt; durch einen Domorganisten erhielt er Anleitung im Clavierspiel
und in den theoretischen Theilen der Musik. Doch scheint dieser Unter=
richt ziemlich pedantischer Art gewesen zu sein. Als in dem Kronprinzen
eine selbstständige musikalische Neigung erwachte, übte er sich mit Leiden=
schaft im Flötenspiel.

Ungleich pedantischer noch scheint der erste Religionsunterricht be=
trieben worden zu sein, so daß die höchsten Lehren und die tiefsinnigsten
Geheimnisse des Glaubens dem Prinzen in einer Schale vorgetragen
wurden, welche vielleicht wenig geeignet war, das Gemüth zu erwärmen.
Auch mag es als ein sehr bedeutender Mißgriff von Seiten des Vaters
gerügt werden, daß auf seinen Befehl der Sohn, wenn er sich einer
Strafe schuldig gemacht hatte, ein Stück des Katechismus oder der
Psalmen auswendig lernen mußte. Das, was auf drohenden Befehl dem
Gedächtnisse eingeprägt ward, konnte schwerlich im Herzen Wurzel fassen.

Um so größere Sorgfalt aber wurde darauf verwendet, dem Kron=
prinzen schon von früh an eine lebhafte Neigung zum Soldatenstande
einzuflößen und ihn sowohl mit allen Regeln des kleinen Dienstes, als
mit den kriegerischen Wissenschaften vertraut zu machen. Sobald es
passend war, mußte er die Kinderkleider ausziehen und eine militairische
Uniform anlegen, auch sich zu der knappen Frisur, die damals bei der
preußischen Armee eingeführt war, bequemen. Dieses letztere war freilich
ein trauriges Ereigniß für den Knaben, denn er hatte bis dahin sein

schönes blondes Haar in frei flatternden Locken getragen und seine Freude daran gehabt. Aber dem Willen des Vaters war nicht füglich zu wider= sprechen. Dieser ließ eines Tages einen Hofchirurgus kommen, dem Prin= zen die Seitenhaare abzuschneiden. Ohne Weigerung mußte sich der Prinz auf einen Stuhl setzen, aber der bevorstehende Verlust trieb ihm die Thränen in's Auge. Der Chirurg hatte indeß Mitleid mit dem Armen; er begann sein Geschäft mit so großer Umständlichkeit, daß der König, der die Vollziehung seines Befehles beaufsichtigte, bald zerstreut wurde und andere Dinge vornahm. Den günstigen Moment benutzte der Chirurg, kämmte den größten Theil der Seitenhaare nach dem Hin= terkopfe und schnitt nicht mehr ab, als die äußerste Nothwendigkeit erfor= derte. Friedrich hat später dem Chirurgen die Schonung seiner kindischen Thränen mit dankbarer Anerkennung belohnt.

Zur Uebung des Kronprinzen im kleinen Waffendienste war schon im Jahre 1717 eine kronprinzliche Cadetten=Compagnie, die später auf ein Bataillon vermehrt ward, geschaffen worden. Hier war der siebzehn= jährige Cadetten=Unterofficier von Rentzel der Waffenmeister des Kron= prinzen; andere Eigenschaften des jungen Unterofficiers, namentlich dessen Neigung zur Musik und zum Flötenspiele, führten bald auch ein näheres Verhältniß zwischen Beiden herbei. In seinem zwölften Jahre hatte der Kronprinz schon so bedeutende Gewandtheit in den soldatischen Künsten erlangt, daß er sein kleines Heer zur großen Zufriedenheit seines Groß= vaters mütterlicher Seite, des Königs von England, exerciren konnte, als dieser in Berlin zum Besuche war und, zwar durch Krankheit ans Zimmer gefesselt, vom Fenster aus die militairischen Festlichkeiten in Augenschein nahm. Auch anderweitig sorgte der König, dem Kronprinzen das Kriegs= wesen interessant zu machen. So ließ er z. B. einen großen Saal des Schlosses zu Berlin zu einem kleinen Zeughause einrichten und Kanonen und allerlei kleine Gewehre in demselben aufstellen. Hier lernte der Kronprinz spielend den Gebrauch der verschiedenen zur Kriegsführung nöthigen Instrumente kennen. Im vierzehnten Jahre wurde Friedrich zum Hauptmann ernannt, im fünfzehnten zum Major, im siebzehnten zum Oberstlieutenant; in diesen Stellen hatte er, gleich jedem Andern, die regelmäßigen Dienste zu leisten.

Bei den großen Paraden und General=Revüen, die in der Nähe

von Berlin gehalten wurden, mußte stets die ganze königliche Familie gegenwärtig sein. So war der Kronprinz auch von dieser Seite schon frühzeitig, noch ehe er selbstthätig an den Exercitien Theil nehmen konnte, auf die Bedeutung, die der König in das ganze Militairwesen legte, hin= gewiesen worden. Später nahm ihn der König auch zu den Provinzial= Revüen mit, bei denen er die entlegneren Truppenabtheilungen besichtigte. Auf diesen Reisen wurde zugleich die Verwaltung der einzelnen Theile des Staates an Ort und Stelle untersucht. Der Vater hatte die Absicht, den Prinzen so, auf einfachstem Wege, an die Erfüllung seiner künftigen königlichen Pflichten zu gewöhnen.

Ueberhaupt war der König bemüht, den Kronprinzen so viel als möglich sich selbst und seiner Gesinnung ähnlich zu machen und ihm auch an seinen Vergnügungen Geschmack einzuflößen. Der König war ein leidenschaftlicher Liebhaber der Jagd; er widmete ihr den größten Theil seiner Muße. Der Kronprinz mußte ihn auch hier begleiten. Des Abends versammelte der König gewöhnlich einen Kreis derjenigen Män= ner um sich, denen er sein näheres Vertrauen geschenkt hatte. In dieser Gesellschaft — dem sogenannten „Tabaks=Collegium" — wurde nach holländischer Sitte Tabak geraucht und Bier getrunken; mit vollkomme= ner Freiheit von der Etikette des Hofes erging sich das Gespräch über alle möglichen Gegenstände; dabei waren gelehrte Herren zur Erklärung der Zeitungen bestellt, die aber zugleich aufs Vollkommenste das Amt der Hofnarren zu vertreten hatten. Hierher kamen gewöhnlich die könig= lichen Prinzen, dem Vater gute Nacht zu sagen; auch mußten sie hier zuweilen, von einem der anwesenden Officiere commandirt, den König und seine Freunde durch militairische Exercitien unterhalten. Später mußte der Kronprinz als wirkliches Mitglied an dieser Gesellschaft Theil nehmen.

Viertes Kapitel.

Mißstimmung zwischen Vater und Sohn.

Unter solchen Verhältnissen wuchs der Knabe Friedrich zum Jüng=
ling heran. Sein Aeußeres hatte sich zu eigenthümlicher Anmuth ent=
wickelt; er war schlank gewachsen, sein Gesicht von edler, regelmäßiger
Bildung. In seinem Auge sprach sich ein lebhafter, feuriger Geist aus,
und Witz und Phantasie standen ihm zu Gebote. Aber dieser Geist
wollte seine eignen Bahnen gehen; und die Abweichung von dem Pfade,
welchen der strenge Vater verzeichnet hatte, zerriß das trauliche Band
zwischen Vater und Kind.

Schon das mußte den religiösen Sinn des Königs unangenehm
berühren, daß der Religionsunterricht nicht sonderlich gefruchtet hatte,
um den Prinzen in die Lehren des christlichen Glaubens genügend einzu=
weihen. Einige Monate vor dem zur Einsegnung des Kronprinzen
bestimmten Tage wurde ihm von den Hofmeistern gemeldet, daß der
Prinz schon seit geraumer Zeit im Christenthume nur geringe Fort=
schritte gemacht habe. Doch half diesem Uebelstande ein vermehrter
Unterricht von Seiten des würdigen Hofpredigers Noltenius ab, und
Friedrich konnte am 11. April 1727, nach öffentlicher Prüfung, sein
Glaubensbekenntniß ablegen und das heilige Abendmahl empfangen.

Aber noch in tausend anderen Dingen, in bedeutenden und unbe=
deutenden, zeigte sich bald eine gänzliche Verschiedenheit des Charakters
zwischen Sohn und Vater. Die militairischen Liebhabereien des Königs,
das unaufhörliche, bis ins Kleinliche gehende Exercitium der Soldaten,
die oft grausame Behandlung der Letzteren machten dem Kronprinzen
wenig Freude. Die rohen Jagdvergnügungen, der einfache Landauf=
enthalt auf dem königlichen Jagdschlosse zu Wusterhausen waren nicht
nach seinem Geschmacke. Ebensowenig das Tabakrauchen, die derben
Späße im Tabakscollegium, die Kunststücke der Seiltänzer, die Musik=
aufführungen, an denen der Vater sich erfreute. Die Männer, die dieser
in seine Nähe berief, zogen den Prinzen nicht immer an, und er suchte
sich Umgang nach seinem Gefallen. Er war ernst, wenn der Vater lachte,

ließ aber auch manch spöttelndes Wort über Dinge und Personen fallen, welche dem Vater werth waren; dafür tadelte der Vater an ihm einen stolzen hoffärtigen Sinn. Zu seiner Erholung trieb er das Schachspiel, das er von Dühan gelernt hatte, während der Vater das Toccadillespiel vorzog; ihm gewährte die Uebung auf der Flöte hohen Genuß, deren sanfter Ton wiederum dem Vater wenig zusagte. Mehr noch hing er literarischen Be= schäftigungen nach; der Glanz der französischen Poesie, besonders das blitzende muthwillige Spiel, mit welchem die jugendlichen Geister Frank= reichs gerade zu jener Zeit den Kampf gegen verjährte Institutionen be= gonnen hatten, zog ihn, der gleichen Sinn und gleiche Kraft in sich fühlte, mächtig an. Aber solche Interessen waren gar wenig nach dem Sinne des Vaters. Dann liebte er es auch, wenn der Letztere fern war, den engen Soldatenrock abzuwerfen, bequeme, französisch moderne Kleider anzuziehen, sein schönes Haar, das er aus den Händen jenes Chirurgen gerettet hatte, aufzuflechten und in zierliche Locken zu kräuseln. Dies allein war schon hinreichend, wenn der Vater davon Kunde erhielt, seinen Zorn zu er= wecken. So ward manche böse Stunde herbeigerufen; der König ge= dachte mit Strenge durchzugreifen, aber er machte sich dadurch das Herz des Sohnes nur immer mehr abwendig. „Fritz ist ein Querpfeifer und Poet," so rief der König oft im Unmuth aus; „er macht sich nichts aus den Soldaten und wird mir meine ganze Arbeit verderben!"

Diese Mißstimmung war um so trauriger und sie machte um so verderblichere Fortschritte, als es an einer Mittelsperson fehlte, welche zu= gleich das Vertrauen des Vaters und des Sohnes gehabt und nach beiden Seiten hin begütigend und abmahnend gewirkt hätte. Die Mutter hätte in solcher Stellung für den Frieden des königlichen Hauses äußerst wohl= thätig wirken können; leider jedoch war Alles, was sie that, nur geeignet, das Mißverhältniß immer weiter zu fördern. Die angeborne Güte ihres Herzens war nicht so stark, daß sie es über sich vermocht hätte, sich mit Aufopferung ihrer eignen Wünsche dem Willen des Königs unterzuord= nen. Schon in früheren Jahren, wenn sie zu bemerken glaubte, daß die Kinder dem Vater größere Liebe bewiesen als ihr, fand sich hierdurch ihr mütterliches Gefühl gekränkt; um ihre vermeintlichen Vorrechte zu be= haupten, ging sie sogar so weit, den Kindern in einzelnen Fällen Unge= horsam gegen den Vater einzuprägen. Leicht mag hierdurch der erste Same

zu dem unerfreulichen Verhältnisse zwischen Vater und Sohn ausgestreut
worden sein.   Von schlimmeren Folgen war ein Plan, den sie, zunächst
zwar mit Einstimmung des Königs, gefaßt hatte und den sie mit Hart=
näckigkeit, trotz der widerwärtigsten Zustände, welche daraus entsprangen,
festzuhalten strebte. Es war der Plan, das Haus ihres Vaters durch eine
Doppelheirath aufs Neue mit dem ihrigen zu verbinden, um bereinst die
Krone von England auf dem Haupte ihrer ältesten Tochter zu erblicken;
diese, die Prinzessin Wilhelmine, sollte nämlich dem Sohne des damaligen
Kronprinzen von England, ihres Bruders, und ihrem eignen Sohne,
dem Kronprinzen Friedrich, eine englische Prinzessin verlobt werden.
Schon früh war von diesem Plane gesprochen worden, und man hatte
sich von beiden Seiten dazu bereit erklärt; auch kam es, trotz verschiedener
Zögerungen, welche durch unwürdige Zwischenträgereien hervorgerufen
waren und dem Könige von Preußen manchen Verdruß verursacht hatten, in
der That zu einigen näheren vorläufigen Bestimmungen zwischen beiden
Höfen.   Ja, die Folgen hiervon waren so bedeutend, daß Friedrich Wil=
helm sich, im Jahre 1725, zu einem Bündnisse mit England und Frank=
reich, welches einem zwischen Oesterreich und Spanien abgeschlossenen
Bündnisse die Wage halten sollte und ihm zugleich besondere Vor=
theile zu eröffnen schien, überreden ließ, so sehr er im Grunde seines Her=
zens überzeugt war, daß für Deutschland nur aus dem festen Zusammen=
halt seiner einzelnen Glieder Heil erstehen könne.   Aber immer und
immer wieder wurde von England der letzte Abschluß rücksichtlich der
beabsichtigten Doppelheirath hinausgeschoben.   Es trat eine Spannung
zwischen beiden Höfen ein. Das Unglück wollte endlich, daß sich die preu=
ßischen Werber, wie überall, so auch an der hannöverschen Grenze schwere
Ungebührlichkeiten erlaubten, was denn keineswegs dazu diente, das
schwankende Verhältniß wiederherzustellen.   Bald wollte König Friedrich
Wilhelm gar nichts mehr von jener Doppelheirath wissen.

     Zugleich aber hatte das Bündniß Preußens mit England die Be=
sorgniß des österreichischen Kaiserhofes erweckt; durch dasselbe war die
Macht der Gegner nicht unbedeutend verstärkt und dabei einem einzelnen
Reichsfürsten, der schon halb unabhängig dastand und dessen kriegerische
Macht nicht übersehen werden konnte, ein Uebergewicht gegeben, welches
der Oberherrschaft, die Oesterreich in Deutschland zu erhalten und zu

vergrößern bemüht war, gefährlich werden konnte. Man sah die dringende
Nothwendigkeit ein, Preußen von jenem Bündnisse wieder abzuziehen und,
wenn möglich, für Oesterreich zu gewinnen. Es wurde zu diesem Zwecke
der kaiserliche General Graf Seckendorf nach Berlin gesendet. Dieser
wußte die eingetretene Spannung zwischen England und Preußen so klug
zu benutzen und das ihm aufgetragene Werk mit solcher Geschicklichkeit
auszuführen, daß schon im Oktober 1726, zu Wusterhausen, ein Tractat
Preußens mit Oesterreich zu Stande kam, der indeß nicht geradezu gegen
England gerichtet sein sollte. Als Hauptbedingung dieses Tractates hatte
Friedrich Wilhelm die Anforderung gemacht, daß der Kaiser seine An=
sprüche auf die Erbfolge von Jülich und jedenfalls auf die von Berg ga=
rantiren sollte, wogegen er der sogenannten pragmatischen Sanction, —
die den Töchtern des Kaisers, in Ermangelung männlicher Nachkommen,
die Erbfolge zu sichern bestimmt war, — beizutreten versprach. Der
Kaiser, Karl VI., hatte sich jener Anforderung des Königs von Preußen
scheinbar gefügt; aber er war so wenig ernstlich bedacht, die preußische
Macht vergrößern zu helfen, daß er gleichzeitig auch mit Pfalz=Sulzbach
einen Vertrag schloß, welcher diesem Hause die in Anspruch genommene Erb=
folge in Jülich und Berg sicherte. Durch die manigfachsten Kunstgriffe
wußte er jedoch den König von Preußen, der natürlich auf einen festen,
vollkommenen Abschluß dieser Angelegenheiten drang, eine Reihe von
Jahren hinzuhalten. Auch gelang dies so gut, daß Friedrich Wilhelm
vor der Hand dem Kaiser treu ergeben blieb, denn sein deutsches Gemüth
fühlte eine innere Genugthuung in solcher Verbindung; zugleich hatte
Seckendorf dafür gesorgt, daß der vorzüglichste Günstling des Königs,
der General (später Feldmarschall) von Grumbkow, durch ein stattliches
Jahrgeld in das Interesse des österreichischen Hofes gezogen wurde. Die=
ser war nun fort und fort bemüht, den König in seiner Gesinnung zu be=
festigen.

So theilte sich der preußische Hof in zwei Parteien, eine österreichische=
und eine englische, die von beiden Seiten Alles aufwendeten, um zu ihrem
Ziele zu gelangen. Denn was die Königin anbetrifft, so war sie keines=
wegs geneigt, ihren Lieblingsplan in Betreff jener Doppelheirath aufzu=
geben; im Gegentheil nahm sie jede Gelegenheit wahr, welche sich ihr zum
Wiederanknüpfen der Verbindungen mit England darbot. Ihre ebenso

hartnäckigen wie fruchtlosen Bemühungen erbitterten aber den König so
sehr, daß der häusliche Friede fast ganz entwich. Mißtrauisch belauschten
die beiden königlichen Eheleute einander, und verderbliche Zwischenträger,
auf gemeinen Gewinn bedacht, schürten die Flamme. Vor Allen hatten
die beiden ältesten Kinder, die dem Plane der Königin gern Beifall
schenkten, unter dem Zwiste der Eltern zu leiden. Vater und Sohn wurden durch alles Dieses einander immer mehr entfremdet, und die Herstellung
eines liebevollen Verhältnisses schien in weite Ferne hinausgerückt. Es
sollte noch manches Andere hinzukommen, die Entfremdung zu vergrößern.

Fünftes Kapitel.

Zwiespalt zwischen Vater und Sohn.

Je lebhafter das Gefühl der Selbständigkeit in Friedrich erwacht
war, um so weniger Neigung empfand er, sich den Anordnungen des Vaters zu fügen, die mit seinen Wünschen fast stets im Widerspruche standen;
um so strenger aber drang auch der Vater auf genaue Befolgung seiner
Befehle, so daß die unangenehmen Scenen sich zu häufen begannen. Dem
Kronprinzen schien jetzt die Verbindung mit einer englischen Prinzessin
doppelt wünschenswerth, indem er hierdurch eine größere Freiheit zu gewinnen hoffte. Bereitwillig bot er der Mutter die Hand, um an der
Ausführung ihres Lieblingsplanes mitzuarbeiten; er schrieb selbst in dieser
Angelegenheit nach England. Aber die Verhältnisse zwischen England
und Preußen hatten sich in der letzten Zeit noch unerfreulicher gestaltet.
König Georg I. war im Jahre 1727 gestorben; sein Sohn, Georg II.,
der Bruder von Friedrichs Mutter war ihm in der Regierung gefolgt.
Zwischen diesem und König Friedrich Wilhelm waltete eine persönliche
Feindschaft, die sich schon in früher Kindheit, als beide mit einander erzogen
wurden, geäußert hatte. Jetzt führten sie Spottreden gegen einander im
Munde. Der österreichischen Politik konnte dieses Mißverhältniß nur
wünschenswerth sein; sie that das Ihrige zur Förderung desselben. Verschiedene andere Streitpunkte kamen dazu; die Ungebührlichkeiten der
preußischen Werber, die von ihrem Könige in Schutz genommen wurden,

gaben den Ausschlag, und es drohte im Jahre 1729 sogar ein Krieg zwischen beiden Mächten auszubrechen, der indeß durch andere Fürsten, denen die Ruhe Deutschlands am Herzen lag, im Anfange des folgenden Jahres wieder beigelegt wurde. Alles Dies machte dem Könige die fort= gesetzten Pläne für die Doppelheirath mit England immer verhaßter, und auf die Theilnehmer derselben häufte sich sein Groll. Die Nachricht, die ihm insgeheim von Friedrichs Schreiben nach England zugetragen wurde, war keineswegs geeignet, seinen Groll zu mildern. Anfälle von Podagra vermehrten seine gereizte Stimmung, sobaß die beiden älteren Kinder schon rohe Behandlung zu gewärtigen hatten.

Diese suchten sich durch ihr treues Zusammenhalten zu entschädigen. Ihr Vergnügen bestand in der Beschäftigung mit französischer Literatur. Unter Anderm lasen sie Scarrons ergötzliches Meisterwerk, den „komischen Roman," und schrieben gemeinschaftlich eine Parodie desselben, die eine Satire auf die ihnen verhaßte österreichische Partei des Hofes enthielt. Die Personen der letzteren mußten hierin, je nach ihrer Eigenthümlichkeit, die Rolle der lächerlichen Personen des Romans übernehmen; selbst der König wurde nicht übergangen. Der Mutter ward das Product mitge= theilt, und diese, statt das Vergehen der Kinder gegen den Vater zu rügen, ergötzte sich an dem satirischen Talente, welches sich darin aussprach.

Im Sommer 1729, als die königliche Familie sich einige Zeit in Wusterhausen aufhielt, hatte sich der Zorn des Königs gegen das ältere Geschwisterpaar in solchem Maße erhöht, daß er sie ganz, die Mahlzeiten ausgenommen, aus seiner und der Königin Gegenwart verbannte. Nur ganz insgeheim, des Nachmittags, wenn der König seinen Spazier= gang machte, durfte sich die Mutter des Umganges mit ihren Kindern er= freuen; dabei wurden jedesmal Wachen ausgestellt, um sie von der Rück= kehr des Königs zu benachrichtigen, von dem man sich, wenn er die Ueber= tretung seines Befehles wahrgenommen hätte, keiner glimpflichen Behand= lung gewärtigen durfte. Eines Tages hatten die Wachen jedoch ihren Auf= trag so schlecht besorgt, daß man plötzlich, ganz unvorbereitet, den wohl= bekannten Schritt des Königs auf dem Gange hörte; das Zimmer der Königin hatte keinen zweiten Ausgang, und so blieb kein anderes Rettungs= mittel, als daß der Prinz eilig in einen Wandschrank schlüpfte, während die Prinzessin sich unter dem Bette der Königin versteckte. Aber der

König, ermüdet von der Hitze, setzte sich auf einen Sessel und schlief zwei
lange Stunden, während welcher die Geschwister es nicht wagen durften,
ihre sehr unbehaglichen Gefängnisse zu verlassen.

Andere Uebertretungen der Befehle des Königs gaben zu ähnlichen
Scenen Anlaß.   Der Kronprinz hatte bei einem Besuche in Dresden den
vorzüglichen Flötenspieler Quantz kennen gelernt.   Er wünschte auf's
Lebhafteste, durch diesen im Flötenspiel vervollkommnet zu werden; die
Königin, die diese Neigung gern begünstigte, suchte Quantz für ihre
Dienste zu gewinnen.   Doch wollte ihn der König August nicht von sich
lassen; er gab ihm indeß die Erlaubniß, jährlich ein paar Mal nach
Berlin zu gehen, um den Kronprinzen wenigstens in den Hauptbedingun=
gen eines vorzüglicheren Flötenspieles zu unterrichten.   Natürlich durfte
der König von Preußen von diesen Reisen und Unterrichtsstunden gar
nichts wissen.   Einst saß der Kronprinz in aller Gemächlichkeit mit sei=
nem Lehrer beisammen; statt der beklemmenden Uniform hatte er einen
behaglichen Schlafrock von Goldbrokat angelegt; die steife Frisur war
aufgelöst und das Haar in einen bequemen Haarbeutel gesteckt.   Plötzlich
sprang der Freund des Kronprinzen, der Lieutenant von Katte, herein
und meldete, daß der König, dessen Erscheinung man zu dieser Stunde
nicht vermuthete, ganz in der Nähe sei.   Die Gefahr war groß, und
wie der Schlafrock des Kronprinzen, so war der rothe Rock des Flöten=
bläsers — eine Farbe, gegen welche der König großen Widerwillen hegte
— keineswegs geeignet, das Unwetter, das man befürchten mußte, zu be=
sänftigen.   Katte ergriff rasch den Kasten, welcher Flöten und Musikalien
enthielt, nahm den Musikmeister bei der Hand und flüchtete mit diesem
in ein kleines Kämmerchen, welches zum Heizen der Oefen diente; Friedrich
hatte eben nur Zeit, die Uniform anzuziehen und den Schlafrock zu ver=
bergen.   Der König wollte selbst einmal Revision im Zimmer des Sohnes
halten.   Daß hier nicht Alles richtig sei, ward er bald an dem Haar=
beutel gewahr, der mit der Uniform des Kronprinzen in keinem regle=
mentsmäßigen Einklange stand.   Nähere Untersuchungen ließen ihn die
Schränke hinter den Tapeten entdecken, in denen die Bibliothek und die
Garderobe der Schlafröcke enthalten war.   Die letzteren wanderten augen=
blicklich in den Kamin, die Bücher wurden dem Buchhändler übergeben.
Der zitternde Flötist blieb glücklicherweise unentdeckt; doch hütete er

sich, so lange seine Besuche heimlich fortgesetzt wurden, je wieder in einem rothen Rocke zu erscheinen.

Andere Dinge waren vielleicht in noch größerem Maße, wenn der König von ihnen Kunde erhielt, Schuld an seiner Erbitterung gegen den Kronprinzen. Friedrich war in die Jahre getreten, in denen die erwachte Natur ihr Recht forderte; ein Besuch mit dem Vater an dem grenzenlos üppigen Hofe zu Dresden, im Januar 1728, hatte ihm Bilder gezeigt, die er bis dahin nie gesehen und die nun seine Phantasie umfangen hielten. Für einen Königssohn, mag er auch noch so eng bewacht sein, sind die Bande der Sitte immer leicht zu überspringen, wenn keine abmahnende Stimme des Innern ihn zurückhält; hilfreiche Hände sind für den Hochstehenden nur zu häufig bereit. Einen Vertrauten erwarb sich der Kronprinz zunächst an dem Lieutenant von Keith, einem Leibpagen des Königs, der, sanft und theilnehmend, die bedrückten Verhältnisse des Prinzen mit Kümmerniß ansah und seine Stellung gern dazu benutzte, Jenen so oft als möglich von dem Vorhaben und den Stimmungen des Königs zu unterrichten, wodurch denn mancher unangenehmen Scene vorgebeugt ward. Keith leistete auch bei den verliebten Abenteuern des Kronprinzen getreue Pagendienste. Das unregelmäßige Leben des Letzteren noch mehr zu begünstigen, diente zugleich der Umstand, daß um eben diese Zeit seine Hofmeister ihres bisherigen Dienstes entlassen wurden. Dies geschah auf den Rath des Generals Grumbkow, dessen österreichischen Interessen der Oberhofmeister, Graf Finkenstein, den die Königin zu dieser Stelle erwählt hatte, im Wege stehen mochte; er bedeutete den König, daß der Prinz nunmehr in das Alter getreten sei, in welchem sich eine Ueberwachung solcher Art nicht mehr zieme. An die Stelle der Hofmeister traten nun zwei Gesellschafter, die aber keine nähere Aufsicht zu führen hatten, der Oberst von Rochow und der Lieutenant Freiherr von Keyserling. Letzterer, ein junger Mann von lebhaftem Geiste, anmuthiger Bildung und der heitersten Gemüthsart, wurde nachmals der innigste Freund des Kronprinzen; auch schon jetzt entwickelte sich ein näheres Verhältniß, doch wurde Keyserling vor der Hand nicht eigentlicher Vertrauter, wie es Keith war.

Das stete Zusammenhalten des Kronprinzen mit Keith war dem König aufgefallen und von ihm nicht mit günstigen Augen angesehen;

Keith wurde nach einiger Zeit nach dem fernen Wesel in ein Regiment versetzt. Doch nützte diese Trennung wenig. Der Kronprinz fand bald einen zweiten Liebling an dem Lieutenant von Katte, der für ihn ungleich gefährlicher war als jener. Katte wußte ebenfalls durch seine Bildung und Anmuth des Gespräches einzunehmen, obgleich sein Aeußeres wenig anziehend war und die zusammengewachsenen dunkeln Augenbraunen seiner Physiognomie einen unheilverkündenden Ausdruck gaben. Dabei war er, selbst ohne sittlichen Halt, nur zu sehr geeignet, den Kronprinzen in seinen Ausschweifungen zu bestärken; auch wußte er mit klügelnder Philosophie eine solche Lebensweise zu beschönigen, indem er sich aus halbverstandener Kathederlehre ein System der Vorherbestimmung zusammengesetzt hatte, demzufolge der Mensch sich ohne eignen Willen, somit ohne Schuld, der über ihn verhängten Sünde zu ergeben habe. An dem Kronprinzen fand er für solche Lehren einen theilnehmenden Schüler. Endlich besaß Katte nicht einmal die für eine so gefährliche Stellung nöthige Besonnenheit; er prahlte gern mit der Gunst, die ihm der Kronprinz erwies, er zeigte überall dessen Briefe vor, und gar manches hiervon mag dem Könige ohne sonderliche Schonung hinterbracht worden sein.

Schon suchte der König absichtlich die Gelegenheit auf, um den Kronprinzen empfindlich zu kränken. An schimpflichen Reden und an schimpflicher Behandlung fehlte es nicht. Der Kronprinz mußte eine Zeitlang Fähndrichsdienste thun. In öffentlicher Gesellschaft mußte er wiederholt von dem Könige die verächtlichen Worte hören, daß, wenn ihn, den König, sein Vater auf ähnliche Weise behandelt hätte, er tausendmal davon gelaufen wäre; aber dazu gehöre mehr Muth, als der Kronprinz besitze. Wo der König ihm begegnete, drohte er ihm mit aufgehobenem Stocke, und schon versicherte der Kronprinz seiner älteren Schwester, daß er ein Mehreres, als bisher geschehen sei, mit der schuldigen Ehrerbietung nicht ertragen könne; komme es je zu thätlicher Mißhandlung, so werde er in der That sein Heil in der Flucht suchen. Mehrfach und dringend verlangte der König, der Kronprinz solle dem Thronrechte entsagen, damit dasselbe auf den zehn Jahre jüngeren Sohn, August Wilhelm, der sich durchaus fügsam gegen den Vater bewies und von diesem bei jeder Gelegenheit vorgezogen wurde, übergehen könne. Aber der Kronprinz erwiderte, er wollte sich eher den Kopf abschlagen lassen, als sein gutes

Recht aufgeben; endlich erklärte er sich dazu unter der Bedingung bereit, daß der König in einem öffentlichen Manifest als Ursache seiner Ausschließung von der Thronfolge bekannt mache, er sei von ihm kein leiblicher und ehelicher Sohn. Auf solche Bedingung konnte freilich der Vater, seiner Gesinnung gemäß, nicht eingehen.

Zu alledem kam endlich der Umstand, daß die Beschäftigungen und Vergnügungen, welche der Kronprinz hinter dem Rücken des Vaters trieb, ohne mehr oder weniger bedeutende Geldmittel nicht ausführbar waren. Zwar war die sogenannte kronprinzliche Casse sehr vermögend, doch nützte ihm dies zu nichts, da er selbst nur über sehr geringe Summen zu verfügen hatte. Er sah sich also genöthigt, bei fremden Leuten Geld aufzunehmen. Der Vater erfuhr, daß er von berlinischen Kaufleuten eine Summe von 7000 Thalern entliehen habe; und sogleich erschien, im Januar 1730, ein geschärftes Edict wider das Geldleihen an Minderjährige, worin es namentlich auch verboten wurde, dem Kronprinzen sowie den sämmtlichen Prinzen des königlichen Hauses Geld zu borgen, und worin gegen die Uebertreter des Gesetzes Karrenstrafe, selbst Todesstrafe verhängt wurde. Der König hatte die 7000 Thaler bezahlt und der Kronprinz, auf weiteres Befragen, noch eine geringe Summe genannt, als welche er außerdem schuldig sei; aber die Gesammtmasse seiner Schulden überstieg das Doppelte jener großen Summe.

Das Schuldenmachen war es ohne Zweifel, was den Charakter des Königs am Empfindlichsten berührte; wenigstens hat er später, als der Gewitterstrahl auf das Haupt des Kronprinzen herabgefallen war und den Letztern seine Vergehungen vorgehalten wurden, gerade diesen Punkt unter allem bisher Geschehenen als den bedeutendsten hervorgehoben. So konnte ihn sein aufbrausender Jähzorn, der ihm öfters alle Besinnung zu rauben schien, zu Scenen verleiten, wie die, von der wir jetzt Bericht geben müssen. Wir können das Bild dieser Scene nicht übergehen, da es zum Verständniß alles Dessen, was nun erfolgte, wesentlich nöthig ist und da man nur, wenn man auf dasselbe zurückblickt, die Größe der später eintretenden Versöhnung zu würdigen vermag. Wir geben die Scene mit den Worten, mit denen sie von Friedrichs älterer Schwester, in den Memoiren ihres Lebens, aus denen wir schon so manchen charakteristischen Zug aus Friedrichs Jugend entnommen haben, selbst erzählt wird, —

oder vielmehr mit Friedrichs eigenen Worten, welche die Schwester in ihren Memoiren anführt. „Man predigt mir alle Tage Geduld (so sagte Friedrich zur Schwester, als er sie einst heimlich besuchte), allein Niemand weiß, was ich ertragen muß. Täglich bekomme ich Schläge, werde behandelt wie ein Sclave, und habe nicht die mindeste Erholung. Man verbietet mir das Lesen, die Musik, die Wissenschaften, ich darf fast mit Niemand mehr sprechen, bin beständig in Lebensgefahr, von lauter Aufpassern umgeben, mir fehlt es selbst an der nöthigen Kleidung, noch mehr an jedem andern Bedürfniß, und was mich endlich ganz überwältigt hat, ist der letzte Auftritt, den ich in Potsdam mit dem Könige hatte. Er läßt mich des Morgens rufen; so wie ich eintrete, faßt er mich bei den Haaren, wirft mich zu Boden, und nachdem er seine starken Fäuste auf meiner Brust und meinem ganzen Leibe erprobt hat, schleppt er mich an das Fenster und legt mir den Vorhangstrang um den Hals. Glücklicherweise hatte ich Zeit gehabt, mich aufzuraffen und seine beiden Hände zu fassen; da er aber den Vorhangstrang aus allen Kräften zuzog, und ich mich erdrosseln fühlte, rief ich endlich um Hilfe. Ein Kammerdiener eilte herbei und befreite mich mit Gewalt aus des Königs Händen. Sage nun selbst, ob mir ein anderes Mittel übrig bleibt als die Flucht? Katte und Keith sind bereit, mir bis ans Ende der Welt zu folgen; ich habe Pässe und Wechsel und habe alles so gut eingerichtet, daß ich nicht die geringste Gefahr laufe. Ich entfliehe nach England; dort empfängt man mich mit offenen Armen, und ich habe von des Königs Zorn nichts mehr zu fürchten. Der Königin vertraue ich von allem Diesem nichts — — weil sie, wenn der Fall eintritt, im Stande sein soll, einen Schwur abzulegen, daß sie nichts von der Sache gewußt hat. Sobald der König wieder eine Reise außerhalb seiner Staaten macht — denn das giebt mir viel mehr Sicherheit — ist Alles zur Ausführung bereit." Die Prinzessin wandte Alles an, um ihrem Bruder das gewagte Vorhaben auszureden; aber erneute Mishandlungen dienten nur, ihn darin zu bestärken.

Eine günstige Gelegenheit zur Ausführung dieses Vorhabens thaten sich bald darzubieten, indem der König im Mai 1730 mit seinen sämmtlichen Prinzen und einer großen Menge der angesehensten Officiere nach Sachsen ging, um an dem glänzenden Lustlager, welches der König von Polen und Kurfürst von Sachsen, August II., zu Mühlberg veranstaltet

hatte, Theil zu nehmen. Das phantastische Schaugepränge, mit wel=
chem der preußische Hof hier aufgenommen wurde, übertünchte nur schlecht
den drohenden Zwiespalt zwischen Vater und Sohn; auch wurde die auf=
geregte Stimmung des Königs nur vermehrt, als er, nicht ohne guten
Grund, wahrzunehmen glaubte, daß alle diese prunkvollen Freundschafts=
bezeigungen von Seiten des polnischen Königs nur leerer Schein waren,
daß König August ihn hiedurch nur sicher zu machen suchte, während er
selbst insgeheim die eifrigsten Ansprüche auf jene jülich=bergische Erbfolge
geltend machte. Der Kronprinz Friedrich ließ indeß den Cabinetsmini=
ster des Königs von Polen durch den Lieutenant von Katte um Postpferde
für zwei Officiere bitten, welche incognito nach Leipzig zu reisen wünsch=
ten. Der Minister aber schöpfte Verdacht, theilte das Anliegen seinem
Könige mit, und August, dem für jetzt das äußere gute Vernehmen mit
dem preußischen Könige sehr wichtig war, drang dem Kronprinzen das
Versprechen ab, seinen Vater wenigstens während des Aufenthaltes in
Sachsen nicht zu verlassen. So war Friedrich vor der Hand zur Ruhe
genöthigt, und seine Ungeduld mußte eine bessere Gelegenheit zu erhaschen
suchen. Aber schon war für ihn bei längerer Zögerung größere Gefahr
im Anzuge; denn unbedacht hatte er manches Wort über sein Vorhaben
fallen lassen, und der König war gewarnt. Durch erneute Härte der
Behandlung, selbst im sächsischen Lager, suchte dieser den Sinn des Kron=
prinzen zu beugen; natürlich aber brachte ein solches Verfahren nur die
entgegengesetzte Wirkung hervor.

Inzwischen schien sich ganz plötzlich von einer andern Seite die
günstigste Aussicht zur Umgestaltung von Friedrichs peinlicher Lage zu
eröffnen. Es ist bereits erwähnt worden, daß die kriegerischen Verhält=
nisse, in denen Friedrich Wilhelm gegen England gestanden hatte, im
Anfange dieses Jahres beigelegt waren. Der englische Hof meinte dies=
mal die Versöhnung so aufrichtig, daß ein außerordentlicher Gesandter
nach Berlin geschickt wurde, jene Doppelheirath aufs Neue zu beantragen
und, wenn möglich, zum festen Abschlusse zu bringen. Aber man wollte
sich zugleich der wirklichen Freundschaft des Königs versichern und ihn
aus den Intriguen der österreichischen Partei befreit wissen: man ver=
langte zu dem Ende Grumbkows Entfernung vom Hofe, indem man
durch vollgültige Zeugnisse die verrätherische Verbindung desselben mit

dem öfterreichifchen Hofe darzuthun im Stande war. Bei fo dringender
Gefahr wendete die öfterreichifche Partei Alles an, um den König in fei=
ner bisherigen Gefinnung feftzuhalten, und es gelang nur zu gut. Der
König vergaß fich perfönlich gegen den englifchen Gefandten, und diefer
fand es mit feiner Würde unverträglich, die Unterhandlungen fortzufetzen.
So erlofch diefer kurze Hoffnungsfchimmer fo fchnell, wie er aufgetaucht
war; dem Könige war neuer Anlaß zum Groll gegeben, und der Kron=
prinz fah keinen andern Ausweg aus diefem Labyrinthe vor fich, als be=
fchleunigte Flucht.

Sechstes Kapitel.

Verfuch zur Flucht.

Nach einigen Wochen bereits fand fich eine neue Gelegenheit, welche
die Flucht des Kronprinzen beffer zu begünftigen fchien, als der Befuch
im fächfifchen Lager. Der König unternahm eine Reife nach dem füd=
lichen Deutfchland, auf welcher ihn Friedrich begleiten mußte. Er hatte
bei feinem Verdachte gegen den Kronprinzen, längere Zeit gefchwankt, ob
es beffer fei, ihn mitzunehmen oder zu Haufe zu laffen: er hatte fich für
das Erftere entfchieden, weil er ihn unter feinen Augen beffer beauffichtigt
glaubte; auch hatte er, um ganz ficher zu gehen, dreien der höheren Of=
ficiere, welche ihn begleiteten, den Befehl gegeben, diefe Aufficht zu theilen,
fodaß ftets Einer im Wagen des Kronprinzen neben diefem fitzen mußte.
Friedrich hatte indeß im Einverftändniß mit Katte — obgleich von die=
fem zu Anfange mehrfach abgemahnt — feine Maßregeln genommen.
Schon aus dem fächfifchen Lager hatte er an den König von England
gefchrieben und diefen gebeten, ihm an feinem Hofe Schutz zu gewähren.
Doch war von dort eine fehr ernftlich abrathende Antwort erfolgt.
Nichtsdeftoweniger blieb der Kronprinz bei dem Plane, über Frankreich
nach England zu gehen. Katte follte, fobald der Prinz ihm von feiner
Entweichung Nachricht gegeben haben würde, voraus nach England flüch=
ten und dort für feine Wünfche unterhandeln; er follte zu dem Zwecke
fich Urlaub unter dem Vorwande verfchaffen, daß er auf Werbung gehen

wolle. Zugleich waren ihm die Gelder, die Kleinodien, die Papiere des
Kronprinzen anvertraut. Außer Katte war auch Keith in Wesel von
dem Vorhaben des Kronprinzen unterrichtet worden, um dasselbe durch
seine Theilnahme zu begünstigen.

Am 15. Juli 1730 war die Reisegesellschaft von Berlin aufgebrochen
und dann über Leipzig nach Anspach gegangen, zum Besuch der zweiten
Tochter des Königs, die im vorigen Jahre mit dem jungen Markgrafen von
Anspach vermählt worden war. Schon hier suchte Friedrich Gelegenheit
zu entkommen; wiederholt und dringend bat er seinen Schwager, ihm
eins seiner besten Pferde, angeblich zu einem Spazierritte, anzuvertrauen;
aber vorsichtig wich dieser der Bitte aus, denn schon war das Gerücht
von Friedrichs Vorhaben von Berlin nach Anspach gedrungen, indem
Katte selbst in diesen Augenblicken es nicht über sich gewinnen konnte,
seiner prahlenden Schwatzhaftigkeit Zügel anzulegen. In Anspach
erhielt Friedrich einen Brief von Katte, worin dieser ihm meldete, daß
er noch immer nicht den nachgesuchten Urlaub habe erhalten können; er
bat ihn somit, seine Entweichung bis zur Ankunft in Wesel zu ver=
schieben, von wo er ohnedies am schnellsten, über Holland, nach Eng=
land würde entkommen können. Friedrich antwortete, daß er so lange
nicht mehr warten könne; er sei entschlossen, in Gemäßheit des von dem
Könige vorgeschriebenen Reiseplanes schon in Sinsheim, auf der Straße
zwischen Heilbronn und Heidelberg, das Gefolge des Königs zu verlassen;
Katte werde ihn unter dem Namen eines Grafen von Alberville im Haag
treffen. Zugleich versicherte er nochmals, daß die Flucht gar nicht fehl=
schlagen könne, und daß, wenn man ihm nachsetze, die Klöster auf dem
Wege als sichere Zufluchtsörter zu betrachten seien. In der Hast aber,
mit welcher Friedrich diesen Brief schrieb, vergaß er, ihn nach Berlin zu
adressiren; er hatte nur darauf gesetzt: „über Nürnberg," und so ging der
unselige Brief nach Erlangen, zu einem Vetter Katte's, welcher daselbst
auf Werbung stand.

Von Anspach ging die Reise des Königs über Augsburg nach Lud=
wigsburg, wo man den Herzog von Württemberg besuchte. Von da
wurde der Weg nach Mannheim eingeschlagen. Auf diesem Wege hatte
man jenes, von Friedrich genannte Sinsheim zu berühren. Der Zufall
wollte, daß das Nachtquartier nicht an diesem Orte, sondern ein paar

Stunden vor demselben, in dem Dorfe Steinfurth, genommen wurde.
Hier übernachtete man in verschiedenen Scheunen, indem der König in
solchen Fällen, nach weichlicher Bequemlichkeit wenig lüstern, einen luftigen
Aufenthalt der Art der beklemmenden Schwüle der Wirthshausstuben
vorzuziehen pflegte. Der Kronprinz, der mit dem Obersten von Rochow
und seinem Kammerdiener gemeinschaftlich eine Scheune zum Nachtlager
erhielt, machte schnell seinen Plan, der Gelegenheit gemäß. Er benutzte
die gutmüthige Leichtgläubigkeit eines königlichen Pagen — es war ein
Bruder seines Freundes Keith, — indem er ihm vertraute, er habe ein
verliebtes Abenteuer unfern des Ortes, wozu er ihm des andern Tages
früh um vier Uhr wecken und ihm Pferde verschaffen möge. Das Letztere
war leicht zu bewerkstelligen, da gerade an dem Orte Pferdemarkt war.
Der Page war gern dazu bereit; anstatt aber den Prinzen zu wecken,
verfehlte er das Bett und weckte den Kammerdiener. Dieser hatte Geistesgegenwart genug, sein Befremden über das verdächtige Vorhaben zu unterdrücken; er blieb ruhig liegen, um das Weitere abzuwarten. Er sah
nun, wie der Prinz aufsprang und sich schnell ankleidete, doch nicht die
Uniform, sondern ein französisches Kleid und einen rothen Ueberrock, den
er sich heimlich auf der Reise hatte machen lassen, anlegte. Kaum hatte
der Prinz die Scheune verlassen, so benachrichtigte der Kammerdiener
augenblicklich den Obersten Rochow von Dem, was vorgegangen; der
Letztere weckte eilig drei andere Officiere aus des Königs Gefolge, und
man machte sich, nichts Gutes ahnend, auf den Weg, den Prinzen zu
suchen. Nach kurzer Zeit fanden ihn die Officiere auf dem Pferdemarkte,
an einen Wagen gelehnt und nach dem Pagen ausschauend. Seine französische Kleidung vermehrte ihren Verdacht, doch fragten sie ihn mit schuldiger Ehrerbietung, weshalb er sich so früh aufgemacht. Der Prinz war
über die störende Dazwischenkunft von Wuth und Verzweiflung erfüllt;
er wäre des Aeußersten fähig gewesen, hätte er Waffen bei sich gehabt.
Er gab ihnen eine kurze und rauhe Antwort. Rochow bemerkte, der
König sei bereits aufgewacht und werde in einer halben Stunde weiter
reisen; er möge aufs Schleunigste seine Kleidung verändern, damit
sie dem Könige nicht zu Gesicht komme. Der Prinz verweigerte es und
sagte, er wolle spazieren gehen; er werde zu rechter Zeit zur Abreise
bereit sein. Indeß kam der Page mit den Pferden. Der Prinz wollte

sich nun rasch auf das eine derselben werfen; aber die Officiere ließen ihn nicht dazu kommen und zwangen ihn, der sich wie ein Verzweifelter wehrte, mit ihnen zur Scheune zurückzukehren und die Uniform wieder anzulegen.

Der König war von diesem Vorgange benachrichtigt worden; doch ließ er sich gegen den Kronprinzen nichts merken, indem ihm daran lag, vorerst noch bestimmtere Beweise von seinem Plane zu erhalten. Nur als die Reisegesellschaft an einem der folgenden Tage, nachdem man bereits Mannheim hinter sich hatte, in Darmstadt ankam, sagte er ihm spottender Weise, wie er sich wundere, ihn hier zu sehen, er habe ihn inzwischen schon in Paris vermuthet. Der Kronprinz erwiderte trotzig, daß, wenn er es nur gewollt, er Frankreich schon dürfte erreicht haben.

Aber schon war das Unheil näher, als er glauben mochte. Kaum war man in Frankfurt angekommen, von wo die Reise zu Wasser den Main und den Rhein abwärts bis Wesel fortgesetzt werden sollte, als der König von Katte's Vetter aus Erlangen eine Staffette erhielt, durch welche dieser jenen Brief des Kronprinzen übersendete, dessen bedrohlichen Inhalt er nicht unterschlagen zu dürfen glaubte. Der König befahl, den Kronprinzen unverzüglich auf einer der bestellten Jachten in festen Gewahrsam zu nehmen. Erst am folgenden Tage betrat er selbst das Schiff; kaum aber erblickte er den Prinzen, so übermannte ihn sein mühsam zurückgehaltener Jähzorn; er fiel über ihn her und schlug ihm mit seinem Stocke das Gesicht blutig. Mit verbissenem Schmerze rief Friedrich aus: „Nie hat ein brandenburgisches Gesicht solche Schmach erlitten!“ Die anwesenden Officiere entrissen ihn den Händen des Königs und brachten es durch dringendes Bitten dahin, daß der Kronprinz die Reise auf einem zweiten Schiffe machen durfte. Dieser wurde nun wie ein Staatsgefangener behandelt; Degen und Papiere wurden ihm abgefordert; doch hatte er glücklicherweise noch zuvor Gelegenheit gefunden, seine Briefe, die manch Einen bloszustellen geeignet waren, durch seinen Kammerdiener verbrennen zu lassen.

Selten wohl ist eine Lustreise auf dem schönen Rheinstrome unter traurigeren Verhältnissen gemacht worden. Die Besuche bei den geistlichen Fürsten, welche abzustatten man nicht umhin konnte, wurden so viel als möglich abgekürzt. Der Kronprinz war nicht um sich, sondern

nur um das Schicksal der Freunde, die er mit ins Verderben gerissen,
besorgt. Doch war er überzeugt, daß Katte, schon zur Flucht gerüstet,
Geistesgegenwart genug haben würde, für seine Sicherheit zu sorgen.
Keith empfing, ehe der König nach Wesel kam, einen mit Bleistift geschrie=
benen Zettel von des Kronprinzen Hand, mit den Worten: „Rette Dich,
Alles ist entdeckt." Er verlor die rechte Zeit nicht, setzte sich augenblick=
lich zu Pferde und erreichte im Galopp die holländische Grenze. Selbst
noch im Haag durch einen preußischen Officier verfolgt, den der König
zu seiner Verhaftnehmung nachsendete, entkam er glücklich auf einem
Fischerboote nach England und ging von da nach Portugal, wo er Kriegs=
dienste nahm.

Nachdem man in Wesel angelangt war, wurde der Kronprinz gefan=
gen gesetzt und sein Gemach durch Schildwachen mit bloßen Bayonneten
verwahrt. Am folgenden Tage erhielt der Festungscommandant, Gene=
ralmajor von der Mosel, Befehl, den Prinzen vor den König zu führen.
Sobald der Kronprinz zu dem Könige eintrat, fragte ihn dieser mit dro=
hendem Tone, warum er habe desertiren wollen. „Weil Sie mich," ant=
wortete der Prinz, „nicht wie Ihren Sohn, sondern wie einen Sclaven
behandelt haben." — „Du bist ein ehrloser Deserteur," rief ihm der Kö=
nig entgegen, „der kein Herz und keine Ehre im Leibe hat!" — „Ich habe
dessen so viel wie Sie," versetzte der Prinz, „und ich that nur, was Sie,
wie Sie es mir mehr als hundertmal gesagt haben, an meiner Stelle ge=
than haben würden!" — Diese Worte erregten auf's Neue des Königs
ganzen Ungestüm; er zog seinen Degen und würde den Prinzen durch=
bohrt haben, wäre ihm nicht der General Mosel in den Arm gefallen.
Vor den Prinzen tretend, rief dieser würdige Mann aus: „Tödten Sie
mich, Sire, aber schonen Sie Ihres Sohnes!" Die Kühnheit des Ge=
nerals machte den König zaudern, und jener benutzte den Augenblick, den
Prinzen hinauszuführen und in seinem Zimmer vorläufig in Sicherheit
zu bringen. Die übrigen Generale vermochten es über den König, daß
er sich entschloß, den Prinzen nicht mehr zu sehen und ihn der strengen
Obhut einiger Officiere, auf die er sich verlassen konnte, anzuvertrauen.
Er selbst reiste einige Tage darauf nach Berlin ab.

Jene Officiere hatten den Auftrag erhalten, mit dem Kronprinzen
etwas später von Wesel aufzubrechen und ihn so schnell und so geheim

als möglich nach Mittenwalde zu führen, wo er zunächst in Verwahrung bleiben sollte. Es war ihnen verboten, auf der Reise das hannöversche Gebiet zu berühren, damit der Prinz nicht etwa durch englische Hilfe entführt werden möchte. Zugleich war ihnen anbefohlen, den Prinzen durchaus streng zu halten und ihn mit Niemand sprechen zu lassen. Doch fehlte wenig, daß Friedrich, trotz dieser Vorsicht, nicht schon in Wesel seiner Haft entkommen wäre. Er war im Volke, im Gegensatze gegen die bekannte Strenge des Königs, allgemein beliebt; jetzt hatte sein Unglück einen förmlichen Enthusiasmus für ihn hervorgerufen. Mancher hätte sein Leben gewagt, um nur ihn in Freiheit zu wissen. Schon hatte er heimlich eine Strickleiter und das Kleid einer Bäuerin erhalten, schon war er in dieser Vermummung bei nächtlicher Weile aus dem Fenster gestiegen, als die Schildwache unter seinem Fenster, die er nicht bemerkt hatte, ihn anrief. Nun blieb ihm nichts übrig, als sich in sein Schicksal zu ergeben, und willig ließ er sich am folgenden Tage von Wesel abführen. Auf der Reise selbst machte er keine weiteren Versuche zur Flucht, obwohl der Landgraf von Hessen-Cassel und der Herzog von Sachsen-Gotha nicht abgeneigt gewesen wären, ihn vor dem Zorne des Vaters zu schützen, was er freilich vielleicht nicht wußte.

Siebentes Kapitel.

Das Gericht.

Katte war inzwischen auf keine Weise für seine Sicherheit besorgt gewesen. Schon verbreitete sich ein dumpfes Gerücht von der Verhaftung des Kronprinzen in Berlin. Von verschiedenen Seiten kamen ihm, dessen Verhältnisse zum Prinzen nur allzu bekannt waren, warnende Stimmen zu Ohren; aber er wartete geduldig auf die Vollendung des schönen französischen Couriersattels, den er sich bestellt hatte, um in den verborgenen Verhältnissen desselben Papiere, Geld und dergleichen um so sicherer mitnehmen zu können. Endlich erbat er sich — es war am Abend vor der Nacht, in welcher sein Verhaftsbefehl ankam — von einem Vorgesetzten die Erlaubniß, am nächsten Tage Berlin verlassen zu dürfen, angeblich, um einer Jagdpartie in der Nähe beiwohnen zu können. Man zögerte mit der Ausführung des Befehles, bis man ihn genügend entfernt glaubte; als man sich endlich in seine Wohnung verfügte, fand man ihn erst im Begriffe das Pferd zu besteigen. Nun war sein Schicksal entschieden; er mußte sich gefangen geben. Eine versiegelte Kiste, welche die Papiere und Kleinodien des Kronprinzen enthielt, ließ er der Königin überbringen.

Gleichzeitig mit Katte's Verhaftsbefehl kam ein Schreiben des Königs an die Oberhofmeisterin der Königin, worin diese gebeten wurde, die Letztere von der versuchten Desertion des Kronprinzen und von seiner Gefangennehmung zu benachrichtigen. Die Bestürzung in der königlichen Familie war groß; erhöht wurde sie durch den Empfang jener Kiste, die man nicht unterschlagen durfte, die aber sehr Bedrohliches, nicht nur für den Kronprinzen, sondern auch für die Königin selbst und namentlich für die älteste Prinzessin enthalten konnte. Man hatte ohne Wissen des Königs eine sehr ausgedehnte Correspondenz mit einander geführt, in welcher die Ausdrücke nicht immer mit genügender Ehrerbietung gegen den König abgewogen und namentlich auch die Angelegenheiten in Bezug auf England vielfach berührt waren. Endlich kam man zu dem Entschlusse, das Siegel abzunehmen, das Schloß der Kiste zu erbrechen, alle gefährlichen Schriften zu verbrennen und dafür eine bedeutende Anzahl neugeschriebener Briefe unschuldigen Inhalts mit verschiedenen älteren Daten hineinzulegen. Dann ward die Kiste wieder versiegelt, indem man ein dem vorigen ganz ähnliches Petschaft aufzufinden wußte.

Am 27. August kehrte der König nach Berlin zurück. Seine erste Frage war nach der Kiste. Als ihm dieselbe gebracht wurde, verlangte ihn mit solchem Ungestüm nach ihrem Inhalte, daß er sie, statt sie zuvor zu besichtigen, sogleich aufriß und die Briefe herausnahm. Er hatte den Verdacht, die beabsichtigte Flucht des Prinzen sei die Folge eines förmlichen Complotes, an dessen Spitze England gestanden habe und in welches seine Gemahlin und seine älteste Tochter mit verwickelt seien. Er vermuthete, daß man hierbei mehr, als nur jene alten Heirathspläne im Sinne gehabt; lag es doch im Bereiche der Möglichkeit, daß es auf seinen Thron, wenn nicht gar auf sein Leben abgesehen gewesen sei. Daß er in der Kiste keine Zeugnisse fand, machte, statt ihn zu beruhigen, seinen Zorn nur um so heftiger; er argwöhnte, daß man ihm durch eine List zuvorgekommen sei. Sein ganzer Ingrimm wendete sich nun gegen seine Familie und namentlich hatte die Prinzessin Wilhelmine aufs Schwerste zu leiden. Er schwur, daß er den Kronprinzen werde umbringen lassen und daß die Prinzessin das Schicksal ihres Bruders theilen werde. Nur die Oberhofmeisterin der Königin, Frau v. Kamecke, wagte es, ihm mit heldenmüthiger Unerschrockenheit entgegenzutreten. Sie folgte ihm in sein Zimmer und beschwor ihn, der Königin zu schonen und das Unternehmen des Kronprinzen nur als das, was es sei — als einen Schritt jugendlicher Unbesonnenheit zu betrachten. „Bis jetzt", sagte sie zu ihm, „war es Ihr Stolz, ein gerechter und frommer König zu sein, und dafür segnete Sie Gott; nun wollen Sie ein Tyrann werden — fürchten Sie sich vor Gottes Zorn! Opfern Sie Ihren Sohn Ihrer Wuth, aber seien Sie auch dann der göttlichen Rache gewiß. Gedenken Sie Peters des Großen und Philipps des Zweiten: sie starben ohne Nachkommen und ihr Andenken ist den Menschen ein Gräuel!" Diese Worte schienen Eindruck auf den König zu machen, aber nur auf kurze Zeit.

Inzwischen war, auf Befehl des Königs, Katte vor ihn geführt worden, um gerichtlich verhört zu werden. Die erste Begrüßung des Gefangenen bestand wiederum nur in wilder Mißhandlung. Katte beantwortete die ihm vorgelegten Fragen mit Standhaftigkeit; er erklärte, daß er allerdings an der Flucht des Kronprinzen habe Theil nehmen wollen, daß es die Absicht des Letzteren gewesen sei, nach England zu gehen, um dort vor dem Zorne des Königs geschützt zu sein, daß er, Katte, den Zwischenträger zwischen dem Kronprinzen und der englischen Gesandtschaft gemacht habe, daß aber der Prinzessin Wilhelmine dieser Plan nicht mitgetheilt worden und daß von irgend einem Unternehmen gegen die Person des Königs oder überhaupt gegen die Angelegenheiten desselben niemals die Rede gewesen sei. Im Uebrigen berief er sich auf die Papiere des Kronprinzen. Eine neue Durchsicht der letzteren ergab natürlich nichts, was zu weiterer Anschuldigung dienen konnte. Aber der Verdacht, daß die wichtigeren Papiere unterschlagen seien, blieb rege, und die Prinzessin wurde unausgesetzt mit Strenge behandelt. Nach beendigtem Verhöre mußte Katte die Uniform ausziehen und ward in einem leinenen Kittel auf

3*

die Hauptwache geschickt. Gegen die übrigen Freunde des Kronprinzen und gegen Die, welche sonst seinen Interessen günstig gewesen zu sein schienen, auch wenn bei ihnen gar keine Kenntniß seines letzten Vorhabens erweislich war, wurde nicht minder mit großer Strenge verfahren; so wurde z. B. sein ehemaliger Lehrer Dühan, der jetzt eine Rathsstelle bekleidete, nach Memel verwiesen. Die Bestürzung über alle diese Ereignisse war allgemein und Alles in banger Erwartung über die ferneren Schicksale des Kronprinzen.

Dieser war unterdessen in Mittenwalde eingetroffen. Hier wurde er am 2. September zuerst verhört. Man legte ihm die Aussagen Katte's vor, und er erkannte dieselben an; auf alle weiteren Fragen gab er wenig genügende Antwort. Dem General Grumbkow, der mit anwesend war und die stolze Zuversicht des Prinzen herabzustimmen suchte, sagte er, er glaube über Alles, was ihm noch begegnen könne, hinaus zu sein, und er hoffe, sein Muth werde größer sein, als sein Unglück. Jener kündigte ihm hierauf an, er werde auf Befehl des Königs nach Cüstrin gebracht werden, indem diese Festung für jetzt zu seinem Aufenthaltsorte bestimmt sei. „Es sei," erwiderte der Kronprinz, „ich werde dahin gehen. Wenn ich aber nicht eher wieder von dort wegkommen soll, als bis ich mich aufs Bitten lege, so werde ich wohl ziemlich lange da bleiben."

Am folgenden Tage wurde der Kronprinz nach Cüstrin geführt. Er erhielt ein Gemach auf dem Schlosse, indem der dortige Kammer-Präsident von Münchow ihm von seiner Wohnung ein Zimmer abtreten mußte. Hier wurde er, auf bestimmten Befehl des Königs, streng gehalten. Seine Kleidung bestand aus einem schlechten blauen Rocke ohne Stern. Im Zimmer standen nur hölzerne Schemel zum Sitzen. Die Speisen, die sehr einfach waren, wurden ihm geschnitten überbracht, weil den Gefangenen in der Zeit des engsten Arrestes keine Messer und Gabeln zukamen. Dinte und Papier waren ihm nicht verstattet; auch wurde ihm seine Flöte abgefordert. Das Zimmer durfte er unter keiner Bedingung verlassen; die Thür war mit Wachen besetzt und durfte nur dreimal des Tages, in Gegenwart zweier Officiere, für Besorgung der Bedürfnisse des Gefangenen auf kurze Zeit geöffnet werden. Alle Morgen hatten zwei Officiere das Zimmer zu untersuchen, ob sich nicht etwa die Spur einer verdächtigen Unternehmung zeige. Jedem war streng verboten, mit dem Kronprinzen zu sprechen; jeder bloße Besuch war durchaus untersagt.

Indeß fand sich doch Gelegenheit, einige dieser strengen Anordnungen zu umgehen. Der Kammer=Präsident von Münchow, den das Schicksal des unglücklichen Königsohnes zu inniger Theilnahme bewegte, ließ in der Decke des Gefängnisses ein Loch machen, so daß er Gelegenheit bekam, den Kronprinzen zu sprechen, ihm seine Dienste anzubieten und seine Wünsche zur Verbesserung seiner gegenwärtigen Lage zu vernehmen. Der Prinz klagte über das armselige Essen und Speisegeräth und über den Mangel an geistiger Nahrung. Für Beides wußte der Präsident bald Rath. Sein jüngster Sohn, acht Jahre alt, wurde in die weiten Kinder= kleider gesteckt, die schon seit Jahren abgelegt waren, und die tiefen Taschen derselben füllte man mit Obst, Delicatessen und Aehnlichem; dem Knaben verweigerte die Wache nicht den Eingang. Dann wurde ein neuer Leib= stuhl mit verborgenen Fächern angeschafft, und so kamen dem Prinzen nach und nach Messer und Gabeln, Schreibgeräth, Bücher, Briefe u. s. w. zu. Die dienstthuenden Officiere untersuchten das Zimmer nur, so weit ihre Ordre reichte.

Indeß behielt der Kronprinz gegen die Personen, welche der König zu verschiedenen Malen zu ihm schickte, noch immer seine strenge Zurückhal= tung bei. So namentlich gegen eine Deputation, die ihn in der Mitte Septembers aufs Neue zu verhören kam. Der General Grumbkow, der sich wieder bei derselben befand, scheute sich nicht, ihm zu sagen, daß, wenn er seinen Stolz nicht bei Seite setze, schon Mittel und Wege zu finden sein dürften, ihn zu demüthigen. „Ich weiß nicht," erwiderte ihm der Prinz mit vornehmem Tone, „was Sie gegen mich zu unternehmen gedenken: so viel aber weiß ich, daß Sie mich nie dahin bringen werden, vor Ihnen zu kriechen!" Die Deputirten legten ihm nun die in jener Kiste gefundenen Papiere vor, mit der Frage, ob er Nichts unter denselben vermisse. Der Prinz untersuchte sie, und da er die wichtigsten nicht vorfand, so zweifelte er nicht daran, daß sie unterdrückt worden seien. Er versicherte also, es sei der gesammte Inhalt jener Kiste. Man verlangte von ihm einen Eid über diese Angabe; diesem mußte er jedoch unter dem Vorwande, daß ihn sein Gedächtniß möglicherweise betrügen könne, von sich abzulehnen. Die Commissarien waren nicht im Stande, anderweitige Bekenntnisse von ihm zu erlangen. Auch spätere Verhöre gaben keinen besseren Erfolg. Man ließ ihm unter dem Versprechen, daß er auf die Thronfolge Verzicht leiste,

Gnade hoffen, aber auch jetzt ging er hierauf nicht ein. Ebensowenig nützten die erneuten Verhöre Katte's, jener vermeintlichen Intrigue auf die Spur zu kommen. Der König hatte sogar die Absicht, Katte auf die Fol= ter zu spannen, doch schützte ihn hievor die Verwendung seiner Verwandten, die im Staate hohe Stellen bekleideten.

So hatte man keine weiteren Zeugnisse gegen den Kronprinzen und gegen Katte in Händen, als was sich durch ihre beabsichtigte Flucht selbst und durch die bisherigen Aussagen des Letzteren ergab. Doch war auch dies dem Könige bereits genügend, um gegen die Verschuldeten mit allem Nachdrucke eines strengen Gesetzes zu verfahren. Es wurde ein Kriegsgericht zusammenberufen, welches über sie nur in militairischer Rück= sicht zu erkennen hatte: der Kronprinz namentlich sollte dabei blos als desertirter Militair betrachtet werden. Am 25. October trat dieses Gericht in Cöpenick zusammen und kehrte am 1. November nach Berlin zurück. Trotz jener ausdrücklichen Bestimmung des Königs erfolgte indeß kein richterlicher Spruch über den Kronprinzen; das Kriegsgericht hatte sich in diesem Punkte für incompetent erklärt. Katte war, in Betracht, daß er sich nicht vom Regimente entfernt habe und seine bösen Pläne nicht in Ausführung gekommen seien, zur Cassirung und mehrjähriger Festungs= baustrafe verurtheilt worden. Der König aber nahm die ganze Erklärung des Kriegsgerichtes sehr ungnädig auf; er sah darin nur eine Bemühung, sich dem künftigen Herrn des Landes, den er einmal als seinen entschiede= nen Feind betrachtete, gefällig zu erweisen. Sein Zorn konnte nicht ohne ein blutiges Opfer gestillt werden; und so erklärte er zunächst, aus eigner Machtvollkommenheit das Vergehen Katte's als ein Verbrechen der be= leidigten Majestät, da dieser, als Officier der Garde-Gendarmerie, der Person des Königs unmittelbar verpflichtet gewesen sei und solche Ver= pflichtung durch einen Eid erhärtet, nichtsdestoweniger jedoch zur Desertion des Kronprinzen unerlaubte Verbindungen mit fremden Ministern und Gesandten, zum Nachtheil des Königs, angeknüpft habe. Für ein solches Verbrechen habe er verdient, mit glühenden Zangen gerissen und aufge= henkt zu werden; doch solle er, in Rücksicht auf seine Familie, nur durch das Schwert gerichtet werden. Man solle dem Katte, wenn ihm dieser Ausspruch eröffnet werde, sagen, daß es dem Könige leid thäte: es sei aber besser, daß er sterbe, als daß die Gerechtigkeit aus der Welt gehe.

Alle Bitten und Fürsprachen gegen dieses strenge Urtheil waren umsonst; vergebens flehte Katte's Großvater, der alte verdiente General=Feldmar= schall Graf von Wartensleben, mit rührenden Worten um Gnade, nur damit ihm Gelegenheit bleibe, das Herz seines Enkels zur Buße und zur Demuth zurückzuführen. Der Sinn des Königs blieb unerweicht, und wiederholt berief er sich darauf, es sei besser, daß ein Schuldiger nach der Gerechtigkeit sterbe, als daß die Welt oder das Reich zu Grunde gehe.

Katte selbst vernahm sein Urtheil mit großer Standhaftigkeit. So leichtfertig er sich früher betragen hatte, so würdig erschien der zweiund= zwanzigjährige Jüngling in den wenigen Tagen, die ihm jetzt noch zur Vorbereitung auf den Tod vergönnt waren. Der Gram, den er seinen Eltern und seinem Großvater durch das leichtsinnig heraufbeschworene Schicksal verursachen mußte, ergriff seine Seele mit Macht; die Briefe, mit denen er von ihnen Abschied nahm, waren von innigster Reue erfüllt. Demuthvoll bekannte er, daß er in dieses Unglück gestürzt sei, weil er des Höchsten vergessen und nur nach irdischen Ehren gestrebt habe; daß er aber hierin nur die Liebe des ewigen Vaters erkenne, die ihn durch den dunkeln Pfad zum Licht geleitet. Am vierten November wurde er nach Cüstrin abgeführt. Es geschah auf Befehl des Königs, denn dieser wollte auch das härteste Mittel nicht unversucht lassen, das Herz des Kronprinzen zu erweichen. Unter den Augen des Letzteren, so hatte es der König aus= drücklich angeordnet, sollte die Hinrichtung des Freundes stattfinden. Der Morgen des sechsten November war zur Hinrichtung bestimmt. Der Kronprinz wurde genöthigt, an das Fenster zu treten, und rief, als er den Freund inmitten des militairischen Zuges zwischen zweien Predigern erblickte, hinab: „Verzeihe mir, mein theurer Katte!" — „Der Tod für einen so liebenswürdigen Prinzen ist süß!" erwiderte Jener. Dann schritt der Zug den Wall hinauf, und Katte empfing, von christlicher Tröstung gestärkt, den tödtlichen Streich. Aber die starke Natur des Kronprinzen erlag; Ohnmachten ergriffen ihn, und die Schale, die sein Herz umschlossen hielt, war gesprungen.

Noch schwebte das Schwert, welches Katte's Leben vernichtet, über dem Haupte des Prinzen; noch ließen die fortgesetzten Drohungen des Königs auch für Diesen das Schlimmste befürchten. Dringender und vielseitiger erhob sich, bei dem ungeheuren Aufsehen, welches sein

Gefangennehmung in der ganzen Welt gemacht hatte, die Fürsprache für ihn. Schon im September hatte der König durch seine Gesandten ein Rund= schreiben an die auswärtigen Höfe geschickt, um sie im allgemeinen von dem geschehenen Schritte zu benachrichtigen und ihnen anzuzeigen, daß ihnen später, nach dem Schlusse der Untersuchungen, eine ausführliche Erklärung gegeben werden solle. Kurz darauf aber, und zum Theil schon vor der Abfassung jenes Rundschreibens, erschienen Vorstellungen von verschiedenen Höfen, welche den Zweck hatten, den König zu einer mildern Ansicht der Sache zu stimmen. Zuletzt und mit besonderem Nachdrucke trat der österreichische Hof auf, der nun, da die Verbindung Preußens mit England einen augenscheinlichen Bruch erlitten hatte und vom Kron= prinzen in dieser Beziehung wenig mehr zu befürchten schien, auch ihn, wie den Vater, durch das Gewicht seiner Vermittelung an seine Interessen zu knüpfen wünschte. Von größerer Bedeutung indeß war zunächst der Einspruch, den die würdigsten und vom Könige am meisten geschätzten Führer seines Heeres gegen das Bluturtheil, mit welchem dieser drohte, erhoben. Auf die Erklärung zwar, daß der König nicht befugt sei, den „Kurprinzen von Brandenburg" ohne förmlichen Proceß vor Kaiser und Reich am Leben zu bestrafen, erwiderte Jener, daß Kaiser und Reich ihn nicht abhalten dürften, gegen den „Kronprinzen von Preußen" in seinem souverainen Königreiche nach Belieben zu verfahren. Aber der Major von Buddenbrock entblößte vor dem Könige seine Brust und rief helden= müthig aus: „Wenn Ew. Majestät Blut verlangen, so nehmen Sie mei= nes; jenes bekommen Sie nicht, so lange ich noch sprechen darf!"

War die Stimme der Politik nicht ganz zu überhören, war die Stimme der Ehre für den kriegerischen König ein hochachtbarer Klang, so trat doch noch ein Drittes hinzu, welches mit ungleich größerer Gewalt sein Herz zur Gnade stimmte. Es war ein Wort eines geringen Dieners, dieses aber brachte die so lang ersehnte Kunde von der Sinnesänderung des Sohnes.

Der Feldprediger Müller, der mit Katte von Berlin nach Cüstrin gegangen war und ihn zum Tode vorbereitet hatte, war zugleich durch den König beauftragt worden, nach Möglichkeit auch auf das Gemüth des Kronprinzen zu wirken, und, wenn sich dieser zur Annahme seiner geist= lichen Ermahnungen willfährig zeige, längere Zeit bei ihm zu bleiben.

Der Kronprinz war nach jenem furchtbaren Schlage eines höheren Trostes nur zu sehr bedürftig. Der Feldprediger hatte ihm von Katte ein theures Vermächtniß überbracht, eine Reihe schriftlich abgefaßter Vorstellungen, welche dazu dienen sollten, den fürstlichen Freund auf den gleichen Weg des Heiles zu führen, als durch welchen er mit dem Leben versöhnt gestorben war. Diese Vorstellungen bestanden besonders darin, daß Katte sein Unglück als eine verdiente Strafe Gottes betrachtete, daß er den Kronprinzen beschwor, auch er möge hierin die Hand Gottes erkennen und sich dem Willen seines Vaters unterwerfen, besonders aber möge er dem Glauben an eine willkürliche Vorherbestimmung des Schicksals entsagen. Dieses Letztere war der wichtigste Punkt, und auch der König hatte bereits vor allem darauf gedrungen, daß der Prediger diese Glaubensansicht des Kronprinzen mit allem Eifer bekämpfen möge. Denn der Prinz hatte sich, besonders durch Katte dazu verleitet, — wie dieses bereits früher angedeutet wurde, — jener Prädestinationslehre ergeben, welche bekanntlich durch die Calvinisten mit einer trostlosen Strenge vertreten wurde, welche die einzelnen Menschen als von Ewigkeit her zur Seligkeit oder zur Verdammniß bestimmt darstellte, und welche somit in der Sünde keine Schuld des menschlichen Herzens anerkennen konnte. So hatte auch Friedrich Alles, was er bisher gethan, nur als die Fügung eines ihm fremden Schicksals betrachtet. Jetzt aber war sein Gemüth einer wärmeren Ansicht geöffnet: zwar stritt er noch längere Zeit mit eifrigen Gründen zur Vertheidigung seines alten Glaubens, aber endlich siegte die bibelfeste Beredtsamkeit des Predigers. Er fühlte sich überwunden und klagte, daß ihn jetzt seine Gedanken verließen. Nachdem er seine Kräfte wieder zusammengerafft, war seine erste Aeußerung, daß er also selbst Schuld sei, nicht nur an seinem eigenen Unglücke, sondern auch an dem Tode seines Freundes. Der Prediger bejahte Dieses; er ließ ihn absichtlich die ganze Größe seiner Schuld ins Auge fassen, aber er verwies ihn zugleich an die göttliche Gnade, welche größer sei als alle Schuld. Aber nun meinte der Kronprinz, wenn Gott ihm auch vergeben werde, so habe er doch den König in einem Maße beleidigt, daß er von diesem keine Verzeihung hoffen könne, und gewiß sei der Prediger nur in der Absicht gesendet, auch ihn, wie Katte zum Tode vorzubereiten. Es kostete jenem große Mühe, einen solchen Verdacht abzuwenden: nur durch ein starkes Gebet,

gemeinschaftlich mit dem Prinzen, vermochte er diesem seine Fassung wie=
derzugeben. Friedrich bat den Prediger, er möge seine Wohnung auf dem
Schlosse nehmen, damit er ihn recht viel bei sich sehen könne. Müller
erhielt darauf ein Zimmer über dem des Prinzen, und dieser gab ihm,
oft schon des Morgens früh um sechs Uhr, das Zeichen, daß er ihn er=
warte. Einst hatte ihm der Prediger ein geistliches Buch mitgetheilt; als
er es zurück empfing, fand er darin im Deckel einen Mann gezeichnet, der
unter zwei gekreuzten Schwertern kniete, und darunter die Worte des
Psalms: „Herr, wenn ich nur dich habe, so frage ich nichts nach Himmel
und Erde; wenn mir gleich Leib und Seele verschmachtet, so bist du doch,
Gott, alle Zeit meines Herzens Trost und mein Theil."

Der Prediger sendete in den ersten Tagen nach Katte's Hinrichtung
täglichen Bericht an den König über die Sinnesänderung des Kronprinzen.
Aber er fügte auch hinzu, daß der Prinz wegen seiner anhaltenden Trau=
rigkeit in eine Gemüthskrankheit fallen dürfte, und er bat den König, dem
Sohne das Wort der Gnade nicht mehr lange vorzuenthalten. Der
König verlieh dem Prediger ein geneigtes Gehör. So durfte dieser denn
schon am zehnten November dem Prinzen die Mittheilung machen, daß
der König ihm zwar noch nicht gänzlich verzeihen könne, daß er aber des
scharfen Arrestes entlassen werden und sich nur innerhalb der Festungs=
mauern halten solle, und daß er fortan als Rath in der neumärkischen
Kammer zu Cüstrin werde beschäftigt werden. Die Erscheinung der väter=
lichen Gnade erschütterte den Kronprinzen so, daß er an der Wahrheit der
Nachricht zweifelte und die Thränen nicht zurückzuhalten vermochte; nur
erst die Züge des königlichen Handschreibens an den Prediger konnten ihn
davon überzeugen. Zugleich aber hatte der König verlangt, der Kronprinz
solle vor einer besonders dazu verordneten Deputation einen Eid ablegen,
daß er seinem Willen und Befehle in Zukunft den strengsten Gehorsam
leisten und Alles thun werde, was einem getreuen Diener, Unterthan und
Sohne zukomme; er hatte ihn nachdrücklich auf die Bedeutung eines Eides
aufmerksam machen lassen und hinzugefügt, daß, wenn er den Eid je
brechen sollte, er sein Recht auf die Thronfolge, vielleicht auch das Leben
verlieren würde. Der Kronprinz erklärte sich zu diesem Eide bereit; ließ
aber auch den König ersuchen, ihm denselben zuvor zukommen zu lassen,

damit er seinen Schwur vollkommen in Erwägung ziehen und mit wahrer Ueberzeugung aussprechen könne. Der König gewährte die Bitte.

Bis die Einrichtungen zur Aufnahme des Prinzen in das Kammer= Collegium und zu seiner künftigen Wohnung fertig waren, blieb er noch im Gefängnisse und fuhr mit dem Prediger in jenen erbaulichen Betrach= tungen fort. Am 17. November kam endlich die vom Könige verordnete Deputation in Cüstrin an. Nachdem Friedrich vor derselben den Eidschwur abgelegt, erhielt er Degen und Orden zurück, ging zur Kirche und nahm das Abendmahl. Der Hofprediger hatte mit Beziehung auf das Schicksal seines hohen Zuhörers zum Texte der Predigt die Worte des Psalmes gewählt: „Ich muß das leiden, die rechte Hand des Höchsten kann Alles ändern.“ Dann schrieb Friedrich noch einen besondern Brief an den König, in welchem er seine Unterwerfung bekannte, noch einmal um Ver= zeihung bat und die Versicherung gab, daß es nicht die Beraubung der Freiheit, sondern die Aenderung seines eigenen Sinnes gewesen sei, was ihm die Ueberzeugung seines Fehltrittes gegeben habe. Noch aber hatte der König nur erst dem Sohne, nicht dem Oberstlieutenant Friedrich ver= geben; eine Uniform durfte er noch nicht tragen, sondern nur ein einfaches bürgerliches Kleid, hellgrau, mit schmalen silbernen Tressen. Doch ließ er den König durch den Feldprediger Müller, der jetzt wieder nach Berlin zurückkehrte, bitten, er möge ihm zu dem Degen, den er ihm zurückgegeben, doch auch ein Portd'epée verstatten. Als der König diese Bitte des Soh= nes vernahm, rief er in freudigster Ueberraschung aus: „Ist denn Fritz auch ein Soldat? Nun, das ist ja gut!“

Achtes Kapitel.

Die Versöhnung.

Allgemein war die Freude, als die Begnadigung des Kronprinzen bekannt ward; die große Furcht, die man längere Zeit für sein Schicksal gehegt, hatte ihn dem Volke nur noch werther gemacht, als er es bereits früher war. Die österreichische Partei sorgte indeß nach Kräften dafür, dem kaiserlichen Hofe das Verdienst der Begnadigung zuzuschreiben. Auch

mußte der kaiferliche Gefandte, Graf Seckendorf, den König ohne fonder=
liche Mühe dahin zu bewegen, daß er in feiner Antwort auf des Kaifers
Verwendungsfchreiben es geradezu ausfprach, daß der Kronprinz feine
Begnadigung nur dem Kaifer zu verdanken habe und daß er nur wünfche,
der Prinz möge fich für eine fo liebevolle Verwendung ftets dankbar er=
weifen. Zugleich wurde Friedrich felbft zu einem Dankfchreiben an den
Kaifer veranlaßt, worin er diefelben Anfichten ausfprechen mußte. Auch
war es Seckendorf, auf deffen Rath der König dem Kronprinzen jenen
Eid hatte abnehmen und die Befchäftigung deffelben in Cüftrin für die
nächfte Zukunft beftimmen laffen. In dem öffentlichen Rundfchreiben
jedoch, welches der König den verfchiedenen Höfen über die Begnadigung
des Kronprinzen mittheilte, führte er als den Grund der letzteren nur die
eigene königliche Gnade und väterliche Milde an.

Dem Kronprinzen war in Cüftrin ein eigenes Haus zur Wohnung
eingerichtet, eine kleine Dienerfchaft und ein, freilich befchränktes Einkom=
men zugewiefen worden; mit letzterem mußte möglichft fparfam gewirth=
fchaftet und regelmäßig Rechnung abgelegt werden. An den Sitzungen der
neumärkifchen Kammer, in welcher er am 21. November zum erften Male
erfchien und durch ein Gratulationsgedicht von Seiten der Kammerkanzlei
bewillkommnet wurde, nahm er als jüngfter Kriegs= und Domainenrath
Theil, ohne daß ihm jedoch bei den Abftimmungen ein Votum zukam.
In den einzelnen Theilen feines neuen Berufes, in den Finanz= und Po=
lizei=Angelegenheiten, ebenfo in der Landwirthfchaft und Verwaltung der
Domainen, erhielt er befonderen theoretifchen Unterricht. Im Uebrigen
blieb feine Lage noch fehr befchränkt; er durfte die Stadt nicht verlaffen;
Lectüre, namentlich franzöfifcher Bücher, und felbft mufikalifche Befchäf=
tigung blieb ihm unterfagt.

Doch war der Präfident von Münchow bemüht, ihm den Aufenthalt
in Cüftrin möglichft angenehm zu machen; auch fehlte es nicht an an=
muthigen gefelligen Beziehungen, welche dem Kronprinzen die urfprüng=
liche Heiterkeit und Unbefangenheit feines Gemüthes bald wiedergaben.
So hatte unter Anderen die verwittwete Landräthin von Manteuffel, eine
geborene von Münchow, durch geiftreichen Verkehr feine Zuneigung er=
worben. Als fie, noch vor Ende des Jahres, im Begriff war, eine Reife
auf ihre Güter zu machen, fendete er ihr, fein eigenes Loos fchon paro=

dirend, eine scherzhafte Cabinetsordre zu, in welcher er auf's Feierlichste
gegen ihre beabsichtigte Desertion protestirte und einem so strafbaren Unter=
nehmen sein Allerhöchstes Mißfallen bezeigte. Das Verbot gegen die
Lectüre hatte man schon in dem engen Gefängnisse zu umgehen gewußt.
Noch weniger ernstlich scheint man dem Verbote in Bezug auf die Musik
nachgekommen zu sein, indem Friedrich sich von dem Generalmajor von
Schwerin den Hautboisten Fredersdorf, einen vorzüglichen Flötenbläser,
zur Unterstützung in seinen musikalischen Beschäftigungen erbitten durfte.
Er hatte diesen schon früher kennen gelernt, als er einst durch Frankfurt
reiste und die Studenten ihm eine Abendmusik brachten, wobei Freders=
dorf sich durch sein Flötenspiel auszeichnete. Später machte ihn Friedrich
zu seinem geheimen Kämmerer, und Fredersdorf ist ihm bis an sein Ende
werth geblieben.

Der Kronprinz hatte sich geschmeichelt, daß seine unbedingte und auf=
richtig gemeinte Unterwerfung unter den Willen des Königs ihm auch in
der That das Herz des Vaters zurückführen werde. Noch aber war der
König keinesweges von allem Mißtrauen gegen den Sohn befreit; noch
argwöhnte er fort und fort, daß die nothgedrungene Unterwerfung dessel=
ben nur Verstellung und daß des Sohnes Herz zur Liebe gegen ihn nicht
fähig sei. Als nun der Winter verging und der Prinz noch durch kein
Zeichen unmittelbarer, persönlicher Theilnahme des Vaters erfreut war,
als er jener Unterrichtsgegenstände, die ihm vorgetragen wurden, sich mit
einer Gewandtheit des Geistes bemächtigt hatte, die seine Lehrer in Er=
staunen setzte, und doch der Kreis seiner Wirksamkeit so beschränkt blieb
wie bisher, da drohte ein neuer Unmuth in ihm Wurzel zu schlagen.
Schon sann er auf neue Mittel, wie er sich — zwar nicht ohne Wissen
und Theilnahme des Königs — aus seiner drückenden Lage befreien
könne. Er glaubte, daß jene englische Heirath noch immer an dem Miß=
trauen des Königs Schuld sei; er erklärte also in einer vertraulichen Mittheil=
lung an den General Grumbkow, daß er die Gedanken daran vollständig auf=
gegeben habe, daß er vielmehr sich bereitwillig der Absicht des Königs fügen
werde, wenn dieser, wie man sage, eine Vermählung zwischen ihm und der
ältesten Tochter des Kaisers zu Stande zu bringen gedenke. Er bemühte
sich, die leichte Ausführbarkeit eines solchen Planes zu entwickeln, voraus=
gesetzt, daß er nicht seine Religion zu verändern brauche, und er erklärte

sich hiebei auch zu der Bedingung bereit, das Recht auf die preußische
Thronfolge seinem Bruder zu überlassen, indem die österreichischen Be-
sitzungen, in Ermangelung männlicher Erben, auf die älteste Tochter des
Kaisers übergehen mußten. Grumbkow vermuthete indeß, daß der Kron-
prinz diesen Plan nur entworfen habe, um dadurch überhaupt von den
Gesinnungen des Königs unterrichtet zu werden; er entwickelte dem
Prinzen die ganze Unausführbarkeit, und von der Sache wurde nicht
weiter gesprochen.

Doch ließ es sich Grumbkow, im Interesse der österreichischen Partei
angelegen sein, eine wirkliche Versöhnung zwischen Vater und Sohn
herbeizuführen. Der erste nähere Beweis der väterlichen Gnade, welche
im Mai erfolgte, war die Uebersendung geistlicher Bücher und eines ermah-
nenden Briefes. Aber es währte noch ein paar Monate, ehe der König
sich entschließen konnte, den Kronprinzen wiederzusehen. Endlich am
15. August 1731, kam er bei Gelegenheit einer größeren Reise zum Besuche nach Cüstrin. Er trat im Gouvernementshause ab und ließ den
Kronprinzen aus seiner Wohnung zu sich berufen. Das Aeußere des
Sohnes hatte sich in dem verflossenen Jahre so verändert, daß schon der
bloße Anblick dem Könige günstige Gesinnungen einflößen mußte; die
französische Leichtfertigkeit seines Benehmens war verschwunden und männlicher Ernst an deren Stelle getreten. Sowie der Kronprinz den König
erblickte, fiel er diesem zu Füßen. Der König ließ ihn aufstehen und
stellte ihm nun in einer nachdrücklichen Rede noch einmal seine Vergehungen vor; er sagte ihm, wie ihn Nichts so empfindlich berührt habe, als
daß der Kronprinz kein Vertrauen zu ihm gehabt, da doch Alles, was
er zum Besten seines Hauses und seines Staates gethan, nur für ihn
geschehen sei; er habe Nichts als die Freundschaft des Kronprinzen gewünscht. Der Letztere benahm sich bei dieser Rede und bei den Fragen,
welche der König über die Geschichte seiner Flucht that und welche er mit
Aufrichtigkeit beantwortete, so zur Zufriedenheit des Vaters, daß ihm
dieser alles Geschehene liebevoll vergab. Als der König endlich im Begriff war, die Reise fortzusetzen, und der Kronprinz ihn an den Wagen
begleitete, umarmte er ihn vor allem Volke und versicherte ihn, daß er
jetzt nicht mehr an seiner Treue zweifle, vielmehr weiter für sein Bestes
sorgen wolle. Friedrich war von lebhafter Freude bewegt, ebenso das-

ganze Volk, welches sich um das Gouvernementshaus versammelt und in
banger Erwartung auf den Ausgang der Unterredung geharrt hatte.

Der nächste Erfolg dieser Versöhnung war der, daß der Kronprinz
eine größere Freiheit erhielt, als ihm bisher gestattet war, obschon der
König keineswegs die Absicht hatte, sofort Alles auf den alten Stand zu
setzen. Vielmehr gedachte er, in weiser Rücksicht auf das wahre Wohl
des Sohnes, diesen die Lehrzeit in Cüstrin möglichst gründlich vollenden
zu lassen. Er mußte den Sitzungen der Kammer nach wie vor beiwoh=
nen, doch so, daß er neben dem Präsidenten zu sitzen kam, mit diesem
unterschrieb und in allen Angelegenheiten sein Botum mit abgab. Zu=
gleich sollte er die königlichen Domainen in der Umgegend Cüstrins, in
Gesellschaft eines erfahrenen Rathes, bereisen und sich praktisch in den
Dingen üben, die er bisher nur theoretisch erlernt. Ebenso ward für seine
häusliche Bequemlichkeit gesorgt; er ward mit reicherer Garderobe ver=
sehen und erhielt eine Equipage zu seiner Verfügung.

Mit großem Eifer ergab sich der Kronprinz seinem erweiterten Be=
rufe. Bei seinen Reisen nach den Aemtern ließ er es sich angelegen sein,
sich über alle Einzelheiten der ökonomischen Verwaltung zu unterrichten;
er gab dem Könige über Alles Rechenschaft und bemühte sich, Vorschläge
zu Verbesserungen und zur Vermehrung des Ertrages, wie sie ihm zweck=
mäßig schienen, vorzulegen. So trug er z. B. darauf an, daß auf dem
einen Amte eine wüste Stelle urbar gemacht und ein Vorwerk darauf an=
gelegt werden möchte, worüber er den detaillirten Anschlag einsendete;
daß auf einem andern Amte die verfallenen Wirthschaftsgebäude in einer
zweckmäßigeren Verbindung neu gebaut würden; daß auf einem dritten
ein großer Bruch, der zum Wildstande unbenutzbar war, geräumt und
für wirthschaftliche Benutzung gewonnen würde, u. s. w. Der König
ging mit lebhafter Freude auf solche Vorschläge ein, suchte den Kronprin=
zen auf alles Einzelne, was dabei zu berücksichtigen sei, aufmerksam zu
machen und durch diese Theilnahme seinen Eifer rege zu halten. Er hatte
die Genugthuung, daß bald auch von Seiten der Männer, denen er die
Beaufsichtigung Friedrichs anbefohlen, die vortheilhaftesten Berichte über
die erfolgreiche Thätigkeit desselben einliefen. Zugleich versäumte der
Kronprinz nicht, sich auch in minder wichtigen Dingen den Wünschen des
Königs zu bequemen. Ohne eigene Neigung zur Jagd, berichtete er von

dem Wildftande, den er in den verfchiedenen Gegenden vorgefunden, von
den feltenen Thieren, die er bemerkt, von der Anzahl Sauen, die er
felbft erlegt habe u. f. w. Auch ließ er, gewiß nicht ohne Abficht, in
feinen Briefen manche Bemerkungen über foldatifche Angelegenheiten ein=
fließen, denn immer noch entbehrte er des höchften Beweifes der väter=
lichen Verzeihung, der militairifchen Uniform. Endlich fehlte es nicht
an erfahrenen Freundesftimmen, welche durch klugen Rath dahin ein=
wirkten, daß der Kronprinz fein perfönliches Betragen in der Gefell=
fchaft namentlich in feinem Verhältniß zum Könige, immer mehr dem
Wunfche und der Neigung des Letzteren gemäß einrichtete. Unter diefen
Rathgebern ift befonders Grumbkow, in diefer Beziehung nur ehrenvoll,
zu erwähnen.

Jn Berlin, in der königlichen Familie felbft, hatten unterdeß die
Verhältniffe ebenfalls eine Geftalt gewonnen, welche Beruhigung nach fo
vielen Kümmerniffen erwarten ließ. Die Prinzeffin Wilhelmine hatte
fich, obgleich die Mutter noch immer, wenigftens in Bezug auf fie, die
Verbindung mit England unterhielt, endlich entfchloffen, einem der
Prinzen, welche ihr vom Vater vorgefchlagen wurden, ihre Hand zu
geben. Unter drei Freiwerbern wählte fie, weil ihr die beiden andern
bekannt und widerwärtig waren, den Einen, den fie nicht kannte, den
Erbprinzen von Baireuth, und fie hatte fich in Wahrheit über das Loos,
welches fie gezogen, nicht zu beklagen. Am 1. Juni war die Verlobung
gefchehen; die Vermählung erfolgte am 20. November deffelben Jahres.
Es ift zu bemerken, daß am Tage der Verlobung und am Tage der Ver=
mählung, beide Male aber zu fpät, ein englifcher Courier in Berlin an=
gekommen war, der dem Könige fehr annehmbare Anträge über eine Ver=
bindung der Prinzeffin Wilhelmine mit einem englifchen Prinzen gebracht
hatte. Daß der Courier beide Male zu fpät kam, ließ indeß an der Auf=
richtigkeit Englands zweifeln.

Der König hatte feiner Tochter, zum Dank für ihr Eingehen in
feine Wünfche, verfprochen, daß die gänzliche Befreiung des Kronprinzen
unmittelbar nach ihrer Hochzeit ftattfinden folle. Der vierte Tag der
Hochzeitsfeierlichkeiten wurde von dem Könige durch einen großen Ball in
den Prunkzimmern des Schloffes gefeiert, und es wurde eben eine Menuett
getanzt, als der Kronprinz eintrat. Nicht nur fein Benehmen, auch feine

körperliche Erscheinung hatte sich in der langen Zeit seiner Abwesenheit geändert; er war größer und stärker geworden; in dem schlichten hecht= grauen Kleide, welches er auch jetzt noch trug, mischte er sich unbemerkt unter die Hofbedienten, die in der Nähe der Thür standen. Niemand außer dem Könige wußte um seine Anwesenheit; es währte geraume Zeit, ehe er erkannt wurde. Endlich ward die Königin, die beim Spiele saß, durch die Oberhofmeisterin von seiner Anwesenheit benachrichtigt; sie legte die Karten weg, ging ihm entgegen und schloß ihn in ihre Arme. Die Prinzessin Wilhelmine war außer sich vor Freude, als sie durch Grumbkow, mit dem sie gerade im Tanze begriffen war, die Ankunft des Bruders vernahm; aber auch sie suchte lange mit den Augen, ehe sie ihn erkannte. Nachdem sie ihn mit der innigsten Zärtlichkeit bewillkommnet, warf sie sich dem Vater zu Füßen und drückte diesem die Gefühle ihrer Dankbar= keit so lebhaft aus, daß er den Thränen nicht zu widerstehen vermochte. Auffällig gegen solche Zärtlichkeit war das kühle Betragen des Bruders, sodaß er selbst einer vorübergehenden Mißbilligung von Seiten des Königs nicht entging. Der Grund dieses Betragens lag eines Theils wohl darin, daß Friedrich, eben aus Rücksicht auf den Vater, den Entschluß gefaßt haben mochte, die Vertraulichkeit mit der Schwester, die früher zu so vielen Anschuldigungen Anlaß gegeben hatte, öffentlich nicht mehr in gleichem Maße fortzusetzen; sodann aber war er in der That in= zwischen ein Anderer geworden, und seine Gedanken waren nicht mehr, wie in den früheren Zusammenkünften mit der Schwester, allein auf Spiele und Scherze gerichtet. Die Prinzessin empfand die Entfrem= dung mit Kümmerniß, doch kehrte die alte Innigkeit zwischen Beiden bald zurück.

Einige Tage darauf erbaten die sämmtlichen höheren Offiziere, die in Berlin anwesend waren, unter Anführung des Fürsten von Dessau, die Wiederaufnahme des Kronprinzen in den Militairdienst. Am 30. No= vember erhielt er die Uniform eines Infanterie=Regiments, zu dessen künftigem Befehlshaber er ernannt wurde. Für den Winter indeß mußte er die Uniform noch einmal mit seinem bürgerlichen Kleide vertauschen und in den Kreis seiner bisherigen Thätigkeit nach Cüstrin zurückkehren. Mit erneutem Eifer und zur stets wachsenden Zufriedenheit des Vaters ging er hier auf die ihm übertragenen Beschäftigungen ein. Die

Inspectionsreisen wurden ausgedehnter; vornehmlich waren es jetzt die in
jener Gegend vorhandenen Glashütten und deren Betrieb, was ihm Gelegenheit zur Bereicherung seiner Kenntnisse darbot. Er benutzte dies
sorgfältig und wußte den Ertrag, den die Glashütten brachten, ungleich
vortheilhafter als bisher zu gestalten. Er entwarf auch einen Plan, wie
diese Verbesserungen in der Verwaltung der Glashütten auf den sämmtlichen Domainen des Landes durchzuführen seien, und der König, dem
jede Vermehrung des Einkommens sehr genehm war, befahl, daß nach
dem Plane des Kronprinzen in allen Provinzen verfahren werden solle.
Aber auch jetzt wurden die militairischen Angelegenheiten nicht versäumt;
als besondere Gnade bat sich Friedrich vom Könige das Exercier-Regle-
ment aus und suchte sich durch eifriges Studium desselben auch für den
kriegerischen Dienst geschickt zu machen. Nachdem ein Fieber, welches ihn
gegen das Ende des Jahres 1732 befiel, dem Könige noch besondere
Gelegenheit gegeben hatte, durch sorgfältige Anordnungen für die Gesundheit des Sohnes seine zurückgekehrte väterliche Liebe zu bezeigen,
wurde dieser endlich im Februar nach Berlin zurückgerufen, zum Obersten
und Befehlshaber des von der Goltzischen Regiments ernannt, und ihm
die Stadt Ruppin zu seinem Standquartiere angewiesen. Als Friedrich
in Cüstrin von dem Präsidenten von Münchow Abschied nahm und dieser
ihn bei der letzten vertraulichen Unterredung fragte, was wohl dereinst,
nach seiner Thronbesteigung, Diejenigen von ihm zu erwarten haben
würden, die sich in der Zeit des Zwiespaltes mit dem Könige feindselig
gegen ihn benommen hatten, erwiderte er: „Ich werde feurige Kohlen
auf ihr Haupt sammeln!"

Neuntes Kapitel.

Die Vermählung.

Der Friede zwischen dem Könige und seinem Sohne war nunmehr
geschlossen. Aber ebenso wie der Kronprinz war auch der Vater bemüht,
die Gelegenheiten zu neuem Bruche zu vermeiden. Und weil er wohl erkannt hatte, daß die Natur dem Charakter seines Sohnes eine andere

Richtung als dem seinigen gegeben hatte und daß es unmöglich sein
würde, ihn ganz zu seinem Ebenbilde umzugestalten, so hielt er fortan
eine Trennung des gewöhnlichen Aufenthaltes, wie solche schon im ver=
flossenen Jahre so vortheilhaft gewirkt hatte, für nothwendig. Dies war
der Grund, weshalb dem Kronprinzen das neun Meilen entfernte Ruppin
zum künftigen Aufenthalte angewiesen war. Hier mußte ihm natürlich
eine größere Freiheit in seinem Thun und Treiben verstattet sein, voraus=
gesetzt, daß er im Uebrigen die Anordnung seines Vaters, namentlich
seine Ausbildung für den Soldatendienst, die ihm jetzt als wichtigste
Pflicht oblag, befolgte. Diese weise Maßregel bewährte sich in solchem
Maße, daß von jetzt an das Vertrauen zwischen Sohn und Vater nur
im Zunehmen begriffen blieb und augenblickliche Mißverhältnisse, die
allerdings bei so verschiedenen Charakteren und bei der feststehenden Gei=
stesrichtung des Königs nicht ganz ausbleiben konnten, doch ohne weitere
Folgen vorübergingen.

Zunächst hatte freilich der Sohn, um seine vollkommene Unterwer=
fung unter den Willen des Vaters zu bezeigen, noch einen sehr schmerz=
lichen Kampf zu bestehen. Um einen der wichtigsten Anlässe zu weiterer
Mißhelligkeit zu beseitigen, dachte der Vater sehr ernstlich auf die Verhei=
rathung des Kronprinzen. Schon während sich der Letztere in Cüstrin
aufhielt, waren die ersten Einleitungen dazu getroffen. Die österreichische
Partei, welche den König zur Zeit noch ausschließlich beherrschte und mit
aller Macht den noch immer nicht ganz besiegten englischen Einflüssen ent=
gegen zu arbeiten suchte, wußte es dahin zu bringen, daß eine Nichte der
Kaiserin, Elisabeth Christine, eine Prinzessin von Braunschweig=Bevern,
in Vorschlag gebracht wurde. Friedrich Wilhelm ging hierauf um so
freudiger ein, als ihm der Vater der Prinzessin persönlich vor vielen Für=
sten werth war. Der Kronprinz gab seine Zustimmung, aber mit Ver=
zweiflung im Herzen. Man hatte ihm gesagt, die Prinzessin sei häßlich
und sehr beschränkten Geistes; und er, in der ersten Blüthe der Jugend,
aller Lust des Lebens um so eifriger zugethan, je entschlossener die seltene
Gelegenheit erhascht werden mußte, sollte sich so früh durch ein Band
fesseln lassen, das in zweifacher Beziehung seinen Neigungen widersprach!
Er suchte einen andern Ausweg. Die Prinzessin Katharine von Mecklen=
burg, Nichte der Kaiserin Anna von Rußland und von dieser an Kindesstatt

4 *

angenommen, schien seinen Wünschen ein ungleich angemessenerer Gegen=
stand. Als er jedoch hierüber Mittheilungen machte und eine solche Wahl
wiederum dem österreichischen Hofe sehr bedenklich erschien, so wurden die
Anstrengungen von dieser Seite, rücksichtlich der Prinzessin von Braun=
schweig, verdoppelt und der Wille des Königs von Preußen unwiderruf=
lich bestimmt.

Schon im März 1732, als der Herzog Franz Stephan von Lo=
thringen, der künftige Schwiegersohn des Kaisers, einen Besuch am Hofe
von Berlin abstattete, und zu den ehrenvollen Festlichkeiten, mit denen
derselbe empfangen wurde, auch die braunschweigischen Herrschaften ein=
geladen waren, wurde die Verlobung des Kronprinzen mit der Prinzessin
Elisabeth Christine gefeiert. Friedrich fand sich, zu seiner großen Be=
ruhigung, durch die früheren Berichte über seine Braut getäuscht; denn
sie war keineswegs häßlich, vielmehr von eigenthümlicher Anmuth in der
äußeren Erscheinung, und die übergroße Schüchternheit ihres Benehmens,
die sie als beschränkt erscheinen ließ, hoffte er später zu beseitigen. Doch
war er klug genug, sich von dieser Veränderung seiner Gesinnungen nichts
merken zu lassen, damit der Vater das Opfer, welches er ihm darbrachte,
um so höher anschlagen möge. Oesterreichischerseits that man Alles, um
die Prinzessin, bis zur Vermählung, den Wünschen des Kronprinzen
gemäß auszubilden; man sorgte für eine geschickte Hofmeisterin; man
bemühte sich später sogar, einen ausgezeichneten Tanzmeister für sie zu
werben, da der Kronprinz, der damals mit ebenso großer Leidenschaft,
wie Anmuth tanzte, sich über ihren Tanz mißfällig geäußert hatte. Die
Heirath war auf das nächste Jahr bestimmt, vom kaiserlichen Hofe suchte
man dieselbe nach Möglichkeit zu beschleunigen, damit das bisher Gewon=
nene nicht wieder verloren gehe, was der damals sehr schwankende Ge=
sundheitszustand des Königs befürchten ließ.

Nach Beendigung der Festlichkeiten kehrte der Kronprinz nach
Ruppin zurück. Die Ruhe, welche er hier genoß, that seinem Geiste
innig wohl. Zwar ließ er es sich auf's Eifrigste angelegen sein, das ihm
anvertraute Regiment unablässig zu üben, für dessen Wohl und Tüchtigkeit
zu sorgen, besonders aber, demselben durch die Anwerbung großer Rekru=
ten in den Augen des Königs ein möglichst stattliches Ansehen zu ver=
schaffen; auch versäumte er nicht die ökonomischen Angelegenheiten, die

ihm der König gleichzeitig aufgetragen hatte; doch waren die Mußestun=
den hier ohne weiteren Zwang der Bildung seines Geistes, der Lectüre
und Musik gewidmet.   Ernstlicher als in früherer Zeit konnte er jetzt auf
eine wissenschaftliche Durchbildung bedacht sein, und die großen Männer
und Thaten der Vorzeit traten im Spiegel der Geschichte, zu gleichem
Thun begeisternd, vor sein inneres Auge.   Nahe bei Ruppin selbst, bei
Fehrbellin, war classischer Boden: hier hatte vor einem halben Jahrhun=
dert des Kronprinzen Ahnherr, der große Kurfürst, die Schaaren der
Schweden wie ein Gewittersturm vernichtet und sein Land frei gemacht.
Er besuchte die Wahlstatt, sich von allen Einzelheiten des denkwürdigen
Vorganges zu unterrichten, wohl ahnend, daß seine eigene Zukunft ein
solches Studium nothwendig machen werde.   Ein alter Bürger von
Ruppin, der jener Schlacht in seiner Jugend beigewohnt, war sein Führer.
Als man die Besichtigung vollendet hatte, fragte ihn der Prinz heiteren
Muthes, ob er ihm nicht die Ursache jenes Krieges sagen könne.   Treu=
herzig erwiderte der Alte, der Kurfürst und der Schwedenkönig hätten in
ihrer Jugend zusammen in Utrecht studirt, hätten sich aber so wenig mit
einander vertragen können, daß es endlich zu solchem Ausbruche habe
kommen müssen.   Er wußte nicht, daß ein ähnliches Verhältniß zwischen
Friedrichs eigenem Vater und dem Könige von England fast zu gleichen
Folgen geführt hatte und daß es nicht ohne wesentlichen Einfluß auf das
Schicksal des Kronprinzen gewesen war.

Zu gleicher Zeit aber sollte ihm auch die Gegenwart das groß=
artigste Beispiel zur Nacheiferung darbieten, und es mußte dasselbe um so
tiefer auf sein Gemüth wirken, als es gerade der eigene Vater war, der
sich hiedurch den Augen der Welt in hochwürdiger Weise darstellte.   Es
war das Jahr 1732, in welchem Friedrich Wilhelm den protestantischen
Bewohnern von Salzburg, die in der Heimat um ihres Glaubens willen
bedrückt und verfolgt wurden, seine königliche Hilfe darbot und ihnen in
seinen Staaten eine neue Heimat und eine sichere Freistatt eröffnete.   In
unzähligen Schaaren, mehr als zwanzigtausend, betraten die Auswanderer
das gastliche Land, wo ihnen in den Provinzen Preußen und Litthauen
weite, fruchtbare Strecken, die durch die Pest entvölkert waren, angewiesen
wurden.   Viele hatten ihr Hab' und Gut im Stiche lassen müssen; um
so eifriger kam man ihnen in allen Orten des preußischen Staates, die

sie durchzogen, mit wohlthätiger Spende entgegen, indem überall das Bei=
spiel im Kleinen nachgeahmt wurde, welches der König im Großen aus=
übte.　Von Friedrichs Gesinnung zeugen seine Briefe aus jener Zeit.
„Mein Herz treibt mich (so schreibt er aus Ruppin an Grumbkow), das
traurige Loos der Ausgewanderten kennen zu lernen.　Die Standhaftig=
keit, welche diese braven Leute bezeigt, und die Unerschrockenheit, mit welcher
sie alle Leiden der Welt ertragen haben, um nur nicht der einzigen Religion
zu entsagen, die uns die wahre Lehre unseres Erlösers kennen lehrt,
kann man, wie es mir scheint, nicht genug vergelten.　Ich würde mich
gern meines Hemdes berauben, um es mit diesen Unglücklichen zu theilen.
Ich bitte Sie, verschaffen Sie mir Mittel, ihnen beizustehen; von ganzem
Herzen will ich von dem geringen Vermögen, welches ich besitze, Alles
hergeben, was ich ersparen kann;" u. s. w.　„Ich versichere Sie (so
fährt er in einem andern Briefe fort), jemehr ich an die Angelegenheit
der Ausgewanderten denke, um so mehr zerreißt sie mir das Herz." —
Wir haben keine Zeugnisse, wieviel der Kronprinz für jene Unglücklichen
gethan; aber es sind Züge seines Lebens genug, und auch aus jener
Zeit, vorhanden, die es erkennen lassen, daß solche Aeußerungen gewiß
von Thaten begleitet waren.

In der einen soeben angeführten Briefstelle bittet Friedrich den Gene=
ral Grumbkow, der sich sein Vertrauen zu erwerben gewußt, ihm Geld=
mittel zu verschaffen: er bedurfte einer solchen Unterstützung nur zu sehr.
Er war vom Könige immer noch auf eine, im Verhältniß zu seiner Stel=
lung beschränkte Einnahme hingewiesen.　Dabei hatte er es, trotz aller
Fürsorge des Königs, noch immer nicht lernen können, sich eines spar=
samen Haushaltes zu befleißigen; manche bedeutendere Ausgaben wurden
ihm theils durch äußere, theils durch innere Nothwendigkeit auferlegt, und
bald war die Summe seiner Schulden auf's Neue zu einer namhaften
Höhe angewachsen.　Die großen Rekruten, welche zur Ausstaffirung seines
Regimentes unumgänglich nöthig waren, konnten nur durch die Auf=
opferung bedeutender Mittel angeworben werden.　Seine Schwester, die
Gemahlin des Erbprinzen von Baireuth, befand sich in einer ebenfalls
sehr unbehaglichen Lage, indem sie weder in Baireuth von ihrem Schwie=
gervater, noch in Berlin von ihrem Vater eine genügende Ausstattung
erhalten hatte; seinem alten treuen Lehrer Dühan ging es in seiner Ver=

bannung auch nur kümmerlich; beide liebte er zärtlich, und er betrachtete
sich als Schuld der Ungnade, die der König auf sie geworfen hatte. Gern
theilte er mit ihnen, was er aufzubringen im Stande war. Solche Ver=
hältnisse aber waren dem österreichischen Hofe im allerhöchsten Maße er=
wünscht; sie gaben Gelegenheit, den Kronprinzen, den ein jeder Tag zum
Herrscher machen konnte, auf eine festere Weise als durch die bisherigen
Versuche an die Interessen Oesterreichs zu knüpfen.   Man leistete ihm
bedeutende Vorschüsse, die bald den Charakter eines förmlichen Jahrge=
halts annahmen; man gewährte dasselbe der Prinzessin von Baireuth, in=
dem man den Einfluß wohl kannte, den gerade sie auf den Kronprinzen
ausübte; man verschaffte Dühan eine kleine Stellung in Wolfenbüttel
und sicherte auch ihm eine besondere Pension zu.   Mit der äußersten Vor=
sicht wußte man alles Dies zu bewerkstelligen, sodaß der König davon keine
Kunde erhielt.   Friedrich war wohl im Stande, die Absicht des öster=
reichischen Hofes zu durchschauen; aber er nahm das an, wozu ihn die Noth=
wendigkeit zwang.   Wie wenig ehrlich die österreichische Gesinnung bei
solcher Theilnahme war, wie wenig sie wahrhaften Dank verdiente, zeigte
sich nur zu bald.

Das Hauptinteresse, durch welches Kaiser Karl VI. in allen seinen
politischen Unternehmungen geleitet wurde, war jene pragmatische Sanc=
tion, welche das Erbfolgerecht seiner Töchter verbürgen sollte. Die Ver=
bindung mit Preußen war eingeleitet worden, weil Friedrich Wilhelm der
Sanction beizutreten versprochen hatte; mit England hatte man in feind=
lichem Verhältnisse gestanden, weil man hier Widerspruch fand.   Das
Verhältniß änderte sich, sobald England, in Folge eines neuen Umschwunges
in der europäischen Politik, der Sanction beitrat. Nun suchte man dem
englischen Hofe gefällig sein, und Preußen sollte das Mittel dazu werden.
Der König von England hätte noch immer gern eine seiner Töchter zur
künftigen Königin von Preußen gemacht; kaum war der Wunsch ausge=
sprochen, so kehrte sich auch plötzlich die österreichische Politik in Bezug
auf Friedrichs Verheirathung um, und so eifrig man bisher an einer Ver=
bindung mit der Prinzessin von Braunschweig gearbeitet hatte, mit eben
so behenden Intriguen suchte man nun das angefangene Werk zu Gunsten
Englands umzustürzen; dabei wurde auch anderweitiger Vortheil nicht
vergessen, und die Prinzessin Elisabeth Christine, die Nichte der Kaiserin,

sollte nunmehr einem englischen Prinzen zu Theil werden. Man ging in diesem diplomatischen Eifer so weit, daß man noch am Vorabende von Friedrichs Hochzeit dem Könige von Preußen die dringendsten Vorstellungen machen ließ. Diesmal aber scheiterten die Künste der Diplomatie an Friedrich Wilhelms deutscher Ehrlichkeit; man erreichte damit nur, daß ihm die englischen Absichten auf's Neue verdächtig wurden, indem die Anträge wiederum zu spät kamen, und daß er auch sehr lebhafte Zweifel an der Aufrichtigkeit Oesterreichs gegen seine Wünsche zu schöpfen begann. Selbst Friedrich bezeigte sich den veränderten Anträgen wenig günstig, da auch er der Meinung war, daß die Verbindung seiner geliebten älteren Schwester mit einem englischen Prinzen wesentlich nur durch Englands Schuld abgebrochen worden sei.

So ging denn die Vermählung des Kronprinzen mit der Prinzessin Elisabeth Christine im Juni 1733 vor sich. Der preußische Hof war zu dem Endzwecke nach Salzdahlum gereist, einem Lustschlosse des Herzogs Ludwig Rudolph von Braunschweig-Wolfenbüttel, der als Großvater der Braut die Feierlichkeiten der Hochzeit besorgte. Die Trauung ward am 12. Juni durch den berühmten Theologen Abt Mosheim verrichtet. Das Fest wurde durch die Entwickelung großer Pracht verherrlicht, aber es fehlte dabei der frohe Muth. Die Königin von Preußen war in Verzweiflung, daß nun alle ihre Pläne gescheitert waren; die Braut war ohne Willen den Bestimmungen der Ihrigen gefolgt, und ihre frühere Schüchternheit wurde durch all das äußere Gepränge nur vermehrt; Friedrich hatte zwar seinen Widerwillen abgelegt, aber er fand es gut, vor den Augen der Welt seine Rolle fortzuspielen; der König schien durch das Benehmen des Sohnes nachdenklich gemacht, während zugleich jene englisch-österreichischen Anträge nur geeignet waren, seine Stimmung zu verderben. Nach einigen Tagen kehrten die sämmtlichen Herrschaften, die preußischen und die braunschweigischen, nach Berlin zurück, wo am 27. Juni, nachdem man sich durch militairische Schaustellungen zu vergnügen gesucht, der feierliche Einzug in einer langen Reihe prachtvoller Wagen gehalten wurde. Dann folgten neue Festlichkeiten, welche mit der schon früher besprochenen Vermählung der Prinzessin Philippine Charlotte, einer jüngern Schwester Friedrichs, mit dem Erbprinzen Karl von Braunschweig beschlossen wurden.

Für Friedrichs Aufenthalt in Berlin war das frühere Gouverne=
mentshaus — das Palais, welches als die Wohnung König Friedrich
Wilhelms III. allen Preußen noch in theurem Andenken ist, — einge=
richtet und erweitert worden.   Um ihm auch den Aufenthalt bei seinem
Regimente in Ruppin angenehmer zu machen, kaufte der König für ihn
das Schloß Rheinsberg, welches bei einem Städtchen gleiches Namens,
zwei Meilen von Ruppin, in anmuthiger Gegend gelegen ist, als er ver=
nommen hatte, daß er hiedurch einen Lieblingswunsch des Sohnes erfüllen
könne.   Für den Umbau und die Einrichtung des Schlosses wurde eine
namhafte Summe ausgesetzt.

Zehntes Kapitel.
Der erste Anblick des Krieges.

Friedrich hatte bisher den militairischen Dienst nur auf dem Exer=
cierplatze kennen gelernt; jetzt sollte ihm auch die ernste Anwendung dieses
Dienstes im Kriege entgegentreten.

Den Anlaß zu einem Kriege, an welchem Preußen Theil nahm, gab
eine Streitigkeit um den Besitz Polens. König August war am 1. Februar
1733 gestorben.   Er hatte, gegen die Verfassung Polens, welche kein
Erbgesetz kannte und die königliche Macht durch freie Wahl austheilte,
die polnische Krone als ein erbliches Gut für seine Familie zu erwerben
gesucht.   Zunächst zwar ohne Erfolg; doch trat sein Sohn, August III.,
der ihm in Sachsen als Kurfürst gefolgt war, als Bewerber um die pol=
nische Krone auf, indem Rußland und Oesterreich seinen Schritten einen
energischen Nachdruck gaben.   Ihm entgegen stand Stanislaus Lescinski,
der Schwiegervater des Königs von Frankreich, Ludwigs XV., der schon
früher einige Jahre hindurch, als August II. der Macht des Schweden=
königs, Karls XII., hatte weichen müssen, mit dem Glanze der polnischen
Krone geschmückt gewesen war; für ihn sprach das Wort seines Schwie=
gersohnes.   Polen selbst war in Parteien zerrissen; einst ein mächtiges
Reich, war es jetzt keiner Selbständigkeit, keiner wahren Freiheit mehr
fähig, und schon lange Zeit hatte es nur durch fremde Gewalt gelenkt

werden können. August III. siegte durch die kriegerische Macht seiner
Verbündeten, während Frankreich es für Stanislaus fast nur bei leeren
Versprechungen bewenden ließ. Aber ein sehr willkommener Anlaß war
es dem französischen Hofe, für die Eingriffe in die sogenannte polnische
Wahlfreiheit, für die Beleidigung, welche dem Könige, Ludwig XV., in
der Person seines Schwiegervaters selbst zugefügt worden, an Oesterreich
den Krieg zu erklären, um abermals, wie es schon seit einem Jahrhundert
Frankreichs Sitte war, seine Grenzen auf die Lande des deutschen Reiches
hin ausdehnen zu können. Die Kriegserklärung erfolgte im October 1733.

Friedrich Wilhelm hatte sich früher der Verbindung Rußlands und
Oesterreichs in Rücksicht auf Polen angeschlossen, wobei ihm vorläufig,
neben andern Vortheilen, abermals jene bergische Erbfolge zugesichert war.
Da es aber auch jetzt hierüber zu keiner schließlichen Bestimmung kam, so
hatte er sich auch nicht näher in die polnischen Händel gemischt. Als die
französische Kriegserklärung erfolgte, verhieß er dem Kaiser die Beihilfe
von 40,000 Kriegern, wenn seinen Wünschen nunmehr genügend gewill=
fahrt würde. Aufs Neue jedoch erhielt er ausweichende Antworten, und
so gab er nur, wozu er durch sein älteres Bündniß mit dem Kaiser ver=
pflichtet war, eine Unterstützung von 10,000 Mann, welche im Frühjahre
1734 zu dem kaiserlichen Heere abging. Den Oberbefehl über das letztere
führte der Prinz Eugen von Savoyen, der im kaiserlichen Dienste ergraut
und dessen Name durch die Siege, welche er in seinen früheren Jahren
erfochten hatte, hochberühmt war. Dem Könige von Preußen schien diese
Gelegenheit günstig, um den Kronprinzen unter so gefeierter Leitung in
die ernste Kunst des Krieges einweihen zu lassen, und so folgte dieser, als
Freiwilliger, den preußischen Regimentern. Kurze Zeit nach ihm ging
auch der König selbst zum Feldlager ab.

Das französische Heer, das mit schnellen Schritten in Deutschland
eingerückt war, belagerte die Reichsfestung Philippsburg am Rheine.
Eugens Heer war zum Entsatz der Festung herangezogen; das Hauptlager
des Letztern war zum Wiesenthal, einem Dorfe, das von den französischen
Verschanzungen nur auf die Weite eines Kanonenschusses entfernt lag. Hier
traf Friedrich am 7. Juli ein. Kaum angekommen, begab er sich sogleich
zum Prinzen Eugen, den einundsiebzigjährigen Helden von Angesicht zu
sehen, dessen Name noch als der erste Stern des Ruhmes am deutschen

Himmel glänzte, sowie er auch heutiges Tages noch in den Liedern des deutschen Volkes lebt. Friedrich bat ihn um die Erlaubniß, „zuzusehen, wie ein Held sich Lorbern sammle." Eugen wußte auf so feine Schmei= chelei Verbindliches zu erwidern; er bedauerte, daß er nicht schon früher das Glück gehabt habe, den Kronprinzen bei sich zu sehen: dann würde er Gelegenheit gefunden haben, ihm manche Dinge zu zeigen, die für einen Heerführer von Nutzen seien und in ähnlichen Fällen mit Vortheil an= gewendet werden könnten. „Denn," setzte er mit dem Blicke des Kenners hinzu, „Alles an Ihnen verräth mir, daß Sie sich einst als ein tapferer Feldherr zeigen werden."

Eugen lud den Prinzen ein, bei ihm zu speisen. Während man an der Tafel saß, ward von den Franzosen heftig geschossen; doch achtete man dessen wenig und das Gespräch ging ungestört seinen heiteren Gang. Friedrich aber freute sich, wenn er eine Gesundheit ausbrachte und seinen Trinkspruch von dem Donner des feindlichen Geschützes begleiten hörte.

Eugen fand an dem jugendlichen Kronprinzen ein lebhaftes Wohl= gefallen; sein Geist, sein Scharfsinn, sein männliches Betragen über= raschten ihn und zogen ihn an. Zwei Tage nach Friedrichs Ankunft machte er ihm, in Gesellschaft des Herzogs von Württemberg, einen Gegenbesuch und verweilte geraume Zeit in seinem Zelte. Als beide Gäste sich ent= fernten, ging Eugen zufällig voran, ihm folgte der Herzog von Württem= berg. Friedrich, welcher den Herzog schon von früherer Zeit her kannte, umarmte diesen und küßte ihn. Schnell wendete sich Eugen um und fragte: „Wollen denn Ew. Königliche Hoheit meine alten Backen nicht auch küssen?" Mit herzlicher Freude erfüllte Friedrich die Bitte des Feldherrn.

Prinz Eugen bewies dem Kronprinzen seine Zuneigung auch da= durch, daß er ihm ein Geschenk von vier ausgesuchten, großen und schön gewachsenen Rekruten machte. Zu jedem Kriegsrathe ward Friedrich zu= gezogen. Dieser aber war bemüht, sich solcher Zuneigung durch eifrige Theilnahme an allen kriegerischen Angelegenheiten würdig zu machen. Er theilte die Beschwerden des Feldlagers und unterrichtete sich sorgfältig über die Behandlung der Soldaten im Felde. Täglich beritt er, so lange die Belagerung anhielt, die Linien, und wo nur etwas von Bedeutung vor= fiel, fehlte er nie. Von kriegerischer Unerschrockenheit gab er schon jetzt eine seltene Probe. Er war einst mit ziemlich großem Gefolge ausgeritten,

die Linien von Philippsburg zu besichtigen. Als er durch ein sehr lichtes
Gehölz zurückkehrte, begleitete ihn das feindliche Geschütz ohne Aufhören,
so daß mehrere Bäume zu seinen Seiten zertrümmert wurden; doch behielt
sein Pferd den ruhigen Schritt bei, und selbst seine Hand, die den Zügel
hielt, verrieth nicht die mindeste ungewöhnliche Bewegung. Man bemerkte
vielmehr, daß er ruhig in seinem Gespräche mit den Generalen, die neben
ihm ritten, fortfuhr, und man bewunderte seine Haltung in einer Gefahr,
mit welcher sich vertraut zu machen er bisher noch keine Gelegenheit ge=
habt hatte.

So konnte denn Prinz Eugen, als Friedrich Wilhelm im Feldlager
eintraf, das günstigste Zeugniß über den Kronprinzen ablegen; er ver=
sicherte den König, daß der Prinz in Zukunft einer der größten Feldherren
werden müsse. Ein solches Lob, und aus dem Munde eines so ausgezeich=
neten Heerführers, bereitete dem Könige die größte Freude; er äußerte,
wie ihm dies um so lieber sei, als er immer daran gezweifelt, daß sein
Sohn Neigung zum Soldatenstande habe. Fortan betrachtete er diesen
mit immer günstigeren Augen.

Wie tief der Eindruck war, den die Erscheinung des gefeierten Hel=
den auf Friedrich hervorbrachte, wie lebhaft dieselbe seinen Geist zur Nach=
eiferung anreizte, bezeigt ein Gedicht, das er im Lager geschrieben hat,
das früheste unter denen, welche sich aus seiner Jugendzeit erhalten haben.
Spricht sich hierin sein Gefühl auch in jener rhetorischen Umhüllung aus,
welche die ganze französische Poesie seiner Zeit, nach der er sich bildete,
charakterisirt, so ist es doch der zu Grunde liegenden Gesinnung wegen
merkwürdig genug. Es ist eine Ode an den Ruhm, den er als den Urheber
alles Großen, was durch das Schwert und durch die Kunst des Wortes
hervorgerufen wurde, hinstellt. Er führt die Beispiele der Geschichte an,
hebt unter diesen besonders die Thaten Eugens hervor und schließt mit
seiner eigenen Zukunft. Die bedeutungsvolle Schlußstrophe dürfte sich
etwa mit folgenden Worten — denn das Gedicht ist, wie alle Schriften
Friedrichs, französisch — übersetzen lassen:

> O Ruhm, dem ich zum Opfer weihe
> Der Freuden hold erblühten Kranz,
> O Ruhm, dein bin ich! so verleihe
> Du meinem Leben hellen Glanz!

Und dräuen mir des Todes Schaaren,
Du kannst noch einen Strahl bewahren
Des Geistes, welcher glüht in mir;
Schließ' auf das Thor mit deinen Händen,
Auf deinen Pfad mich hinzuwenden: —
Dir leb' ich und ich sterbe dir! — —

Weniger bedeutend ist ein zweites Gedicht aus derselben Zeit, in welchem Friedrich die Gräuel des Krieges zu schildern sucht und mit innerer Genugthuung hinzufügt, daß er sich hiebei sein zarteres Gefühl erhalten habe.

Indeß war dieser Feldzug wenig geeignet, den Theilnehmern an demselben einen Ruhm, wie ihn Friedrich wünschte, zu gewähren. Die österreichischen Regimenter waren schlecht disciplinirt und bildeten einen sehr auffallenden Gegensatz gegen die vortreffliche Beschaffenheit, der an Zahl freilich geringeren, preußischen Truppen. Friedrich selbst war, als er nach der Heimat zurückkehrte, mit Verachtung gegen die Prahlerei und das unkriegerische Benehmen der Oesterreicher erfüllt, — ein Umstand, der gewiß auf seine späteren Pläne und Entschließungen gegen Oesterreich wesentlich eingewirkt hat. Eugen hatte das Feuer seiner Jugend verloren und wagte es nicht, den wohlerworbenen Ruhm noch einmal aufs Spiel zu setzen. So geschah es, daß man, statt die ungünstige Stellung der Franzosen mit rascher Entschlossenheit zu benutzen, in Ruhe zusah, wie Philippsburg von ihnen, schon am 18. Juli, eingenommen wurde. Damit war die Hoffnung auf große Thaten verloren.

Die thatenlose Muße des Feldlagers zu vertreiben, gerieth Friedrich einst mit einigen gleichgestimmten jungen Freunden auf die Ausführung eines sonderbaren Planes. Man meinte in dem Schlafe eine große Beschränkung des Lebens gefunden zu haben; die Entbehrung desselben schien dem Leben einen doppelten Werth zu verheißen. Man wagte den Versuch, indem man dem guten Willen durch den Genuß starken Kaffees nachzuhelfen bemüht war. Vier Tage lang hatte man in solcher Weise ohne Schlaf zugebracht, als die Natur ihre Rechte forderte. Man schlief über Tische ein, Friedrich war in Gefahr krank zu werden, und man begnügte sich fortan mit dem einfachen Werthe des Lebens.

Friedrich Wilhelm verließ das Heer, mißvergnügt über die schlechten Erfolge, schon im August, wurde aber unterweges von einer gefährlichen

Krankheit befallen und kehrte im September in einem sehr bedenklichen
Zustande heim. Der Kronprinz hatte den Auftrag, die preußischen Truppen in die Winterquartiere zu führen; die Krankheit des Vaters trieb
ihn zur Beschleunigung seines Geschäftes; und schon in der Mitte des
October war er auch wieder bei den Seinen. Der König bewies ihm jetzt,
indem er selbst den ganzen Winter hindurch das Zimmer und Bett hüten
mußte, das ehrenvolle Vertrauen, daß er ihn alle einlaufenden Sachen an
seiner Statt unterzeichnen ließ. So drohend die Krankheit des Königs
indeß gewesen war, so genas er doch im nächsten Frühjahre wieder, wenn
auch die Folgen des Uebels nicht mehr ausgerottet werden konnten. Im
Juni 1735 beförderte er den Sohn, ihm aufs Neue sein Wohlwollen zu
bezeigen, zum Generalmajor.

Oesterreich zeigte sich gegen den König von Preußen wenig dankbar
für die erwiesene Hilfe. Es machte im Gegentheil noch Nachforderungen,
welche sich auf die Pflichten des Königs als Reichsstand gründeten. Auch
forderte es, die redlichen Gesinnungen des Königs sehr verkennend, von
ihm die Auslieferung des Stanislaus Lescinski, welcher sich, nachdem sein
Unternehmen in Polen gescheitert war, auf preußischen Boden geflüchtet
und hier auf den Befehl Friedrich Wilhelms, dem Stanislaus persönlich
werth war, gastliche Aufnahme gefunden hatte. Beides verweigerte der
König; ebenso wenig aber nahm er die verlockenden Anerbietungen Frankreichs an, das, ihn, seine Freundschaft für Stanislaus ins Auge fassend,
auf seine Seite zu ziehen strebte. Endlich ließ ihn der österreichische Hof,
als er der preußischen Unterstützung entbehren zu können glaubte, ganz
fallen. Man ging mit Frankreich in Friedensunterhandlungen ein, die
dem Könige Stanislaus zur Entschädigung das zum deutschen Reiche gehörige Herzogthum Lothringen brachten, dessen Erledigung man nahe
voraussah, das aber nach Stanislaus Tode an Frankreich fallen sollte;
der Herzog von Lothringen sollte statt dessen durch den Besitz von Toscana
entschädigt werden. Dem Kaiser wurde dafür von Frankreich seine pragmatische Sanction garantirt. Das deutsche Reich war mit einer so schmachvollen Beendigung des Krieges dankbarlichst zufrieden. An Friedrich Wilhelm war dabei gar nicht gedacht worden; man gab ihm nicht einmal von
den Verhandlungen Nachricht; noch viel weniger war man bemüht, ihm
irgend einen Lohn für seine Aufopferungen zukommen zu lassen. Ja, man

verletzte sogar die Gesetze der äußeren Schicklichkeit soweit, daß man ihm nicht einmal von der Vermählung der ältesten Tochter des Kaisers, Maria Theresia, mit dem Herzoge von Lothringen, die im Anfange des Jahres 1736 erfolgte, Nachricht gab. Nun war auch für Friedrich Wilhelm kein Grund mehr vorhanden, seinen lang verhaltenen Unwillen gegen Oesterreich zu verbergen. Bitter spottend äußerte er sich über das Benehmen des kaiserlichen Hofes; und als einst die Rede darauf kam, deutete er auf den Kronprinzen und sprach, die künftige Größe des Sohnes ahnend, im Gefühl der eigenen zunehmenden Schwäche die prophetischen Worte: „Hier steht Einer, der wird mich rächen!"

Im Anfange des Jahres 1739 aber schloß Oesterreich mit Frankreich einen Tractat, demzufolge die von Friedrich Wilhelm in Anspruch genommenen und ihm durch die früheren Verträge zugesicherten Rechte auf Jülich und Berg auf den damaligen Prinzen von Pfalz=Sulzbach übergehen sollten. Der Antrag zu diesem Tractate war von Oesterreich ausgegangen und es wurde ausdrücklich die Garantie desselben von Seiten Frankreichs gegen Preußen ausbedungen.

Elftes Kapitel.

Der Aufenthalt in Rheinsberg.

In der schweren Krankheit des Königs, welche auf die Rhein=Campagne vom Jahre 1734 gefolgt war, rief Friedrich einst mit Thränen in den Augen aus: „Ich möchte gern einen Arm hingeben, um das Leben des Königs um zwanzig Jahre zu verlängern, wollte auch er nur mich nach meiner Neigung leben lassen!" Es bedurfte des Opfers nicht, um endlich das Ziel zu erreichen. Der König gewährte ihm fortan vollkommene Freiheit, und es folgte bis zu Friedrichs Thronbesteigung eine Reihe so glückselig heiterer Jahre, wie solche sein späteres Leben, welches viel mehr dem Wohle seines Volkes als dem eigenen gewidmet war, nicht wieder gesehen hat.

Rheinsberg, jene anmuthige Besitzung in der Nähe von Ruppin, mit welcher der Kronprinz nach seiner Vermählung beschenkt worden war,

bildete nun den Mittelpunkt seiner Freuden. Hier wurde seine Hofhal=
tung fürstlich, doch ohne übertriebenen Glanz, eingerichtet; hier sammel=
ten sich um ihn die Männer, die ihm vor Allem werth waren; hier
widmete er die Tage, welche nicht durch Dienstgeschäfte in Anspruch ge=
nommen wurden, dem ungestörten Genusse der Wissenschaften und Künste.
Das Verhältniß zu seiner Gemahlin hatte sich auf eine sehr erfreuliche
Weise gestaltet; ihr Aeußeres hatte die zarteste Anmuth gewonnen, ihre
Schüchternheit hatte sich zur reinsten weiblichen Milde entfaltet, ihre voll=
kommene Hingebung an den Gemahl erwarb ihr von dessen Seite eine
herzliche Zuneigung; ohne ihm Mindesten danach zu streben, war sie in
dieser glücklichen Zeit selbst nicht ohne Einfluß auf seine Entschließungen.
Leider nur war die Ehe durch keine Kinder beglückt. Unter Friedrichs
Freunden sind vornehmlich anzuführen: Baron Keyserling, ein heiterer,
lebensfroher Mensch, der ihm schon in früherer Zeit vom Könige zum
Gesellschafter gegeben war und mit dem sich jetzt das innigste Verhältniß
entwickelte; Knobelsdorff, dem Kronprinzen seit der Zeit des Cüstriner
Aufenthalts werth, damals Hauptmann, jetzt dem militairischen Treiben
abgethan und nur den bildenden Künsten, namentlich der Architektur,
lebend, für die er ein hochachtbares Talent auszubilden wußte; Jordan,
früher Prediger, jetzt mit dem Studium der schönen Wissenschaften beschäf=
tigt und durch gesellige Talente ausgezeichnet u. A. m. Sodann eine
Reihe ehrenwerther Officiere, älterer und jüngerer Künstler, unter denen
besonders der Hofmaler Pesne von höherer Bedeutung ist; Musiker, wie
z. B. der bekannte Capellmeister Graun, und manche Andere, die nur
vorübergehend in Rheinsberg einsprachen. Mit entfernten Freunden wurde
das Band durch einen eifrig fortgesetzten Briefwechsel festgehalten.

In den Briefen eines Zeitgenossen, des Baron Bielfeld, der im
letzten Jahre ebenfalls unter die Zahl der Rheinsberger Freunde aufge=
nommen wurde, ist uns das anschaulichste Bild von Rheinsberg, von der
Anmuth des Ortes, von der Heiterkeit des dortigen Lebens aufbehalten.
Wir können die Schilderung desselben nicht besser wiedergeben, als indem
wir seine eigenen Worte benutzen:

„Die Lage des Schlosses (so schreibt Bielfeld im October 1739)
ist schön. Ein großer See bespült fast seine Mauern, und jenseit desselben
zieht sich amphitheatralisch ein schöner Wald von Eichen und Buchen hin.

Das ehemalige Schloß bestand nur aus dem Hauptgebäude mit einem
Flügel, an dessen Ende sich ein alter Thurm befand. Dieses Gebäude
und seine Lage waren geeignet, das Genie und den Geschmack des Kronprinzen und das Talent Knobelsdorffs zu zeigen, welcher Aufseher über
die Bauten ist. (Die erste Anlage des Umbaues war indeß nicht Knobelsdorffs Werk.) Das Hauptgebäude wurde ausgebessert und durch Bogen-
fenster, Statuen und allerhand Verzierungen verschönert. Man baute
auf der andern Seite ebenfalls einen Flügel mit einem Thurme und vereinigte diese beiden Thürme durch eine doppelte mit Vasen und Gruppen
geschmückte Säulenreihe. Durch diese Einrichtung gewann das Ganze
die Gestalt eines Vierecks. Am Eingange ist eine Brücke, mit Statuen
besetzt, die als Laternenträger dienen. In den Hof gelangt man durch
ein schönes Portal, über welches Knobelsdorff die Worte: „Friderico
tranquillitatem colenti“ gesetzt hat. — Das Innere des Schlosses ist
höchst prächtig und geschmackvoll. Ueberall sieht man vergoldete Bild-
hauerarbeit, doch ohne Ueberladung, vereint mit richtigem Urtheil. Der
Prinz liebt blos bescheidene Farben, deshalb sind Möbel und Vorhänge
hellviolet, himmelblau, hellgrün und fleischfarben, mit Silber eingefaßt.
Ein Saal, welcher der Hauptschmuck des Schlosses sein wird, ist noch
nicht fertig; er soll mit Marmor bekleidet und mit großen Spiegeln und
Goldbronze verziert werden. Der berühmte Pesne arbeitet am Plafond-
Gemälde, welches den Aufgang der Sonne vorstellt. Auf einer Seite
sieht man die Nacht, in dichte Schleier gehüllt, von ihren traurigen
Vögeln und den Horen begleitet. Sie scheint sich zu entfernen, um der
Morgenröthe Platz zu machen, an deren Seite der Morgenstern in der
Gestalt der Venus erscheint. Man sieht die weißen Pferde des Sonnen-
wagens und den Apoll, der die ersten Strahlen sendet. Ich halte dieses
Bild für symbolisch und auf einen Zeitpunkt deutend, der vielleicht nicht
mehr fern ist. — Die Gärten in Rheinsberg haben ihre Vollendung
noch nicht erreicht, denn sie sind erst seit zwei Jahren angelegt. Der
Plan ist großartig, die Ausführung aber wird von der Zeit abhängen.
Die Hauptallee schließt mit einem Obelisken in ägyptischem Geschmacke
mit Hieroglyphen. Ueberall sind Baumgruppen, Lauben und schattige
Sitze. Zwei Lustschiffe, die der Prinz erbauen ließ, schwimmen auf

dem See und bringen den Wanderer, welcher die Wasserfahrt liebt, an
das Waldufer."

Hierauf geht der Verfasser zur Schilderung der hervorragendsten
Personen über, welche die Gesellschaft von Rheinsberg ausmachten und
von denen ein Jeder, durch das Festhalten seiner charakteristischen Eigen=
thümlichkeit, wesentlich zu der Lebendigkeit und Unbefangenheit des Ver=
kehrs beitrug.   Dann fährt er fort:

„Alle, die auf dem Schlosse wohnen, genießen die ungezwungenste
Freiheit.   Sie sehen den Kronprinzen und dessen Gemahlin nur bei der
Tafel, beim Spiel, auf dem Balle, im Concert oder bei anderen Festen,
an denen sie Theil nehmen können.   Jeder denkt, liest, zeichnet, schreibt,
spielt ein Instrument, ergötzt oder beschäftigt sich in seinem Zimmer bis
zur Tafel.   Dann kleidet man sich sauber, doch ohne Pracht und Ver=
schwendung an und begiebt sich in den Speisesaal. Alle Beschäftigungen
und Vergnügungen des Kronprinzen verrathen den Mann von Geist.
Sein Gespräch bei der Tafel ist unvergleichlich; er spricht viel und gut.
Es scheint, als wäre ihm kein Gegenstand fremd oder zu hoch; über jeden
findet er eine Menge neuer und richtiger Bemerkungen. Sein Witz gleicht
dem nie verlöschenden Feuer der Vesta. Er duldet den Widerspruch und
versteht die Kunst, die guten Einfälle Anderer zu Tage zu fördern, indem
er die Gelegenheit, ein sinniges Wort anzubringen, herbeiführt.   Er
scherzt und neckt zuweilen, doch ohne Bitterkeit und ohne eine witzige
Erwiderung übel aufzunehmen."

„Die Bibliothek des Prinzen ist allerliebst; sie ist in einem der
Thürme, die ich erwähnte, aufgestellt und hat die Aussicht auf den See
und den Garten.   Sie enthält eine nicht zahlreiche, aber wohlgewählte
Sammlung der besten französischen Bücher in Glasschränken, die mit Gold
und Schnitzwerk verziert sind. Voltaire's lebensgroßes Bild ist darin auf=
gehängt. Er ist der Liebling des Kronprinzen, der überhaupt alle guten
französischen Dichter und Prosaiker hoch hält."

„Nach der Mittagstafel gehen die Herren in das Zimmer der Dame,
an der die Reihe ist, die Honneurs des Kaffees zu machen.   Die Ober=
hofmeisterin fängt an und die anderen folgen; selbst die fremden Damen
sind nicht ausgeschlossen. Der ganze Hof versammelt sich um den Kaffee=
tisch; man spricht, man scherzt, man macht ein Spiel, man geht umher,

und diese Stunde ist eine der angenehmsten des Tages. Der Prinz und
die Prinzessin trinken in ihrem Zimmer. Die Abende sind der Musik
gewidmet. Der Prinz hält in seinem Salon Concert, wozu man einge=
laden sein muß. Eine solche Einladung ist immer eine besondere Gnaden=
bezeigung. Der Prinz spielt gewöhnlich die Flöte. Er behandelt das
Instrument mit höchster Vollkommenheit; sein Ansatz, seine Fingergeläu=
figkeit und sein Vortrag sind einzig. Er hat mehrere Sonaten selbst gesetzt.
Ich habe öfters die Ehre gehabt, wenn er die Flöte blies, hinter ihm
zu stehen, und wurde besonders von seinem Adagio bezaubert. Doch
Friedrich ist in Allem ausgezeichnet. Er tanzt schön, mit Leichtigkeit und
Grazie, und ist ein Freund jedes anständigen Vergnügens mit Aus=
nahme der Jagd, die in seinen Augen geist= und zeittödtend und, wie er
sagt, nicht viel nützlicher ist, als das Ausfegen eines Kamins."

Dann spricht der Verfasser mit hoher Begeisterung von der Schön=
heit, der liebenswürdigen Anmuth, der zarten Milde der Kronprinzessin.
— „Wir hatten (so heißt es weiter) kürzlich einen allerliebsten Ball. Der
Prinz, der gewöhnlich Uniform trägt, erschien in einem seladongrünen
seidenen Kleide, mit breiten silbernen Brandebourgs und Quasten besetzt.
Die Weste war von Silbermoor und reich gestickt. Alle Cavaliere seines
Gefolges waren ähnlich, doch weniger prächtig gekleidet. Alles war reich
und festlich, doch erschien die Prinzessin allein als die Sonne dieses glän=
zenden Sternenhimmels. — Ich verlebe hier wahrhaft entzückende Tage.
Eine königliche Tafel, ein Götterwein, eine himmlische Musik, köstliche
Spaziergänge sowohl im Garten als im Walde, Wasserfahrten, Zauber
der Künste und Wissenschaften, angenehme Unterhaltung; Alles vereinigt
sich in diesem feenhaften Palaste, um das Leben zu verschönern."

Der Verfasser hat hiebei noch eines Vergnügens zu erwähnen ver=
gessen, das die Freuden von Rheinsberg erhöhte und den Kronprinzen
wiederum in einer neuen Gestalt zu zeigen geeignet war: der Aufführung
von Komödien und Trauerspielen, deren Rollen von den Personen der
Rheinsberger Gesellschaft besetzt wurden. So spielte Friedrich selbst u. a.
in Racine's Mithridad und in Voltaire's Oedipus; in der letztern
Tragödie begnügte er sich mit der Rolle des Philoktet. Auch fehlte es an
mancherlei anderweitigen Masteraden nicht.

Noch in anderen Beziehungen wurde der poetische Hauch, welcher das

Leben von Rheinsberg erfüllte, mit Absicht festgehalten. So erfreute man
sich einer zur Sage gewordenen antiquarischen Behauptung, die schon vor
mehr als hundert Jahren aufgestellt worden war, daß nämlich Rheinsberg
eigentlich Remusberg heiße, weil Remus, der Mitgründer des römischen
Staates, durch seinen Bruder Romulus vertrieben, hier ein neues Reich
gestiftet habe und auf der Remusinsel, die sich aus dem benachbarten See
erhebt, begraben worden sei. Alte, auf der Insel ausgegrabene Marmor=
steine sollten in früher Zeit den Anlaß zu dieser Behauptung gegeben haben;
kürzlich noch sollten italienische Mönche, durch eine neuentdeckte lateinische
Handschrift dazu veranlaßt, auf der Remusinsel nach der Asche des römi=
schen Helden gegraben haben; viele Alterthümer der Vorzeit, die in der That
auf der Insel zum Vorschein kamen, schienen der Sache eine Art von Bestäti=
gung zu geben, und so wagte man nicht, die classische Bedeutung des schönen
Asyls allzu kritisch anzugreifen. In den aus Rheinsberg geschriebenen
Briefen jener Zeit wird daher auch der Ort gewöhnlich als „Remusberg"
bezeichnet. Die Freunde selbst wurden ebenfalls, im Scherz und im Ernst,
mit Namen genannt, welche das Ohr mit einem mehr poetischen Klange
berührten als die Namen, die sie im gemeinen Leben führten; so hieß z. B.
Keyserling Cäsarion, Jordan Hephästion oder Tindal u. s. w.

Bedeutsamer zeigte sich das poetische Streben in der Stiftung eines
eigenen Ritterordens, welcher mehrere verwandte und befreundete Prinzen,
sowie die nächsten militairischen Freunde des Kronprinzen umfaßte. Der
Schutzpatron des Ordens war Bayard, der Held der französischen Ge=
schichte; sein Sinnbild war ein auf einem Lorbeerkranze liegender Degen und
führte als Umschrift den bekannten Wahlspruch Bayards: „Ohne Furcht
und ohne Tadel!" Der Großmeister des Ordens war Fouqué, der nach=
mals unter den Helden Friedrichs eine so ausgezeichnete Stellung einneh=
men sollte; er weihte die zwölf Ritter (denn nur so viele umfaßte der Orden)
durch Ritterschlag ein und empfing von ihnen die Gelübde des Ordens,
die auf edle That überhaupt und insbesondere auf Vervollkommnung der
Kriegsgeschichte und der Heeresführung lauteten. Die Ritter trugen einen
Ring, welcher die Gestalt eines rundgebogenen Schwertes hatte, mit der
Inschrift: „Es lebe wer sich nie ergiebt." Sie führten besondere Bundes=
namen; Fouqué hieß der Keusche, Friedrich der Beständige; der Herzog
Wilhelm von Bevern hieß der Ritter vom goldenen Köcher. Den entfernten

Gliedern des Ordens wurden Briefe im altfranzösischen Ritterstyle ge=
schrieben, und noch bis in den siebenjährigen Krieg hinein, ja noch später,
finden sich Zeugnisse, daß man des Bundes in Freude gedachte und seine
Formen, wie in den Zeiten unbefangener Jugend, mit Ernst beobachtete.

Wohl derselbe poetische Anreiz, verbunden mit dem lebhaften Wis=
sensdrange, der Friedrich zu jener Zeit erfüllte, bewog ihn, sich gleichzeitig
auch in die Brüderschaft der Freimaurer aufnehmen zu lassen. Das
geheimnißvolle Dunkel, in welches diese Gesellschaft sich hüllte und besonders
in der Zeit eines noch immer gefahrdrohenden kirchlichen Eifers sich zu hüllen
für doppelt nöthig befand, die Klänge religiöser Duldung, einer freisinnigen
Auffassung des Lebens, einer geläuterten Moral, die aus jenem Dunkel
hervortönten, mußten dem jungen Prinzen, dessen Herz damals vor Allem
von dem Drange nach Wahrheit beseelt war, eine Hoffnung geben, hier zu
finden, was er suchte. Seine Aufnahme geschah im Jahre 1738, als er im
Gefolge seines Vaters eine Reise nach dem Rheine machte. Hier äußerte sich
einst der König in öffentlicher Gesellschaft sehr mißfällig über die Frei=
maurerei; der Graf von der Lippe=Bückeburg aber, der ein Mitglied der
Brüderschaft war, nahm dieselbe mit so beredter Freimüthigkeit in Schutz,
daß Friedrich ihn nachher insgeheim um die Aufnahme in eine Gesell=
schaft bat, welche so wahrheitliebende Männer zu Mitgliedern zähle.
Dem Wunsche des Kronprinzen zu genügen, wurde der Besuch, den man
auf der Rückkehr in Braunschweig abstattete, zu der Vornahme der geheim=
nißvollen Handlung bestimmt, und Mitglieder der Brüderschaft aus Ham=
burg und Hannover sammt dem benöthigten Apparate ebendahin verschrie=
ben. Die Aufnahme geschah zu nächtlicher Weile, da man des Königs wegen
mit großer Vorsicht verfahren mußte. Friedrich verlangte, daß man ihn ganz
als einen Privatmann behandeln und keine der üblichen Ceremonien aus
Rücksicht auf seinen Rang abändern sollte. So wurde er ganz in gehöriger
Form aufgenommen. Man bewunderte dabei — wie uns berichtet wird
— seine Unerschrockenheit, seine Ruhe, seine Feinheit und Gewandtheit
ebenso, wie nach der eigentlichen Eröffnung der Loge den Geist und das
Geschick, mit welchem er an den maurerischen Arbeiten Theil nahm. Später
wurden einige Mitglieder der Brüderschaft (unter ihnen der obengenannte
Bielfeld) nach Rheinsberg eingeladen, mit welchen dort, freilich wiederum
im größten Geheimniß, in den Arbeiten fortgefahren wurde.

Bewegte sich solchergestalt das Leben in Rheinsberg in den ver=
schiedensten Formen eines poetisch heiteren Genusses, suchte Friedrich den=
selben endlich noch durch mancherlei eigene dichterische Versuche zu erhöhen
und festzuhalten, so barg sich doch zugleich unter dieser anmuthvollen Hülle
ein tiefer redlicher Ernst. Die Stunden, in welchen Friedrich nicht in der
Gesellschaft zum Vorschein kam, — und diese umfaßten bei weitem die
größere Zeit des dortigen Aufenthalts, — waren der vielseitigsten geistigen
Thätigkeit gewidmet. Denn wie ihm früher seine wissenschaftlichen Interes=
sen mannigfach verkümmert waren, so suchte er jetzt eine jede freie Minute
zur Gewinnung des Versäumten anzuwenden, indem er nicht wissen konnte,
wie bald der Tag, der eine andere Wirksamkeit von ihm erforderte, die
Ruhe von Rheinsberg beenden möchte. Dabei besaß Friedrich ein seltenes
Talent, nicht blos durch das Studium der geschriebenen Wissenschaft sei=
nen Geist zu bereichern, sondern auch einen jeden bedeutenderen Menschen,
der ihm entgegentrat, nach dessen Eigenthümlichkeit zu fassen und, theils
mündlich, theils brieflich, die Kenntnisse und die Erfahrungen desselben für
das eigene Wissen zu gewinnen. So diente vornehmlich ein Briefwechsel mit
Grumbkow dazu, ihn in das Einzelne der politischen Verhältnisse seiner Zeit
und der Verwaltungsangelegenheiten des preußischen Staates einzuführen;
so ließ er sich von dem alten Fürsten Leopold von Anhalt=Dessau und von
anderen Kriegsführern in den Grundsätzen der Kriegskunst unterrichten; so
verkehrte er, zu ähnlichen Zwecken, mit Aerzten und Naturforschern, mit
Theologen, Philosophen u. dergl. m. Seine Lectüre war mannigfacher
Art; einen sehr wichtigen Theil derselben bildeten die Schriftsteller, beson=
ders die Geschichtschreiber des classischen Alterthums, welche Friedrich in
französischen Uebersetzungen las.

Mit dem größten Eifer jedoch und mit ausdauernder Beharrlichkeit
war Friedrich während dieser ganzen Zeit denjenigen Forschungen ergeben,
welche die wichtigsten Interessen des Menschen umfassen; das Verhältniß
des Endlichen zum Unendlichen, des Vergänglichen zum Ewigen, des
Menschen zu Gott strebte er mit allen Kräften sich zur Anschauung zu
bringen. Jene religiöse Zerknirschung, die ihn, den ganz Gebeugten, im
Gefängnisse zu Cüstrin niedergedrückt hatte, war freilich vorübergegangen,
sobald er auf's Neue Kraft und Selbstbewußtsein gewonnen hatte; wohl
aber war der Eindruck mächtig genug gewesen, um ihn fortan mit

Ernst auf eine würdigere Lösung des großen Räthsels hinzuweisen. Die vorgeschriebenen Satzungen einer geheimnißvollen Glaubenslehre genügten ihm nicht; nicht für das Gefühl oder für das Gemüth, für seinen hellen, scharfen Verstand forderte er Ueberzeugung. So begann er mit der Lectüre der ausgezeichnetsten französischen Kirchenredner; so suchte er durch brieflichen und mündlichen Verkehr mit den vorzüglichsten französischen Predigern Berlins, denen er die bestimmtesten Fragen zur Beantwortung vorlegte, Aufschluß und Lösung seiner Zweifel zu erhalten.

Unter den eben erwähnten Predigern war es besonders der hochbetagte Beausobre, der ihn mächtig anzog. Eine Predigt, welche er von diesem im März 1736 hörte, riß ihn zu förmlicher Begeisterung hin, und er suchte seine persönliche Bekanntschaft. Beausobre war wohl geeignet, durch die edle Würde seines Aeußern und durch die Gewandtheit seines Benehmens Eindruck auf ihn zu machen. Nach der ersten Begrüßung, mit der ihn der Prinz empfangen, fragte dieser, der in seiner raschen Weise jede weitere Einleitung verschmähte, mit welcher Lectüre der Prediger gegenwärtig beschäftigt sei. „Ach, gnädiger Herr," erwiderte Beausobre mit dem würdevollen Tone, der ihm zur Natur geworden war, „ich las in diesem Augenblick ein bewundernswürdiges, ein wahrhaft göttliches Stück, dessen Eindruck ich noch an dieser Stelle empfinde." — „„Und das war?"" — „Der Anfang von dem Evangelium St. Johannes." — Die Antwort kam dem Kronprinzen unerwartet, und schon fürchtete er, daß der biblische Redner seine Bedürfnisse wenig verstehen werde. Aber Beausobre wußte im weitern Verlaufe des Gespräches den Geist des Prinzen so lebendig zu fesseln, daß dieser mit größter Zufriedenheit den Besuch beendete und dem Prediger aus freier Anregung versprach, seinen ältesten Sohn an Kindes Statt anzunehmen. Leider starb der würdige Geistliche bald darauf, zu früh für den jungen Forscher. Friedrich hielt dankbar sein Versprechen.

Was ihm auf dem Felde der Theologie unklar blieb, suchte Friedrich durch ein um so gründlicheres Studium der Philosophie zu erwerben. Wolff, früher Professor zu Halle, von wo ihn aber Friedrich Wilhelm auf pietistischen Antrieb verbannt hatte, behauptete zu jener Zeit den ersten Platz in der philosophischen Wissenschaft. Seine Schriften wurden von den Gebildeten mit freudigem Danke aufgenommen. Auch Friedrich wurde durch seine Freunde an diese Quelle geführt. Er ließ sich Wolffs Logik, seine Moral, seine Metaphysik in's Französische übersetzen, — denn schon hatte er sich gewöhnt, seine Gedanken nur in französischer Form zu bilden, — und war rastlos bemüht, sich alle Ergebnisse seiner Forschung anzueignen, auch wo er Mängel und Ungenügendes wahrzunehmen glaubte, mit eigener Kraft auf dem Wege der Forschung durchzudringen. So bildete sich ihm eine Weltanschauung aus, die fortan, wenn auch in manchen Einzelheiten verändert, die Grundrichtung seines Geistes bestimmte. Er kehrte zu jener Lehre der Vorherbestimmung zurück, die er schon früh auf eine schroffe Weise aufgefaßt hatte; aber er suchte sie von jener trostlosen Härte zu entkleiden und mit der Freiheit und der Kraft des Menschen in Einklang zu bringen. Nur aus einer Ueberzeugung solcher Art konnte die todverachtende Zuversicht entspringen, mit welcher er nachmals die großen Thaten seines Lebens ausgeführt hat.

Im Allgemeinen aber gelang es Friedrich nicht, auf dem Gebiete der höheren Philosophie heimisch zu werden, und so gab er auch später seine speculativen Versuche wieder auf. Die Natur hatte ihn nicht zu beschaulicher Ruhe, sondern zur That, zur Gestaltung des Lebens berufen. So waren es auch nur diejenigen Elemente der Philosophie, die unmittelbar in's Leben eingegriffen, vornehmlich das Bereich der Moral, was ihn mit dieser Wissenschaft in Verbindung erhielt. Auch sind alle seine Schriften, die sich nicht auf den Kreis historischer Gegenstände beziehen, vorzugsweise nur der Betrachtung und Erörterung moralischer Zustände gewidmet. In solcher Beziehung erscheint es fast als eine besondere Ironie des Zufalls, daß, als im Januar 1737 eben eine Reinschrift von der Uebersetzung der Wolff'schen Metaphysik vollendet war und zum belehrenden Genusse einzuladen schien, der eine von den Affen, welche Friedrich sich damals hielt, darüber kam und das schöne Manuscript ruhig in den brennenden Kamin steckte.

Das umfassendste, das durchgreifendste Interesse gewährte Friedrich der Mann, der sich damals an die Spitze der geistigen Bildung Frankreichs — somit der geistigen Bildung Europa's — emporgeschwungen hatte: Voltaire. Freilich war es nicht eigenthümliche Tiefe des Wissens, nicht innere Gluth der Begeisterung, was Voltaire eine so glänzende Stellung verliehen: — es war der unermüdliche Kampf, den er, mit allen

Waffen des Ernstes und des Spottes, gegen die verjährten Vorrechte im
Bereiche des Glaubens und Wissens führte; es war die helle Fackel des
gesunden Menschenverstandes, mit der er in das Dunkel des Aberglau=
bens hinleuchtete; es war die Behendigkeit eines Geistes, wecher fast in
allen Gebieten des Wissens, in der Geschichte, der Naturkunde, der Phi=
losophie u. s. w., nicht minder in allen Gattungen poetischer Darstellungs=
weise die Lehren und die Forschungen der neuen Zeit zu verbreiten und
sie der Fassungskraft der Menge anzubequemen wußte; es war endlich
eine Kunst des Wortes, die durch die Reinheit der äußeren Form, durch
ebenso geistreich witzigen wie zierlichen Vortrag, durch das verlockende Ge=
wand einer üppig spielenden Phantasie das Interesse des Lesers gespannt
hielt. Alles, was er schrieb, hatte einen vorzugsweise praktischen Gehalt.
Und eben aus diesem Grunde fand Friedrich in Voltaire den Mann, der
das, was in der eigenen Brust ruhte, was ihn zu Thaten treiben sollte,
durch das Wort aussprach, der hiemit sein inneres Wesen vollendete und
ausfüllte. Friedrich hatte sich seit früher Zeit an Voltaire's Schriften
auferbaut; im Jahre 1736 wendete er sich, der vierundzwanzigjährige
Königssohn, an den zweiundvierzigjährigen Schriftsteller, ihm brieflich
seine Verehrung zu bezeigen, seine Freundschaft anzutragen; und es ent=
spann sich ein Briefwechsel, der, trotz mancher Störungen, bis an das
Ende Voltaire's, zweiundvierzig Jahre lang fortgesetzt wurde, indem
beide Naturen fort und fort auf die gegenseitige Ergänzung hinge=
wiesen blieben. Friedrich theilte dem Freunde seine philosophischen Stu=
dien und seine dichterischen Versuche mit, jene zur Erweiterung der
eigenen Ansicht, diese, um sich auf ihre Fehler aufmerksam machen zu
lassen. Er erwies ihm eine bis an Schwärmerei grenzende Verehrung;
Voltaire's Geisteswerke waren ihm der liebste Besitz; von dem Bilde des
Freundes, welches den Schmuck seiner Bibliothek ausmachte und seinem
Schreibtische gegenüber hing, sagte er, es sei wie das Memnonsbild, das
in den Strahlen der Sonne erklinge und den Geist dessen, der es an=
schaue, lebendig mache. Voltaire's Heldengedicht, die Henriade, beabsich=
tigte er in einer großen Prachtausgabe, mit Kupferstichen, zu denen
Knobelsdorff die Zeichnungen machen sollte, der Welt zu übergeben (ein
Unternehmen, das nicht zur Vollendung kam); ein einzelner Gedanke
der Henriade, so behauptete er in seinem überschwänglichen Enthusiasmus,

wiege Homers ganze Iliade auf u. s. w. Er sendete dem Freunde mancherlei sinnige Geschenke zu; ja er schickte, in der Person Keyserlings, einen eigenen Gesandten an Voltaire, welcher diesem Friedrichs Por=trait, von Knobelsdorff gemalt, überbringen mußte und dafür die neuen Schriften Voltaire's, namentlich diejenigen, die zur Zeit noch aus man=cherlei Gründen das Licht zu scheuen hatten, heimbrachte. Diesen Er=werb, der mit äußerster Vorsicht bewahrt wurde, nannte Friedrich sein goldenes Vließ.

So war die Zeit, welche Friedrich in Rheinsberg zubrachte, recht eigentlich die Zeit der Vorbereitung auf den hohen Beruf, der ihn erwartete. Aber auch unmittelbar schon riefen diese Jahre sehr bemerkenswerthe Früchte hervor: verschiedene Schriften, in denen er seine Ansichten und Gesinnun=gen aussprach, sich selbst und Anderen klar zu machen. Von geringerer Be=deutung sind unter diesen zunächst seine Gedichte. Hier zeigt sich dieselbe Erscheinung wie in Friedrichs philosophischen Studien; denn auch in ihnen tritt, wenigstens in der frühern Zeit, von welcher hier die Rede ist, zumeist nur eine praktische Bezugnahme auf das Leben, zumeist nur die Darstellung moralischer Zustände hervor. Ein wahrhaft ergreifendes Gefühl athmet vornehmlich erst in denjenigen seiner Dichtungen, welche der Zeit des sieben=jährigen Krieges, als die schwere Hand des Schicksals auf ihm lag und alle geistige Spannkraft zum Widerstande hervorrief, angehören. Ungleich wichtiger und merkwürdiger als seine früheren Poesien sind zwei Abhand=lungen, welche er in dieser Zeit seines Aufenthalts in Rheinsberg ver=faßt hat.

Die eine derselben ist bereits im Jahre 1736 geschrieben und ent=hält „Betrachtungen über den gegenwärtigen Zustand des europäischen Staatensystemes." Friedrich faßt hier die kritische Lage Europa's, nach jener Verbindung zwischen Frankreich und Oesterreich, mit einer Schärfe in's Auge, die bei einem vierundzwanzigjährigen Jünglinge das höchste Erstaunen hervorruft; er bezeichnet dann die Folgen, welche nach der alten Politik beider Mächte — der unaufhörlichen Vergrößerungssucht Frank=reichs, dem Streben Oesterreichs nach absoluter Herrschaft über Deutschland — aus jener Verbindung zu erwarten seien, wenn sich in den andern Mächten keine neue Kraft entwickele. Die Schrift ist in der Vorahnung der neuen Kraft, die zu entwickeln eben Friedrich selbst bestimmt war, geschrieben. Er schließt damit, den Fürsten auf eindringliche Weise in's Ohr zu rufen, daß all ihre Schwäche nur auf ihrem falschen Glauben von sich selbst beruhe, daß nicht die Völker für sie, so umgekehrt sie für die Völker daseien. Das war die Lehre der neuen Zeit, welche durch Friedrich in das Leben eingeführt werden sollte und der er bis an seinen Tod treu geblieben ist. Friedrich hatte die Absicht, diese Abhandlung in England drucken zu lassen; doch unterließ er es aus guten Gründen, und so ward sie erst in seinen hinter= lassenen Werken bekannt.

Die zweite Abhandlung, eine Arbeit von größerem Umfange, schrieb Friedrich im Jahre 1739. Dies ist die, unter dem Namen des „Anti= macchiavell" bekannte Widerlegung des Buches „der Fürst," welches der berühmte florentinische Geschichtschreiber Niccolo Macchiavelli im Anfange des sechzehnten Jahrhunderts verfaßt hatte. Das Buch vom Fürsten, ein Meisterwerk, wenn man die Verhältnisse, für die es ausschließlich bestimmt war und in die es wirksam eingreifen sollte, in's Auge faßt, enthält die Anweisungen, wie eine Alleinherrschaft im Staate — im florentinischen Staate jener Zeit — zu erreichen und zu behaupten sei. Friedrich faßte dasselbe allgemein, als eine Lehre des Despotismus, auf; er betrachtete Macchiavelli, der den Fürsten eine solche Lehre hinstellte, geradezu als ihren frevelhaftesten Rathgeber, ja als einen Verleumder ihrer erhabenen Pflicht. Mit begeistertem Unwillen wies er es nach, indem er den Bemerkungen des Florentiners Schritt vor Schritt folgte, wie nicht despotische und ver= brecherische Handlungen, sondern nur Tugend und Gerechtigkeit und Güte die Richtschnur der Fürsten sein dürfe, wie nur sie ihnen ein dauerndes Glück auf dem Throne versprechen könne. Seine ganze Darstellung knüpft sich an denselben Grundsatz, mit welchem er die vorerwähnte Abhandlung geschlossen hatte, daß der Fürst nicht als der uneingeschränkte Herr der Völker, die er beherrsche, daß er vielmehr nur als ihr erster Diener zu betrachten sei. Eine unbefangene, historisch wissenschaftliche Würdigung des Werkes, welches er bekämpfte, tritt also dem Leser nicht entgegen, im Einzelnen so wenig, als im Ganzen; aber als das ausführliche Glaubens= bekenntniß, welches der Erbe einer mächtigen Krone ablegte, und zwar zu einer Zeit, in welcher die Uebernahme seines Erbes nach menschlicher Berechnung schon nahe bevorstand, ist es ein höchst denkwürdiges Buch. Auch erweckte es ein allseitiges Interesse, als es, zwar ohne Friedrichs

Namen, in Holland öffentlich erschien, wo Friedrich dasselbe unter Voltaire's Augen hatte drucken lassen. Der Verfasser wurde bald genug bekannt, und alle Welt war begierig sich zu überzeugen, in wiefern seine That mit seinem Worte übereinstimmen werde. Denn schon trug er die Krone.

Zwölftes Kapitel.

Der Tod des Vaters.

Die schönen Tage in Rheinsberg waren indeß nicht ohne mancherlei Störung hingeflossen. Die Dienstgeschäfte in Ruppin, Besuche am Hofe des Vaters in Berlin, Reisen in die Provinzen des Staates führten Friedrich nur zu häufig auf längere oder kürzere Zeit fort; aber alle diese Unterbrechungen dienten nur dazu, den Genuß, welchen Geselligkeit, Wissenschaft und Künste darboten, um so lebhafter und inniger empfinden zu lassen.

Vor Allem war Friedrich bemüht, durch genaueste Erfüllung seiner militairischen und anderweitigen Obliegenheiten die Gunst des Königs rege zu erhalten. Er sorgte dafür, daß sein Regiment bei den jährlichen Heerschauen und Musterungen sich stets als eins der schönsten und geübtesten auszeichnete; und er hatte die Genugthuung, daß der König ihm vor der versammelten Generalität seine Zufriedenheit bezeigte. Auch war solch militairischer Eifer das beste Mittel, um diese und jene Aeußerung des Mißvergnügens, das bei dem Könige noch immer gegen Friedrichs geselliges und wissenschaftliches Treiben von Zeit zu Zeit auftauchte, unwirksam zu machen. Ebenso wendete Friedrich alle Mittel an, um Rekruten von ausgezeichneter Größe und Schönheit an allen Enden der Welt für das Regiment, welches der König selbst führte, anwerben zu lassen. Auch suchte er durch allerlei kleine Geschenke, welche der Garten und die Ställe von Rheinsberg in die Küche des Königs lieferten, Zeugnisse seiner Aufmerksamkeit zu geben. Alles das war ihm durch die Regeln der Klugheit geboten; zugleich aber war es viel mehr; denn sein Gefühl gegen den Vater hatte sich, durch die Anerkennung seiner unleugbaren Verdienste um das Land, schon lange zu einer innigen Hochachtung gesteigert.

Auch war in dem Charakter Friedrich Wilhelms selbst in den letz=
ten Jahren seines Lebens eine merkliche Veränderung vorgegangen. So
berichtete Friedrich u. a., im December 1738, an einen Freund, der König
habe von den Wissenschaften als etwas Schätzbarem gesprochen. „Ich
bin entzückt," so fährt er fort, „und außer mir vor Freude gewesen über
das, was ich gesehen und gehört habe. Alles Löbliche, was ich sehe, giebt
mir eine innere Freude, die ich kaum verbergen kann. Ich fühle die Ge=
sinnungen der kindlichen Liebe in mir sich verdoppeln, wenn ich so ver=
nünftige, so wahre Ansichten in dem Urheber meiner Tage bemerke." —
Ein Jahr später konnte er einem andern Freunde von einer noch ungleich
bedeutenderen Umwandlung im Charakter des Vaters, auf die gewiß die
überlegne Geisteskraft des Sohnes nicht ohne Einfluß gewesen war,
Nachricht geben. „Die Neuigkeit des Tages", so schreibt er, „ist, daß der
König drei Stunden lang täglich Wolff's Philosophie liest, wofür Gott
gelobt sei! So sind wir endlich zum Triumphe der Vernunft gelangt."
Es war Wolff's Werk von der natürlichen Theologie, welches der König
damals in einem Auszuge las. Auch war Friedrich Wilhelm in dieser
letzten Zeit seines Lebens eifrig bemüht, seinen früheren Fehler wieder gut
zu machen und den verbannten Philosophen aufs Neue für sein Reich zu=
rückzugewinnen. Dies sollte aber erst seinem Nachfolger gelingen.

Zur höchsten Ehrfurcht gegen die landesväterlichen Tugenden des
Vaters wurde Friedrich hingerissen, als er diesen im Sommer 1739 auf
einer Reise nach Preußen begleitete und hier den Segen wahrnahm, den
der König über eine *gänzlich verödete Provinz, — dieselbe, in die er
jene vertriebenen Salzburger aufgenommen, — verbreitet hatte. Seine Ge=
fühle werden auch hier auf's Schönste durch seine eigenen Worte bezeigt.
„Hier sind wir", so schreibt er aus Litthauen an Voltaire, „in dem Lande
angekommen, welches ich als das Non plus ultra der civilisirten Welt
ansehe. Es ist eine nur wenig gekannte Provinz von Europa, die als eine
neue Schöpfung des Königs, meines Vaters, angesehen werden kann. Lit=
thauen war durch die Pest verheert; zwölf bis fünfzehn entvölkerte Städte
und vier= bis fünfhundert unbewohnte Dörfer waren das traurige Schau=
spiel, das sich hier darbot. Der König hat keine Kosten gespart, um seine
heilsamen Absichten auszuführen. Er baute auf, traf zweckmäßige Einrich=
tungen, ließ einige tausend Familien von allen Seiten Europa's kommen.

Die Aecker wurden urbar gemacht, das Land bevölkert, der Handel blühend,
und jetzt herrscht mehr als je Ueberfluß in einer Provinz, die eine der frucht=
barsten in Deutschland ist. Und Alles, was ich Ihnen sage, ist allein das
Werk des Königs, der es nicht blos anordnete, der vielmehr die Haupt=
person bei der Ausführung war, der die Pläne entwarf und sie selbst voll=
zog, der weder Mühe und Sorge noch ungeheure Schätze, nicht Ver=
sprechungen noch Belohnungen sparte, um einer halben Million denken=
der Wesen Glück und Leben zuzusichern, die ihr Wohl und ihre gute Ver=
fassung ihm allein verdanken. Ich finde in dieser großmüthigen Arbeit,
durch welche der König eine Wüste bewohnt, fruchtbar und glücklich ge=
macht hat, ich möchte sagen: etwas Heroisches, und ich ahne, daß Sie
meine Gesinnung darüber theilen werden."

Noch ein besonderes und ganz überraschendes Zeichen der väterlichen
Gnade brachte dem Kronprinzen diese preußische Reise, als ihm der König
seine reichen preußischen Stutereien, die ein jährliches Einkommen von
zehn= bis zwölftausend Thalern brachten, schenkte. Der Kronprinz hatte
hievon um so weniger eine Ahnung gehabt, als der König einige Zeit zuvor
auf's Neue gegen ihn eingenommen gewesen war und seine Gesinnung mehr=
fach nicht ganz glimpflich ausgedrückt hatte; nun ward er von diesem Beweise
der unerwartet zurückgekehrten und vergrößerten Zärtlichkeit so gerührt,
daß er in der ersten Ueberraschung vergeblich nach dem Worte des Dankes
suchte. Zugleich aber war dieses Geschenk für seine ökonomischen Umstände
von großer Wichtigkeit, denn immer noch reichte sein gewöhnliches Ein=
kommen für seine Bedürfnisse bei weitem nicht aus, und er sah sich fort
und fort genöthigt, bedeutende Summen im Auslande aufzunehmen. Auch
diesem Uebelstande war also, für eine längere Lebensdauer des Königs,
abgeholfen.

Doch stand das Ende des Königs schon nahe bevor; aber aller ernst=
liche Zwiespalt zwischen Vater und Sohn war nun ausgeglichen und eine
immer mehr erhöhte gegenseitige Anerkennung an dessen Stelle getreten.
Friedrich Wilhelm konnte das Schicksal seiner Unterthanen vertrauensvoll
in die Hände seines Sohnes übergeben. In Preußen war sein altes Uebel
mit erneuter Kraft ausgebrochen; eine gefahrvolle Wassersucht mit ihren
schlimmsten Symptomen hatte sich ausgebildet. Den ganzen Winter über
ward er von der schweren Krankheit gepeinigt; Friedrich brachte den größten

Theil des Winters in seiner Nähe zu. Von der zärtlichen Theilnahme, welche der Sohn dem Vater widmete, geben seine Briefe aus dieser Zeit Kunde.

Gegen das Frühjahr, als der Zustand des Königs einige Linderung zu verheißen schien, hatte sich Friedrich nach Rheinsberg begeben. Da berief ihn eine Staffette, welche die Nachricht von der nahe bevorstehenden Auflösung des Vaters brachte, zurück. Friedrich eilte nach Potsdam, wo der König die größere Zeit der Krankheit zugebracht hatte. Doch war die Lebenskraft des Vaters noch einmal aufgeflackert. Friedrich fand ihn auf öffentlichem Platze neben dem Schlosse, auf seinem Rollstuhle sitzend, dessen er sich bediente, da ihm die Füße schon geraume Zeit den Dienst versagten. Er sah der Grundsteinlegung eines benachbarten Hauses zu. Sobald er den Sohn von weitem erblickte, streckte er die Arme nach ihm aus, in die der Prinz sich weinend stürzte. In dieser Stellung verharrten sie geraume Zeit, ohne zu sprechen. Der König unterbrach endlich das Schweigen. Er sei zwar immer, so sagte er zu dem Sohne, streng gegen ihn gewesen, gleichwohl habe er ihn stets mit väterlicher Zärtlichkeit geliebt; es sei für ihn ein großer Trost, daß er ihn noch einmal wiedersehe. Friedrich erwiderte mit Worten, welche den erregten Gefühlen seines Innern angemessen waren. Der König ließ sich hierauf in sein Zimmer bringen und unterhielt sich über eine starke Stunde lang insgeheim mit seinem Sohne, indem er ihm mit seltener Stärke über alle inneren und äußeren Angelegenheiten des Reiches Rechenschaft gab. An den noch übrigen Tagen setzte er diese Unterredungen fort. Als am zweiten Tage der Kronprinz und mehrere höhere Beamte um den König waren, wendete sich dieser zu jenen und sagte zu ihnen: „Aber thut mir Gott nicht viele Gnade, daß er mir einen so braven und würdigen Sohn gegeben hat?" Friedrich erhob sich bei diesen Worten und küßte gerührt die Hand des Vaters; dieser aber zog ihn an sich, hielt ihn lange fest umschlossen und rief aus: „Mein Gott, ich sterbe zufrieden, da ich einen so würdigen Sohn und Nachfolger habe."

Wenige Tage darauf ließ der König des Morgens früh sein ganzes Gefolge, die Minister, sowie die höheren Officiere seines Regiments, zu sich in das Vorzimmer bescheiden. Hier erschien er auf seinem Rollstuhle, mit dem Mantel bedeckt, schon äußerst matt, so daß er nicht mehr laut sprechen konnte. Feierlich übergab er, indem einer der anwesenden Officiere seinen Willen öffentlich und laut bekannt machte, sein Reich und Regiment in die Hände des Kronprinzen und ermahnte seine Unterthanen, diesem fortan ebenso treu zu sein, wie sie ihm gewesen wären. Diese Handlung hatte ihn jedoch so angegriffen, daß er sich in sein Zimmer und in das Bett zurückbringen ließ. Der Kronprinz und die Königin waren ihm gefolgt. Kaltblütig ertrug er die letzten Schmerzen, die sich alsbald einstellten; unter frommem Gebete gab er seinen Geist auf. Es war den 31. Mai 1740.

Der König hatte in seinem letzten Willen eine sehr einfache Bestat= tung angeordnet. Friedrich befolgte diese Anordnung im Allgemeinen. Doch ließ er einige Zeit darauf ein besonderes feierliches Leichenbegängniß halten; denn er fürchtete, das Publikum, das von jenem letzten Willen des Ver= storbenen keine Kunde gehabt, möchte ihn ohne eine solche Feier der Miß= achtung zeihen und den Grund für letztere in seinen früheren Mißhellig= keiten mit dem Vater suchen. Friedrich selbst hat sich über diese Mißhel= ligkeiten nachmals, als er das Leben seines Vaters schrieb, mit der edelsten kindlichen Pietät ausgesprochen, indem er dieselben nur mit den frommen Worten berührt: „Die häuslichen Verdrießlichkeiten dieses großen Fürsten haben wir mit Stillschweigen übergangen. Man muß gegen die Fehler der Kinder, in Betracht der Tugenden ihres Vaters, einige Nachsicht üben."

Zweites Buch.

Der junge König.

Dreizehntes Kapitel.

Friedrichs Regierungsantritt.

Friedrich war von tiefstem Schmerze ergriffen, als er gesehen, wie das Auge des Vaters nach bitterm Todeskampfe sich schloß. Alle kindlichen Gefühle, welche die letzten Jahre in ihm auf's Neue hervorgerufen hatten, waren im innersten Grunde erregt; die Regententugenden, durch welche Friedrich Wilhelm ihm eine seltene Bahn vorbereitet, schienen das Bild des Dahingeschiedenen mit verklärendem Glanze zu umgeben. Aber nicht in müßiger Trauer blickte Friedrich diesem Bilde nach. Er brachte dem Vater den Zoll wahrhafter Verehrung dar, indem er mit rüstiger Kraft die Bahn verfolgte, die ihm jener vorgezeichnet hatte, indem er an dem Mechanismus des Staates, den jener mit großartiger Kunst aufgeführt, in gleicher Weise fortbildete und nur in denjenigen Theilen Neues hinzufügte, wo der freie Geist, der in ihm lebte, auch freisinnige Einrichtungen erforderte. Mit rastlosem Eifer, seinen Schmerz bewältigend, gab er sich gänzlich dem hohen Berufe hin, und schon die ersten Tage seiner Regierung machten es kund, wie er das Alte festhalten, wie er Neues gründen, — wie er König sein wollte.

Gar Manchem bereitete ein solches Auftreten des jungen Königs unangenehme, Manchem auch freudige Ueberraschungen. Man war auf bedeutende Veränderungen in der Einrichtung des Staates gefaßt gewesen,

man hatte geglaubt, daß die Männer, die Friedrich Wilhelm besonders
nahe gestanden, die einen namhaften Einfluß auf ihn ausgeübt hatten,
jetzt in ein minder ehrenvolles Dunkel zurücktreten würden. Aber
Friedrich war nicht gewillt, dem wahren Verdienste eine Kränkung zuzu-
fügen, selbst in dem Falle, daß er dabei persönliche Abneigungen aus früherer Zeit zu überwinden hatte. So wird von dem alten Kriegshelden,
dem Fürsten Leopold von Dessau, der früher der österreichischen Partei
des Hofes angehörte, erzählt, er sei, als er sich bei Friedrich zur Condo-
lenz gemeldet, weinend eingetreten, habe eine Rede gehalten und gebeten,
ihm und seinen Söhnen ihre Stellen in der Armee und ihm seinen bisherigen Einfluß und Ansehen zu lassen. Friedrich habe hierauf erwidert,
er werde ihn in seinen bisherigen Stellen auf keine Weise beeinträchtigen,
da er erwarte, daß der Fürst ihm so treu dienen werde als dem Vater;
er habe aber auch hinzugefügt: was das Ansehen und den Einfluß be-
treffe, so werde in seiner Regierung Niemand Ansehen haben, als er selbst
und Niemand Einfluß. Noch mehr überraschte es, als Friedrich den bisherigen Finanzminister v. Boden, dem man harte Maßregeln Schuld
gab, dem er selbst früher wenig geneigt schien, dessen große Tüchtigkeit er
aber wohl zu würdigen wußte, nicht nur im Amte behielt, sondern ihm
auch ein prächtiges, neu erbautes und vollständig eingerichtetes Haus zum
Geschenk machte.

Andere dagegen fanden sich in den glänzenden Erwartungen, zu
denen sie durch Friedrichs Regierungsantritt berechtigt zu sein glaubten,
auf eine zum Theil empfindliche Weise getäuscht. So setzte sich selbst der
verdiente Generallieutenant v. der Schulenburg scharfem Tadel von
Seiten des jungen Königs aus, als er, zwar freundschaftlicherweise, doch
ohne Urlaub sein Regiment verlassen hatte, um mündlich zur Thronbesteigung Glück zu wünschen. So fand sich schnell eine Menge von Glücks-
rittern ein, denen die genialere Richtung Friedrichs leichten Erwerb zu
sichern schien, während er nicht im Mindesten daran dachte, ihre thörichten
Hoffnungen zu erfüllen. Die Ballen der Glückwünschungsgedichte, welche
dem königlichen Dichter von allen Seiten zugesendet wurden, lohnten die
Mühe des Versemachens wenig. Auch manche seiner früheren Günstlinge
mußten es erfahren, daß sie seinen Charakter falsch beurtheilt hatten.
Einer von diesen hatte nichts Eiligeres zu thun, als unverzüglich eine

Einladung an einen Freund in Paris fertig zu machen, indem er diesen versicherte, daß er jetzt gewiß sein Glück in Berlin machen könne, und daß sie dem lustigsten Leben in Friedrichs Gesellschaft entgegensehen dürften. Friedrich war unbemerkt in das Zimmer des Schreibers getreten und hatte, über dessen Schulter blickend, den Brief gelesen. Er nahm ihn dem Schreiber aus der Hand, zerriß ihn und sprach sehr ernsthaft: „Die Possen haben nun ein Ende.“

Diejenigen aber unter Friedrichs Freunden, deren wahre Treue, deren Verdienste und Fähigkeiten erprobt waren, sahen jetzt ehrenvolle Laufbahnen vor sich; Friedrich wußte einem jeden von ihnen eine Stelle anzuweisen, auf welcher er, seiner Eigenthümlichkeit gemäß, für das Wohl des Staates nach Kräften wirksam sein konnte. Die einst unverschuldet für ihn gelitten hatten, fanden sich nun auf eine erhebende Weise getröstet. Der Vater seines unglücklichen Katte wurde zum Feldmarschall ernannt und in den Grafenstand erhoben; auch die übrigen Verwandten Katte's erfreuten sich unausgesetzt der Gnade des Königs. Der treue Dühan wurde aus der Verbannung zurückberufen, und Friedrich bereitete ihm einen behaglichen Lebensabend. Ebenso kehrte Keith nach Berlin zurück und wurde zum Stallmeister und zum Oberstlieutenant von der Armee ernannt. Der Kammerpräsident v. Münchow hatte, seit Friedrichs Aufenthalt in Cüstrin zu Ende gegangen war, manche Leiden zu erdulden gehabt; dafür wurden er und seine Söhne jetzt durch ehrenvolle Gnadenbezeigungen schadlos gehalten.

Gleiche Sorgfalt zeigte Friedrich für seine Geschwister, namentlich für die Erziehung und angemessene Ausbildung der jüngeren Brüder. Der Mutter bewies er, bis an ihren Tod, eine treue kindliche Verehrung. Als sie ihn an der Leiche des Vaters mit den Worten „Ihro Majestät“ anredete, unterbrach er sie und sagte: „Nennen Sie mich immer Ihren Sohn; dieser Titel ist köstlicher für mich als die Königswürde.“ Mit derselben Hochachtung begegnete er seiner Gemahlin, obgleich sich bald das Gerücht verbreitete, daß er sich, da seine Ehe nicht mit Kindern gesegnet war, von ihr trennen und zu einer zweiten Ehe schreiten würde. Aber Friedrich dachte an keine Ehescheidung. Es wird im Gegentheil erzählt, daß er sie kurz nach seiner Thronbesteigung dem versammelten Hofe mit den Worten: „Das ist ihre Königin!“ vorgestellt, sie auch Angesichts der

6*

Versammelten zärtlich umarmt und geküßt habe.　Das anmuthige Ver=
hältniß indeß, welches sich zwischen Friedrich und seiner Gemahlin in der
glücklichen Zeit des Rheinsberger Aufenthaltes gebildet hatte, kehrte nicht
zurück; sie lebten bald abgesondert von einander und sahen sich zumeist
nur noch bei festlichen Gelegenheiten.　Die zarte, weibliche Frömmigkeit,
welche das innerste Seelenleben dieser seltenen Fürstin ausmachte, stimmte
vielleicht zu wenig mit der Schärfe des Verstandes überein, welche Friedrich,
in freier Kraft, als Maßstab an die heiligen Ueberlieferungen legte. Wohl
aber ließ es sich Friedrich angelegen sein, sie in allen den Ehren, welche
der regierenden Königin zukamen, zu erhalten, und eifersüchtig wachte er
darüber, daß ihr auch von den Gesandten fremder Mächte der gebührende
Zoll der Ehrfurcht dargebracht wurde. Dafür bewies sie ihm bis an seinen
Tod die rührendste Theilnahme und Ergebenheit.

　　Ueber die Weise, in welcher Friedrich die Verwaltung seines Landes
geübt wissen wollte, sprach er sich selbst unmittelbar nach seiner Thronbe=
steigung aus, als die Staatsminister, am 2. Juni, vor ihm zur Eidlei=
stung erschienen. Seine hochherzige Erklärung, welche in dieser Beziehung
in der That die Richtschnur seines Lebens geworden ist, lautet also: „Ob
Wir euch gleich sehr danken wollen für die treuen Dienste, welche ihr Un=
sers Höchstgeliebtesten Herrn Vaters Majestät erwiesen habet, so ist doch
ferner Unsere Meinung nicht, daß ihr Uns inskünftige bereichern und Un=
sere armen Unterthanen unterdrücken sollet; sondern ihr sollt hiegegen
verbunden sein, vermöge gegenwärtigen Befehls, mit ebenso vieler Sorg=
falt für das Beste des Landes als für Unser Bestes zu wachen, um so viel
mehr, da Wir keinen Unterschied wissen wollen zwischen Unserm eigenen
besondern und des Landes Vortheil, und ihr diesen sowohl als jenen in
allen Dingen vor Augen haben müsset; ja des Landes Vortheil muß den
Vorzug vor Unserm eigenen besonderen haben, wenn sich beide nicht mit
einander vertragen." In derselben Weise äußerte sich Friedrich auch gegen
die anderweitigen Behörden.

　　Diese Gesinnungen der Treue gegen sein Volk, die bei den Fürsten
jener Zeit selten geworden waren, bethätigte Friedrich zu gleicher Zeit auf
eine Weise, die ihm allgemeine Liebe bereiten mußte. Der letzte Winter
hatte länger als ein halbes Jahr in anhaltender Strenge über dem Lande
gelegen; allgemeine Theuerung, Hungersnoth an vielen Orten waren die

Folge davon. Die Stimme des Elends aber hatte das Ohr des jungen Königs schnell erreicht. Schon am zweiten Tage nach seinem Regierungs= antritt ließ er die reichlich gefüllten Kornspeicher öffnen und das Getreide zu sehr wohlfeilen Preisen verkaufen. Wo die Vorräthe nicht zureichten, wurden bedeutende Summen ins Ausland geschickt, um Getreide zu glei= chem Zwecke aufzukaufen. Ebenso wurden die königlichen Forstämter an= gewiesen, das erlegte Wild für geringe Preise auszubieten. Mehrere Ab= gaben, die auf dem Erwerb der Nahrungsmittel lasteten, wurden für eine Zeit gänzlich aufgehoben. Endlich wurden größere und kleinere Sum= men, welche man durch verschiedene Ersparnisse im Staatshaushalte gewann, baar unter die Dürftigsten vertheilt. So mochte der Jubelruf, der dem jungen Könige überall, wo er öffentlich erschien, entgegentönte, wohl aus dem Herzen des Volkes kommen. Aber auch darauf, wie der Wohlstand des Volkes durch innerlich fortwirkende Mittel zu heben sei, war Friedrich schon in den ersten Tagen seiner Regierung eifrig bedacht; über die Verbesserung und Vermehrung der Manufakturen erschienen wohlthätige Anordnungen; erfahrenen Arbeitern, welche sich aus der Fremde in die preußischen Staaten übersiedeln wollten, wurden wesentliche Vortheile zugesichert.

Nicht minder hatte es Friedrich sehr deutlich erkannt, welchen Werth für die zerstreuten Länder des preußischen Staates der Schutz eines mäch= tigen Kriegsheeres hatte und welche Wichtigkeit dasselbe, bei veränderten politischen Umständen, seiner Regierung geben konnte. So wenig seine Natur ursprünglich mit der Strenge des militairischen Dienstes überein= zustimmen schien, so eifrig sorgte er jetzt für die fortgesetzte Uebung desselben. Nur was als ein überflüssiger Luxus in den militairischen An= gelegenheiten zu betrachten war, wurde auf eine vortheilhafte Weise umge= ändert. Dies war namentlich der Fall mit der berühmten Riesengarde, welche der verstorbene König zu seinem besondern Vergnügen in Potsdam gehalten hatte. Aber es wird auch berichtet, daß Friedrich Wilhelm selbst, kurz vor seinem Tode, seinem Sohne von den ungeheuren Summen, welche die Unterhaltung dieses Corps gekostet, Rechenschaft gegeben und daß er ihm zur Auflösung desselben gerathen habe. So erschien dasselbe am 22. Jun' zum letzten Mal, die Leichenfeier seines Stifters zu verherrlichen; unmittel= bar darauf wurde es unter andere Regimenter vertheilt. Dadurch gewann

Friedrich die Mittel, seine Kriegsmacht, schon im Verlauf weniger Wochen,
um mehr als zehntausend Mann zu verstärken. Zugleich ward für einen
ehrenhaften Schmuck des kriegerischen Lebens gesorgt. Alle Fahnen und
Standarten der Armee erhielten den preußischen schwarzen Adler mit
Schwert und Scepter in den Klauen und mit der Beischrift: „Für Ruhm
und Vaterland" (Pro Gloria et Patria).

Die wesentlichsten Veränderungen, mit denen Friedrich auftrat, be=
trafen diejenigen Elemente des Lebens, welche seinem Vater am fernsten
gelegen hatten. Friedrich Wilhelm hatte nur das materielle Wohl seines
Staates im Auge gehabt; der Geist lag in Fesseln. Friedrich gab dem
Gedanken Freiheit und gewann hiedurch für die Macht seines Staates
eine Stütze, die gewaltiger ist als Schwerter und Feuerschlünde. Oeffent=
liche Rede war unter seinem Vater nicht verstattet gewesen; die Zeitungs=
blätter, anfangs ganz verboten, nachher unter drückenden Einschränkungen
erlaubt, hatten nur ein kümmerliches Dasein gefristet. Kurz nach Friedrichs
Thronbesteigung erschienen auf seine Veranlassung zwei Zeitungen, welche
bald Bedeutung erlangten und für die er selbst einzelne Artikel lieferte.
Die Wiederbelebung der Akademie der Wissenschaften, die sich unter
Friedrich Wilhelm I. fast gänzlich aufgelöst hatte, wurde vorbereitet; vor=
zügliche Gelehrte aus verschiedenen Ländern wurden nach Berlin berufen.
Besonders ließ es sich Friedrich angelegen sein, den Philosophen Wolff
für die heimische Wissenschaft wieder zu gewinnen; dem Probste Reinbeck,
dem er dieses Geschäft übertrug, schrieb er: ein Mensch, der die Wahr=
heit suche und sie liebe, müsse unter aller menschlichen Gesellschaft werth
gehalten werden; er glaube, daß Reinbeck eine Eroberung im Lande der
Wahrheit machen werde, wenn es ihm gelinge, Wolff zur Rückkehr zu be=
wegen. Wolff folgte dem Begehren seines erhabenen Schülers und kehrte
nach Halle zurück, wo er ehrenvoll aufgenommen wurde. Auch erschien
alsbald ein ausdrücklicher königlicher Befehl, demzufolge nur diejenigen
Landeskinder, welche zwei Jahre auf einer preußischen Universität studirt,
eine Anstellung im Staate zu erwarten haben sollten. Die Gesellschaft
der Freimaurer wurde öffentlich anerkannt; Friedrich selbst hielt bald
nach seiner Thronbesteigung eine feierliche Loge, in welcher er den Meister=
stuhl einnahm.

Aus solcher Geistesrichtung entsprang endlich auch eine freisinnigere

Gestaltung anderer Lebensverhältnisse. Religiöse Duldung war einer der
wichtigsten Grundsätze, mit denen Friedrich seine Regierung begann und
thätig alten Mißbräuchen oder einseitiger Beschränkung gegenübertrat.
Ein zweiter Grundsatz war: geläuterte, vernunftmäßige Rechtspflege.
Aber um eine solche in das Leben einzuführen, bedurfte es eines weise
durchdachten, kunstreich aufgeführten Baues.   Vorerst erschienen einige
Verordnungen, welche wenigstens geeignet waren, das Licht der neuen
Zeit, das in Friedrichs Hand ruhte, erkennen zu lassen.   So ist nament=
lich anzuführen, daß schon am vierten Tage seiner Regierung das un=
menschliche Gerichtsverfahren der Folter — bis auf einige außerordent=
liche Ausnahmen, für welche dasselbe aber einige Jahre später ebenfalls
verschwand, — durch königlichen Befehl aufgehoben wurde.   Die übri=
gen Staaten sind diesem großartigen Beispiele erst in beträchtlich späterer
Zeit gefolgt.

Alles aber, was Friedrich in solcher Weise in den ersten Monaten
seiner Regierung einrichtete, war sein eigenes Werk; die Minister hatten
nur seine Befehle auszuführen.   Durch eine außerordentliche Thätigkeit,
durch die strengste Eintheilung der Zeit machte er es möglich, — was bis
dahin unerhört gewesen war, — daß er Alles beobachten, prüfen, leiten
konnte.   So blieb es die lange Zeit seiner Regierung hindurch bis an
seinen Tod.   Und doch gebrach es ihm hiebei nicht an Zeit, um auch den
Künsten, namentlich der Musik und Poesie, einige heitere Stunden widmen
zu können; aber der Genuß der Kunst diente wiederum nur dazu, seinem
Geiste neue Schwungkraft zu geben.   Die vortheilhaftesten Zeugnisse über
diese ganz außerordentliche Geschäftsführung enthalten die Berichte der
damaligen, in Berlin anwesenden fremden Gesandten an ihre Regierun=
gen.   Sie klagen, daß der König sein eigner Minister sei, daß man Nie=
mand finde, dem er sich ganz mittheile und durch dessen Hilfe man Kennt=
niß und Einfluß erlangen könne.   Auch wird, gewiß richtig, hinzugesetzt,
es sei das Beste, wenn man gegen diesen jungen König — dem herkömm=
lichen Gebrauche sehr zuwider — ein offenes Verfahren beobachte.

In der Mitte Juli begab sich Friedrich nach Königsberg in Preußen,
die Erbhuldigung der preußischen Stände zu empfangen.   Dort hatte
sich sein Großvater die preußische Königskrone aufgesetzt.   Aber Friedrich
Wilhelm schon verschmähte diese äußerliche Ceremonie, und auch Friedrich

fand es nicht für nöthig, dieselbe wieder einzuführen. „Ich reise jetzt,“ so äußerte er sich kurze Zeit vorher in einem Schreiben an Voltaire, „nach Preußen, um mir da ohne das heilige Delfläschchen und ohne die unnützen und nichtigen Ceremonien huldigen zu lassen, welche Ignoranz eingeführt hat und die nun von der hergebrachten Gewohnheit begünstiget werden.“ Die Huldigung fand am 20. Juli statt. Ueber die dabei nöthigen Förm= lichkeiten hatte er sich durch einen in solchen Dingen erfahrenen Freund, der ihn begleitete, unterrichten lassen. Nachher fragte er diesen, ob er seine Sache gut gemacht habe. — O ja, Sire, antwortete der Gefragte, aber Einer machte es doch noch besser. — „Und der war?“ — Ludwig der Funfzehnte. — „Ich aber,“ setzte Friedrich mit Laune hinzu, „kenne Einen, der es doch noch besser machte.“ — Und der war? — „Baron!“ (Ein bekannter französischer Schauspieler.)

Uebrigens war Friedrich mit den Tagen seines Aufenthalts in Königs= berg zufrieden. Die Huldigungspredigt, welche der Oberhofprediger Quandt hielt, fand seinen entschiedenen Beifall; schon früher hatte er Quandt mit Theilnahme gehört und noch am Abend seines Lebens, in einer Schrift über deutsche Literatur, erwähnte er seiner als des vorzüg= lichsten Redners, den Deutschland je besessen. Besonderes Vergnügen be= reitete ihm ein Fackelzug, den ihm die Königsberger Studenten unter Musikbegleitung brachten; er ließ ihnen zum Dank ein reichliches Trink= gelage veranstalten. Auch die Uebungen des Königsberger Militairs fie= len zu seiner Zufriedenheit aus. Er aber bezeichnete diese Tage wiederum durch zahlreiche Wohlthaten, welche er der Stadt und der gesammten Pro= vinz zukommen ließ, den Wahlspruch der bei der Huldigung ausgeworfenen Medaillen — „Glück des Volkes“ — durch die That bewährend.

Nachdem Friedrich aus Preußen zurückgekehrt war, erfolgte in Berlin, am 2. August, die Erbhuldigung der kurmärkischen Stände. Das Volk rief, als Friedrich nach der Ceremonie auf den Balkon des Schlosses hinaustrat, dreimal mit freudiger Seele: Es lebe der König! Gegen die Gewohnheit und Etikette blieb er eine halbe Stunde auf dem Balkon, mit festem, aufmerksamem Blick auf die unermeßliche Menge vor dem Schlosse hinabschauend; er schien in tiefe Betrachtung verloren. — Die Medaillen, welche in Berlin ausgeworfen wurden, führten den Wahlspruch: „Wahr= heit und Gerechtigkeit.“

Kurze Zeit darauf verließ Friedrich Berlin auf's Neue, um die Hul=
digung in den westphälischen Provinzen des Staates einzunehmen. Vor=
her besuchte er seine ältere Schwester, die Markgräfin von Bairenth, in
ihrer Residenz. Von hier machte er in raschem Fluge einen Abstecher
nach Straßburg, um einmal französischen Boden zu betreten und franzö=
sische Truppen zu sehen. Um unbekannt zu bleiben, hatte er den Namen
eines Grafen du Four angenommen und nur geringes Gefolge mitgeführt.
Seine ganze Equipage bestand in zwei Wagen. Als die Gesellschaft in
Kehl, Straßburg gegenüber, auf der deutschen Seite des Rheins, ankam,
machte der dortige Wirth den Kammerdiener Friedrichs aufmerksam, daß
man jenseits sogleich die Pässe vorzeigen müsse. Der Kammerdiener setzte
also einen Paß auf, ließ Friedrich unterschreiben und drückte dann das
königliche Siegel darunter. Dem Wirthe war ein so kurzes Verfahren
selten vorgekommen; aber schnell errieth er, von wem allein dasselbe aus=
gehen konnte, und man hatte Mühe, den Hocherfreuten zum Stillschweigen
zu verpflichten.

In Straßburg angekommen, ließ sich Friedrich sogleich, um ganz
als Franzose auftreten zu können, französische Kleider nach neuestem Ge=
schmacke anfertigen. In einem Kaffeehause machte er die Bekanntschaft
französischer Officiere, die er zur Abendtafel einlud; die geschmackvolle
Bewirthung, der Geist und die Anmuth seiner Unterhaltung entzückten
die Gäste, aber vergebens bemühten sie sich, die Geheimnisse ihres Wirthes
zu erforschen. Am nächsten Tage besuchte Friedrich die Parade. Hier
erkannte ihn ein Soldat, der früher in preußischen Diensten gestanden
hatte; augenblicklich wurde es dem Gouverneur, Marschall v. Broglio,
berichtet, und Friedrich war nicht im Stande, die Ehrenbezeigungen des
Marschalls ganz zu beseitigen. Nun verbreitete sich die Nachricht durch
die ganze Stadt; das Volk war entzückt, den jungen König, dessen Ruhm
schon vor seiner Thronbesteigung durch die Welt erklungen war, in seiner
Nähe zu wissen. Der Schneider, der die neuen Kleider gefertigt, wollte
keine Bezahlung annehmen und sich durchaus nur mit der Ehre, für den
Preußenkönig gearbeitet zu haben, begnügen. Am Abend wurden rings
in den Straßen Freudenfeuer angezündet; überall hörte man den Jubel=
ruf: Vive le roi de Prusse!

Von Straßburg begab sich Friedrich den Rhein abwärts nach Wesel.

Diesmal wurde die Rheinreise nicht mit so bangen Gefühlen zurückgelegt, wie vor zehn Jahren, da Friedrich in engem Gewahrsam als ein schmach= voll Gefangener geführt wurde. Doch verkümmerte ein Fieber, das sich einstellte und längere Zeit anhielt, den Genuß der schönen Fahrt. Das Fieber war auch die Ursache, daß Friedrich nicht, wie er beabsichtigt hatte, nach Brabant ging, um Voltaire aufzusuchen, der sich gegenwärtig dort aufhielt. Dafür indeß bedurfte es nur des ausgesprochenen Wunsches, und Voltaire fand sich bereitwillig vor seinem hohen Verehrer auf dem Schlosse Moyland bei Cleve ein. Friedrich war angegriffen von der Krankheit; er bedauerte, daß ihm die nöthige Spannkraft fehle, um einem so großen Geiste würdig entgegentreten zu können. Doch war er von der Persönlichkeit des Gefeierten ebenso entzückt, wie früher von seinen Wer= ken. „Voltaire," so schrieb Friedrich kurze Zeit nach diesem Besuche an Jordan, „ist so beredt wie Cicero, so angenehm wie Plinius, so weise wie Agrippa; mit Einem Wort: er vereinigt in sich alle Tugenden und Ta= lente der drei größten Männer des Alterthums. Sein Geist arbeitet un= aufhörlich, jeder Tropfen Tinte, der aus seiner Feder fließt, wird zu einem Zeugniß seines Witzes. Er hat uns sein herrliches Trauerspiel Mohamed vordeclamirt; wir waren entzückt davon; ich konnte es nur bewundern und schweigen." — „Du wirst mich," so fügt Friedrich später hinzu, „bei meiner Zurückkunft sehr geschwätzig finden; aber erinnere dich, daß ich zwei Gegenstände gesehen habe, die mir immer am Herzen lagen: Voltaire und französische Truppen."

Auf der Rückreise wohnte Friedrich in Salzdahlum der Verlobung seines Bruders, des Prinzen August Wilhelm, mit der Schwester seiner Gemahlin, der braunschweigischen Prinzessin Luise Amalie, bei. —

Die Huldigungsreise nach Westphalen hatte Friedrich zu einer politischen Demonstration veranlaßt, welche sehr geeignet war, seinen Charakter in den Verhältnissen der Politik erkennen zu lassen. Doch auch schon früher, ehe noch die ersten drei Wochen seiner Regierung verflossen waren, hatte er ein ähnliches, wenngleich minder augenfälliges Beispiel gegeben. Der Kurfürst von Mainz hatte nämlich, zum Nachtheil des Land= grafen von Hessen=Kassel und Grafen von Hanau, eines Erbverbrüderten des Hauses Brandenburg, ungegründete Ansprüche auf einen hanauischen Ort gemacht. Friedrich sendete am 19. Juni dem Kurfürsten eine ernstliche

Ermahnung, von seinem Vorhaben abzustehen und die Ruhe des Reichs ungestört zu lassen. Die Folge hievon war, daß der Kurfürst seine Truppen zurückzog.

Wichtiger, wie gesagt, war das zweite Ereigniß. Preußen war durch Erbschaft in den Besitz der Herrschaft Herstall an der Maas, im Bezirke des Bisthums Lüttich, gekommen. Herstall hatte sich schon unter König Friedrich Wilhelm empört und war von dem Bischofe von Lüttich, welcher Ansprüche auf die Oberlehnsherrlichkeit der Herrschaft machte, in Schutz genommen worden. Friedrich Wilhelm hatte vergebens versucht, die Angelegenheit auf gütlichem Wege beizulegen. Jetzt weigerte sich Herstall, ebenfalls unter dem Schutze des Bischofs, Friedrich den Huldigungseid zu leisten. Friedrich schickte deshalb von Wesel aus einen seiner höheren Staatsbeamten an den Bischof und ließ diesen dringend zu einer bestimmten Erklärung über sein Benehmen auffordern, indem er ihm zugleich die Folgen andeutete, denen er sich dadurch aussetzen dürfte. Die Erklärung blieb aus, und sofort rückten 1600 Mann preußischer Truppen in das Gebiet des Bischofs ein. Dieser wendete sich in seiner Noth an alle benachbarten Fürsten, namentlich auch an den Kaiser. Der Letztere schrieb nachdrücklich an Friedrich, daß er, statt sich eigenmächtig Recht zu verschaffen, seine Klage vor den Reichstag bringen solle. Aber Friedrich, der wohl wußte, wie wenig dadurch erreicht werde, rechtfertigte sich durch eine Gegenschrift und zog seine Truppen nicht zurück. Nun bequemte sich der Bischof zur Unterhandlung mit Friedrich, und schon am 20. October kam ein Vertrag zu Stande, demzufolge Friedrich dem Bischof die Herrschaft Herstall für eine bedeutende Geldsumme überließ. Die Entfernung der Lage Herstalls von seinen übrigen Staaten mochte ihn vornehmlich zu diesem Verkaufe bewegen. —

So hatte Friedrich im Verlauf der ersten fünf Monate die Art und Weise seiner Regierung angekündigt. Aber die freie, selbständige Kraft, mit welcher er überall auftrat, dünkte seinen Zeitgenossen zu fremd, zu seltsam, als daß sie die Größe dieser Erscheinung schon jetzt zu würdigen vermocht hätten. Indeß hatte die Stunde bereits geschlagen, die ihm eine leuchtendere Bahn aufschließen, die sein Bild auch dem blöderen Auge deutlich erkennbar machen sollte.

Vierzehntes Kapitel.
Ausbruch des ersten schlesischen Krieges.

Unter den Aussichten auf mancherlei behaglichen Genuß ging man der winterlichen Jahreszeit entgegen. Voltaire war auf Friedrichs Einladung nach Berlin gekommen, und man konnte sich jetzt lebhafter und minder gestört, als bei jenem ersten flüchtigen Zusammentreffen, gegeneinander aussprechen. Zugleich hatte Friedrich die Absicht, seinen Antimacchiavell zu überarbeiten und eine neue Herausgabe desselben zu veranstalten, indem in die frühere Ausgabe, durch Voltaire's übertriebene Fürsorge, allerlei Fremdartiges eingeschlichen war. Neben Voltaire waren noch andere geistreiche Männer um Friedrich versammelt. Auch seine beiden Schwestern, die Markgräfinnen von Baireuth und von Anspach, kamen zum Besuche. Wissenschaftlicher Verkehr, Concerte, Festlichkeiten schienen eine längere Reihe von heitern Tagen anzukündigen.

Da brachte ein Eilbote die Nachricht, daß Kaiser Karl VI. am 20. October (1740) gestorben sei. Friedrich war eben in Rheinsberg, wo er sich von erneuten Fieberanfällen, die periodisch wiederkehrten, zu erholen suchte. Mit Gewalt schüttelte er das Fieber von sich und begann die Ausführung dessen, was er lange schon im Innern vorbereitet hatte. „Jetzt ist die Zeit da," so schrieb er in einem Billet an Voltaire, „wo das alte politische System eine gänzliche Aenderung leiden kann; der Stein ist losgerissen, der auf Nebukadnezar's Bild von viererlei Metallen rollen und sie alle zermalmen wird."

Das Bild, das weiland König Nebukadnezar im Traume gesehen hatte und das ihm der Prophet Daniel ausdeuten mußte, war aus Metallen stattlich erbauet, aber in den Füßen waren Eisen und Ton gemischt, so daß es dem Stoße nicht zu widerstehen vermochte. So war auch die österreichische Herrschaft beschaffen. Das große Reich war ohne innere Kraft; ein unglücklich geführter Türkenkrieg hatte in den jüngst vergangenen Jahren auch die letzten Hülfsmittel erschöpft. Prinz Eugen, lange Zeit die Stütze des Reiches, war gestorben, ohne daß seine Stelle durch einen andern hätte ersetzt werden können. Karl VI. hatte es als die Aufgabe seines Lebens betrachtet, für das Erbfolgerecht seiner Tochter Maria Theresia die Gewährleistung aller bedeutenderen Mächte Europa's zu

erlangen; Eugen's Rath, die pragmatische Sanction lieber durch ein schlag=
fertiges Heer von 200,000 Mann als durch ein flüchtiges Versprechen zu
sichern, war unbeachtet geblieben. Preußen dagegen strebte in jugendlicher
Frische empor. Oft zwar hatte man über König Friedrich Wilhelm ge=
spottet, daß er unmäßige Kosten auf sein Kriegsheer verwendet und doch
dasselbe seit geraumer Zeit in keine Schlacht geführt habe; aber das Da=
sein dieses Kriegsheeres ließ sich nicht wegleugnen, und es war geübt, wie
kein zweites. Zugleich waren seine Provinzen blühend, die Einkünfte ver=
hältnißmäßig bedeutend; keine Schulden belasteten den Staat, im könig=
lichen Schatze befanden sich baar nahe an neun Millionen Thaler. Mit
solchen Mitteln konnte ein kräftiger, männlicher Geist es immerhin wagen,
selbständig in das Rad der Geschichte einzugreifen und seiner Größe,
seinem inneren Berufe Anerkennung zu verschaffen.

Oesterreich hatte schon seit Jahrhunderten gegen den brandenburgisch=
preußischen Staat eine mehr als zweideutige Rolle gespielt. Von den Ver=
hältnissen zu Friedrich Wilhelm ist in der Jugendgeschichte seines Sohnes
Erwähnung geschehen; seine Ansprüche auf Jülich und Berg waren von
dem Kaiser zu gleicher Zeit anerkannt und denen anderer Prätendenten
nachgesetzt worden. Friedrich hätte jetzt, auf seine Militairmacht gestützt,
diese Ansprüche auf's Neue geltend machen können; aber er sah die Größe
der Gefahr, der er sich hiebei aussetzen müßte, zu wohl ein; er hätte zu
viele Mitbewerber gegen sich gehabt und hätte sein ganzes Reich von
Truppen entblößen müssen, um alle Macht auf diesem einen entlegenen
Punkte zusammenzuziehen. Ungleich wichtiger waren andere Ansprüche, die
Friedrich, und zwar mit entschiedenem Recht, erheben durfte, die ihm, unter
den gegenwärtigen Umständen, einen minder gefahrvollen Erwerb, seinem
Staate einen glänzenderen Gewinn zu sichern schienen. In Schlesien
nämlich waren seinen früheren Vorfahren mehrere Fürstenthümer — Jä=
gerndorf, Liegnitz, Brieg und Wohlau, in den verschiedenen Theilen des
Landes belegen, — zu verschiedenen Zeiten erblich zugefallen; aber der
kaiserliche Hof hatte stets Vorwände gefunden, sie zurückzuhalten. Diese
Angelegenheit hatte schon früher zu manchen Streitigkeiten geführt. Unter
dem großen Kurfürsten endlich, als man dessen Hülfe gegen die Türken
bedurfte, hatte der österreichische Hof ein scheinbares Abkommen getroffen,
indem an Brandenburg, statt jener Fürstenthümer, ein freilich viel kleinerer

Theil von Schlesien, der schwiebusische Kreis, der an die Neumark grenzte, überlassen ward; zuvor aber hatte man den Thronfolger, der das eigentliche Sachverhältniß gar nicht kannte, der sich in bedenklicher Lage befand und zur Nachfolge in der Regierung seines Vaters Oesterreichs Bei= hülfe nöthig zu haben meinte, durch das Versprechen solcher Beihülfe dahin gebracht, daß er sich heimlich verpflichtete, auch jenen Kreis nach seiner Thron= besteigung wieder zurückgeben zu wollen. Als dieser nun — der nachma= lige König Friedrich I. — zur Regierung kam und den Ministern sein heimliches Versprechen mittheilte, wurden ihm über das widerrechtliche Verfahren des kaiserlichen Hofes die Augen geöffnet. Zwar konnte er nicht umhin, den schwiebusischen Kreis an Oesterreich wirklich zurückzugeben, aber er erklärte, daß nun auch jene älteren Ansprüche Brandenburgs an die genannten schlesischen Fürstenthümer in unverringerter Kraft fort= beständen. „Ich muß, will und werde mein Wort halten" — so rief er aus; „das Recht aber in Schlesien auszuführen, will ich meinen Nachkom= men überlassen, als welche ich ohnedem bei diesen widerrechtlichen Umständen weder verbinden kann noch will; giebt es Gott und die Zeit nicht anders als jetzo, so müssen wir zufrieden sein; schickt es aber Gott anders: so werden meine Nachkommen schon wissen und erfahren, was sie desfalls dereinst zu thun und zu lassen haben."

Friedrich wußte, was er zu thun habe. Der lebhafte Drang, der den jungen König zu ruhmvollen Thaten trieb, hatte ein würdiges Ziel gefunden; die Reichs=Processe in ihrer unendlichen Dauer konnten hier nicht zum erwünschten Ziele führen; die günstige Gelegenheit mußte schnell gefaßt, das Recht durch die Kraft vertreten werden.

Friedrich bedurfte keiner langen Vorbereitungen, um sich, zur Er= werbung seines Rechts, auf einen kriegerischen Fuß zu setzen. Sein Plan ward nur wenigen Vertrauten mitgetheilt. Aber die ungewöhnlichen Be= wegungen, welche auch zu dieser kurzen Vorbereitung nöthig waren, die Truppenmärsche, Artilleriezüge, die Einrichtung der Magazine und der= gleichen gaben es kund, daß irgend ein großes Unternehmen im Werke war. Alles ward von Staunen und Neugier erfüllt; die verschiedensten Gerüchte brachte man in Umlauf; die Diplomaten sendeten und empfingen Couriere, ohne doch mit Bestimmtheit den Plan des Königs errathen zu können. Absichtlich hatte dieser einige Truppenmärsche so angeordnet, daß man vorerst eher an eine Rhein=Campagne, wegen Jülich und Berg, als an Schlesien dachte. Die verkehrten Meinungen, die im Publicum herüber= und hinüberwogten, ergötzten ihn sehr. „Schreib' mir viel Possierliches," so heißt es in einem Briefe Friedrich's aus Ruppin an Jordan, „was man sagt, was man denkt und was man thut. Berlin soll jetzt aussehen wie Frau Bellona in Kindesnöthen; hoffentlich wird sie ein hübsches Früchtchen zur Welt bringen; ich aber werde durch irgend einige kühne und glückliche Unternehmungen das Vertrauen des Publi= tums gewinnen. Da wär' ich denn endlich in einer der glücklichsten Lagen meines Lebens und in Verhältnissen, die einen sichern Grund zu meinem Ruhme legen können!"

Friedrich hatte es für gut befunden, den berühmtesten General sei= ner Armee, den alten Fürsten Leopold von Dessau nicht in das Geheim= niß des Unternehmens zu ziehen. Er fürchtete einerseits, daß Leopold, aus alter Zeit und namentlich aus den Tagen seines militairischen Ruhmes dem österreichischen Interesse befreundet, die Sache überhaupt nicht billigen möchte; andererseits war es schwer, dem alten Feldherrn nicht die erste Rolle bei der Ausführung des kühnen Vorhabens zu übergeben, und doch wollte sie Friedrich eben für sich behalten. Leopold war von peinlicher Ungeduld über alle die Geheimnisse, die um ihn her vorgingen, erfüllt; je mehr sich dieselben zu enthüllen schienen, um so eindringlicher legte er dem Könige seine Dienstfähigkeit und Bereitwilligkeit zum Dienste dar. Briefe zwischen dem Feldherrn und dem Könige gingen hin und her, bis der Letztere jenem, mit aller Anerkennung seiner Verdienste, unverholen sagte, er behalte das beabsichtigte Unternehmen sich selber vor, „auf daß die Welt nicht glaube, der König von Preußen marschire mit einem Hofmeister zu Felde." Leopold erhielt den Auftrag, während des Kriegs= zuges für die Sicherheit der Mark zu sorgen.

Auf die Länge konnte es nicht verborgen bleiben, daß die preußi= schen Truppen sich an der schlesischen Grenze zusammenzogen. Der österreichische Hof wurde durch seinen Gesandten in Berlin von der Ge= fahr benachrichtigt; der Staatsrath der Maria Theresia aber, im vollen Vertrauen auf die Sicherheit Oesterreichs dem kleinen Preußenstaate ge= genüber, schrieb zurück, daß er diesen Nachrichten Glauben weder beimessen wolle noch könne. Indeß ward doch ein zweiter Gesandter, der Marquis

Botta, von Wien nach Berlin geschickt, die preußischen Unternehmungen genauer zu erforschen. Diesem mochte der Plan des Königs bald deutlich geworden sein. Bei seiner Antritts=Audienz nahm er Gelegenheit, mit Nachdruck von den Ungemächlichkeiten der Reise, die er so eben gemacht, zu sprechen, besonders von den schlechten Wegen in Schlesien, welche ge= genwärtig durch Ueberschwemmungen so verdorben seien, daß man nicht durchkommen könne. Friedrich durchschaute die Absicht des Gesandten, hatte indeß noch nicht Lust, sich näher zu erklären; er erwiderte trocken, das Schlimmste, was einem auf solchen Wegen begegnen könne, sei, sich zu beschmuzen.

Im December war Alles zum Beginn des Unternehmens bereit. Der Plan, Schlesien zu besetzen, hörte jetzt auf ein Geheimniß zu sein. Friedrich schickte einen Gesandten, den Graf Gotter, nach Wien, um dem österreichischen Hofe seine Ansprüche auf Schlesien und die Anerbietungen, zu denen er sich bei deren Gewährleistung verpflichten wolle, vorzulegen. Er selbst gab, ehe er zu seinen Truppen abging, dem Marquis Botta noch eine Abschieds=Audienz, in welcher er nunmehr auch diesen von seinem Plane unterrichtete. „Sire," rief Botta aus, „Sie werden das Haus Oesterreich zu Grunde richten, und stürzen sich selbst zugleich in den Ab= grund!" Friedrich erwiderte, daß es nur von Maria Theresia abhängen werde, die ihr gemachten Vorschläge anzunehmen. Nach einer Pause fing Botta mit ironischem Tone wieder an: „Ihre Truppen sind schön, Sire, das gestehe ich. Unsere haben diesen Anschein nicht, aber sie haben vor dem Schuß gestanden. Bedenken Sie, ich beschwöre Sie, was Sie thun wollen." Der König ward ungeduldig und versetzte lebhaft: „Sie finden meine Truppen schön, bald werden Sie bekennen, daß sie auch gut sind!" Andere Vorstellungen, welche der Gesandte noch versuchte, brach Friedrich mit dem Bemerken ab, es sei zu spät, der Schritt über den Rubicon sei bereits gethan.

Ehe Friedrich aufbrach, berief er noch einmal seine Officiere zu sich und nahm von ihnen mit folgenden Worten Abschied: „Ich unternehme einen Krieg, meine Herren, in dem ich keine anderen Bundesgenossen habe, als Ihre Tapferkeit und Ihren guten Willen. Meine Sache ist gerecht, und ich vertraue dem Glück. Erinnern Sie sich stets des Ruhmes, den Ihre Vorfahren auf den Feldern von Warschau, von Fehrbellin und auf dem preußischen Winterfeldzuge erworben haben. Ihr Geschick ist in Ihren

Händen; Ehren und Belohnungen warten, daß Sie sie durch glänzende
Thaten verdienen. Aber ich habe nicht nöthig, Sie zum Ruhme anzufeuern:
er allein steht Ihnen vor Augen, er allein ist ein Gegenstand, Ihrer Bemühungen würdig. Wir werden Truppen angreifen, die unter Prinzen
Eugen den größten Ruf hatten. Dieser Prinz ist nicht mehr: dennoch wird
der Sieg für uns nicht minder ehrenvoll sein, da wir uns mit so tapfern Soldaten zu messen haben. Leben Sie wohl! Reisen Sie ab! Ohne Verzug folge
ich Ihnen zu dem Sammelplatze des Ruhmes, der unser wartet!

Am 13. December war ein großer Maskenball im königlichen
Schlosse. Während die Geigen und Trompeten lustige Tanzmelodien
erklingen ließen und die Masken bunt durch einander wirbelten, ward
Alles zur Abreise des Königs zurecht gemacht. Unbemerkt verließ er die
Residenz und eilte der schlesischen Grenze zu. Am 14. traf er in Crossen,
nahe an der Grenze, ein. An demselben Tage zerbrach in der Hauptkirche
von Crossen der Glockenstuhl, und die Glocke fiel zur Erde. Das machte
die Soldaten des Königs besorgt, denn man hielt es für ein böses Zeichen.
Friedrich aber wußte dem Vorfall eine günstigere Prophezeihung abzugewinnen; er hieß die Seinen gutes Muthes sein: das Hohe, so deutete er
den Sturz der Glocke, werde erniedrigt werden. Oesterreich aber war
natürlich im Verhältnisse zu Preußen, das Hohe, und so gewannen die,
welche eben gezagt hatten, neue Zuversicht auf siegreichen Erfolg.

Am 16. December betrat Friedrich den schlesischen Boden. An der
Grenze fand er zwei Abgesandte, welche der protestantische Theil der Ein-
wohnerschaft der festen Stadt Glogau ihm entgegengeschickt hatte. Sie
baten ihn, falls er zur Belagerung von Glogau schreite, so möge er die
Gnade haben, den Angriff nicht von derjenigen Seite der Stadt zu machen,
auf welcher sich die protestantische Kirche befinde. Diese Kirche stand
nämlich außerhalb der Festungswerke, und der Commandant von Glogau,
Graf Wallis, beabsichtigte, dieselbe, so wie er es bereits mit einigen anderen
Gebäuden gethan hatte, niederbrennen zu lassen, damit Friedrich nicht auf
sie einen Angriff stützen könne. Friedrich hatte seinen Wagen halten lassen,
als die beiden Abgeordneten ihre Bitte vortrugen. „Ihr seid die ersten
Schlesier," so gab er ihnen zur Antwort, „die mich um Gnade bitten: sie
soll Euch gewährt werden." Unverzüglich ward ein reitender Bote an

den Grafen Wallis abgefertigt, mit dem Verſprechen, ihn nicht von jener
Seite anzugreifen; und die Kirche blieb verſchont.

Das preußiſche Heer fand keine feindlichen Armeen vor ſich; die
ſchwache Beſatzung des Landes reichte nur eben hin, die wenigen Haupt=
feſtungen zu decken. Aus Oeſterreich konnte ſo ſchnell keine bedeutendere
Hilfe geſendet werden. Die Stafetten und Couriere, welche das in Bres=
lau befindliche Ober=Amt bei der herannahenden Gefahr nach Wien
ſchickte, die immer bringenderen Bitten um Hilfe waren umſonſt. Die
letzte Reſolution, welche von Wien aus erfolgte, lautete dahin, daß
man die Stafetten=Gelder ſparen und ſich von der Furcht nicht allzuſehr
einnehmen laſſen ſolle.

So ſtanden dem Einmarſch und der Beſitznahme von Seiten der
Preußen keine ſonderlichen Hinderniſſe weiter entgegen, als das ſchlechte
Wetter und die böſen Wege, von denen Marquis Botta dem Könige in
der That nicht viel Falſches gemeldet hatte. Aber die Soldaten behielten
guten Muth, und Friedrich ließ es ſich, durch mannigfache Belohnung,
angelegen ſein, ſie in dieſer Stimmung zu beſtärken. An die Bewohner
Schleſiens wurden Manifeſte ausgetheilt, welche den Einwohnern alle ihre
Beſitzungen, Rechte und Freiheiten beſtätigten, die ſtrengſte Kriegszucht
für das einmarſchirende Heer verhießen und die Abſicht des Königs, ſich
ſeiner Rechte nur gegen die etwaigen Einſprüche eines Dritten zu verſichern,
auseinanderſetzten. Dieſe Erklärungen, beſonders die treffliche Kriegszucht,
die in der That beobachtet ward, noch mehr aber die Hoffnungen der pro=
teſtantiſchen Bewohner Schleſiens, die in Friedrich ihren Erretter von
mannigfachem Drucke ſahen, machten ihm viele Herzen des Volkes geneigt.
Die Proteſtationen, welche von Seiten der öſterreichiſchen Regierung erfolg=
ten, fruchteten dagegen wenig.

Zu Anfange freilich konnte man in Schleſien noch nicht wiſſen, wie
man ſich zwiſchen der althergebrachten und der neugeforderten Unter=
thanenpflicht zu benehmen habe. Indeß fehlte es ſchon dem Bürgermeiſter
und Rath von Grüneberg, — dem erſten bedeutenderen Orte Schleſiens,
auf den die preußiſche Armee ſtieß, — nicht an einem ſchlau erſonnenen
Auskunftsmittel. Die Preußen fanden die Thore der Stadt geſperrt.
Ein Officier ward abgeſchickt, ſie im Namen des Königs zur Uebergabe
aufzufordern; man führte ihn auf das Rathhaus, wo Bürgermeiſter und

Rath in feierlicher Amtstracht versammelt waren. Der Officier verlangte von dem Bürgermeister die Schlüssel zu den Stadtthoren.   Jener entschuldigte sich nachdrücklichst: er könne und dürfe die Schlüssel nicht geben. Der Officier drohte nun, daß man die Thore sprengen und mit der Stadt, wenn sie sich den gnädigen Anerbietungen des Königs widersetze, übel verfahren werde. Der Bürgermeister zuckte mit den Achseln. Hier auf dem Rathstische, entgegnete er, liegen die Schlüssel; aber ich werde sie Ihnen unter keinen Umständen geben. Wollen Sie sie selbst nehmen, so kann ich's freilich nicht hindern. Der Officier lachte, nahm die Schlüssel und ließ die Thore öffnen. Als die Truppen eingerückt waren, ward dem Bürgermeister von Seiten des Generals bedeutet, er möge die Schlüssel wieder abholen lassen. Der Bürgermeister weigerte sich indeß ebenso wie vorhin. Ich habe die Schlüssel nicht weggegeben, sagte er, ich werde sie daher auch nicht holen oder annehmen. Will aber der Herr General sie wieder auf die Stelle, von der sie weggenommen worden, hinlegen oder hinlegen lassen, so kann ich freilich nichts dagegen haben.   Der General meldete diesen Vorfall dem Könige zu dessen großem Ergötzen. Auf Friedrichs Befehl wurden die Schlüssel durch ein Commando des Regiments, unter Musik und Trommelschlag, nach dem Rathhause zurückgebracht.

Die erste Festung, deren Besatzung den Preußen ein Hinderniß in den Weg legte, war Glogau. Die Vertheidigungswerke waren in keinem sonderlichen Zustande, doch hatte der Commandant in der Eile einige Vorkehrungen zu seiner Sicherung getroffen. Friedrich ließ, um seine Armee in ihrem Zuge nicht aufzuhalten und da überdies die ungünstige Jahreszeit eine regelmäßige Belagerung untersagte, nur ein Corps zurück, welches die Besatzung einzuschließen hinreichte, und setzte seinen Marsch gegen Breslau fort.

Breslau erfreute sich damals einer freien, fast republikanischen Verfassung; die Stadt war von dem Besatzungsrechte ausgenommen. Als ein österreichisches Corps einrücken sollte, gerieth die Bürgerschaft in Bewegung; der Unwille erhöhte sich, als in Vorschlag gebracht wurde, die Vorstädte abzubrennen. Die Bürger beschlossen, ihre Wälle allein zu vertheidigen. Aber schon hatten sich, schneller als man es vermuthet, die Preußen der Vorstädte bemächtigt und die Stadt eingeschlossen; drinnen war man ohne hinlänglichen Vorrath an Lebensmitteln; die zugefrornen

Stadtgräben ließen einen Sturm und, in Folge dessen, Plünderung befürch=
ten.   So ward man zu Unterhandlungen geneigt; beschleunigt wurden
dieselben durch den protestantischen Theil des Volkes, der, durch einen
enthusiastischen Schuhmacher aufgewiegelt, den Magistrat zum raschen
Entschlusse trieb.   Friedrich bewilligte der Stadt Neutralität; sie mußte
ihm die Thore öffnen, sollte aber von Besatzung verschont bleiben. Des
österreichischen Ober=Amtes war jedoch in diesem Vergleiche nicht gedacht
worden; Friedrich verabschiedete, sobald er die Stadt betreten hatte, alle
dazu gehörigen Personen.

Am dritten Januar (1741) hielt Friedrich in Breslau seinen feier=
lichen Einzug. Den Zug eröffneten die königlichen Wagen und Maulthiere,
letztere mit Zimbeln und mit Decken von blauem Sammet, eingefaßt von
goldenen Borten mit Adlern gestickt. Dann folgte eine Schaar von Gens=
darmen und auf diese der königliche Staatswagen, der mit gelbem Sammet
ausgeschlagen war und in dem, als das Symbol der königlichen Macht, ein
prächtiger blausammetner, mit Hermelin gefütterter Mantel lag. Hinter
dem Wagen ritten die Prinzen, Markgrafen und Grafen aus Friedrichs
Heer; zuletzt erschien der König selbst mit einem kleinen Gefolge. Er wurde
durch den Stadtmajor eingeführt. Der Zudrang des Volkes war außer=
ordentlich; nach allen Seiten hin grüßte und dankte der König mit stetem
Abnehmen des Hutes. Zu der königlichen Tafel wurden die Deputirten des
Rathes und der Adel gezogen.   Nach der Tafel ritt Friedrich durch die
Stadt.   Als er an den prächtigen Palast kam, den die Jesuiten auf=
führen ließen, bemerkte er, daß es dem Kaiser wohl habe an Geld fehlen
müssen, da seine Geistlichkeit das Geld zu solchen Anlagen verbrauche.

Zwei Tage darauf war großer Ball, den Friedrich selbst mit einer
der vornehmsten Damen Schlesiens eröffnete.   Bald aber verlor er sich
aus den Reihen der Tanzenden und eilte unverzüglich seinen Truppen
nach, die schon aufs Neue vorgedrungen waren.   Ohlau und Namslau
wurden rasch eingenommen; Brieg, eine Festung, wurde wie Glogau ein=
geschlossen, Ottmachau, in Oberschlesien erobert. Von wichtigen Punkten
war nur noch Neisse, die bedeutendste Festung Schlesiens, übrig.   Hier
wurden die Hauptkräfte des königlichen Heeres zusammengezogen.

Diese raschen Erfolge, die Eroberung eines reichen Landes fast ohne
Schwertschlag, versetzten Friedrich in die behaglichste Stimmung; sie

schienen ihm die glücklichste Zukunft zu versprechen. Die Briefe, welche er in dieser Zeit an seinen Freund Jordan schrieb, athmen eine seltene Heiterkeit und Laune, wie überhaupt sein Briefwechsel mit Jordan, der vornehmlich die Zeit des ersten schlesischen Krieges ausfüllt, zu dem Anmuthvollsten gehört, was Friedrich geschrieben hat. Es spricht sich darin überall die innigste Zärtlichkeit aus, die aber durch eine leisere oder schärfere Ironie über die friedlichen Tugenden des Freundes stets eine eigene Würze erhielt. So sendet er ihm aus Ottmachau folgendes fröhliche Schreiben:

„Mein lieber Herr Jordan, mein süßer Herr Jordan, mein sanfter Herr Jordan, mein guter, mein milder, mein friedliebender, mein allerleutseligster Herr Jordan! Ich melde Deiner Heiterkeit, daß Schlesien so gut wie erobert ist und daß Neisse schon bombardirt wird; ich bereite Dich auf wichtige Projecte vor und kündige Dir das größte Glück an, das Fortunens Schoos jemals geboren hat. Das mag Dir für jetzt genug sein. Sei mein Cicero bei der Vertheidigung meiner Sache; in ihrer Ausführung will ich Dein Cäsar sein. Leb wohl. Du weißt selbst, daß ich mit der herzlichsten Liebe bin — Dein treuer Freund."

Ein paar Tage darauf schrieb er an denselben: „Ich habe die Ehre, Ew. Menschenfreundlichkeit zu melden, daß wir auf gut christlich Anstalten treffen, Neisse zu bombardiren, und daß wir die Stadt, wenn sie sich nicht mit gutem Willen ergiebt, nothgedrungen werden in den Grund schießen müssen. Uebrigens geht es mit uns so gut als nur immer möglich, und Du wirst bald gar nichts mehr von uns hören; denn in zehn Tagen wird Alles vorbei sein und in vierzehn etwa werde ich das Vergnügen haben, Dich wieder zu sehen und zu sprechen." Der Schluß dieses Briefes lautet: „Leben Sie wohl, Herr Rath! Vertreiben Sie sich die Zeit mit Horaz, studiren Sie den Pausanias und erheitern Sie sich dann mit dem Anakreon: was mich betrifft, ich habe zu meinem Vergnügen nichts weiter als Schießscharten, Faschinen und Schanzkörbe. Uebrigens bitte ich Gott, er wolle mir bald eine angenehmere und friedlichere Beschäftigung und Ihnen Gesundheit, Vergnügen und Alles geben, was Ihr Herz nur wünscht."

Die Eroberung von Neisse erfolgte indeß für jetzt nicht. Die Festung hielt das Bombardement aus, und ein Sturm war durch die umsichtigen

Anstalten des Commandanten unmöglich gemacht. Die Werke waren in guten Stand gesetzt, die Vorstädte mit all ihren schönen Gebäuden und Gärten abgebrannt, die gefrorenen Gräben wurden alle Morgen aufgeeist und die Wälle mit Wasser begossen, das ihnen sofort die Gestalt einer unersteiglichen gläsernen Mauer gab. Da die Jahreszeit eine förmliche Belagerung unmöglich machte, auch die preußischen Truppen durch die anstrengenden Wintermärsche erschöpft waren, so mußte Friedrich diese Unternehmung aufgeben. Gleichzeitig aber waren die übrigen Theile seines Heeres durch ganz Oberschlesien, bis Jablunka an der ungarischen Grenze, vorgedrungen. Die österreichischen Truppen, die spät zur Vertheidigung des Landes erschienen waren, hatten sich, zum Widerstande zu schwach, nach Mähren zurückgezogen, und die Preußen konnten nun eine kurze Erholung in den Winterquartieren suchen. Am 26. Januar war Friedrich bereits nach Berlin zurückgekehrt.

Fünfzehntes Kapitel.

Feldzug des Jahres 1741.

Wie ein Lauffeuer war die Nachricht von dem unvermutheten Einfall in Schlesien durch ganz Europa geflogen; Alles war von Erstaunen über die Kühnheit des jungen Königs, der seine kleine Macht zum Kampfe gegen das große Oesterreich führte, ergriffen. Einige tadelten sein Unternehmen mild als eine Unbesonnenheit; Andere erklärten es für ein ganz tollkühnes Beginnen. Der englische Minister in Wien erklärte, Friedrich verdiene in den politischen Bann gethan zu werden. Denn wohl sah man ein, daß hiemit dem Frieden, dessen sich Europa seit Kurzem erfreut, auf lange Zeit Gefahr drohe, daß nun auch andere Mächte auftreten würden, Ansprüche an die Erbschaft Karls VI. zu machen, und daß die pragmatische Sanction nur ein schwaches Band sei. In der That hielt sich der Kurfürst Karl Albrecht von Bayern, der übrigens jene Sanction nicht anerkannt hatte, zu solchen Ansprüchen berechtigt, auch strebte er selbst nach der Kaiserkrone; für jetzt indeß fehlte es ihm an Mitteln, sich geltend zu machen. Größere Gefahr war von Frankreich zu befürchten, indem

man leicht voraussehen konnte, daß dasselbe seinen alten Kampf mit Oester=
reich bei günstiger Gelegenheit gern wieder aufnehmen werde.

Graf Gotter hatte indeß Friedrichs Forderungen und Anträge nach
Wien gebracht. Er bot Friedrichs Freundschaft, sein Heer, seine Geld=
mittel zum Schutze der Kaisertochter seine Stimme für die Wahl ihres
Gemahls, des Herzogs Franz von Lothringen, zum Kaiser; aber er ver=
langte dagegen ganz Schlesien. Solche Forderung fand kein geneigtes Ge=
hör; eine der besten Provinzen des Staates für zweideutige Vortheile
wegzugeben, schien allzu thöricht. Die Kammerherren zu Wien bemerk=
ten spottend, einen Fürsten, dessen Amt als Reichs=Erzkämmerer es sei,
dem Kaiser das Waschbecken vorzuhalten, komme es nicht zu, der Tochter
des Kaisers Gesetze vorzuschreiben. Doch wurde weiter unterhandelt.
Jene Forderung von ganz Schlesien war vielleicht nur in kaufmännischem
Sinne gemeint gewesen; je weiter Friedrich in Schlesien vorschritt, um
so mehr ließ er in der Forderung nach; bald verlangte er sogar weniger,
als ihm zufolge seiner rechtlich ausgeführten Ansprüche zukam; aber Alles
war umsonst. England, gegenwärtig in nah befreundetem Verhältnisse
zu Oesterreich, bemühte sich auf's Eifrigste, den österreichischen Hof zur
Nachgiebigkeit zu bewegen; aber Maria Theresia sowohl, als ihre Mi=
nister wollten auf keine Abtretung eingehen, so lange Friedrich bewaffnet
in Schlesien stehe. Wolle er das Land räumen, so bot man ihm Vergessen=
heit des Geschehenen und das Versprechen, nicht auf Schadenersatz zu be=
stehen. So zerschlugen sich die Unterhandlungen bald.

Friedrich hatte dafür gesorgt, daß für die protestantischen Bewohner
Schlesiens einige dreißig Prediger angestellt wurden. Dies erweckte beim
Papst ängstliche Sorge; er rief die katholischen Mächte zum Schutze gegen
den ketzerischen „Markgrafen von Brandenburg" auf. Friedrich aber er=
ließ eine Gegenerklärung, worin er Jedermann in seinen Staaten, und
namentlich auch in Schlesien, bei seinem Glauben zu schützen versprach.
Dies wirkte zur Beruhigung der besorgten Gemüther, und der Ruf des
Papstes verhallte ungehört. Zugleich hatte Friedrich sich den russischen
Hof günstig zu stimmen gewußt, und auch Frankreich äußerte sich gegen
ihn auf eine verbindliche Weise. Nur England (Hannover) und Sachsen
verbanden sich mit Oesterreich. Aber beide Staaten waren ungerüstet,

und eine gegen ihre Grenzen aufgestellte Beobachtungsarmee, unter dem alten Fürsten von Dessau, hielt sie von ernstlichen Schritten zurück. —

Gegen Ende Februar hatte sich die österreichische Heeresmacht unter dem Oberbefehl des Feldmarschalls, Grafen Neipperg, in Mähren gesammelt und rückte gegen Schlesien vor. Ein Theil der Truppen wurde abgesendet, die Grafschaft Glatz zu decken. Die Vorbereitungen zum entscheidenden Kampfe begannen.

Gleichzeitig traf Friedrich wieder in Schlesien ein. Seine Absicht war, zunächst die Quartiere seiner Truppen zu bereisen und sich nähere Kenntniß vom Lande zu verschaffen. So besuchte er, am 27. Februar, die Posten, welche an dem Gebirgsrücken, der Schlesien von der Grafschaft Glatz scheidet, aufgestellt waren. Er war ohne bedeutendes Gefolge, und fast hätte seine Unvorsichtigkeit ihm ein schlimmes Schicksal bereitet. Schon öfters waren Trupps österreichischer Husaren durch die preußischen Posten geschlichen und hatten kleine Streifereien versucht. Jetzt hatten sie durch Spione die Anwesenheit des Königs erfahren; konnten sie sich seiner durch einen kühnen Schlag bemächtigen, so war der Krieg schon im Beginnen erstickt. Aber der ausgesendete Trupp verfehlte den König und stieß statt seiner auf eine Schaar von Dragonern. Diese erlitten eine bedeutende Niederlage, doch mußten die Oesterreicher heimkehren, ohne ihre Absicht erreicht zu haben. Friedrich hatte das Schießen gehört und schnell einige Truppen gesammelt, um den Dragonern zu Hilfe zu eilen; er kam indeß zu spät.

In der Nacht vom 8. zum 9. März wurde die Festung Glogau unter Anführung des Erbprinzen Leopold von Dessau durch einen schnellen, wohlberechneten Sturm eingenommen. Es war die erste Waffenthat von Bedeutung; die Preußen zeichneten sich ebenso durch ihren Muth und ihre Entschlossenheit, wie durch die Sicherheit und Ordnung, mit welcher sie das kühne Unternehmen durchführten, aus. Die ganze Besatzung wurde zu Kriegsgefangenen gemacht, sämmtliche Vorräthe an Geschütz und Pulver fielen in die Hände der Sieger, denen Ehre und reichliche Belohnung zu Theil wurde.

Jetzt sollten auch die Angriffe auf die beiden anderen Festungen, die noch in österreichischen Händen waren, zunächst auf Neisse in Oberschlesien, unternommen werden. Friedrich begab sich in die oberschlesischen

Quartiere, wo der Feldmarschall Schwerin, einer der erfahrensten Feld=
herren der preußischen Armee, der in den niederländischen Kriegen unter
Eugen und Marlborough seine Schule gemacht hatte, stand. In Jägerndorf,
acht Meilen jenseits Neisse, erfuhr man zuerst, durch Ueberläufer, daß die
große österreichische Armee unter Neipperg ganz in der Nähe stand und
daß Neipperg den Entsatz von Neisse beabsichtigte. Augenblicklich wurde
nun beschlossen, die zerstreuten Truppen zusammenzuziehen. Die ober=
schlesischen Regimenter wurden nach Jägerndorf berufen; mit den nieder=
schlesischen wollte man am Neisseflusse zusammenstoßen. Gleichzeitig mit
Friedrich und in nicht gar bedeutender Entfernung von ihm, setzte sich
aber auch die österreichische Armee in Bewegung; sie erreichte Neisse, ehe
es von den Preußen gehindert werden konnte; ja sie vereitelte die Ver=
bindung des Königs mit den niederschlesischen Truppen an der bezeichne=
ten Stelle. Friedrich sah sich also genöthigt, weiter nördlich zu rücken
um den nächsten Uebergangspunkt über den Fluß zu gewinnen. Aber
wiederum waren die Oesterreicher gleichzeitig in ähnlicher Richtung zu
seiner Linken vorgerückt, und Ueberläufer zeigten Friedrich an, daß es auf
Ohlau abgesehen sei, wo das daselbst niedergelegte preußische Geschütz
eine wichtige Beute gewesen wäre. So war Friedrichs Lage plötzlich sehr
bedenklich geworden; er war von dem größeren Theile seiner Truppen=
macht, von der Verbindung mit seinen Staaten abgeschnitten; wichtige
Punkte Schlesiens waren theils in sicherem Besitz der Feinde, theils in
der Gefahr, bald genommen zu werden. Die Verwirrung zu vermehren,
fiel dichter Schnee, sodaß man kaum um sich sehen und in dem überdeck=
ten Boden nur mühsam fortschreiten konnte. Aber auch die Oesterreicher
hatten ihren Marsch unternommen, ohne von des Königs Nähe zu wissen.

Friedrich befand sich in höchster, fast fieberhafter Spannung; er ver=
mochte weder zu schlafen, noch Speise zu sich zu nehmen. Eine Schlacht
war für ihn jetzt ein dringendes Erforderniß, — eine Schlacht, in wel=
cher das Exercitium der preußischen Armee, die tactischen Studien ihrer
Führer zur vollen, ernstlichen Anwendung kommen sollten, deren Folgen
für den ganzen Verlauf des Krieges von höchster Wichtigkeit sein mußten.
Das Glück begünstigte den Beginn. Die Sonne ging am 10. April klar
und heiter auf; der Boden, obgleich noch immer hoch mit Schnee bedeckt
bot wenigstens keine Hindernisse dar. Die preußischen Truppen machten

sich in kriegerischer Ordnung marschfertig, in der Richtung, in welcher die
Oesterreicher vor ihnen hingezogen waren. Durch Gefangene erfuhr man,
daß das Centrum der österreichischen Armee in dem Dorfe Mollwitz, un=
fern der Festung Brieg, cantonnire. Um Mittag hatte man Mollwitz
erreicht, ohne daß die Oesterreicher die Annäherung wahrgenommen hätten.
Hier stellte sich die preußische Armee nach hergebrachter Weise in Schlacht=
ordnung auf, bis endlich der Feind aus dem Dorfe hervorrückte. Man
hätte ihn überfallen können, aber noch folgte man dem alten schulmäßigen
System, dessen Unzweckmäßigkeit erst erprobt werden mußte. Unter dem
lebhaften Feuer der preußischen Artillerie rückten die Oesterreicher ins
Feld. Der linke Flügel der vortrefflichen österreichischen Cavallerie, unter
dem General Römer, kam zuerst an. Dieser erkannte die Gefahr, die bei
längerem Zögern drohte; seine Regimenter verlangten dringend, aus dem
Kugelregen, dem sie ausgesetzt waren, gegen die Preußen geführt zu wer=
den. So warf er sich mit schnellem Angriff auf die Cavallerie des rech=
ten preußischen Flügels, die, minder beweglich und in momentan ungün=
stiger Stellung, dem Angriff nicht Stand zu halten vermochte. Sie
stürzte zwischen die Reihen der eigenen Infanterie zurück und die Oester=
reicher mit ihnen. Die Verwirrung bei diesem ersten unvorhergesehenen
Anfall war groß. Friedrich selbst, der sich auf dem rechten Flügel be=
fand und die Fliehenden aufzuhalten suchte, wurde in dem Getümmel fort=
gerissen. Es gelang ihm, einige Schwadronen zu sammeln. Mit dem
Rufe: „Ihr Brüder, Preußens Ehre! Eures Königs Leben!" führte er
sie auf's Neue dem Feinde entgegen. Aber auch diese Schaar war bald
wieder auseinandergesprengt. Alles schoß durcheinander, ohne zu wissen,
ob auf Feinde oder Freunde.

Fast schien die Schlacht bereits verloren. Friedrich war zum Feld=
marschall Schwerin geritten, der auf dem linken Flügel hielt. Dieser
machte ihn mit Nachdruck, obgleich der Verlust der Schlacht noch so wenig
wie der Gewinn entschieden sei, auf die große Gefahr aufmerksam, welcher
er an diesem Orte, abgeschnitten von den übrigen Theilen seiner Armee,
sein ganzes Geschick aussetze. Wolle er die Schlacht verlassen, gelinge
es ihm, das jenseitige Oderufer zu gewinnen und das Corps der nieder=
schlesischen Regimenter zu erreichen, so könne er in jedem Falle den größ=
ten Nutzen herbeiführen. Er, Schwerin, werde unterdeß alles Mögliche

für den Gewinn der Schlacht thun. Friedrich war unentschlossen. Aber
die Oesterreicher drangen auf's Neue lebhaft vor, und so befolgte er end=
lich, obwohl mit schwerem Herzen, den Rath des erfahrenen Feldherrn.

Um über die Oder zu gelangen, mußte Friedrich den Weg nach dem
entlegenen Oppeln einschlagen, wo er eins seiner Regimenter vermuthete.
Nur mit geringer Bedeckung machte er sich auf den Weg. Ein Corps
Gensdarmen folgte ihm nach, aber er ritt so scharf, daß sie ihn nicht zu
erreichen vermochten. Mitten in der Nacht kam er mit seinem kleinen Ge=
folge an das Thor von Oppeln; man fand es verschlossen. Auf den Werda=
Ruf der Wache gab man die Antwort: Preußischer Courier! — aber
das Thor ward nicht geöffnet. Die Sache schien bedenklich. Friedrich be=
fahl, ließ einige absteigen, näher zu erforschen, weshalb die Stadt ver=
schlossen bleibe. Sobald diese sich näherten, erfolgten Flintenschüsse durch
das Gitter; — die Stadt war von einem Trupp österreichischer Husaren
besetzt. Eilig wendete man nun die Pferde und jagte den Weg zurück.
Mit Tagesanbruch kam Friedrich nach Löwen, einem Städtchen in der
Mitte zwischen Mollwitz und Oppeln. Hier fand er die Gensdarmen, die
ihm am vorigen Abende gefolgt waren; außer diesen aber auch einen
Adjutanten, der ihm die Nachricht von der siegreichen Beendigung der
Mollwitzer Schlacht brachte. Unmittelbar von Löwen begab sich Friedrich
nun auf das Schlachtfeld zurück, so daß er in Einem Ritt vierzehn Mei=
len zurückgelegt hatte. Die Tüchtigkeit und Präcision, der Muth, die un=
erschütterliche Standhaftigkeit seiner Infanterie, als diese erst Raum fand,
ihre Kräfte zu entwickeln, hatte den Oesterreichern den Sieg entrissen.
Neipperg hatte sich mit bedeutendem Verluste, in der Richtung nach
Neisse, zurückgezogen; den geschlagenen Feind zu verfolgen und zu ver=
nichten hinderte theils die einbrechende Nacht, theils konnte man nicht zu
einem übereinstimmenden Entschlusse kommen.

Friedrich hat nachmals, als er die Geschichte seiner Zeit schrieb, ein
strenges Urtheil über seine erste kriegerische Thätigkeit gefällt; er zählt
alle Fehler auf, welche er vor und während der Schlacht von Mollwitz
begangen. Aber er bemerkt auch zum Schlusse seiner Kritik, daß er reif=
liche Ueberlegungen über alle von ihm begangenen Fehler angestellt und
sie in der Folge zu vermeiden gesucht habe. Und in der That, er hat sie
vermieden!

Der nächste Erfolg des Sieges war, daß man jetzt ungestört die Belagerung von Brieg unternehmen konnte. Die Besatzung capitulirte in
kurzer Frist. Dann ward in Strehlen, wo die Armee ganz Niederschle=
sien deckte, ein Lager aufgeschlagen. Zwei Monate, welche man hier in
Ruhe zubrachte, benutzte Friedrich dazu, seine Armee wieder zu vervoll=
ständigen und seiner Cavallerie durch fleißige Exercitien mehr Schnellig=
keit und Beweglichkeit zu geben.

Ungleich wichtiger jedoch als der äußere Gewinn, den Friedrich durch
die Schlacht von Mollwitz erwarb, waren die moralischen Folgen. Man
sah, daß die Truppen, welche aus der Schule Eugens herstammten, nicht
unüberwindlich seien und daß die preußische Armee, die bis dahin nur
die Künste des Exercierplatzes gekannt, auch im Feuer zu stehen wisse.
Man glaubte schon den Coloß der österreichischen Monarchie zusammen=
stürzen und im preußischen Staate ein neues Gestirn am politischen Horizont
aufsteigen zu sehen. In der That hatte Friedrich durch diesen einen Schlag
ein bedeutendes Gewicht in den europäischen Angelegenheiten erlangt. Aus
Frankreich, England und Spanien, aus Schweden und Dänemark, aus
Rußland, Oesterreich, Bayern und Sachsen eilten Gesandte in sein Lager,
das nunmehr der Schauplatz eines folgreichen Congresses ward. Frank=
reich zunächst bemühte sich, da England auf Oesterreichs Seite stand, um
die Freundschaft des preußischen Königs. Mit Bayern hatte Frankreich
bereits ein Bündniß, zu Nymphenburg, geschlossen, worin dem Kurfürsten
Karl Albrecht Unterstützung in seinen Ansprüchen auf Oesterreich und in
der Wahl zum Kaiser versprochen war; jetzt schlug man Friedrich vor,
an diesem Bündnisse Theil zu nehmen, wogegen ihm Gewährleistung für
den Besitz von Niederschlesien verheißen ward. Friedrich zögerte mit sei=
nem Beitritt, indem er vielleicht hoffte, daß Oesterreich nach jener Nieder=
lage auf seine noch immer sehr gemäßigten Forderungen eingehen werde.
Als aber diese Hoffnungen unerfüllt blieben, als England und Hannover,
auch Rußland für Oesterreich sich rüsteten, da schien eine längere Zögerung
gefährlich und so trat Friedrich, am 5. Juli, dem Nymphenburger Bünd=
nisse bei.

Das Bündniß Friedrichs mit Frankreich war geheim gehalten wor=
den, bis die Militairmacht dieses Staates schlagfertig dastand. Dem öster=
reichischen Hofe kam dasselbe, als es bekannt ward, gänzlich unerwartet;

denn auch jetzt noch hatte man sich nicht zu überzeugen vermocht, daß
Friedrich zu handeln verstehe. Der englische Gesandte in Wien, welcher
dem dortigen Ministerrath beiwohnte, berichtet, daß die Minister bei der
Kunde jenes Bündnisses in ihre Stühle zurückgesunken seien, als habe
sie der Schlag gerührt. Bald vernahm man auch, daß zwei französische
Armeen in Deutschland eingerückt seien, — die eine im Süden zur Un=
terstützung des Kurfürsten von Bayern, die andere im Norden, um Eng=
land im Schach zu halten, — und daß auf russische Hilfe nicht zu rech=
nen sei, da Rußland plötzlich in einen Krieg mit Schweden verwickelt
war. Jetzt entschloß sich Maria Theresia, die bis dahin zu keiner Nach=
giebigkeit gegen Friedrich zu bewegen war, endlich zu einer Art von Un=
terhandlung. Der zu Wien befindliche englische Gesandte ward in Fried=
richs Lager geschickt und bot ihm, für alle seine Ansprüche in Schlesien,
zwei Millionen Gulden und eine Entschädigung in dem fern gelegenen
Geldern.

Friedrich stellt, in der Geschichte seiner Zeit, den Gang dieser letz=
teren Unterhandlung mit großer Laune dar. Der englische Gesandte war
ein Enthusiast für Maria Theresia, die freilich durch ihre hohe persönliche
Liebenswürdigkeit zu fesseln wußte; seine geringfügigen Anerbietungen
wurden im größten Pathos vorgetragen; er glaubte, daß der König sich
glücklich schätzen werde, so leichten Kaufes davonzukommen. Aber Fried=
rich hatte dazu wenig Lust, und das sonderbare Benehmen des Gesandten
reizte ihn, in gleichem Sinne zu antworten. Seine Gegenrede überbot
das Pathos des Engländers gewaltig. Er fragte ihn, wie er, der König,
nach einem so schimpflichen Vergleiche seiner Armee wieder unter die
Augen treten könne, wie er es verantworten dürfe, seine neuen Untertha=
nen, namentlich die Protestanten Schlesiens, auf's Neue der katholischen
Tyrannei zu überliefern. „Wäre ich" — so fuhr er mit erhöhtem Tone
fort — „einer so niedrigen, so entehrenden Handlung fähig, so würde
ich die Gräber meiner Vorfahren sich öffnen sehen; sie würden herauf=
steigen und mir zurufen: Nein, du gehörst nicht mehr zu unserm Blut!
Wie? Du sollst kämpfen für die Rechte, die wir auf dich gebracht haben,
und du verkaufst sie? Du befleckst die Ehre, welche wir dir, den schätz=
barsten Theil unseres Erbvermächtnisses, hinterlassen haben? Unwerth des
Fürstenranges, unwerth des Königsthrones, bist du nur ein verächtlicher

Krämer, der Gewinn dem Ruhme vorzieht!" Er schloß damit, daß
er und sein Heer sich lieber unter den Trümmern Schlesiens würden be=
graben lassen, als solcher Schmach sich dahingeben. Dann nahm er
schnell, ohne die weiteren Erörterungen des Gesandten abzuwarten, sei=
nen Hut und zog sich in die inneren Theile seines Zeltes zurück. Der
Gesandte blieb ganz betäubt stehen und mußte unverrichteter Sache nach
Wien heimkehren. Friedrich hatte seine Rolle so meisterlich gespielt, daß
auch noch in dem Berichte, welchen der Gesandte über diese Verhandlung
nach London schickte, das Entsetzen über die Donnerrede des Preußen=
königs nachklingt.

Aber nicht blos zu diplomatischen Unterhandlungen, nicht blos zu
militairischen Uebungen dient das Lager in Strehlen; auch die Künste
des Friedens, wissenschaftliche Beschäftigung, Poesie, Musik, werden hier
von Friedrich geübt, als seien die heiteren Tage von Rheinsberg zurück=
gekehrt. Vor Allem sind es Friedrichs Briefe an Jordan, die fort und
fort von seiner fröhlichen Stimmung Kunde geben. Bald genügt ihm
die briefstellerische Prosa nicht mehr; Verse und Reime wechseln mit der
ungebundenen Rede, um die blühende, festlich bunte Färbung hervorzu=
bringen, die allein jetzt seinen Gedanken angemessen ist. Je glücklicher
seine Erfolge sich gestalten, je mehr er die politische Bedeutsamkeit fühlt,
zu der er sich rasch emporgeschwungen, um so lebhafter wachsen auch
Laune und Witz; häufig gemahnen seine Ausdrücke und Wendungen an
den großartigen Humor des britischen Dichters. Ja, wenn man diese
Briefe betrachtet, so bleibt es in der That, trotz aller ästhetischen Ver=
hältnisse jener Zeit, räthselhaft, daß Friedrich in Shakespeare nicht den
verwandten Geist zu finden vermochte. Schon früher ist bemerkt, daß
ihm der friedliche Sinn des Freundes oft Gelegenheit zu ironischen
Aeußerungen bot; die vorzüglichste Gelegenheit aber war erst ganz neuer=
lich gekommen, als Jordan unmittelbar nach der Schlacht bei Mollwitz
in Friedrichs Lager berufen war, sich aber, bei einem unvorhergesehenen
Waffenlärm, eilig von dort nach Breslau geflüchtet hatte. Dafür über=
schüttet ihn der König, trotz aller Zärtlichkeit, mit sprudelnder Satire,
und ganz vergebens bemüht sich Jordan, Gründe zu seiner Rechtfertigung
vorzubringen. Nach manchen Pausen noch kommt Friedrich mit unbe=
zähmbarer Laune auf diese Begebenheit zurück. So beweist er ihm in

einem Briefe, den er ihm im folgenden Jahre aus Böhmen zusendete, die vollkommene Größe seiner Tapferkeit folgendergestalt. „Die Klugheit," — so heißt es in diesem Briefe, — „die Sie mit Ihrem Muthe unzer= trennlich verbinden, ist nicht die kleinste von Ihren bewundernswerthen Eigenschaften.

> Die Klugheit ist des wahren Muthes Quell
> Und sich'rer Halt: der Rest ist blinde Muth,
> Vor der, verführt von thierischem Instinct,
> So viele Thoren in Bewundrung steh'n.

Sie wissen es zu gut, daß wir niemals tapferer sein können, als wenn unsere Behutsamkeit uns lediglich nur aus Nothwendigkeit oder aus Gründen einer Gefahr aussetzt. Da Sie nun äußerst vorsichtig sind, so setzen Sie sich derselben niemals aus; und daraus muß ich denn schlie= ßen, daß Ihnen wenige Helden an Muth gleichkommen. Ihre Tapferkeit hat die Jungfernschaft noch; und da alles Neue besser ist als das Alte, so muß sie folglich über und über bewunderungswerth sein. Sie ist eine Knospe, die so eben aufbrechen will und noch nichts von den glühenden Strahlen der Sonne oder von den Nordwinden gelitten hat; kurz, ein Wesen, das der Achtung so würdig ist, als der Metaphysik und solcher Abhandlungen, wie die Marquise (Voltaire's Freundin, über deren phy= sikalische Arbeiten Friedrich oft scherzt,) sie über die Natur des Feuers schreibt. Es fehlt Ihnen blos ein weißer Federhut, um die Ufer Ihrer Kühnheit zu beschatten; ein langer Säbel, große Sporen, eine etwas weniger schwache Stimme, und siehe da! mein Held wäre fertig. Ich mache Ihnen mein Compliment darüber, göttlicher und heroischer Jor= dan, und bitte Sie, werfen Sie von der Höhe Ihres Ruhmes einen huldreichen Blick auf Ihre Freunde, die hier mit der übrigen Menschen= heerde im böhmischen Kothe kriechen."—

　　Inzwischen war ganz in der Stille ein Unternehmen vorberei= tet worden, das leicht für Friedrich sehr nachtheilig werden konnte. In Breslau befand sich eine beträchtliche Anzahl alter Damen, die aus Oesterreich und Böhmen gebürtig und dem preußischen Regiment ebenso sehr wie dem protestantischen Glauben abhold waren. Durch Mönche unterhielten diese Damen Verbindungen mit der österreichischen Armee; in Gemeinschaft mit einigen Mitgliedern des breslauischen Rathes faßten sie den Plan, die Stadt dem Feinde in die Hände zu spielen. Der Feldmarschall Neipperg ging darauf ein; er beschloß, Friedrich durch einige kriegerische Bewegungen aus seiner günstigen Stellung zu locken und dann in Eilmärschen gegen Breslau vorzurücken. Aber Friedrich erfuhr von diesen Anschlägen; es gelang ihm, eine falsche Schwester in die politischen Zusammenkünfte, die von jenen Damen des Abends gehalten wurden, hineinzubringen. Durch diesen Canal ward dem Könige der ganze Plan enthüllt, und er konnte nun seine Vorkehrungen treffen. Die Neutralität Breslau's war zu gefährlich, als daß er sie länger bestehen lassen konnte. Die fremden Gesandten, welche sich dort aufhielten, wurden schnell in das Lager nach Strehlen berufen, um sie bei etwa vorfallender Unordnung gesichert zu wissen. Ein preußisches Armeecorps unter dem Erbprinzen von Dessau begehrte freien Durchzug durch die Stadt; die Stadtsoldaten waren in's Gewehr getreten, dasselbe zu geleiten. Während dieses Corps jedoch in das eine Thor einrückte, erhob sich in einem zweiten Thore eine plötzliche Verwirrung, und andere preußische Truppen drangen ein, indem sie sich schnell der Wälle bemächtigten und die Thore sperrten. Der Stadtmajor machte dem Prinzen von Dessau Vorstellungen, empfing aber den Rath, den Degen einzustecken und nach Hause zu reiten. Niemand wagte Widerstand; in weniger als einer Stunde war die Stadt, ohne Blutvergießen, in den Händen der Preußen. Die Bürgerschaft mußte den Huldigungseid leisten; unter das Volk ward Geld ausgeworfen, und allgemeiner Jubel erscholl durch die Straßen.

Neipperg hatte bereits seine Bewegungen begonnen, um Friedrich von Breslau abzuschneiden. Als er die schnelle Besetzung der Stadt durch preußische Truppen vernahm, war er genöthigt, sich wieder zurückzuziehen. Doch nahm er seine Stellung so geschickt, daß er Oberschlesien deckte, während Friedrich, aus seinem Lager aufbrechend, sich gegen Neisse bewegte, das noch immer in den Händen der Oesterreicher war. Durch Märsche und Gegenmärsche hielten sich beide Armeen einige Zeit in Schach, während der kleine Krieg zwischen ihnen ohne entscheidende Erfolge fort ging.

Indeß waren die Franzosen und Bayern bereits weiter vorgerückt, und auch Sachsen war dem Nymphenburger Bündniß beigetreten, wofür es die Anwartschaft auf Mähren erhielt. Der österreichische Hof sah sich dringender zur Nachgiebigkeit genöthigt. Der englische Gesandte aus Wien wurde wieder an Friedrich abgeschickt. Er brachte eine Karte von Schlesien mit, auf welcher die Abtretung eines großen Theiles von Niederschlesien durch einen Tintenstrich bezeichnet war. Aber er erhielt zur Antwort, daß, was zu einer Zeit gut sein könne, es zu einer andern Zeit nicht mehr sei. Ebenso wurde auch ein folgender Antrag, in welchem ganz Niederschlesien und Breslau geboten wurde, nicht angenommen. Aber immer höher steigerte sich die Noth Oesterreichs; schon war Linz von der bayrisch=französischen Armee eingenommen; schon flüchteten die Bewohner Wiens, und auch der Hof war im Begriff aufzubrechen. Gleichzeitig drang auch Friedrich in Oberschlesien vor; er bemächtigte sich der Stadt Oppeln und nöthigte Neipperg, sich von Neiße zu entfernen.

Durch englische Vermittelung ward der österreichische Hof nunmehr dahin gebracht, in die Abtretung von Niederschlesien und Neiße zu willigen, falls Friedrich unter diesen Bedingungen vom Kriege abstehen wolle. Hierauf ging Friedrich ein, obschon er dem Anerbieten nicht ganz traute. Denn es lag keineswegs in seinem Plane, durch Unterdrückung Oesterreichs eine Ueberlegenheit Frankreichs zu begründen und dadurch aus einem selbständigen Verbündeten zu einem abhängigen Knechte herabzusinken. Am 9. October kam es in Schnellendorf zu einer geheimen Zusammenkunft des Königs mit dem Feldmarschall Neipperg, an welcher nur ein Paar vertraute Officiere und der englische Gesandte Theil nahmen. Hier ward ausgemacht, daß Neiße nur zum Scheine belagert und in vierzehn Tagen, gegen freien Abzug der Besatzung, an Friedrich übergeben werden, daß ein Theil der preußischen Truppen seine Winterquartiere in Oberschlesien nehmen und nur des Scheines halber von Zeit zu Zeit ein kleiner Krieg geführt werden solle, daß der vollständige Vertrag bis zu Ende des Jahres abgeschlossen, daß aber über alle diese vorläufigen Bedingungen das strengste Geheimniß, — dessen Friedrich natürlich wegen des Verhältnisses zu seinen Verbündeten bedurfte, — beobachtet werde. Er äußerte sich übrigens mit lebhafter Theilnahme für Maria Theresia, und gab sogar zu verstehen, daß er möglichen Falls geneigt sein dürfe, auf ihre Seite zu treten.

In Folge dieses Uebereinkommens ging Neipperg mit seiner Armee

nach Mähren zurück. Neisse übergab sich zur bestimmten Frist; die öster=
reichische Besatzung war noch nicht ausgezogen, als die preußischen In=
genieurs in der Festung bereits die neu anzulegenden Werke zeichneten.
Ein Theil der preußischen Armee lagerte sich in Oberschlesien, ein anderer
rückte in Böhmen ein; einige Regimenter wurden zur Blokade von Glatz
abgeschickt.

Am 4. November traf Friedrich in Breslau ein, wohin die sämmt=
lichen Fürsten und Stände des Herzogthums Niederschlesien bis an die
Neisse beschieden waren, um die Erbhuldigung zu leisten. Der feierliche
Einzug des Königs eröffnete eine Reihe festlicher Tage, welche die höhe=
ren und niederen Kreise der Stadt mit Jubel erfüllten. Dem Volke be=
reitete man ein seltenes Fest, indem man ihm einen gebratenen Ochsen
überlieferte, der mit Kränzen geschmückt, mit größerem Geflügel gefüllt
und mit kleineren Vögeln bespickt war; die letzteren hatte man kunstreich
zu Wappengebilden, Namenszügen und dergleichen zusammengesetzt. Der
7. November war zum Huldigungstage bestimmt. Ein endloser Zug be=
wegte sich durch das Gedränge des Volks nach dem Rathhause, wo in
dem Fürstensaale die Ceremonie vor sich gehen sollte. Seit Jahrhunder=
ten hatte die Stadt keinen ihrer Regenten in ihren Mauern gesehen; die
Vorbereitungen zur Huldigungsfeier waren mithin eben nur so gut ge=
troffen, als es sich in der Eile thun ließ. Ein alter Kaiserthron war für
die Ceremonie neu eingerichtet worden; den österreichischen Doppeladler,
der darauf gestickt war, hatte man dadurch zum preußischen umgestaltet,
daß ihm der eine Kopf abgenommen und Friedrichs Namenszug auf die
Brust geheftet wurde. Friedrich bestieg, unter den glänzend Versammel=
ten, den Thron in seiner einfachen militairischen Uniform. Der Marschall
hatte das königliche Reichsschwert, welches er zur Seite des Königs hal=
ten sollte, vergessen, — ob aus Zufall oder Absicht, wird nicht berichtet;
Friedrich half dem Uebelstand schnell ab, indem er den Degen, der Schle=
sien erobert hatte, aus der Scheide zog und ihm dem Marschall hinreichte.
Nun ward den Versammelten eine Rede gehalten, worauf sie den Eid
ablegten und den Knopf am Degen des Königs küßten. Der laute Ruf:
„Es lebe der König von Preußen, unser souverainer Herzog!" beendigte
die Ceremonie. Am Abend war die Stadt glänzend erleuchtet. Neue
Festlichkeiten schlossen sich dem Tage an, aber auch mannigfache Wohl=

thaten. Friedrich erließ den Ständen das gebräuchliche Huldigungs=
geschenk von hunderttausend Thalern und sorgte für Unterstützung der
verarmten Einwohner. Auch durch Standeserhöhungen und Ordensver=
leihungen bewies er den neuen Unterthanen seine gnädigen Gesinnungen.
Von Breslau kehrte er im Laufe des Novembers nach Berlin zurück.

Sechzehntes Kapitel.

Feldzug des Jahres 1742.

Die bayrisch=französische Armee hatte im Herbst 1741 unausgesetzt
glückliche Erfolge gehabt, während gleichzeitig auch aus dem verbündeten
Sachsen eine Armee in Böhmen einrückte. Durch einen kühnen Entschluß
hätte Karl Albrecht sich Wiens bemächtigen können. Aber ihn gelüstete
vorerst nach der böhmischen Königskrone, und die Franzosen, welche Bayern
nicht auf Kosten Oesterreichs zu mächtig werden lassen wollten, bestärkten
ihn in dem Entschlusse, nach Böhmen zu gehen, indem sie ihm über die
Fortschritte der sächsischen Bundesgenossen Eifersucht einzuflößen wußten.
So wendete sich die feindliche Armee von dem Siegeszuge ab, und Maria
Theresia war gerettet. Karl Albrecht eroberte mit übermächtigen Schaaren
Prag und vergeudete die Zeit in dem Rausche der Krönungsfeierlichkeiten.
Von Prag ging er nach Frankfurt am Main, um hier das höchste Ziel
seines Strebens, die Kaiserkrone zu erlangen. Er erreichte, was er wünschte.
Am 24. Januar 1742 wurde er unter dem Namen Karl VII. zum
deutschen Kaiser erwählt. Aber indem er nach dem Scheine der Macht
haschte, verlor er die Macht selbst aus den Händen.

Denn schon hatte sich für Maria Theresia im Innern ihres Reiches ein
lebendiger Enthusiasmus erhoben. Das ungarische Volk vornehmlich, oft
zwar von ihren Vorfahren geknechtet, wurde jetzt durch ihre Jugend, ihre
Schönheit und ihre Noth zu glühender Begeisterung entflammt. „Unser
Leben für unsern König Maria Theresia!“ so hatten die Magnaten Un=
garns ausgerufen, als die junge Fürstin auf dem Reichstage zu Preßburg
vor ihnen in der verehrten Tracht der ungarischen Könige, ihren Säugling
Joseph auf dem Arme, erschienen war; und dem Schwure folgte schnell

die That. Bald war ihr Heer mächtig angewachsen; der Theil der fran-
zösisch=bayrischen Armee, welcher nicht nach Böhmen gegangen war, wurde
aus Oesterreich verjagt, durch Bayern selbst verfolgt und München, die
Residenz des neuen Kaisers, erobert. Die Oesterreicher zogen an demselben
Tage, dem 12. Februar, in München ein, an welchem Karl in Frankfurt
gekrönt ward. In dem bayrischen Lande verübten die wilden Schaaren
Ungarns die Greuel einer fürchterlichen Rache.

Diese veränderten Begebenheiten hatten auch Friedrich zu neuen
Entschlüssen genöthigt; dies um so mehr, als von österreichischer Seite
nicht nur nichts geschah, um jenem in Schnellendorf geschlossenen Vertrage
gemäß auf den Abschluß eines wirklichen Friedens hinzuarbeiten, sondern
vielmehr, dem Vertrage zuwider, das dabei zur Pflicht gemachte Geheimniß
nach allen Höfen umhergetragen wurde. Mit doppelter Entschiedenheit
mußte Friedrich nunmehr in die Unternehmungen der älteren, der Nimphen=
burger Verbündeten eingreifen. Dem Heere der Letzteren, welches in
Böhmen stand, war eine österreichische Armee in einer sehr vortheilhaften
Stellung gegenübergetreten. Gegen diese Armee mußten neue Truppen geführt, ihre Kräfte getheilt werden, wozu vor Allem ein Einmarsch in Mähren
vortheilhaft schien. Friedrich wünschte indeß, seine eigenen Truppen soviel
wie möglich zu schonen; da Mähren überdies, nach den früheren Verträgen,
dem Könige von Sachsen zugedacht war, so war es auch billig, daß Sachsen
die Hauptarmee zu dieser Unternehmung stellte. Dies zu bewirken, begab
sich Friedrich, noch im Winter, nach Dresden, nachdem er in Berlin kurze
Rast genossen und so eben, am 6. Januar, die Vermählung seines Bruders,
des Prinzen August Wilhelm, gefeiert hatte.

Es war indeß eine schwierige Aufgabe, den nach kriegerischen Thaten
wenig lüsternen August, den Kurfürsten von Sachsen und König von Polen,
oder vielmehr seinen Minister, den Grafen Brühl, für jene Unterneh=
mung zu gewinnen. Brühl hatte, wie in der Regel die kleinen Geister
gegen die großen, eine natürliche Abneigung gegen Friedrich; dazu kam,
daß er nicht ohne Verbindlichkeiten gegen den österreichischen Hof war und
von dort aus hart bedrängt wurde. Aber Friedrich war in diplomatischen
Künsten wohl erfahren. Es wurde eine Conferenz in den Gemächern des
Königs August angesetzt, an welcher außer Brühl auch einige sächsische
Generale Theil nahmen. Friedrich wußte den Einwendungen, die ihm

gemacht wurden, geschickt zu begegnen. Als König August eingetreten war und man die nöthigen Höflichkeitsbezeigungen gewechselt hatte, suchte Brühl, der den Charakter seines Herrn hinlänglich kannte, die Unterhandlung ab= zubrechen; er hatte die Karte von Mähren, deren man sich eben bedient, schnell zusammengeschlägen. Friedrich indeß breitete die Karte ruhig von Neuem aus und suchte dem Könige begreiflich zu machen, zu welchem Be= hufe man seine Truppen nöthig habe und wie vornehmlich ihm der Vor= theil der Unternehmung zufließen werde. August konnte nicht umhin, zu Allem Ja zu sagen. Brühl indeß, gepeinigt durch diese fortgesetzte Zustim= mung seines Herrn, in dessen Zügen zugleich der Ausdruck eines mehr und mehr verringerten Interesses sich deutlich genug aussprach, warf geschickt die Bemerkung dazwischen, daß die Oper anfangen werde. Diese Erin= nerung war für König August zu wichtig, als daß er noch länger an der Conferenz Theil nehmen konnte. Aber auch Friedrich benutzte den Mo= ment und ließ den armen König nicht eher los, als bis dieser schnell seine vollkommene Zustimmung zu dem Plane gegeben hatte.

So ging Friedrich an der Spitze einer sächsischen Armee durch Böhmen nach Mähren. In Olmütz traf er mit einem Corps seiner eigenen Armee zusammen, welches von Schlesien aus in Mähren eingedrungen war. Die ersten Erfolge waren nicht unglücklich; die Preußen brachen in Oberösterreich ein, ihre Husaren streiften bis nahe vor die Thore von Wien und setzten die Hauptstadt auf's Neue in Schrecken. Aber Friedrich hatte den Werth der sächsischen Truppen nach dem Maßstabe seiner eigenen abgeschätzt; hierin hatte er sich geirrt, und dieser Irrthum war Schuld, daß die Unternehmung nicht zum erwünschten Ausgange führte. Die Langsamkeit, der Mangel an gutem Willen von Seiten der Sachsen ver= darben überall, was durch die Preußen gewonnen wurde. Man unternahm die Belagerung von Brünn, und Friedrich forderte hiezu vom König August das nöthige Geschütz; August lehnte die Anforderung ab, da es ihm an Geld fehle; er hatte so eben die Summe von 400,000 Thalern auf den Ankauf eines großen grünen Diamanten, für sein grünes Ge= wölbe in Dresden, verwenden müssen. Nun rückte auch die österreichische Armee von Böhmen in Mähren ein, und während Friedrich ernstliche An= stalten zur Gegenwehr machte, zeigten sich unter den sächsischen Truppen nur Feigheit, Ungehorsam und Untreue. So blieb Friedrich nichts übrig

als die Unternehmung auf Mähren ganz aufzugeben und sich zu der preu=
ßischen Armee, welche in Böhmen stand, zurückzuziehen.   Der sächsische
Minister Bülow, der Friedrich nach Mähren gefolgt war, stellte ihm
hiebei zwar die betrübte Frage, wer denn jetzt seinem Herrn die mährische
Krone aufsetzen werde; Friedrich gab trocken zur Antwort, daß man
Kronen in der Regel nur mit Kanonen zu erobern pflege.

Schon vor diesen Ereignissen war durch ein anderes preußisches
Corps, unter dem Erbprinzen von Dessau, die Festung Glatz erobert und
die Erbhuldigung der ganzen Grafschaft Glatz durch den Erbprinzen an=
genommen worden.   Einige Zeit darauf legten auch die Stände des ober=
schlesischen Districts jenseits der Neisse die Erbhuldigung vor einem andern
Bevollmächtigten des Königs ab.

Am 17. April traf Friedrich zu Chrudim in Böhmen mit dem Erb=
prinzen von Dessau zusammen und legte hier seine Truppen in Erholungs=
quartiere.   Die Sachsen, welche Mähren ebenfalls verlassen hatten, gingen
durch Böhmen und lagerten sich an der sächsischen Grenze; sich mit den
Franzosen an der Moldau zu vereinen, wodurch sie der österreichischen
Macht ein neues Gegengewicht hätten geben können, waren sie nicht zu
bewegen.   In Chrudim fand Friedrich eine vierwöchentliche Muße, die
wiederum dem Genusse der Wissenschaft und Kunst gewidmet war.   Zu=
gleich wurde diese Frist, unter englischer Vermittelung, zu neuen Unter=
handlungen mit Oesterreich benutzt.   Friedrich sah ein, wie wenig Vortheil
ihm durch seine Verbündeten zufiel; denn auch auf die Fähigkeit der fran=
zösischen Kriegsführer und auf die bayrische Armee durfte er so wenig
wie auf die Willfährigkeit der Sachsen weitere Pläne bauen, und selbst
für die sehr geringe Aufrichtigkeit des französischen Cabinets hatte er
überzeugende Beweise in Händen; England aber lag es daran, Friedrich
von dem feindlichen Bündnisse abzuziehen, damit dasselbe nachher um so
leichter zu zerstreuen sei.   Da Friedrich aber jetzt ganz Schlesien und die
Grafschaft Glatz in Anspruch nahm und da die Oesterreicher bedeutende
Vortheile erlangt zu haben meinten, so zeigten sich die letzteren weniger
nachgiebig als im vergangenen Herbste.

Friedrich fand also für gut, es noch einmal auf die Entscheidung
der Waffen ankommen zu lassen. Er nahm eine vorbereitende Stellung ein
und ließ Verstärkungen aus Oberschlesien zu seiner Armee in Böhmen

einrücken. Unterdeß verließ auch die österreichische Armee, unter dem
Herzog Karl von Lothringen und dem Feldmarschall Königseck, Mähren
und richtete ihren Marsch gegen Prag; unterwegs sollten die preußischen
Truppen, von deren Stärke die Oesterreicher eine nur mangelhafte Kunde
hatten, überfallen und geschlagen werden. Bei der Annäherung dieser
Armee forderte Friedrich den Befehlshaber der französischen Truppen, den
Marschall Broglio auf, von der Moldau vorzurücken und sich mit ihm zu
vereinen. Er erhielt zur Antwort, der Marschall habe dazu keine Ordre;
doch wollte er von diesem Verlangen des Königs eiligsten Bericht nach
Paris abstatten, und er hoffe, daß ihm die ermangelnde Ordre bald werde
zugefertigt werden. Darauf konnte Friedrich freilich nicht warten.

Denn schon war ein Theil der österreichischen Armee zu seiner Seite
vorgerückt und verrieth die Absicht, sich der preußischen Magazine zu be=
mächtigen. Dieses Vorhaben zu vereiteln, setzte sich Friedrich selbst an die
Spitze seiner Avantgarde und nahm schnell eine seinen Zweck begünsti=
gende Stellung, während ihm die Hauptarmee unter dem Erbprinzen von
Dessau nachfolgte. Die letztere sollte die Stadt Czaslau besetzen; aber
das schwere Geschütz hatte ihren Marsch verzögert, so daß sie nur bis zu
dem unfern gelegenen Dorfe Chotusitz gelangte, während die Oesterreicher
in Czaslau einrückten. So war die Schlacht vorbereitet. Am 17. Mai,
in aller Frühe, kehrte Friedrich mit dem Vortrabe zu seiner Hauptarmee
zurück, und kaum hatte er dieselbe erreicht, als auch bereits der Angriff
von Seiten der Oesterreicher erfolgte. Der Donner des Geschützes begann.
Die preußische Cavalerie des rechten Flügels, unter dem Feldmarschall
Buddenbrock, benutzte die günstige Stellung, in der sie sich befand, stürzte
sich mit kräftigem Ungestüm auf die Feinde, und warf die Entgegenkom=
menden nieder; aber der ungeheure Staub, welcher sich bei diesem Angriffe
erhob, brachte Verwirrung hervor, so daß keine weiteren Vortheile erreicht
wurden. Jetzt führte Königseck die Infanterie des österreichischen rechten
Flügels auf den linken preußischen vor, der sich, in der Nähe von Chotusitz,
in wenig günstiger Stellung befand. Zwar erwarb sich die dort befindliche
preußische Reiterei durch kühne Thaten Ruhm, aber die Infanterie ward
zum Weichen gebracht. Der Feind benutzte diese rückgängige Bewegung,
das Dorf in Brand zu stecken; dadurch beraubte er indeß sich selbst der
Früchte seines erlangten Gewinns, denn das Feuer bildete alsbald eine

Scheidewand zwischen beiden Armeen. Nun griff Friedrich selbst mit raschem Entschlusse den linken Flügel der österreichischen Armee an; er warf ihn ungestüm auf den rechten Flügel zurück, drängte beide in einem ungünstigen Terrain zusammen, und bald wendete sich die ganze öster= reichische Armee zur Flucht. So war in drei Morgenstunden der Sieg erfochten, der Friedrich an das Ziel seiner Wünsche führte.

Die Unterhandlungen mit Oesterreich wurden nunmehr mit erneu= tem Eifer aufgenommen, und Maria Theresia willigte in Friedrichs For= derungen. Der preußische Cabinetsminister, Graf Podewils, und der eng= lische Gesandte, Lord Hyndfort, beiderseits mit genügenden Vollmachten versehen, schlossen vorläufig, am 11. Juni, in Breslau den Frieden, durch welchen in Friedrichs Besitz Schlesien, die Grafschaft Glatz und ein Di= strict von Mähren — mit Ausnahme eines Theils von Oberschlesien, etwa hundert Quadratmeilen umfassend, — übergingen. Dagegen ver= pflichtete er sich, eine auf Schlesien haftende Schuld an England abzutra= gen. Alsbald wurde der Friede überall in den Staaten des Königs ver= kündigt. Im Lager zu Kuttenberg, welches Friedrich nach der Schlacht bezogen, machte er ihn selbst zuerst bei einem Gastmahle bekannt, zu wel= chem er die höheren Officiere seiner Armee versammelt hatte; dabei ergriff er sein Glas und trank auf die Gesundheit der Königin von Ungarn und auf die glückliche Versöhnung mit ihr. In Berlin ward der Friede am 30. Juni durch einen Herold ausgerufen, der auf einem prächtig geschmückten Pferde, einen Scepter in der Hand tragend, durch die Straßen ritt.

Ehe Friedrich nach Berlin zurückkehrte, bereiste er noch die schlesischen Festungen. In Glatz erzählte man ihm, daß während der Belagerung dieses Ortes durch die Preußen eine vornehme Dame das Gelübde ge= than habe, der heiligen Jungfrau in einer dortigen Jesuitenkirche ein schönes Kleid zu verehren, wenn die Belagerung aufgehoben würde, daß nun aber das Gelübde natürlich nicht erfüllt worden sei. Friedrich befahl sogleich, ein Kleid von dem kostbarsten Stoffe verfertigen zu lassen, und sendete dasselbe den Jesuiten mit der Aeußerung, daß die heilige Jungfrau seinethalben des versprochenen Geschenks nicht entbehren solle. Die Jesui= ten waren schlau genug, das Kleid anzunehmen und dem Könige in einer feierlichen Procession ihren Dank darzubringen.

In Berlin traf Friedrich am 12. Juli ein und ward mit großem Jubel empfangen. Am 28. Juli kam hier der definitive Abschluß des Friedens zu Stande. England hatte die Bürgschaft für den Frieden übernommen. Kursachsen war in denselben eingeschlossen worden, obgleich König August so wenig von seinen eigenen Angelegenheiten wußte, daß er, als ein preußischer Abgesandter ihm den Sieg von Chotusitz meldete, diesen fragte, ob seine Truppen sich gut dabei gehalten hätten. In Frankreich brachte die Nachricht von dem Friedensschlusse, der eine Reihe wohlersonnener Pläne unwillkommen zerstörte, das größte Entsetzen hervor. Der ganze Hof war wie vom Donner gerührt, Einige fielen in Ohnmacht; der alte Cardinal Fleury, der Lenker des Staates, brach in Thränen aus. Friedrich hatte diesem die Gründe auseinandergesetzt, welche ihn zu dem Friedensschlusse bewogen; in dem wehmüthigen Antwortschreiben des Cardinals heißt es unter Anderm bedeutsam: „Ew. Majestät werden jetzt der Schiedsrichter von Europa: dies ist die glorreichste Rolle, welche Sie jemals übernehmen können!"

Maria Theresia aber hatte nur mit wundem Herzen sich in das Nothwendige gefügt. Sie klagte, daß ihrer Krone der schönste Edelstein ausgebrochen sei. So oft sie einen Schlesier erblickte, vermochte sie die Thränen nicht zurückzuhalten.

Siebzehntes Kapitel.

Zwei Friedens-Jahre.

Als Friedrich den Frieden von Breslau schloß, war der königliche Schatz bereits auf die Summe von 150,000 Thalern zusammengeschmolzen. Auch dieser Umstand hatte eingewirkt, um, von Seiten des Königs, ungesäumt auf den Abschluß des Friedens einzugehen. Aber die Erwerbung Schlesiens vermehrte die jährlichen Einkünfte Friedrichs um mehr als drei und eine halbe Million Thaler, und so sah er sich alsbald im Stande, auf die Herstellung und Vermehrung der Kräfte seines Staates mit Nachdruck hinzuarbeiten. Denn immer noch waren die politischen Verhältnisse in solcher Verwirrung, daß er über kurz oder lang aufs

Neue in einen Krieg hineingeriſſen werden konnte; ſeine vorzüglichſte
Sorge aber war, im Fall der Noth nicht ungerüſtet dazuſtehen.

Das nächſte Augenmerk Friedrichs war auf die Ordnung der ſchle=
ſiſchen Verhältniſſe gerichtet. Die eigenthümlichen Verhältniſſe der nerer=
worbenen Provinz ſollten ſoviel als möglich geſchont, zugleich aber die=
jenigen neuen Einrichtungen getroffen werden, welche erfordert wurden,
wenn Schleſien an den Pflichten und an den Wohlthaten der übrigen
Provinzen theilnehmen ſollte. Die Verwaltung des Landes blieb den=
nach von den übrigen Provinzen des Staates geſondert; die Stellen
der Beamten wurden vorzugsweiſe durch Eingeborne beſetzt. Dabei wurde
das bisher vielfach drückende Steuerweſen nach einem zweckmäßigen Plane
umgeändert und die Sicherheit des Verkehrs durch die Einführung preu=
ßiſcher Rechtspflege und Polizei feſter begründet. Die proteſtantiſchen Be=
wohner erhielten freie Religionsübung, ohne daß jedoch die katholiſche
Kirche in ihren Rechten auf irgend eine Weiſe gekränkt ward. In dieſen
Punkte der religiöſen Duldung fand Friedrich einen würdigen Mitarbei=
ter an dem Fürſtbiſchofe von Breslau, dem Cardinal Grafen Zinzendorf,
welcher an der Spitze der katholiſchen Kirche Schleſiens ſtand. Friedrich
ernannte ihn, mit päpſtlicher Genehmigung, zum Generalvicar und obe=
ſten geiſtlichen Richter für alle Römiſchkatholiſchen in den preußiſchen
Staaten; Zinzendorf aber erließ ſchon im Auguſt 1742 einen Hirten=
brief, in welchem er die Eiferer ſeines Glaubens zu Frieden und Dul=
dung ermahnte und namentlich den Gebrauch des Wortes „Ketzer" ernſt=
lich unterſagte. Dafür erfreute er ſich noch mancher weiteren Gnadenbe=
zeigung des Königs.

Zu größerer Sicherung Schleſiens gegen künftige feindliche An=
fälle wurden die dortigen Feſtungen ausgebeſſert und mit neuen Werken
vermehrt. Beſonders Neiſſe ward durch großartige Anlagen zu einem der
feſteſten Plätze des Landes gemacht. Am jenſeitigen Ufer des Neiſſefluſſes,
auf der Anhöhe, von welcher Friedrich die Stadt im Jahre 1741 be=
ſchoſſen hatte, wurde ein neues ſtarkes Fort, das den Namen Preußen
empfing, erbaut. Friedrich ſelbſt legte, am 30. März 1743, den Grund=
ſtein deſſelben mit ſilberner Kelle und Hammer; die Inſchrift, welche dem
Grundſtein eingefügt wurde, ſcheint dieſen Act mit dem Großmeiſterthum
des Königs im Orden der Freimaurer in Verbindung zu bringen.

Ebenso ward Glatz durch bedeutende Arbeiten zu einer Hauptfestung
des Staates erhoben. Bei der Erweiterung der Festungswerke dieses Orts
fanden sich unter Anderm zwei Heiligenstatuen, St. Nepomuck und der
Schutzpatron gegen das Feuer, St. Florian, die zur österreichischen Zeit
irgendwo aufgestellt waren. Man bewahrte beide, bis der König nach
Glatz kam, und fragte ihn, was mit den Figuren gemacht werden solle.
„Der Florian," antwortete Friedrich, „ist für's Feuer gut; doch geht er
mich nichts an; aber den Schutzpatron von Böhmen müssen wir in Ehren
halten. Es soll auf dem Schlosse ein Thurm gebaut und der heilige Ne=
pomuck darauf gestellt werden." So entstand in den Werken von Glatz
der runde Thurm, dessen oberste Plattform die Statue des Heiligen ein=
nimmt. Als Friedrich wieder dorthin kam und sah, daß der Heilige sein
Gesicht nach Schlesien kehrte, bemerkte er lächelnd, das sei nicht recht; der
heilige Nepomuck müsse auf das Land schauen, welches ihm eigentlich ge=
bühre. Die Statue wurde darauf umgewendet, sodaß sie das Gesicht nach
Böhmen kehrte. — Ebenso wurden die Befestigungen von Glogau und
Brieg verstärkt. Die Stadt Kosel in Oberschlesien, bis dahin unbefestigt,
versah man gleichfalls mit starken Werken und sicherte hiedurch die Grenze
gegen Oesterreich um so mehr.

Mit nicht geringerem Eifer ward an der Vermehrung und der voll=
kommneren Durchbildung des Heeres gearbeitet; der erste Krieg hatte den
Gesichtskreis erweitert und die noch mangelhaften Punkte kennen gelehrt.
Friedrich begann, die Reiterei, die unter dem vorigen Könige vernachläs=
sigt worden war, aus einer wenig brauchbaren Truppengattung zu einer
der furchtbarsten umzuschaffen. — Aber auch für den inneren Wohlstand
seiner Staaten war Friedrich unablässig bemüht. Er traf neue Einrich=
tungen zur Förderung der Manufacturen und des Handels; Elbe und
Oder wurden durch einen Canalbau verbunden. Die Akademie der Wis=
senschaften trat neuverjüngt in's Leben und hielt ihre erste Versammlung
im königlichen Schlosse zu Berlin; ausgesetzte Preise dienten dazu, die
Männer der Wissenschaft zu höherem Wetteifer aufzumuntern.

Dabei vergaß man auch den Glanz und die Freude des Le=
bens nicht. Das königliche Schloß zu Charlottenburg wurde durch
den Anbau eines prächtigen Flügels, unter Knobelsdorff's Leitung, um
ein Bedeutendes erweitert. Zum würdigen Schmuck dieses Schlosses

. verwendete man die berühmte Antiken-Sammlung, welche Friedrich im
Jahre 1742 aus dem Nachlasse des Cardinals Polignac kaufte. Berlin erhielt an dem Opernhause, welches ebenfalls von Knobelsdorff erbaut und
schon im December 1742 eröffnet wurde, eine seiner vorzüglichsten Zierden.
Die Besuche fremder Fürsten gaben Gelegenheit zur Entfaltung der reichsten
königlichen Pracht. Friedrich aber fand, trotz seiner vielseitigen Beschäftigung, Muße genug, den ersten Theil der Geschichte seiner Zeit, welcher
die Geschichte des ersten schlesischen Krieges enthält, zu schreiben und sich
darin den Historikern des classischen Alterthums, die fort und fort seine
Lectüre ausmachten, würdig an die Seite zu stellen. Daneben entstanden
mancherlei poetische Arbeiten. Für die Hochzeit seines Freundes Keyserling,
im November 1742, dichtete Friedrich eine Komödie in drei Acten: Die
Schule der Welt. Den höchsten poetischen Genuß aber brachte wiederum
Voltaire, der sich im Jahre 1743 zum Besuche einfand.

Ueber diesen Besuch des französischen Dichters berichtet der in Berlin anwesende englische Gesandte seinem Hofe, wenig erbaut, Folgendes:
„Herr Voltaire ist hier wieder angekommen und stets in der Gesellschaft
des Königs, welcher entschlossen scheint, ihm Stoff zu einem Gedicht über
die Vergnügungen Berlins zu geben. Man spricht hier von nichts als von
Voltaire: er liest den Königinnen und Prinzessinnen seine Trauerspiele
vor bis sie weinen, und überbietet den König in Satiren und übermüthi-
gen Einfällen. Niemand gilt hier für gebildet, der nicht dieses Dichters
Werke im Kopfe oder in der Tasche hat, oder in Reimen spricht."

Uebrigens glaubte sich Voltaire zugleich berufen, die Rolle eines
politischen Unterhändlers von Seiten des französischen Hofes zu spielen;
da er aber kein Beglaubigungsschreiben vorzubringen vermochte, so betrachtete Friedrich das als eine bloße Spielerei, zu der ihn seine Eitelkeit
vermocht habe. Denn schon bei dem ersten Besuche des Dichters hatte er
erkannt, daß sein moralischer Charakter, trotz seiner schöngeglätteten Verse,
keineswegs von Flecken rein sei. Damals war ihm der Geldburst des
Franzosen lästig geworden, ohne daß er es ihn doch persönlich besonders
scharf hatte merken lassen. Jetzt führte Voltaire's Eitelkeit andere Ursachen zu kleinen Reibungen herbei. Er übersendete, mit dichterischer Freiheit, der liebenswürdigen Prinzessin Ulrike, einer jüngeren Schwester des
Königs, ein zierliches Madrigal, welches nichts weniger als eine ziemlich

deutliche Liebeserklärung enthielt. In der Uebersetzung dürfte dasselbe
etwa also lauten:

> Der gröbsten Lüge zeiget sich
> Ein wenig Wahrheit oft verbunden:
> Ich hatte einen Thron gefunden
> Heut' Nacht, — ein Traum bethörte mich:
> Ich liebte Fürstin, Dich, ich wagte, Dir's zu sagen, —
> Und ich erwachte, doch nicht all' mein Glück entwich:
> Nur meinem Thron mußt' ich entsagen.

Die Prinzessin antwortete mit feinen Versen, welche Friedrich verfaßt
hatte und in denen der Dichter auf die verbindlichste Weise über den Un=
terschied der Stände belehrt wurde. Er, hieß es darin, habe aus eigener
Kraft sich auf dem Gipfel des Helikon niedergelassen, sie verdanke Alles
nur ihren Ahnen. Aber es erfolgte von Friedrichs Hand auch noch eine
zweite Entgegnung, welche dasselbe Thema minder verblümt behandelte.
Sie lautete ungefähr so:

> Der Traum, das liegt einmal im Blut,
> Stimmt überein mit dem, was man im Wachen thut.
> Es träumt der Held, daß er den Rheinstrom überschreite,
> Der Kaufmann, daß sich ihm Gewinn bereite,
> Der Hund, daß er den Mond anbelle;
> Doch wenn in Preußen sich Voltaire, durch Lügenkünste,
> Zum König träumt und nur den Narren bringt zur Stelle:
> Das heißt Mißbrauch der Traumgespinnste!

Indeß hinderten diese leichten Gefechte nicht, daß die schönen Verse
Voltaire's, und ebenso auch der Dichter als solcher, unausgesetzt mit leb=
haftem Enthusiasmus bewundert wurden. Und als er wieder von Berlin
schied, blieb nur der Wunsch rege, ihn dereinst ganz am Hofe behalten zu
können. —

Im Mai des Jahres 1744 wurden Friedrichs Staaten durch ein
neues Gebiet, Ostfriesland, vermehrt, als der letzte Fürst des Landes ohne
Erben gestorben war. Zufolge einer, aus den Zeiten des großen Kur=
fürsten herrührenden, Anwartschaft nahm Friedrich sogleich von dem Lande
Besitz und empfing, durch Abgeordnete, die Huldigung am 23. Juni.
Friedrich bestätigte die Gerechtsame und Freiheiten der Stände; Wohlstand

und Zufriedenheit blühten schnell in dem Ländchen, das früher viel
von inneren Fehden zu erdulden gehabt hatte, empor. Seine für den
Seehandel günstige Lage machte es dem Könige besonders wichtig.

Unterdeß hatte Friedrich mit scharfem Blicke den Gang der politischen Begebenheiten verfolgt und die weiteren Maßregeln getroffen, die
seine Sicherheit erforderte. Nach dem Abschlusse des Breslauer Friedens
hatte Oesterreich seine ganze Macht gegen die in Böhmen befindlichen französischen Armeen gewendet und das Land von ihnen frei gemacht. Dann
war das österreichische Heer gegen Bayern vorgerückt; es vertrieb den
Kaiser, der inzwischen Gelegenheit gehabt hatte, von seiner Residenz Besitz zu nehmen, auf's Neue. Die Bayern und Franzosen wurden bis an
den Rhein gedrängt. Gleichzeitig hatte sich auch der König von England
gerüstet und war mit bedeutender Heeresmacht den Franzosen in Deutschland gegenübergetreten. Er schlug sie am Main. Nun machten Frankreich
und der Kaiser dem österreichischen Hofe vortheilhafte Friedensanträge,
aber sie wurden nicht gehört; Maria Theresia dachte nur an die Ab-
setzung des Kaisers, an dessen Stelle ihr Gemahl, der Herzog Franz, erwählt werden sollte. Vielmehr wurde zwischen Oesterreich, England, Holland und Sardinien ein Bündniß zur Vertheidigung und zum Angriff
geschlossen, zu Worms, im September 1743; Sardinien war hiezu durch
einige Abtretungen von Seiten Oesterreichs bewogen worden. Als sich
Maria Theresia gegen den König von England beklagte, daß sie fortwährend, wie früher gegen Preußen, so jetzt wieder zu Abtretungen genöthigt
werde, schrieb ihr Georg II. bedeutungsvoll zurück: „Madame, was gut
zu nehmen ist, ist auch gut wiederzugeben." Friedrich erhielt eine Abschrift
des Briefes und verstand die Warnung, die auch für ihn darin lag.

Noch deutlicher wurde ihm die Absicht der Verbündeten, als auch
Sachsen dem Wormser Bündnisse beitrat und Friedrich von den, zwar
geheim gehaltenen, Artikeln des Bundes Kunde erhielt. Darin verpflichteten
sich die Theilnehmer zu wechselseitiger Gewährleistung ihrer Besitzungen
auf den Grund gewisser namhaft gemachter Tractate, unter denen aber der
Bestimmungen des Breslauer Friedens auf keine Weise gedacht war. Die
geheimen Verhandlungen aus jener Zeit zeigen es in der That klar genug,
daß Friedrich jetzt nicht mehr müßig zuschauen durfte, ohne sich selbst der
größten Gefahr auszusetzen.

Von Seiten des Kaisers, der in Frankfurt ein kümmerliches Dasein fristete, wurde er zu gleicher Zeit dringend um Hilfe angegangen. Er beschloß thätig einzugreifen; sein Gedanke war, eine Verbindung der kleineren deutschen Fürsten zu Stande zu bringen, um auf diese Weise gegen die österreichische Uebermacht ein Gegengewicht zu bilden. Zu dem Ende machte er im Frühjahr 1744, unter dem Vorwande, seine Schwestern in Anspach und Baireuth zu besuchen, eine Reise in das Reich und brachte in der That, am 22. Mai, die Frankfurter Union zu Stande, welche „Deutschland seine Freiheit, dem Kaiser seine Würde und Europa die Ruhe" wiedergeben sollte. Aber — da Frankreich den Theilnehmern der Union keine Hilfsgelder zahlen wollte, so trat die Mehrzahl derselben wieder zurück.

So mußte Friedrichs Augenmerk vorzugsweise auf den Hauptfeind von England und Oesterreich, auf Frankreich, gerichtet bleiben, ehe dieser Staat genöthigt ward, vom Waffenschauplatz abzutreten. Doch hatten sich die französischen Verhältnisse seit Kurzem wesentlich geändert. Der Cardinal Fleury war gestorben, und es fehlte dem Staate jetzt an einer leitenden Idee; die Maitressenregierung Ludwigs XV. mit all ihren Intriguen und Widersprüchen hatte begonnen. Friedrich erkannte das sehr wohl, und er gab es auch eines Tages dem französischen Gesandten ziemlich deutlich zu verstehen. Es war in der Oper; der Bühnenvorhang erhob sich zufällig ein wenig, so daß man die Beine einiger französischer Tänzer erblickte, die ihre Kunststücke einübten. Der König wendete sich zu dem englischen Gesandten, welcher neben ihm saß, und flüsterte diesem, aber so laut, daß es der französische Gesandte hören konnte, in's Ohr: „Sehen Sie da ein vollkommenes Bild des französischen Ministeriums: lauter Beine ohne Kopf!"

Mit einem solchen Ministerium erfolgreich zu unterhandeln war nicht leicht. Friedrich entschloß sich, in der Person des Grafen Rothenburg einen neuen Gesandten nach Paris zu schicken; dieser, der früher in französischen Diensten gestanden hatte und sich bedeutender verwandtschaftlicher Verbindungen am dortigen Hofe erfreute, kannte am Besten die dortigen Verhältnisse. Um sich indeß vollständig von den Fähigkeiten seines Gesandten zu überzeugen, beschloß er, ihn zuvor einer Probe zu unterwerfen. Er ließ ihn zu sich kommen, übernahm selbst die Rolle der französischen

Minister und hob alle nur möglichen Schwierigkeiten und Gegengründe
wider seine eigenen Anträge hervor, ohne sich selbst dabei zu schonen.
Rothenburg widerlegte Alles so geschickt, daß der König zuletzt sagte:
„Wenn er so gut spricht und so gute Gründe vorbringt, wird Ihm gewiß der Erfolg nicht fehlen." — Friedrich hatte sich nicht geirrt. Rothen-
burgs Erfolge waren so glücklich, daß Frankreich sich auf's Neue rüstete
und am 2. Juni 1744 auf den Grund der Frankfurter Union ein Angriffs-
bündniß mit Preußen gegen Oesterreich, zum Schutze des Kaisers, schloß.
Frankreich versprach mit zwei Armeen, am Niederrhein und am Oberrhein, vorzurücken; Friedrich dagegen sollte in Böhmen einfallen und von
den etwaigen Eroberungen das österreichische Schlesien und den an Schlesien zunächst angrenzenden Theil Böhmens erhalten.

Zu gleicher Zeit war Friedrich bemüht, sich auch gegen die nordi-
schen Staaten sicher zu stellen. Mit Rußland hätte er gern ein Bündniß
zu Stande gebracht, doch wurde ein solches durch englische Guineen hin-
tertrieben. Gleichwohl brachte er es dahin, daß die Prinzessin Sophie
Auguste von Anhalt-Zerbst — die nachmalige Kaiserin Katharina II. —
die in Preußen erzogen und deren Vater Feldmarschall der preußischen
Armee war, dem russischen Thronfolger verlobt wurde. Hieburch blieb
Friedrich vor der Hand wenigstens nicht ganz ohne Einfluß auf Rußland.

Ein näheres Verhältniß gestaltete sich zu Schweden, indem die
Prinzessin Ulrike, Friedrichs Schwester, mit dem schwedischen Thronfolger
vermählt wurde. Die Vermählung geschah zu Berlin am 17. Juli 1744;
von Seiten des schwedischen Hofes war der Graf Tessin mit der Blüthe
des schwedischen Adels zur feierlichen Werbung nach Berlin gesendet
worden; die Stelle des Bräutigams vertrat hier der Prinz August
Wilhelm von Preußen. Es war der letzte Glanzpunkt, mit welchem die
kurzen Friedensjahre wiederum erlöschen sollten. Friedrich entwickelte
bei dieser Gelegenheit die größte königliche Pracht, aber die Anmuth der
Braut ward durch allen Schmuck, in dem sie erschien, nicht in Schatten
gestellt. Feste drängten sich auf Feste bis zum Tage der Abreise. Man
suchte den Schmerz der Trennung von einem der geliebtesten Glieder der
königlichen Familie zu betäuben, noch am Tage der Abreise versammelte
man sich zur Oper, Friedrich überreichte der Schwester ein Abschiedsgedicht;
aber nun brachen auch auf allen Seiten die Gefühle übermächtig hervor.

Friedrich selbst vermochte die Thränen nicht zurückzuhalten. Die Prin=
zessin bestieg den Reisewagen; und der König schritt aus dem Glanz der
Feste und aus den Thränen des Abschieds auf's Neue dem Kriege entgegen.

―――――――

Achtzehntes Kapitel.

Ausbruch des zweiten schlesischen Krieges. Feldzug des Jahres 1744.

Schon hatten die französischen Armeen den Doppelfeldzug begonnen.
Die Nordarmee, bei der sich König Ludwig XV. selbst befand, war in
die österreichischen Niederlande eingerückt und hatte in kurzer Zeit glück=
liche Fortschritte gemacht. Die zweite Armee am Oberrhein aber war nicht
so glücklich. Ihr stand, an der Spitze der österreichischen Hauptmacht, ein
einsichtsvoller Feldherr, Graf Traun, gegenüber. Traun war in das
Elsaß eingedrungen, seine Truppen streiften bereits nach Lothringen, und
es ward nöthig, die französische Nordarmee zu schwächen, um im Süden
nicht wesentliche Verluste zu erleiden. Hierdurch wurde Friedrich genöthigt,
seine Unternehmung auf Böhmen schleuniger in's Werk zu richten, als es
seine Absicht gewesen war.

Das preußische Heer machte sich marschfertig, um in drei Colonnen
in Böhmen einzurücken; zwei von diesen sollten durch Sachsen, die dritte
durch Schlesien gehen, während zwei Armee=Corps zum Schutze der Mark
Brandenburg und Oberschlesiens zurückblieben. Ein preußischer General=
Adjutant brachte ein kaiserliches Requisitorialschreiben nach Dresden, wo=
rin König August durch Karl VII. aufgefordert wurde, den zu seiner
Hilfe bestimmten preußischen Truppen freien Durchzug durch Sachsen zu
verstatten. König August war in Warschau; die sächsischen Minister pro=
testirten, das Land setzte sich in eine Art Vertheidigungszustand; man
erreichte dadurch aber nur, daß der Durchmarsch der Preußen, zum Nach=
theil des Landes, langsamer von Statten ging.

Am 15. August (1744) betraten die preußischen Armeen die böh=
mischen Grenzen. Dem Einmarsch derselben wurde ein Manifest voraus=

geschickt, welches sich im Allgemeinen auf die Artikel der Frankfurter Union
bezog. Auch wurden Patente in Böhmen ausgegeben, in welchen die Ein=
wohner vor allen Widersetzlichkeiten streng gewarnt wurden. Die Preußen
fanden keine feindlichen Truppen von Bedeutung vor sich; die geringen
Hindernisse, die dem Einmarsch und dem Wasser=Transport des Pro=
viants entgegengesetzt waren, wurden bald beseitigt. In Leitmeritz an
der Elbe wurden die Magazine für die Armee angelegt, indem es an
Transportmitteln fehlte, um dieselben zu Lande weiter zu beschaffen. Am
2. September vereinigten sich die verschiedenen Corps der preußischen
Armee vor Prag.

Alsbald machte man die Anstalten zur Belagerung der böhmischen
Hauptstadt, die durch ein Corps von 12,000 Mann vertheidigt wurde.
Am 10. September Abends wurden die Laufgräben an drei verschiedenen
Orten eröffnet. Schwerin hatte einen Angriff auf den Ziskaberg vorbe=
reitet. Prinz Heinrich, der Bruder des Königs, besuchte ihn dort wäh=
rend der Nacht. Er fragte den Feldmarschall im Laufe des Gespräches,
ob er wohl den Namen der Capelle wisse, bei welcher der König sich ge=
lagert habe. Jener verneinte es; der Prinz aber schwang den Hut und
rief: „Sancta Victoria!" — „Da müssen wir freilich", entgegnete Schwe=
rin, „Alles anwenden, um mit dieser schönen Heiligen näher bekannt zu
werden." Am folgenden Tage geschah der Angriff, und der Ziskaberg
ward gewonnen. Friedrich, der sich während des Angriffs in einem der
anderen Laufgräben befand, trat, um denselben zu beobachten, mit vielen
Officieren ins Freie hervor. Die österreichische Besatzung aber wurde
durch die große Menge der Uniformen aufmerksam gemacht; sie richtete
ihre Kanonen nach dieser Stelle, und ein unglücklicher Schuß tödtete den
Markgrafen Wilhelm, einen der Vettern des Königs, an der Seite des
Letzteren. Friedrich wurde durch den Tod dieses Prinzen um so schmerz=
licher berührt, als schon ein Bruder desselben, Markgraf Friedrich, in der
Schlacht von Mollwitz den Heldentod gefunden hatte. Im Uebrigen
waren die Erfolge der Belagerung so glücklich, daß die Besatzung am 16.
September capituliren und sich zu Kriegsgefangenen ergeben mußte. Sie
ward in die schlesischen Festungen abgeführt.

Von Prag rückte Friedrich nach Süden vor und besetzte die Städte
Tabor, Budweis und Frauenberg, so daß er bereits den österreichischen

Grenzen nahe stand. Er war zu einem Unternehmen in dieser Richtung durch das Uebereinkommen bewogen worden, welches zwischen ihm und König Ludwig XV., in Rücksicht auf ein gemeinsames Zusammenwirken, getroffen war. Aber die Franzosen entsprachen ihrer Verpflichtung nicht sonderlich, sie gestatteten der österreichischen Armee nicht nur alle möglichen Bequemlichkeiten, als dieselbe, auf die Nachricht von Friedrichs Einfall in Böhmen, sich aus dem Elsaß zurückzog; sie folgten auch nicht einmal, wie es doch ausdrücklich verabredet war, den Oesterreichern, als diese mit schnellen Schritten gegen Friedrich heranzogen. Statt dessen begannen die Franzosen, nur auf ihr eigenes nächstes Interesse bedacht, Angriffe auf die österreichischen Besitzungen im Breisgau.

Dieser Umstand machte Friedrichs Stellung in dem südlichen Böhmen bedenklich; aber es traten noch andere, eigenthümlich ungünstige Verhältnisse hinzu. Friedrich befand sich in einem Lande, welches nur geringe Mittel zur Ernährung seiner Truppen und zur Fortschaffung der Magazine darbot. Den Bauern war von Seiten der österreichischen Regierung anbefohlen worden, ihre Hütten bei Annäherung der Preußen zu verlassen, ihre Getreidevorräthe zu vergraben und in die Waldungen zu flüchten. So erblickte die Armee auf ihren Wegen überall nur Wüsteneien und leere Dörfer; Niemand brachte Lebensmittel zum Verkauf in's Lager. Der Adel, die Geistlichkeit, die Beamten waren treue Anhänger des Hauses Oesterreich; religiöse Ansichten gaben ihnen einen unüberwindlichen Haß gegen die ketzerischen Preußen. Endlich wurde die preußische Armee durch ein zahlreiches Corps von Husaren umschwärmt, welches von Ungarn eingerückt war und alle Verbindungen abschnitt, so daß Friedrich vier Wochen hindurch nichts von Prag erfuhr, nichts von dem Orte, nach welchem die österreichische Rhein-Armee unter Traun sich gewendet hatte, nichts von den Rüstungen, welche in Sachsen für Oesterreich unternommen wurden. Die preußischen Reiter, die auf Kundschaft ausgeschickt wurden, fielen stets jenen überlegenen Schaaren in die Hände. Die Armee stand überall, nach der Weise der Römer verschanzt und auf den Umkreis ihres Lagers eingeschränkt da.

Der Mangel an Nahrung zwang endlich Friedrich den Rückmarsch anzutreten. In den festen Orten, die er eingenommen hatte, ließ er Besatzungen zurück, welche jedoch bald durch ungarische Truppen belagert

9*

und, da ihnen die Nahrung abgeschnitten ward, auch in kurzer Zeit zur Uebergabe gezwungen wurden.

Nach einigen Tagemärschen traf Friedrich mit der großen feindlichen Armee, die durch ein bedeutendes Corps sächsischer Truppen verstärkt war, zusammen. Jetzt glaubte er das Ziel seiner Mühseligkeiten vor sich zu sehen; durch eine Feldschlacht hoffte er entscheidende Erfolge zu erreichen und sich zum Herrn des widerwilligen Landes zu machen. Aber Traun wußte für sein Lager eine so vortheilhafte Stellung zu wählen, daß ein Angriff von Seiten der Preußen unmöglich war. Mangel an Nahrung zwang die letzteren, abermals weiter zu rücken. Das österreichische Heer folgte ihnen nach, und immer wiederholte Traun, der überdies durch alle Bereitwilligkeit der Bewohner des Landes alle Unterstützung erhielt, dasselbe Verfahren.

So verstrich einige Zeit unter Märschen und Gegenmärschen zwischen der Sassawa und obern Elbe, bis Friedrich, da der Mangel, die böse Jahres=zeit, die Beschwerlichkeiten der Märsche eine Menge Krankheiten in seinem Heere erzeugt hatten, sich genöthigt sah, über die Elbe zurückzugehen. Er glaubte, die Oesterreicher, durch den zwiefachen Feldzug erschöpft, den sie in diesem Jahre geführt hatten, würden jetzt ihre Winterquartiere jenseit des Flusses nehmen. Er traf seine Anstalten, um sich diesseits zu behaupten und den Fluß zu decken. Die Feinde aber wußten auch jetzt die Kunde, die ihnen überall über die preußischen Bewegungen und Stellung zugebracht wurde, auf's Günstigste zu benutzen. Sie erzwangen am 19. Nov. ganz unvorhergesehen, an einer Stelle des Flusses, wo die geringste Bedeckung stand, bei Solonitz, den Uebergang. Nur ein Bataillon, unter dem Oberst=lieutenant v. Wedell, trat ihnen hier entgegen. Mit bewunderungswürdiger Standhaftigkeit trotzte dasselbe fünf Stunden lang und gegen das Feuer von fünfzig Kanonen den österreichischen Angriffen; dreimal schlug es die österreichischen Grenadiere zurück. Wedell hatte Husaren zur preußischen Armee abgeschickt; diese aber fielen den Oesterreichern in die Hände, und da keine Hilfe ankam, so zog er sich endlich, doch in vollkommner Ordnung, mit dem Ueberreste seiner tapfern Schaar zu der Armee zurück. Diese That er=warb ihm den Ehrennamen des preußischen Leonidas. Der Prinz Karl von Lothringen, der den Namen des Anführers der österreichischen Armee führte, vermochte dem kühnen Feinde seine Bewunderung nicht zu versagen. „Wie glücklich," so sprach er zu seinen Officieren, „wie glücklich würde die

Königin sein, wenn sie in ihrem Heere Officiere hätte, welche diesem
Helden glichen!"

Durch den Uebergang der österreichischen Armee war das Schicksal des
diesjährigen Feldzuges entschieden. Friedrich mußte sich entschließen, Prag
aufzugeben, wo er von Schlesien abgeschnitten gewesen wäre, und nach Schle=
sien zurückzukehren, wo allein für seine Truppen zweckmäßige Winterquar=
tiere zu finden waren. Der Rückmarsch geschah in drei Colonnen und in so
guter Ordnung, daß die Feinde keine anderweitigen namhaften Vortheile
über die Preußen erlangen konnten. Der Nachtrab der Colonne, bei welcher
sich Friedrich befand, wurde bei Pleß heftig von einem Corps Panduren
angegriffen; als aber die letzteren, mitten im Gefecht, das Geschrei von
Schweinen aus dem Dorfe vernahmen, eilten sie unverzüglich zu dieser
willkommenen Beute zurück und ließen die Preußen ungestört über den
Bach Metau vorrücken. Nur die Prager Besatzung war auf ihrem Rück=
zuge, durch die Unvorsichtigkeit und Unentschlossenheit ihres Anführers, des
Generals Einsiedel, größeren Unannehmlichkeiten und selbst Verlusten aus=
gesetzt. Friedrich gab deshalb dem General Einsiedel den Abschied; auch
der Erbprinz von Dessau, bisher der vorzüglichste Gönner des Generals,
entzog ihm seine Achtung. Schwerin aber, der schon oft der Ansicht des Erb=
prinzen entgegen getreten war, so daß der König, um unangenehme Folgen
zu verhüten, seine ganze Autorität zur Versöhnung der beiden Feldherren
hatte gebrauchen müssen, suchte das Benehmen des Generals zu vertheidigen.
Da ihm dies nicht gelang, so nahm auch er seinen Abschied und verließ
die Armee. — Am 4. December hatte der König den schlesischen Boden
erreicht. Von da ging er nach Berlin zurück, um seine Vorbereitungen
für die nächste Zukunft zu treffen.

Friedrich hatte auch diesen Feldzug, in dem zweiten Theile der Ge=
schichte seiner Zeit, einer strengen Kritik unterworfen, ohne die Fehler,
welche er in demselben begangen, zu verdecken. „Der ganze Vortheil dieses
Feldzuges", so sagt er, „war auf Seiten Oesterreichs." Herr v. Traun
spielte in demselben die Rolle des Sertorius, der König die Rolle des
Pompejus. Trauns Benehmen ist ein vollkommenes Muster, welches jeder
Krieger, der seine Kunst liebt, studiren muß, um es nachzuahmen, falls
er die Fähigkeiten dazu besitzt. Der König hat es selbst gestanden, daß er
diesen Feldzug als seine Schule in der Kriegskunst und Traun als seinen

Lehrer betrachten muß. Das Glück hat oft für Fürsten ungleich traurigere Folgen, als das Mißgeschick; jenes macht sie trunken von Eigendünkel, dieses giebt ihnen Vorsicht und Bescheidenheit."

Kaum hatte indeß Friedrich seine Armeen verlassen, als auch die Oesterreicher von der preußischen Furcht, wie sie es nannten, Vortheil ziehen wollten. Zahlreiche Truppencorps rückten zu Ende des Jahres in Ober= schlesien und in die Grafschaft Glatz ein; die preußischen Corps zogen sich in die festen Plätze zurück. Dabei vertheilten die Oesterreicher ein Mani= fest, in welchem Maria Theresia den Breslauer Friedensschluß für abge= drungen erklärte, die Schlesier ihres Gelübdes gegen Friedrich entband und sie an die glückselige Zeit erinnerte, welche sie unter der österreichischen Herrschaft genossen hätten. Doch schnell traf Friedrich seine Gegen= maßregeln. Da Schwerin abgegangen war und der Erbprinz von Dessau gefährlich krank lag, so ward der Vater des letzteren, Leopold, der alte berühmte Kriegsheld, nach Schlesien berufen und erhielt den Oberbefehl über die dortigen Truppen. Zugleich erschien ein königliches Patent zur Beruhigung der Schlesier, in welchem das österreichische Manifest wider= legt und namentlich auch der angebliche Segen der ehemaligen österreichi= schen Regierung näher beleuchtet wurde. Allen Unbilden der Witterung zum Trotz griffen die Preußen die verschiedenen Corps der Oesterreicher mit Muth und Entschlossenheit an und trieben sie, indem sie ihnen zum Theil große Verluste zufügten, über die schlesischen Grenzen zurück. Am 21. Februar (1745) wurde bereits in Berlin für die Befreiung Schlesiens ein feierliches Tedeum gesungen. Die Truppen bezogen nun die Winter= quartiere, die indeß häufig durch die Streifereien der leichten Völker der österreichischen Armee beunruhigt wurden.

Als Friedrich nach Berlin zurückgekehrt war, hatte ihn ein hoff= nungsreiches Ereigniß begrüßt. Seinem Bruder August Wilhelm war während des Feldzuges in Böhmen der erste Sohn (der nachmalige König Friedrich Wilhelm II.) geboren worden, so daß nun die Thron= folge des königlichen Stammes durch den ersten Sprößling einer neuen Generation gesichert wurde. Da Friedrichs Ehe kinderlos blieb, so hatte er, schon vor dem Ausbruch des zweiten schlesischen Krieges, seinen Bruder durch den Titel des „Prinzen von Preußen" zu seinem Nachfolger erklärt. Dem Neugebornen hing er am zweiten Tage nach seiner Rück=

sehr, andeutend, wie hoch er dieses günstige Zeichen des Schicksals schätze, eigenhändig den schwarzen Adlerorden um.

Aber noch war die Gegenwart von den dunkeln Wetterwolken um= hüllt. Im Anfang des Jahres 1745 schlossen Oesterreich, England, Hol= land und Sachsen in Warschau ein neues Bündniß zu gegenseitiger Ver= theidigung. Sachsen machte sich anheischig, gegen englische Hilfsgelder ein bedeutendes Armeecorps zu stellen. Dafür hatte es, anfangs mit allge= meinen Worten, in einem späteren Uebereinkommen aber mit bestimmter Angabe, die Anwartschaft auf verschiedene Provinzen des preußischen Staates erhalten, während Oesterreich der Besitz von Schlesien und Glatz garantirt ward.

Noch bedenklicher wurden die Aussichten für Friedrich, als am 20. Januar Kaiser Karl VII. starb, und Oesterreich bald darauf den Sohn des Kaisers zum Frieden bewog, indem es ihm seine Stammlande zurück= gab, während er allen weiteren Ansprüchen auf die österreichische Erb= schaft entsagte und die Wahl des Großherzogs Franz zum Kaiser zu unter= stützen versprach. Hierdurch war die Frankfurter Union in sich zerfallen. Unmittelbar nach dem Tode des Kaisers hatte Friedrich den König von Frankreich dringend ermahnt, jetzt seinen Verpflichtungen nachzukommen und die Unternehmungen gegen Oesterreich ihrem gemeinsamen Zwecke ent= sprechend zur Ausführung zu bringen. Aber der König Ludwig war hiezu wenig geneigt; der Tod des Kaisers mochte ihm, zur Entwirrung der Verhältnisse, nicht ganz unwillkommen sein, und Friedrich war ihm, der von seinen Beichtvätern ebenso wie von seinen Maitressen regiert ward, als Haupt der Ungläubigen im Grunde seines Herzens verhaßt. Er sammelte seine ganze Macht gegen Flandern, und sein Heer erfocht in der That bereits am 11. Mai, bei Fontenay, einen glänzenden Sieg.

So sah sich Friedrich, mächtigen Feinden gegenüber, ganz auf seine eigenen Kräfte zurückgeführt. Alle Mittel wurden nun zur Anwendung gebracht, um den Angriffen, die man zu gewärtigen hatte, durch außer= ordentliche Rüstungen begegnen zu können. Mehr als sechs Millionen wurden aus dem Schatze genommen; anderthalb Millionen schossen die Landstände vor; die Mehrzahl des massiven Silbergeräthes aus dem Berliner Schlosse, wozu Friedrich Wilhelm I. einen Theil seiner Schätze umgeschmolzen hatte, die Kronleuchter, Tischplatten, Kamingeräthe, be=

sonders aber der prunkvolle silberne Musikantenchor aus dem Rittersaale,
wurden zu Gelde ausgeprägt. Friedrichs geheimer Kämmerer ließ diese
Gegenstände bei Nachtzeit durch zwölf Heiducken in ein Schiff und von
da insgeheim auf dem Wasser zur königlichen Münze transportiren,
damit das Volk durch ein solches Zeichen der Noth nicht muthlos ge=
macht werde. Durch diese Mittel wurde es möglich gemacht, auf's Reich=
lichste für die Vermehrung und für die künftige Verpflegung der Armee
zu sorgen. Als alle diese Zurüstungen vollendet waren, reiste Friedrich,
am 15. März, wieder zur Armee ab.

Neunzehntes Kapitel.
Feldzug des Jahres 1745.

Um seine Armee nicht zum zweiten Male den Mühseligkeiten des
vorjährigen Feldzuges auszusetzen, hatte sich Friedrich entschlossen, den
Angriff des Feindes auf Schlesien abzuwarten und seine ganze Macht an
demjenigen Punkte, auf welchem der Feind eindringen würde, zusammen=
zuziehen. Ein wichtiger Vortheil für ihn war es dabei, daß Traun von
der österreichischen Armee nach Italien abberufen und seine Stelle durch
minder umsichtige Heerführer ersetzt war. Die Vorbereitungen der Oester=
reicher deuteten mit Bestimmtheit darauf hin, daß dieser Angriff von
Böhmen aus geschehen würde, obgleich, bald nach seiner Ankunft bei der
Armee, zahlreiche Schaaren leichter ungarischer Truppen in Oberschlesien
einbrachen, um ihn in seinen Vermuthungen irre zu führen. Er ließ sich
hierdurch nicht täuschen; die Streifereien der Ungarn hatten nur die
Folge, daß die preußische Reiterei Gelegenheit fand, ihre Kräfte zu üben
und sich in einzelnen kühnen Gefechten Ruhm zu erwerben. Besonders
zeichnete sich Winterfeldt in diesem kleinen Kriege aus.

Nachdem Friedrich zuerst nach Neisse gegangen war, zog er, im
Mai, seine Hauptarmee vor den Gebirgen, welche die Grafschaft Glatz
von Schlesien trennen, zusammen. Sein Hauptquartier nahm er in dem
Cistercienserkloster Camenz. Hier entging Friedrich — kurz zuvor, ehe
das Hauptquartier nach Camenz verlegt ward, — auf merkwürdige Weise

der Gefahr der Gefangenschaft, die ihn in dieser Gegend schon einmal
bedroht hatte.　Die sichersten Zeugnisse stimmen dahin überein, daß die
Begebenheit, von der eben die Rede ist, in diese Zeit fällt.　Es scheint,
daß Friedrich einen vorläufigen Besuch in dem Kloster gemacht hatte und
einem österreichischen Streifcorps verrathen war.　Plötzlich erscholl im
Kloster die Meßglocke; alle Mönche wurden zur ungewöhnlichen Stunde,
es war des Abends, in den Chor berufen.　Der Abt erschien mit einem
Fremden, beide im Chorkleide; es wurden Complett und Metten gehal=
ten, was sonst zu dieser Zeit nie statt fand.　Kaum hatte man den Gesang
begonnen, so erhob sich im Klosterhofe großer Lärm; Croaten drangen
in die Kirche ein, wagten aber nicht, den Gottesdienst zu stören, der un=
ausgesetzt fortging. Endlich, nachdem der Lärm lange vorüber war, gab
der Abt das Zeichen, den Gesang zu beenden; nun erfuhren die Mönche,
daß die Croaten den König von Preußen gesucht, daß sie aber nur seinen
Adjutanten gefunden und diesen mit sich fortgeführt hätten.　Der fremde
Geistliche war Niemand anders gewesen, als Friedrich selbst.　Für solche
Treue und Geistesgegenwart blieb Friedrich dem Abte von Camenz, To=
bias Stusche, fortan äußerst gnädig gewogen.　Mancherlei angenehme
Geschenke wurden dem Letzteren übersendet. Unter Anderm erhielt er im
folgenden Jahre vom Könige ein kostbares Meßgewand zugeschickt; To=
bias ließ den preußischen Adler darauf sticken und weihte dasselbe am
nächsten Namensfeste Friedrichs bei einer feierlichen Messe ein.　Auch auf
die Nachfolger des Abtes erstreckte sich Friedrichs Gnade.　Noch wird
jenes seltene Meßgewand in Camenz aufbewahrt, und eine Inschrift in
der Kirche erzählt den Nachkommen die Gefahr und die Rettung des
Königs.

　　Indeß wurde Friedrich durch die Bewegungen der Feinde genöthigt,
sich zum Beginn des ernstlichen Krieges vollständig bereit zu machen.
Noch stand ein Armeecorps unter dem Markgrafen Karl in Oberschlesien,
aber das ganze Land war mit ungarischen Schaaren überschwemmt, welche
alle Verbindung abschnitten und die Vereinigung des Markgrafen mit
dem Könige zu verhindern suchten.　Zieten, der sich bereits im ersten
Kriege durch kühne Thaten ausgezeichnet hatte und schnell aus einer nie=
dern Stelle zum Befehlshaber eines Husarenregiments emporgerückt war,
erhielt den Auftrag, mit seinem Regimente zum Markgrafen zu eilen und

ihm den Befehl zum ungesäumten Aufbruch zu überbringen.   Der Auftrag war nicht leicht ausführbar, doch boten die eben angekommenen
neuen Pelze des Regiments Gelegenheit zu einer lecken List. Die Pelze
wurden angelegt, und das Regiment sah in ihnen fast einem der kaiserlichen Regimenter gleich.   So zog man ruhig des Weges hin, schloß sich
unerkannt einem österreichischen Trupp an und ritt mitten durch die
Schaaren der Feinde.   Ganz spät erst wurde Zieten erkannt, aber nun
schlugen die Husaren sich glücklich durch und brachten selbst noch einige
gefangene Officiere mit. Der Marsch des Markgrafen Karl zur Hauptarmee war beschwerlicher; weit überlegene Schaaren traten ihm entgegen.
Aber muthig griff er ein Regiment nach dem andern an, bahnte sich mit
siegreicher Hand den Weg und führte sein Corps in das Lager des Königs,
wo den Tapfern reiches Lob gespendet wurde. Das ganze Heer brannte
vor Begierde, sich ähnlichen Ruhm zu erwerben. Die Gelegenheit dazu
war nicht mehr fern.

Die Armeen der Oesterreicher und Sachsen hatten sich zu Trautenau
vereinigt und rückten von hier gegen die schlesische Grenze vor. Friedrich
zog mit seiner Armee nach Schweidnitz und besetzte in vortheilhafter Stellung die Strecke zwischen Schweidnitz und Striegau.   Um den Feind
sicher zu machen, hatte er das Gerücht aussprengen lassen, daß er sich
nach Breslau zurückziehe; auch war zu demselben Behufe in den Straßen,
die nach Breslau führen, gearbeitet worden. Jetzt berief Friedrich auch
den Vortrab seiner Armee aus dem Gebirge zurück und ließ dasselbe
Gerücht wiederholen.   Der Feind ging in die Falle und traf auf keine
Weise die Vorsichtsmaßregeln, deren er, einer so bedeutenden Armee gegenüber, bedurfte. So kamen die feindlichen Armeen bis zum Ausgang
der Gebirge.   Auf dem Galgenberge bei Hohenfriedberg, wo die ganze
Ebene vor den Blicken ausgebreitet liegt, hielten die sächsischen und österreichischen Generale, Kriegsrath; Friedrichs Truppen waren durch Ge-
büsche und Erdwälle so versteckt, daß nur geringe Schaaren sichtbar blie-
ben.   Dies bestärkte die Gegner in ihrem Irrthum, und schon wurden die
Pläne entworfen, wie man mit geringster Beschwerde ganz Schlesien in
Besitz nehmen könne.   Darauf begannen ihre Truppen den weiten
Marsch.

In der folgenden Nacht, vor dem 4. Juli, ließ Friedrich seine

Armee in aller Stille sich bei Striegau versammeln, in einer Stellung, welche dem niederrückenden Feinde die günstigste Gegenwehr darbot. Mit Tagesanbruch stellten sich die Preußen in Schlachtordnung. Ehe diese aber noch vollendet war, kam bereits die sächsische Armee, welche den Befehl hatte, Striegau einzunehmen, die Anhöhe herabgezogen. Sie wurde auf's Höchste durch die Gegenwart der Preußen überrascht. Der rechte Flügel der letzteren warf sich unverzüglich mit solchem Ungestüm auf die Sachsen, daß sie schon niedergeschmettert und in die Flucht getrieben waren, ehe noch die Oesterreicher genaue Kunde von dem Ereigniß bekamen. Der Prinz von Lothringen, welcher die österreichische Armee befehligte, hatte zwar das Schießen gehört; er meinte jedoch, es sei der Angriff auf Striegau. Da meldete man ihm, alle Felder seien mit Sachsen besäet, und nun mußte auch er sich in Eile zum Kampfe bereit machen. Aber auch die Oesterreicher wurden mit gleicher Heldenkühnheit empfangen. Keins der preußischen Corps wich, Alles drang unaufhaltsam vor, Jeder suchte es dem Andern an Tapferkeit und Unerschrockenheit zuvorzuthun, und so wurde in wenig Morgenstunden der glänzendste Sieg erfochten. Friedrich selbst hatte den Seinen das Beispiel der entschlossensten Todesverachtung gegeben, als er drei Bataillone gegen die österreichischen Feuerschlünde führte, welche die Mannschaft rottenweise neben ihm niederstreckten, so daß nur 360 Mann mit ihm die Anhöhe erreichten. Hier ließ er sie mit gefälltem Bayonnet auf die Batterie eindringen. Den höchsten Ruhm aber erwarb sich das Dragoner=Regiment von Baireuth, unter Anführung des Generals Geßler, welches ganz allein zwanzig feindliche Bataillone in die Flucht trieb, 2500 Gefangene machte, und 66 Fahnen und vier Geschütze erbeutete. Im ganzen hatten die Oesterreicher und Sachsen in dieser Schlacht, die von Hohenfriedberg oder von Striegau benannt wird, gegen 17,000 Mann an Gefangenen, Todten, Verwundeten und Vermißten sammt vielen Fahnen und Kanonen verloren, während der Verlust der preußischen Armee an Mannschaft nicht die Hälfte jener Summe betrug. Dem baireuthischen Dragoner=Regiment wurden vom Könige, zum steten Andenken an seine kühne That, außerordentliche Ehrenzeichen verliehen. Friedrich aber sagt, in der Geschichte seiner Zeit, bei Gelegenheit des Sieges von Hohenfriedberg: Die Welt ruht nicht sicherer auf den Schultern des Atlas, als Preußen auf einer solchen Armee.

Ein französischer Botschafter, der Ritter de la Tour, der an Fried=
rich die Nachricht von dem Siege bei Fontenay überbracht hatte, war bei
dem preußischen Siege gegenwärtig gewesen. Als er, vorher, Friedrich
um die Erlaubniß bat, einige Zeit bei seinem Heere verweilen zu dürfen,
fragte ihn dieser: „Sie wollen also zusehen, wer Schlesien behalten wird?"
— „Nein, Sire," entgegnete der französische Ritter, „ich will nur davon
Zeuge sein, wie Ew. Majestät Ihre Feinde züchtigen und Ihre Untertha=
nen vertheidigen werden." Jetzt erhielt er von Friedrich ein Antwort=
schreiben an König Ludwig XV., in dem es hieß: „Ich habe den Wechsel
bei Friedberg eingelöst, den Sie bei Fontenay auf mich gezogen." Der
bittere Ton dieser Bemerkungen war durch Ludwigs Benehmen veranlaßt
worden. Friedrich hatte es, ehe es zum Kampfe kam, nicht an neuen Be=
mühungen fehlen lassen, um den König von Frankreich zu entschiedneren
Schritten gegen Oesterreich zu vermögen. Man hatte sich von dort auf
den Sieg von Fontenay berufen. Friedrich aber hatte darauf bemerkt,
daß die Franzosen in Flandern kaum 6000 Oesterreicher in Beschäfti=
gung hielten, daß die französischen Siege zwar höchst glorwürdig für
Ludwig seien, seinen Verbündeten aber ungefähr ebenso nützlich, wie ein
Sieg am Ufer des Skamander oder wie die Einnahme von Peking.
Darauf war eine kalte und stolze Antwort erfolgt, und so schien das
freundschaftliche Verhältniß der beiden verbündeten Könige, was auch die
äußerlichen Formen anbetrifft, seinem Ende entgegen zu gehen.

Die fliehenden Feinde waren bis auf die ersten Anhöhen des Ge=
birges verfolgt worden. Hier hatte Friedrich Halt machen lassen, da seine
Truppen, durch den vorangegangenen Nachtmarsch und die Anstrengung
des hitzigen Treffens erschöpft, der Ruhe bedurften. Erst am folgenden
Tage brach er zur Verfolgung des Feindes auf; sein Vortrab erreichte
den Nachtrab des Feindes, griff diesen, der an der Friedberger Schlacht
nicht Theil genommen hatte, an und schlug ihn in die Flucht. Die feind=
lichen Armeen zogen sich in Eile nach Böhmen zurück. Als Friedrich
auf diesem Zuge in Landshut eintraf, umringte ihn ein Haufe von zwei=
tausend Bauern, die ihn um die Erlaubniß baten, Alles, was den Ka=
tholiken in jener Gegend sei, doch todtschlagen zu dürfen. Es war der
Schrei nach Rache für alle jene harten Bedrückungen, welche die schlesischen
Protestanten von den katholischen Priestern zu erdulden gehabt hatten.

Friedrich erinnerte die empörte Menge an die Gebote der Schrift, daß sie ihre Beleidiger segnen und für ihre Verfolger beten sollten. Die Bauern wurden durch solche Aeußerungen der Milde betroffen; sie sagten, der König habe Recht, und standen von ihrem grausamen Begehren ab.

Friedrich war, wie er bereits vor der Schlacht von Hohenfriedberg den Plan gefaßt hatte, dem Feinde nach Böhmen gefolgt, um die böhmischen Grenzdistricte ihrer Nahrungsmittel zu berauben und hiedurch die Oesterreicher zu verhindern, ihre Winterquartiere wieder in der Nähe von Schlesien zu beziehen. Tiefer in Böhmen einzudringen wagte Friedrich nicht; nach den Erfahrungen des vorigen Feldzuges war er darauf bedacht, sich stets in solchen Stellungen zu halten, daß er die Bedürfnisse für seine Truppen aus Schlesien beziehen konnte. Der Prinz von Lothringen hatte ein festes Lager zu Königingrätz eingenommen; Friedrich stand ihm in gleich sicheren Lagern, anfangs zu Jaromirz, nachher zu Chlumetz, gegenüber. Nur der kleine Krieg zwischen den leichten Truppen, die Angriffe auf die Proviantzüge und dergleichen brachten Abwechselung in das einförmige Leben und gaben Gelegenheit zu kühnen, zuweilen auch zu launigen Thaten. So hatte sich einst ein preußisches Detachement, welches zu Schmirschitz stand, eine ergötzliche Kriegslist ausgedacht, um den Panduren die Lust an ihren fortgesetzten Angriffen auf eine dort befindliche Schanze zu verderben. Die preußischen Grenadiere verfertigten nämlich, so gut sie es eben zu Stande bringen konnten, einen Gliedermann, costümirten diesen als Grenadier und stellten ihn an dem Punkte auf, welcher gewöhnlich von dem äußersten Wachtposten eingenommen wird. Sie selbst verbargen sich hinter Gesträuchen und fingen an, den Gliedermann durch Schnüre zu bewegen. Die Panduren bemerkten aus der Ferne den fröhlichen Muth der Wache, schlichen sich heran, schossen sie glücklich nieder und stürzten nun schnell näher, den Gefallenen seiner Habseligkeiten zu berauben. Jetzt aber empfing sie ein lebhaftes Feuer aus dem Gebüsch, die Verwundeten wurden gefangen gemacht, und die Entfliehenden jagten ihrem Corps hinlängliche Furcht ein, so daß ähnliche Angriffe fortan unterblieben. — Auch zu den Beweisen ritterlicher Gesinnung fand sich Gelegenheit. So äußerten einst die Officiere eines österreichischen Detachements, als sie mit einem preußischen Corps zusammentrafen, zu den Officieren des letzteren verbindlicher

Weise: „Es ist ein Vergnügen, mit Euch, Ihr Herren, zu fechten; man findet dabei immer etwas zu lernen." Die Preußen erwiderten, nicht minder höflich, die Oesterreicher seien ihre Lehrer gewesen; wenn sie gelernt hätten, sich gut zu vertheidigen, so sei dies geschehen, weil man sie allezeit gut angegriffen habe. Zu unausgesetzter Vorsicht und Entschlossenheit wurden die preußischen Streifcorps besonders durch einen kühnen österreichischen Parteigänger, Franchini, genöthigt.

Friedrich war um so mehr bedacht, sich in sicheren Lagerplätzen vor einem unvorhergesehenen Angriff der österreichischen Armee zu schützen, als er die seinige durch die Absendung einiger bedeutenden Corps hatte schwächen müssen. Als Oberschlesien von den preußischen Truppen geräumt wurde, fanden die Ungarn Gelegenheit, sich dort frei und nach Bequemlichkeit auszubreiten; auch die Festung Kosel fiel, durch den Verrath eines der Officiere der Besatzung, in ihre Hände. Jetzt sendete Friedrich einen Theil seiner Truppen dahin zurück, der auch in kurzer Zeit, am 6. September, Kosel wieder eroberte und sodann ganz Oberschlesien von den Ungarn frei machte. Ein zweites Corps ward zur Verstärkung der preußischen Armee geschickt, die in Halle unter dem Fürsten von Dessau stand und den Angriffen, welche man von Sachsen zu erwarten hatte, begegnen sollte. Denn in Sachsen hatten auf's Neue Rüstungen stattgefunden, die auf ein feindliches Unternehmen schließen ließen und ein sehr ernstliches Manifest von Seiten Friedrichs veranlaßten. Der Marsch der preußischen Truppen nach Halle hatte zur Folge, daß auch der größte Theil der sächsischen Truppen, welche mit den Oesterreichern zusammen in Böhmen standen, nach Sachsen berufen wurde.

Vorerst indeß verfuhr Friedrich gegen Sachsen nicht angriffsweise, da er neue Hoffnungen zu einer friedlichen Beendigung seiner Angelegenheiten fassen durfte. Der englische Hof hatte schon seit einiger Zeit, in Folge eines Ministerwechsels, friedlichere Gesinnungen geäußert, und so kam jetzt, am 22. September, zu Hannover eine Convention zwischen Friedrich und dem Könige von England zu Stande, wodurch der letztere jenem auf's Neue den Besitz von Schlesien verbürgte und auch Oesterreich und Sachsen zum Frieden zu bewegen versprach, während Friedrich sich verpflichtete, die Wahl des Großherzogs Franz zum Kaiser anzuerkennen. Diese Wahl war zu Frankfurt am 13. September, trotz der Protestation.

der Gesandten von Preußen und Kurpfalz, erfolgt. Aber nun war auch
in Maria Theresia der ganze altkaiserliche Stolz ihrer Vorfahren erwacht;
sie hielt es für unvereinbar mit ihrer Würde, wenn sie sich mit einem
Fürsten, den sie als einen rebellischen Unterthan betrachtete, in Unter=
handlungen einließe; sie sagte öffentlich, daß sie lieber das Kleid vom
Leibe als Schlesien missen wolle. Eben so wenig war Sachsen zum Ab=
schlusse des Friedens geneigt. König August wünschte vor Allem, die pol=
nische Krone in seinem Hause erblich zu machen, wozu ihm eine Ver=
größerung seiner Macht und eine Verbindung seiner sächsischen Erbländer
mit Polen durch einige Provinzen des preußischen Staates allzu vortheil=
haft bedünkte.

Dem Prinzen von Lothringen waren Verstärkungen zugesendet wor=
den, auch ein Paar Feldherren, welche ihn in dem Entwurf seiner Opera=
tionen unterstützen sollten. In der That versuchten die Oesterreicher als=
bald einige heftigere Angriffe, die indeß durch die Tapferkeit der preußischen
Truppen zurückgeschlagen wurden. Friedrichs Lager hatte eine zu sichere
Stellung, als daß es mit Erfolg anzugreifen gewesen wäre. Friedrich
vergnügte sich daran, aus seinem Zelte, das auf einer Anhöhe lag, die
österreichischen Generale zu beobachten, wie diese täglich zur Berathschla=
gung hervortraten, lange Fernröhre auseinanderschoben, um seine Stel=
lung zu untersuchen, und dann wieder, bessern Rath von der Zukunft er=
wartend, zurückgingen.

Indeß sah sich Friedrich genöthigt, den Standpunkt seiner Armee
zu verändern. Er ging weiter nordwärts, um auch den Theil des böh=
mischen Gebirges, welcher sich zwischen Niederschlesien und die Grafschaft
Glatz hineinschiebt, von seinen Nahrungsmitteln zu entblößen und dadurch
die Scheidewand, welche Schlesien während des bevorstehenden Winters
vor feindlichen Einfällen schützen sollte, vollkommen zu machen. Zur Be=
setzung der Gebirgspässe mußte er jedoch sein Heer auf's Neue durch die
Absendung einiger Corps schwächen, so daß seine ganze versammelte Streit=
macht nur aus wenig mehr als 20,000 Mann bestand, während die der
Oesterreicher, die seinem Gange gefolgt waren, sich auf mehr als 30,000
Mann belief.

Er hatte sein Lager bei dem Dorfe Staudenz genommen und war
im Begriff, von dort nach Trautenau vorzurücken, als unvermuthet, am

30. September frühmorgens, die österreichische Armee in Schlachtordnung gegen ihn anrückte. Seine Stellung war wenig günstig, indem es ihm an Mannschaft gebrach, um alle wichtigen Punkte des Terrains genügend zu besetzen; aber auch die Oesterreicher befanden sich in einer unvortheil= haften Stellung, da sie, umgekehrt, nicht Gelegenheit fanden, ihre Kräfte vollkommen auszubreiten. Friedrich benutzte diesen Umstand mit rascher Entschlossenheit. Statt, wie die Oesterreicher erwartet hatten, sich zurück= zuziehen und sich so unter vielleicht noch ungünstigeren Verhältnissen an= greifen zu lassen, breitete er schnell seine ganze Macht in einer Linie aus, so daß er von dem Feinde nicht überflügelt werden konnte. Diese Auf= stellung mußte unter einem sprühenden Regen feindlicher Granaten voll= zogen werden; aber kein Soldat äußerte Furcht, keiner verließ seinen Platz. Friedrich selbst ritt eine starke Viertelstunde lang unter diesem Ku= gelregen, ohne doch getroffen zu werden; eine Kugel, die ihn niedergerissen haben würde, ward durch den Kopf seines Pferdes, das sich eben scheu emporbäumte, aufgefangen. Die Oesterreicher ließen diese Aufstellung im Uebrigen ruhig geschehen. Nun brach die preußische Reiterei auf die feindliche ein; sie stürzte das erste Treffen der letzteren, dieses fiel auf das zweite, das zweite auf das dritte; 53 Schwadronen wurden so durch 12 Schwadronen in kurzem Anfall überwältigt, und das ungünstige Terrain verhinderte sie, sich auf's Neue zu sammeln. Dann stürmte der rechte Flügel der Preußen jene Batterie, mit welcher die Oesterreicher die Schlacht eröffnet hatten, während ein einzelnes Bataillon des linken Flügels eine starke Colonne der Feinde in die Flucht trieb. Unaufhaltsam schritten nun die Preußen vor. Noch war im Mittelpunkte des Treffens eine steile Anhöhe von den Oesterreichern besetzt; auch diese ward in kurzer Frist von der preußischen Garde genommen. Das Schicksal wollte es, daß hier zwei Brüder im Kampfe gegenüber standen; denn die Oesterreicher be= fehligte hier Prinz Ludwig von Braunschweig, während der jüngere Bruder desselben, Prinz Ferdinand, an der Spitze der preußischen Garde stand und hier zuerst die Proben des Heldenmuthes ablegte, der ihn später so berühmt gemacht hat. Noch suchten sich die zurückgetriebenen Oesterreicher auf den einzelnen Anhöhen des bergigen Bodens wieder zu sammeln, aber immer drangen die Preußen ihnen nach, bis sie sich endlich in vollkom= mener Flucht in die ausgebreiteten Waldungen retteten, welche dem

sogenannten Königreiche Silva angehören. Friedrich hemmte das Nachsetzen bei dem Dorfe Soor, nach welchem die Schlacht in der Regel benannt wird. Der Sieg war vollkommen. Nur einen großen Theil der Bagage hatte Friedrich verloren, indem diese einem ungarischen Corps in die Hände gefallen war. Doch hatte gerade dieser Umstand den Sieg we=sentlich erleichtert; denn die Ungarn ließen die willkommene Gelegenheit zur Beute nicht vorübergehen und versäumten es dadurch, ihrer Bestim=mung gemäß den Preußen in den Rücken zu fallen.

An der Verfolgung des Feindes wurden die Preußen durch den Wald gehindert, indem sie sich dort, ohne sonderlichen Vortheil zu erlangen, nur den größten Gefahren hätten aussetzen müssen. Die augenblickliche Un=bequemlichkeit des Verlustes der Bagage war bei so großem Gewinn leicht zu verschmerzen. Selbst der König hatte sein ganzes Feldgeräth und seine Bedienung verloren; er konnte den Sieg nach Breslau nur durch ein Paar mit Bleistift geschriebene Zeilen melden. Auch fehlte es für den Augenblick an Nahrung. Als Friedrich zu Abend speisen wollte und sich nur ein Paar Flaschen Wein vorfanden, mußte ein Officier ausgeschickt werden, um Brot beizutreiben. Nach langem Suchen fand dieser endlich einen Soldaten, der noch ein Brot übrig hatte. Er bot ihm einen Du=caten dafür, aber der Soldat wollte es nicht hergeben, auch nicht für reicheren Lohn; als er jedoch hörte, daß es für den König bestimmt sei, entschloß er sich, diesem die Hälfte zu bringen. Friedrich nahm das kost=bare Geschenk mit freundlichem Danke an. In kurzer Zeit aber war der Mangel wieder ersetzt; auch statt seiner verlorenen Bücher ließ sich Friedrich schleunig andere aus Berlin zusenden, da er die Stunden der Muße nicht gut ohne wissenschaftliche Lectüre verbringen konnte.

Mit dem Gepäcke des Königs war zugleich ein zierliches Windspiel, das den Namen Biche führte, verloren gegangen. Dieser einzige Verlust war Friedrich sehr empfindlich; er hatte sein besonderes Wohlgefallen an dem anmuthigen Thiere, wie er überhaupt stets von der Gesellschaft einiger zierlichen Hunde umgeben war. Die Feinde suchten indeß dem Könige gefällig zu sein und sendeten Biche wieder zurück. Es wird erzählt, daß Friedrich eben am Schreibtisch gesessen habe, als das Windspiel heimlich in sein Zimmer gelassen wurde; es sprang unbemerkt auf den Tisch und legte ihm die beiden Vorderpfoten um den Hals; Friedrich war durch

das unerwartete Wiedersehen so freudig überrascht, daß ihm die Thränen
in die Augen traten. Aber die kleine Biche hatte sich auch schon früher als
eine wahrhaft getreue Freundin erwiesen. Friedrich hatte sich einst beim
Recognoscieren zu weit vorgewagt; plötzlich bemerkte er einen Trupp Pan=
duren, der ihm des Weges entgegengeritten kam; ihm blieb nichts übrig,
als eilig in einen Graben hinabzuspringen und sich unter einer Brücke zu
verbergen. Aber nun fürchtete er, daß Biche, die bei ihm war, bei dem
Geräusch der Huftritte der Pferde bellen und ihn so verrathen würde;
das Thier jedoch, als ob es die Gefahr seines Herrn ahne, schmiegte sich
dicht an ihn und gab keinen Laut von sich.

Der Erfolg der Schlacht von Soor war, daß Friedrichs Absichten
für die Beendigung des Feldzuges keine weiteren Hindernisse im Wege
standen. Denn zu neuen Unternehmungen in Böhmen war er wenig ge=
neigt. Ehrenhalber blieb er mit seiner Armee fünf Tage lang auf dem
Schlachtfelde stehen. Dann wendete er seinen Marsch nach Trautenau, die
dortige Gegend noch auszufouragiren. Von da ging er nach Schlesien
zurück, dessen Boden am 19. October betreten wurde. Der Marsch durch
die Engpässe der Gebirge war nicht ohne Gefechte vor sich gegangen, in=
dem die preußische Armee von leichten ungarischen Truppen umschwärmt
ward; doch blieben die größeren Verluste dabei auf Seiten der letzteren.
Der Haupttheil der Armee wurde in der Gegend von Schweidnitz, unter
dem Oberbefehle des Erbprinzen von Dessau, in Cantonnirungsquartiere
gelegt. Nachdem Friedrich erfahren hatte, daß die österreichische Armee
sich in drei Haufen getrennt habe, was erwarten ließ, daß auch sie die
Winterquartiere suchen würde, begab er sich nach Berlin zurück.

Zwanzigstes Kapitel.
Nachspiel des zweiten schlesischen Krieges.

In Berlin war Friedrich als Sieger eingezogen; er wünschte und
hoffte, daß jetzt für die Friedensunterhandlungen ein günstiger Zeit=
punkt gekommen sein würde. Aber die Oesterreicher und Sachsen theil=
ten diese Gesinnung nicht; im Gegentheil hatte der sächsische Minister,
Graf Brühl, der sich durch Friedrichs Manifest gegen Sachsen empfindlich

verletzt fühlte, einen neuen Sturm heraufbeschworen. An demselben
Tage, am 8. November, an welchem die Siegeszeichen der Schlachten
von Hohenfriedberg und Soor in den Kirchen aufgehängt wurden, erhielt
Friedrich die geheime Nachricht, daß die sächsische und die österreichische
Armee unverzüglich zusammenstoßen würden, um ihn in der Mark Bran=
denburg anzugreifen. Bald kamen auch andere Nachrichten zur Bestätigung
dieser ersten: in der sächsischen Lausitz wurden beträchtliche Magazine zum
Unterhalt der österreichischen Truppen, welche man daselbst erwartete, an=
gelegt; ein Theil der österreichischen Armee machte sich bereit, aus Böh=
men in Schlesien einzufallen; ein Corps der österreichischen Rhein=Armee,
unter dem General Grünne, war im Anmarsch, um einen Angriff unmit=
telbar auf Berlin zu unternehmen.

Aber, so plötzlich diese Unternehmungen auf Friedrich hereinzubre=
chen drohten, ebenso schnell hatte er auch schon seine Maßregeln zu ihrer
Abwehr ergriffen. Der alte Fürst von Dessau erhielt auf's Neue den Ober=
befehl über die Armee bei Halle, mit welcher er im Herbste den sächsischen
Truppen gegenüber gestanden hatte; er sollte von dieser Seite in Sachsen
einbrechen, während Friedrich sich an die Spitze der schlesischen Armee
setzte, um Sachsen von der Seite der Lausitz anzugreifen. So wollte man
von beiden Seiten gegen Dresden vordringen. Zur Deckung Berlins
konnte man nur eine geringe Besatzung zurücklassen; aber die Bürger=
schaft stellte selbst ein beträchtliches Corps, welches sich rüstig im Waffen=
handwerk übte; zugleich suchte man die Residenz durch Schanzarbeiten
gegen einen ersten Angriff des Feindes sicher zu machen.

Friedrich traf am 15. November bei der schlesischen Armee in Lieg=
nitz ein. Während die Oesterreicher in die Lausitz einrückten, beobachtete
er dasselbe Verfahren, welches ihm schon einmal, bei Hohenfriedberg, zum
Siege verholfen hatte. Er sprengte Gerüchte aus, als ob er furchtsam nur
seine Grenzen zu decken suche und seine Hauptarmee zurückziehe; auch ließ
er zu gleichem Zwecke wieder einige scheinbare Maßregeln treffen. Der
Prinz von Lothringen wurde glücklich auf's Neue getäuscht. Unerwartet
stand Friedrich in der Lausitz und traf am 23. November, bei Katholisch=
Hennersdorf, auf die sächsischen Regimenter, welche den Vortrab der öster=
reichischen Armee ausmachten. Diese wurden geschlagen, und ihr Verlust
brachte die österreichische Hauptarmee so in Verwirrung, daß sie sich von

einem Orte zum andern zurückzog. Görlitz, mit einem beträchtlichen Ma=
gazine, mußte sich Friedrich ergeben, bald auch Zittau, wo der Nachtrab
der Oesterreicher geworfen und ihre Bagage genommen wurde; in kurzer
Frist war die ganze Lausitz in Friedrichs Händen. Die österreichische Ar=
mee hatte sich nach Böhmen zurückgezogen. Gleichzeitig war der Angriff
der Oesterreicher auf Schlesien glücklich abgeschlagen worden. Ganz Sach=
sen gerieth in Schrecken, und das Corps des Generals Grünne, welches
sich bereits den brandenburgischen Grenzen näherte, wurde eilig zu der
sächsischen Armee zurückberufen.

Friedrich benutzte diese ersten günstigen Erfolge, um König August
die Hand zum Frieden, auf Grund der mit England abgeschlossenen han=
növerschen Convention, zu bieten. Aber August, oder vielmehr Brühl, ver=
langte vorerst Einstellung der Feindseligkeiten und Bezahlung aller durch
den Einmarsch der Preußen verursachten Kriegsschäden. Auf diese Be=
dingung einzugehen hatte Friedrich natürlich keine Lust; auch weiter fort=
gesetzte Verhandlungen führten zu nichts. Brühl hatte seinen König klüg=
licher Weise, als die Gefahr sich Dresden näherte, nach Prag geführt,
damit er ihm den Anblick des Kriegselendes erspare und nur seine Stimme
das Ohr des Königs zu erreichen vermöge.

So mußte der Krieg mit erneutem Eifer fortgesetzt werden. Fried=
rich rückte in Sachsen ein und trieb den Fürsten von Anhalt, der seine
Anstalten, aus Eigensinn oder Alter, ziemlich säumig begonnen hatte, zur
Eile. Nun brach auch dieser auf, besetzte Leipzig am 30. November und
kam am 6. December zu Meißen an, während Friedrich sich demselben
Punkte näherte. Der Prinz von Lothringen hatte indeß Böhmen auf's
Neue verlassen; er vereinigte sich am 13. December mit den Sachsen bei
Dresden. Das sächsische Ministerium wies seiner Armee jedoch, unverstän=
diger Weise, so weitläufige Quartiere an, daß er vierundzwanzig Stun=
den Zeit gebraucht hätte, um sie zusammenzuziehen; seine Protestationen
gegen diese Einrichtung waren vergeblich. An der Spitze der sächsischen
Armee, welche Dresden zunächst gegen den Angriff der Preußen decken
sollte, stand Graf Rutowski; als diesen der Prinz von Lothringen ersuchte
ihn im Fall eines Angriffes möglichst zeitig benachrichtigen zu lassen, er=
widerte der Graf, er brauche keine Hilfe. So hatten die Sachsen ihr
Schicksal selbst heraufbeschworen.

Am 15. December rückte der Fürst von Anhalt gegen Dresden vor. Gleichzeitig besetzte Friedrich Meißen, welches die Verbindung der beiderseitigen Elbufer ausmachte, so daß er nach beiden Ufern hin den etwaigen Unternehmungen des Feindes begegnen konnte. Hier empfing er einen Brief, welcher von Seiten der sächsischen Regierung ein günstigeres Eingehen auf seine Anerbietungen verhieß und die Kunde brachte, daß auch Maria Theresia zum Frieden geneigt sei. Kaum aber hatte er den Brief zu Ende gelesen, als plötzlich der Himmel von einem Feuerscheine übergossen ward und das Getöse einer fürchterlichen Kanonade erscholl. Es war der Beginn der Schlacht, welche der Fürst von Dessau den Sachsen lieferte.

Bei Kesselsdorf hatte Leopold diese in einer vortrefflichen Stellung gefunden. Nur der linke Flügel der Sachsen, der sich auf Kesselsdorf stützte, war zugänglich, aber hier drohte eine starke Batterie jeden Angriff abzuschlagen. Die übrigen Theile des sächsischen Heeres standen auf hohem Felsrande, vor dem sich ein tiefer Grund hinzog und dessen mit Eis und Schnee bedeckte Abhänge unersteiglich schienen. Um so größeren Ruhm aber verhieß der Sieg: — es war der Tag gekommen, an welchem der alte Heerführer seine fünfzigjährige Kriegerbahn durch die glänzendste That krönen sollte. Kaltblütig traf er seine Anordnungen. Auf den unerschrockenen Muth seiner Soldaten konnte er sicher bauen, denn ihm, den sie für ganz kugelfest hielten, folgten sie, wo er sie auch führen mochte. Er sprach noch ein kurzes Gebet, das seinen Sinn zu kräftigen wohl geeignet war. „Lieber Gott" — das waren seine Worte — „stehe mir heute gnädig bei! Oder willst Du nicht, so hilf wenigstens den Schurken, den Feinden nicht, sondern siehe zu, wie es kommt!" Dann gab er das Zeichen zum Angriff. Zweimal wurde der Angriff auf die Batterie durch den Hagel der feindlichen Granaten zurückgeschlagen. Da rückten die Sachsen zur Verfolgung vor, aber augenblicklich stürmte auch ein preußisches Dragoner-Regiment auf sie ein und schmetterte sie nieder. Schnell war das Dorf besetzt, die Batterie erobert, die feindliche Reiterei auseinander gesprengt, sodaß Alles in verwirrter Flucht sein Heil suchte. Indeß hatte der linke Flügel der Preußen, unter Anführung des Prinzen Moritz von Dessau, kühnen Muthes jenen morastigen Grund durchschritten und den Felshang erklettert; nach kurzem Kampfe waren die Feinde auch hier zum

Weichen gebracht. Der Graf Rutowski kam mit seinen Sachsen fliehend in Dresden an, wo der Prinz von Lothringen eben beschäftigt war, die österreichische Armee zusammenzuziehen. Dieser schlug dem Grafen vor, mit ihm vereint am folgenden Tage den Preußen auf's Neue entgegen zu gehen. Aber Jener war zu sehr von Furcht erfüllt, als daß er etwas Weiteres zu wagen versucht hätte. Er bewies dem Prinzen, daß sie, um ihre Truppen zu retten, sich gegen die böhmischen Grenzen zurückziehen müßten, was denn auch sogleich ins Werk gesetzt wurde.

Friedrich besuchte am zweiten Tage darauf das Schlachtfeld und sah mit Bewunderung, wie sein tapferes Heer das unmöglich Scheinende möglich gemacht hatte. Der Fürst von Anhalt, der ihn führte, erhielt die ehrenvollste Anerkennung so heroischer Thaten. Am 18. December zog Friedrich in Dresden ein, nachdem sich die Stadt seiner Gnade hingegeben hatte; ein Corps Landmiliz, das man überflüssiger Weise nach dem Abmarsche der Armee in die Stadt gelegt, ward entwaffnet und, nebst andern Gefangenen, zur Ergänzung der preußischen Armee verwendet. Unmittelbar nach seinem Einzuge begab sich Friedrich auf das Schloß, zu den Kindern des Königs August, welche hier zurückgeblieben waren. Er bemühte sich, ihre Besorgnisse zu mildern; als sie den Handkuß abstatteten, umarmte er sie liebreich, und sicherte ihnen alle Ehren zu, die ihrem Range gebührten. Die Wache des Schlosses blieb zu ihrer freien Disposition. Eben so begegnete er den Ministern des Königs und den fremden Gesandten auf's Leutseligste. Am Abend besuchte er das Theater, wo man ihm die Oper Arminio vorführte. Es war eine von den Opern, mit denen Brühl den Gesinnungen seines Herrn zu schmeicheln wußte. Diese enthielt eine künstlerische Anspielung auf die Verbindung König Augusts mit Maria Theresia. Wohlweislich aber ließen die Sänger einen Chor aus, der auf Friedrichs Benehmen zielen sollte, dessen Moral aber jetzt auf König August selbst zurückfiel; es hieß darin, daß es thörichter Stolz sei, seinen Thron auf den Ruinen einer fremden Macht zu erbauen. Am folgenden Tage wohnte Friedrich einem feierlichen Tedeum bei, welches in der Kreuzkirche gesungen wurde.

Nun gediehen die Friedensverhandlungen zum schnellen Schlusse, indem auch vom österreichischen Hofe ein Gesandter zu demselben Zwecke nach Dresden geschickt war. Am 25. December wurde der Friede zu

Dresden geschlossen. Es wurden darin im Wesentlichen alle Bestimmungen des Breslauer Friedens wiederholt, nur mußte Sachsen sich dazu verstehen, an Preußen die Summe von einer Million Reichsthaler zu zahlen. Friedrich erkannte die Wahl des Großherzogs Franz zum Kaiser an.

Schon am 28. December hielt Friedrich seinen Einzug in Berlin, den der Enthusiasmus des Volkes für den jungen königlichen Helden zu einem seltenen Feste gestaltete. Feierliche Züge holten ihn ein, Frauen und Mädchen bestreuten den Weg, auf dem er hinfuhr, mit Blumen, von allen Seiten erscholl der begeisterte Ruf: „Es lebe der König, es lebe Friedrich der Große!" Der König war ernst und tief bewegt; er grüßte nach allen Seiten, sprach mit Allen, die seinem Wagen nahe kamen, und bemühte sich sorglich, die Zudrängenden vor Schaden zu behüten. Den Abend, die ganze Nacht hindurch war die Stadt festlich beleuchtet. Tausend verschiedenartige Sinnbilder waren an den Fenstern aufgestellt, fast an allen Häusern las man die Inschrift: Vivat Fridericus Magnus! Bis zum Morgen zog das Volk jubelnd umher, Freudenschüsse erschollen rings durch die Straßen.

Friedrich war am Abend, in Gesellschaft seiner Brüder, in die Stadt gefahren, um noch einmal den Jubel seines Volkes in Augenschein zu nehmen. Doch hatte er dabei ein besonderes, schmerzlich theures Geschäft im Sinne. In einem abgelegenen Gäßchen ließ er den Wagen halten, trat in ein Haus, und stieg die engen Treppen empor. Dort wohnte sein alter treuer Lehrer Dühan. Der Greis hatte nicht zu ihm kommen können, denn die letzte Krankheit hielt ihn an sein Lager gefesselt. Friedrich trat an das Bett des Sterbenden. „Mein lieber Dühan," sprach er zu ihm, „wie schmerzt es mich, Sie in diesem Zustande zu finden. Wollte Gott, ich könnte etwas zu Ihrer Wiederherstellung und zur Linderung Ihrer Leiden thun: Sie sollten sehen, welche Opfer Ihnen meine Dankbarkeit mit Freuden bringen würde." — Dühan antwortete: „Ew. Majestät noch einmal gesehen zu haben, ist der süßeste Trost, der mir zu Theil werden konnte. Nun wird mir das Sterben leichter werden!" Er machte eine Bewegung, die Hand des Königs zu ergreifen und sie zu küssen. Friedrich ließ es nicht zu, sagte ihm mit tiefstem Schmerze Lebewohl und eilte fort. Am folgenden Morgen starb Dühan. — Auch Andere waren nicht zu Friedrichs Begrüßung erschienen. Seine liebsten Freunde, Jordan

und Keyserling, waren dem alten Lehrer im Laufe des verflossenen
Jahres bereits vorangegangen. „Das war meine Familie," so hatte
Friedrich auf die Nachricht von ihrem Tode noch an Dühan geschrieben,
„und ich glaube nun verwittwet und verwaiset zu sein und in einer Her-
zenstrauer, welche finstrer und ernster ist als die schwarzen Kleider. Erhalten Sie mir Ihre Gesundheit und bedenken Sie, daß Sie mir beinahe
allein noch von allen meinen Freunden übrig sind." Friedrich sorgte mit
Vatertreue für die Kinder der Verstorbenen.

Der Krieg zwischen Oesterreich und Frankreich währte noch geraume
Zeit fort. Erst der Friede von Achen, am 18. October 1748, brachte
denselben zum Schluß. Friedrich erhielt in diesem Frieden eine neue Ge-
währ für den Besitz Schlesiens. Sein Verhältniß zu dem Könige von
Frankreich war so gut wie aufgelöst, obgleich das zwischen beiden bestehende
Bündniß erst im Jahre 1756 zu Ende gehen sollte. Noch einmal hatte
sich Friedrich, als die letzte drohende Gefahr ihm von Sachsen und Oesterreich bereitet ward, an König Ludwig gewendet, aber er hatte nur eine
Antwort erhalten, welche den abgeneigten Sinn mit leeren Höflichkeiten
schlecht übertünchte. Dafür ward der Friede von Dresden nach Frankreich
in ähnlichem Style gemeldet. Und als, vor dem Abschlusse des Achener
Friedens, ein englischer Gesandter mit Friedrich unterhandelte, so konnte
dieser seinem Hofe in voller Wahrheit berichten: „Das Herz des Königs
ist noch deutsch, ungeachtet der französischen Verzierungen, welche auf der
Oberfläche erscheinen."

Einundzwanzigstes Kapitel.

Friedrichs Regierung bis zum siebenjährigen Kriege.

Mit erneutem Eifer widmete sich Friedrich, nachdem er seinem Lande
den Frieden zurückerkämpft, der Sorge für das Wohl seines Volkes. Im
Großen wie im Kleinen strebte er fördernd, rathend, helfend einzuwirken;
alle Kräfte des Staates setzte er zu fröhlichem Wetteifer in Bewegung.
Elf Jahre der Ruhe, die ihm zunächst vom Schicksal vergönnt waren,
bereiteten ihm das freudige Gefühl, daß sein Streben nicht vergeblich
gewesen sei.

Durch die Erwerbung Schlesiens hatte er seine Staaten um ein Drittheil vergrößert; jetzt ließ er es sich angelegen sein, auch im Innern seines Reiches neue Eroberungen zu machen. Wüste Strecken wurden urbar gemacht, zahlreiche Dörfer angelegt und mit Colonisten bevölkert. Schon im Jahre 1746 begannen die großartigen Arbeiten in den Brüchen des untern Oderthales, die vor allen durch den glücklichsten Erfolg belohnt wurden. Als Friedrich, nach Vollendung dieser Arbeiten, auf dem Damme des Oderbruches stand und die blühenden Fluren überblickte, welche auf sein Wort hervorgetreten waren, konnte er mit innerer Befriedigung sagen: „Hier ist ein Fürstenthum erworben, worauf ich keine Soldaten zu halten nöthig habe.“ — Auch in Ostfriesland wurde durch Dämme gegen die Fluthen angekämpft und Land wieder gewonnen, das schon seit Jahrhunderten von den Meereswellen überspült war.

Ebenso wurden, um die Flußschifffahrt zu begünstigen, mancherlei Canalbauten unternommen. Zu Swinemünde, am Ausflusse der Oder in die Ostsee, wurde ein Hafen angelegt, und hiedurch Stettin zu einer wichtigen Handelsstadt erhoben; verschiedene andere Einrichtungen dienten nicht minder zur Begünstigung des Stettiner Handels. Emden wurde zum Freihafen erklärt und dort eine asiatische und eine bengalische Handelsgesellschaft gestiftet. Mit noch größerem Eifer ward für die Verbesserung und Vermehrung der Fabriken und Manufakturen gesorgt. Durch alle diese Einrichtungen erhöhte sich die Zahl der Einwohner und die Summe der Staatseinkünfte in kurzer Zeit um ein Bedeutendes.

Vorzügliche Sorgfalt wendete Friedrich auf die Verbesserung der Rechtspflege. Die Justizverwaltung war in sehr üblem Zustande; tausend Mißbräuche waren eingerissen, in unendlichen Förmlichkeiten schleppten sich die Processe hin, die Erlangung des gebührenden Rechts stand nur zu oft mit den aufzuwendenden Kosten in schlechtem Einklange. Friedrich hatte diesem Unwesen mit äußerstem Unwillen zugesehen: er entschloß sich jetzt, mit Macht durchzugreifen und schnell Ordnung zu schaffen. An dem Minister Cocceji fand er den Mann, der zu einem solchen Geschäfte Einsicht und Kraft besaß. Durch Cocceji wurde zunächst in der Provinz Pommern, wo vornehmlich die Justizverwaltung in der größten Verwirrung war, der Anfang gemacht; er setzte es durch, daß hier in der kurzen Zeit von acht Monaten die ungeheure Summe von 2400 Processen, welche

zum Theil schon lange schwebten, zu Ende gebracht wurde, so daß kein
Prozeß übrig blieb, der älter als ein Jahr war. Hierauf wurde eine beson=
dere Proceßordnung für Pommern ausgearbeitet. Friedrich war mit
Cocceji's Erfolgen so zufrieden, daß er ihn zu seinem Großkanzler ernannte
und ihm die förmliche Justizreform in seinen gesammten Staaten über=
trug. Auch dieser neuen, ungleich größeren Arbeit unterzog sich Cocceji,
seinem hohen Alter zum Trotz, mit unermüdlichem Eifer, und in Einem
Jahre schon brachte er es dahin, daß alle untauglichen Richter und Sach=
walter aus ihren Stellen entfernt und durch brauchbare und getreue
Staatsdiener ersetzt waren. Nach Friedrichs Plane entwarf er ferner eine
neue Proceßordnung, der zufolge alle Processe in Einem Jahre beendet
werden sollten. Endlich ging er auch an die schwierigste Arbeit, die Grund=
lage des Rechts auf klare und bestimmte Principien zurückzuführen, und
schon im Jahre 1749 erschien sein Entwurf eines neuen preußischen Gesetz=
buches unter dem Titel: „Project des Corporis juris Friedericiani."
Friedrich ließ, zum Gedächtniß dieser wohlthätigen Neuerungen, die von
ganz Europa angestaunt und nachgeahmt wurden, eine Medaille prägen,
auf welcher das Bild der Gerechtigkeit dargestellt war, in der Hand eine
sehr ungleiche Wagschale haltend, die von dem Könige mit dem Scepter
niedergedrückt und ins Gleichgewicht gebracht wird. Cocceji erhielt von
Friedrich ein goldnes Exemplar dieser Medaille und andere sehr bedeu=
tende Beweise der königlichen Gnade. Friedrich sagt von ihm, seine Tugend
und Rechtschaffenheit seien der schönen Tage des römischen Freistaats
würdig gewesen; seine Gelehrsamkeit und Aufklärung hätten ihn, wie
einen zweiten Tribonian, für das Heil der Menschheit zur Gesetzgebung
berufen. —

Zugleich erforderte die eigenthümliche Lage des preußischen Staates
eine unausgesetzte Aufmerksamkeit auf die Angelegenheiten des Heeres,
in welchem vorzugsweise die Sicherheit und die ehrenhafte Stellung des
Staates beruhte. Unermüdlich sorgte Friedrich für stets erhöhte Ausbil=
dung, für die Geschicklichkeit, die Zucht seiner Truppen. Jährlich ver=
sammelte er sie in großen Lagern, wo die mannigfaltigsten Manövers
ausgeführt wurden. Das Fußvolk wurde in den verschiedenen Auswicke=
lungen und Stellungen, im Angriffe und in der Vertheidigung mannig=
facher Localitäten, im raschen Uebergange über die Flüsse, überhaupt in

allen den Bewegungen und Schwenkungen geübt, welche man vor dem
Feinde zu machen hat. Auf die Reiterei wurde die vorzüglichste Sorgfalt
gewendet, und unablässig arbeitete Friedrich daran, diese Truppengattung
ganz auf diejenige Stufe der Bedeutung zu erheben, die von ihr im Kriege
erfordert wird. Zu den von ihm selbst herangezogenen Officieren berief
er treffliche Reiterführer aus Ungarn und Polen, die mit ihm bemüht
waren, ihre Untergebenen zur ungesäumten Befolgung der Befehle, in
denen Kühnheit und List Hand in Hand gehen, geschickt zu machen.
Schon unmittelbar nach dem zweiten schlesischen Kriege, im Jahre 1746,
ward ein großes Uebungslager solcher Art bei Potsdam gehalten. Hier
setzte Friedrich Prämien für diejenigen Husaren aus, welche sich durch
Keckheit und Verschlagenheit im Dienste auszeichneten. Es ist uns ein
besonderer Zug aus diesem kriegerischen Spiele, der zugleich einen Blick
in Friedrichs Herzensgüte gestattet, aufbehalten.

Friedrich hatte, um Officiere und Leute auf den Feldwachen und
Piquets munter zu erhalten, den Husaren den Befehl gegeben, am Lager
umherzustreifen, die Wachen zu allarmiren und denen, die sich über=
rumpeln ließen, den Hut vom Kopfe zu nehmen. Auf den Hut hatte er
den Preis eines Ducatens gesetzt. Ein alter verdienter Kürassierofficier,
Major Leopold, hatte sich, nach der Hitze eines anstrengenden Manövers,
mitten unter seinen Reitern einen Feldstuhl aufgeschlagen und war darauf
unversehens eingeschlafen. Das merkte ein herumschwärmender Husar,
schlich leise näher, nahm dem schlummernden Greise den Hut vom Kopfe,
und sprengte damit zum Könige. Friedrich erkundigte sich, wenig erfreut
über das Ungeschick des Officiers, wem der Hut gehöre; bei dem Namen
des braven Greises ward jedoch sein finstrer Blick wieder ruhig. Am
folgenden Morgen ließ er den Major zu sich kommen, der sehr nieder=
geschlagen über den Vorfall eintrat. Der König kam ihm freundlich ent=
gegen und sprach, mit dem Finger drohend: „Hör' Er, lieber Leopold,
auf der Feldwacht muß man nicht schlafen! Er thut bei seinen Jahren
am Besten, wenn Er quittirt. Ich will Ihn mit fünfhundert Thalern
Pension in Ruhe setzen. Er hat einen Sohn im Regimente, der ist
Standartenjunker; nicht so?" — Der Major bejahte es. „Sein Sohn,"
fuhr der König fort, „hat alle Anlagen zu einem tüchtigen Officier. Da=
mit er aber nicht nach dem Beispiele seines Vaters auf der Feldwacht

einmal schläft, nehm' ich ihn als Cornet in der Garde du Corps mit nach Potsdam."

Besonders Aufsehen unter diesen militairischen Uebungen machte das große Feldmanöver, welches im Jahre 1753 in der Gegend von Spandau ausgeführt wurde. Es waren zu demselben mehrere fürstliche Personen eingeladen und aus allen preußischen Provinzen Generale und Stabsofficiere berufen. Doch hatten nur die ausdrücklich Berufenen Zugang zu dem Manöver, allen Uebrigen war der Zutritt streng verwehrt, da Friedrich eben nicht Lust empfand, seine Erfahrungen im weitern Kreise mitgetheilt zu wissen. Wie im Kriege waren deshalb Vorposten ausgestellt, und die Husaren patrouillirten beständig; einige Neugierige, welche sich trotz der Anordnungen des Königs näher wagten, wurden auf Befehl ein wenig geplündert, was denn die Uebrigen abschreckte. Dies Alles spannte die Neugier des Publikums in hohem Maße; sogar auswärtige Höfe wurden auf das Unternehmen, das wirklich kriegerische Rüstungen zu verrathen schien, aufmerksam. Der Neugier zu genügen und den kriegsgelehrten Forschungen der Fremden Raum zu unschuldigen Untersuchungen zu geben, ließ Friedrich eine angebliche Beschreibung dieses bei Spandau gehaltenen Manövers im Druck erscheinen; sie enthielt aber nur die Schilderung ganz phantastischer, zum Theil verkehrter Kriegsübungen, nach dem Vorbilde jener Phantastereien, die in dem berühmten sächsischen Lustlager vom Jahre 1730, welchem Friedrich als Kronprinz selbst beigewohnt, ausgeführt waren. Nur wenige merkten den Spaß; die Meisten studirten die Beschreibung als ein Ereigniß tiefsinniger und unergründlicher Kriegserfahrung.

Was die religiösen Angelegenheiten anbetrifft, so hielt Friedrich hierin an dem weisen Regenten-Grundsatze fest, den er selbst in einer seiner Schriften mit den Worten ausgesprochen hat: „Der falsche Glaubenseifer ist ein Tyrann, der die Lande entvölkert; die Duldung ist eine zarte Mutter, welche sie hegt und blühen macht." Und in der That trug die Befolgung dieses Grundsatzes wesentlich zu der immer steigenden Blüthe seiner Staaten bei. Einer solchen Ansicht durfte Friedrich, der zu der Höhe des Gedankens sich emporgearbeitet hatte und mehr auf den Inhalt als auf die Form sah, mit Ueberzeugung sich hingeben. Daß es ihm hiebei, trotz manchen leichten Witzwortes, welches ihm ein und das andere Mal wohl über heilig gehaltene Gegenstände entschlüpfte, in innerster Seele Ernst war, dafür hat er Zeugniß genug gegeben; nur wollte er für sich eben seinen Weg gehen. Eins der erhabensten Zeugnisse ist das Kirchengebet für die Erhaltung des Königs, das er während des zweiten schlesischen Krieges bei der Armee, und nachmals auch in allen Kirchen seines Staates einführen ließ. Früher hieß das Gebet: „Insonderheit laß Dir, o Gott, empfohlen sein Ihro Majestät unsern theuersten König," wobei dann der Name des Königs genannt wurde. Friedrich hatte schon als Kronprinz daran Anstoß gefunden; der Prunk mit der irdischen Majestät schien ihm, dem höchsten Wesen gegenüber, wenig schicklich und die Nennung des Namens vor dem Allwissenden sehr überflüssig. Er setzte statt dessen die Worte: „Insonderheit laß Dir, o Gott, empfohlen sein Deinen Knecht, unsern König."

Natürlich mußte die Erwerbung eines vorzugsweise katholischen Landes, wie Schlesien, die vorzüglichste Gelegenheit zu den Beweisen religiöser Duldung darbieten, und Friedrich fuhr fort, seinen katholischen Unterthanen sich als einen ebenso liebevollen Vater zu erweisen, wie er es den protestantischen Unterthanen war; freilich forderte er von ihnen auch den gleichen Sinn, damit alle Bewohner seiner Lande Ein Band der Liebe und Eintracht umschlinge. Der Papst war durch die glückliche Lösung der katholischen Verhältnisse Schlesiens höchlich erfreut und sorgte gern dafür, dem Könige Beweise seiner Theilnahme zu geben. So ermahnte er den Nachfolger des im Jahre 1747 verstorbenen Cardinals Zinzendorf, den Grafen Schaffgotsch, in seinem Bestätigungsbriefe ausdrücklich, er möge sich seinem gegen die katholische Kirche so wohlgesinnten Fürsten auf alle Art ergeben bezeigen. Hohe Freude erweckte es dem Papste, als Friedrich den Katholiken Berlins die Erlaubniß zu dem Bau einer eigenen prächtigen Kirche gab, auch ihnen den dazu erforderlichen Platz und einen Theil der Baumaterialien schenkte. Am 13. Juli 1747 wurde, unter allem Pomp und allen Ceremonien, welche die katholische Kirche vorschreibt, der Grundstein zu diesem Gotteshause durch einen königlichen Bevollmächtigten gelegt.

Dabei aber vergaß Friedrich keineswegs den Beruf, der ihm, als dem mächtigsten der protestantischen Fürsten Deutschlands, zum Schutze des protestantischen Glaubens oblag. Der Erbprinz von Hessen-Cassel

war zur katholischen Religion übergegangen; Friedrich verbürgte den
Ständen des Landes, in Gemeinschaft mit dem Könige von England, die
Erhaltung der evangelischen Landesreligion. Ebenso sicherte er den Würt=
tembergern den evangelischen Glauben ihrer künftigen Landesherren, als
der katholische Prinz Friedrich Eugen von Württemberg sich mit einer
Prinzessin von Brandenburg=Schwedt vermählte. Mit besonderem Eifer
nahm sich Friedrich der Protestanten von Ungarn an, die ihn, bereits im
Jahre 1743, um sein Fürwort gegen die Bedrückungen, welche sie da=
heim erdulden mußten, gebeten hatten. Schon damals hatte er eine nach=
drückliche Vorstellung nach Wien gesendet, in welcher er sich geradezu den
Protector der Protestanten nannte, die Königin auf die möglichen Fol=
gen ihres Verfahrens aufmerksam machte und selbst mit Repressalien
drohte, die er gegen die Katholiken Schlesiens gebrauchen würde. In
Wien aber hatte man diese Vorstellung nicht eben wohlwollend aufge=
nommen; man hatte es sogar geleugnet, daß in Ungarn Religions=Be=
schwerden vorhanden seien. Da solchergestalt die unmittelbaren Unter=
handlungen erfolglos blieben, jene Bedrückungen aber, nach dem zweiten
schlesischen Kriege, noch ärger wurden, auch eine Schrift des Bischofs
von Vesprim erschien, welche die Kaiserin offen zur Vertilgung der Ketzer
aufforderte, so sendete Friedrich, im Jahre 1751, dem Fürstbischofe von
Breslau ein sehr ernstliches Schreiben zu, damit dieser von geistlicher
Seite entgegen zu wirken suche. Das Schreiben ist voll des tiefsten Ge=
fühles; Friedrich spricht es deutlich aus, wie es ihm nur um die Freiheit
des Glaubens zu thun sei, indem er ja für die Ungarn, die im letzten
Kriege Feindseligkeiten genug gegen ihn ausgeübt, keine äußeren Ver=
bindlichkeiten habe; er läßt es durchblicken, wie wenig erfreut die katho=
lische Kirche sein dürfte, wenn einmal das Gegentheil eintrete und ein
katholisches Land durch einen protestantischen Fürsten auf gleiche Weise
geknechtet werde. Der Fürstbischof schickte das Schreiben an den Papst,
und dieser verordnete wenigstens, für die schlesische Kirche besorgt, die
Einziehung jener ärgerlichen Schrift des ungarischen Bischofs.

Durch das Verhältniß zu den ungarischen Protestanten und zu der
geringen Willfährigkeit des Wiener Hofes gegen seine Bitten erklärt sich
eine anziehende kleine Begebenheit, welche Friedrich herbeiführte, um
wirklich einmal eine Art von Repressalie ausüben zu können; aber sie

zeigt zugleich von der durchaus gemüthlichen Laune des großen Königs, der ihn vielmehr nur zu einer scherzhaften Drohung, als zu einer wirklichen Bedrückung seiner Unterthanen trieb. Es war im Jahre 1750. Der König begegnete in den Gärten von Potsdam einem jungen Manne von fremdartigem Aeußern, und fragte ihn, wer er sei. Dieser nannte sich als den Candidaten Hedheffi aus Ungarn; er sei reformirter Religion, habe in Frankfurt an der Oder Theologie studirt, und wünsche jetzt, ehe er in sein Vaterland heimkehre, noch die Residenz des Königs zu sehen. Friedrich ließ sich weiter in ein Gespräch mit ihm ein; die schnellen verständigen Antworten, die er erhielt, gefielen ihm so, daß er Jenem endlich den Antrag machte, in seinen Staaten zu bleiben, er wolle für sein Unterkommen sorgen. Der Candidat jedoch sah sich, seiner Familien=verhältnisse wegen, genöthigt, diesen gnädigen Antrag abzulehnen. Frie=drich sagte ihm nun, wenn er nicht bleiben könne, so möge er sich wenig=stens eine andere Gnade von ihm ausbitten. Der Candidat wußte nichts, was er von dem Könige von Preußen zu bitten hätte. „Kann ich Ihm denn gar keinen Gefallen thun?" wiederholte Friedrich. „Etwas könnten Ew. Majestät," fiel jetzt der Candidat ein, „doch für mich thun, wenn Sie die Gnade haben wollten. Ich habe mir verschiedene theologische und philosophische Bücher gekauft, die, meines Wissens, in Wien verboten sind; die wird man mir gewiß wegnehmen. Die Jesuiten haben die Revision der Bücher, und sind sehr streng. Wollten nun Ew. Majestät die Gnade für mich haben" — Der König unterbrach ihn schnell und sprach: „Nehm' Er seine Bücher nur in Gottes Namen mit, kauf' Er sich noch dazu, was Er denkt, daß in Wien recht verboten ist und was Er nur immer brauchen kann. Hört Er? Und wenn sie Ihm in Wien die Bücher wegnehmen wollen, so sag' Er nur, ich habe sie Ihm geschenkt. Darauf werden die Herren Patres wohl nicht viel achten, das schadet aber nichts. Laß Er sich die Bücher nur nehmen, geh' Er aber dann gleich zu meinem Gesandten und meld' Er sich bei ihm: erzähl' Er dem die ganze Geschichte und was ich Ihm gesagt habe. Hernach geh' Er in den vor=nehmsten Gasthof, und leb' Er recht kostbar. Er muß aber täglich wenigstens Einen Ducaten verzehren, und bleib' Er so lange, bis sie Ihm die Bücher wieder ins Haus schicken, das will ich schon machen. Hört Er? so mach' Er's, sie sollen Ihm seine Bücher in's Haus schicken, dafür

steh' ich ihm, verlaß Er sich auf mein Wort, aber einen Ducaten muß
er, wie gesagt, jeden Tag verzehren. Darauf befahl der König dem Can=
didaten zu warten, ging in das Schloß und kam kurz darauf mit einem
Papiere zurück, worauf die Worte standen: „Gut, um auf Unsere Kosten
in Wien zu bleiben. Friedrich." Der König befahl ihm, dieses Papier
dem Gesandten zu überbringen, ermahnte ihn noch einmal, in Wien nicht
zu sparen, versicherte ihn auch, er solle noch die beste Pfarre in Ungarn
erhalten, und wünschte ihm eine glückliche Reise. Es geschah, wie es
voraus zu sehen war; die Bücher des Candidaten wurden, unmittelbar
nach seiner Ankunft in Wien, von der dortigen Censur=Commission con=
fiscirt. Hedhessie wendete sich nun an den preußischen Gesandten; dieser
hatte bereits seine Instruction erhalten, ließ ihn in den besten Gasthof
führen und meldete den Stand der Dinge an den König. Alsbald ging
ein Befehl des Königs nach Breslau, die kostbare Bibliothek des dorti=
gen Jesuiter=Collegiums zu versiegeln und durch Wachen zu besetzen. Die
Jesuiten wurden im höchsten Grade bestürzt; da ihnen aber in Breslau
Niemand den Grund der königlichen Ungnade entdecken konnte, so ent=
schlossen sie sich, eine Deputation an den König nach Potsdam zu schicken.
Dort angekommen, hatten sie mehrere Wochen zu warten, ehe sie vorge=
lassen wurden. Als sie endlich zur Audienz gelangten, verwies sie Fried=
rich wegen dieser Angelegenheit an seinen Gesandten in Wien und bat
sie, ihn gleichzeitig ihren Collegen, den dortigen Bücher=Revisions=Com=
missarien, zu empfehlen. Sie gingen also unverrichteter Sache nach Breslau
zurück, und man sah sich genöthigt, eine neue Deputation nach Wien zu
schicken. Der Gesandte bedauerte, daß er ebenfalls keine Aufklärung
geben könne; doch sei ein junger Mann·am Orte, den hätten die Jesui=
ten in Wien einen Kasten mit Büchern weggenommen. Jetzt wußten die
Abgeordneten, was sie zu thun hatten; es verging kaum eine Stunde,
und Hedhessie war im Besitz seiner sämmtlichen Bücher. Ehe die Abge=
ordneten aber Wien verließen, hatten sie vorher auch noch die Gasthofs=
rechnung des Candidaten zu bezahlen. Nun eilten sie wieder zurück nach
Potsdam; der König empfing sie sehr gnädig und gab ihnen einen Ca=
binetsbefehl zur Wiedereröffnung ihrer Bibliothek. Der Pater Rector
aber empfing von Friedrich ein besondres Schreiben, des Inhalts: daß,
wenn Hedhessie, oder die Seinen, oder überhaupt die Reformirten in Ungarn

wegen dieser Sache beleidigt werden würden, und wenn der Candidat
nicht die beste Pfarre in Ungarn erhalte, das Jesuiter=Collegium zu
Breslau dafür einstehen müsse. Es geschah jedoch Alles nach des Königs
Wunsch. —

-    Durch die Ausführung großartiger Bauten sorgte Friedrich fort
und fort für den würdigen Schmuck seiner Residenzen. Aber er hatte
dabei nicht blos den Eindruck der Pracht und der künstlerischen Größe,
welchen das vollendete Gebäude auf das Auge des Beschauers hervor=
bringt, im Sinne; er schaffte durch diese Unternehmungen zugleich einer
Menge von Unterthanen Verdienst, er sorgte durch sie für den schnelleren
Umlauf des Geldes und gab den verschiedenen Handwerkern Gelegenheit
zu ihrer vollkommneren Ausbildung. Daher berührte es ihn auch, wenn
etwa ein unvorhergesehenes Unglück auf diese öffentlichen Anlagen ein=
brach, nicht besonders tief; die Wiederherstellung schaffte ihm nur neue
Gelegenheit, seinen Unterthanen die eben genannten Vortheile zufließen
zu lassen. So war es, als im Jahre 1747 im Charlottenburger Schlosse
ein Brand ausbrach; der ganze Hof war eben in diesem Schlosse anwe=
send; Alles drängte sich — es war zur Nachtzeit — in Verwirrung und
Entsetzen durcheinander; nur Friedrich ging ruhig gefaßt auf der Ter=
rasse vor dem Schlosse auf und ab: „Es ist ein Unglück," äußerte er,
„doch werden die Handwerker in Berlin etwas dabei verdienen." Er sorgte
nur, daß Niemand bei den Rettungs=Anstalten Schaden nahm. — So
war bereits im Jahre 1742 das Gebäude des königlichen Marstalls
unter den Linden zu Berlin, mit den kostbaren Sammlungen der Aka=
demie der Künste und der Wissenschaften, die sich in demselben Locale
befanden, ein Raub der Flammen geworden. An seiner Stelle erhob sich
bald ein neues, großes Gebäude, welches wiederum zu demselben Zwecke
bestimmt wurde. Andere Prachtbauten reihten sich in kurzer Frist diesem
Neubau an.

Des Opernhauses, welches Friedrich bald nach dem Antritt seiner
Regierung in Berlin ausführen ließ, ist schon früher gedacht worden.
Noch ein anderes bedeutendes Gebäude, das bald nach dem zweiten schlesi=
schen Kriege entstand, war ein sehr geräumiges Invalidenhaus. Dann
wurde, am Lustgarten zu Berlin, ein neuer Dom gebaut. Dieser wurde
im September 1750 eingeweiht. Der alte Dom hatte zum Erbbegräbniß

des regierenden Hauses gedient; auch der neue Dom erhielt dieselbe Be=
stimmung, und schon im Januar 1750 waren die Särge der entschlafe=
nen Mitglieder des Herrscherhauses in ihre neue Ruhestätte hinüberge=
führt worden. Friedrich war bei dieser feierlichen Beisetzung zugegen.
Als der Sarg des großen Kurfürsten gebracht wurde, ließ er ihn öffnen.
Der Kurfürst lag im vollen Staate da: im Kurmantel, mit der großen
Perrücke, die er in der späteren Zeit seines Lebens getragen hatte, mit
großer Halskrause, reichbesetzten Handschuhen und gelben Stiefeln; die
Züge des Gesichts waren noch ganz kenntlich. Friedrich betrachtete die
theure Leiche geraume Zeit mit tiefem Schweigen. Dann ergriff er die
Hand des Kurfürsten, Thränen rollten aus seinen Augen und begeistert
rief er seinem Gefolge zu: „Messieurs, der hat viel gethan!"

Auch außerhalb Berlins, namentlich in Potsdam, ließ Friedrich
mancherlei Gebäude auf seine Kosten ausführen. Die beiden Residenzen
verschönerte er zugleich durch eine ansehnliche Zahl bequemer Bürger=
häuser. Von dem Bau des Schlosses Sanssouci bei Potsdam wird im
Folgenden näher berichtet werden. Friedrich hat oft die Entwürfe zu
seinen Bauten selbst gefertigt, oft auch gaben ihm die Werke von Pal=
ladio, Piranesi und anderen Meistern die Ideen dazu; die Architekten
hatten unter dem königlichen Dilettanten keine ganz leichte Stellung.

Nicht minder eifrig war Friedrich für den Glanz der Schaubühne
bemüht. Oper und Ballet wurden, nach dem Geschmacke der Zeit, in
höchster Vollkommenheit ausgeführt und gaben dem öffentlichen Leben
Berlins ein eigen festliches Gepräge. Die vorzüglichsten Sänger, Sän=
gerinnen und Tänzerinnen berief Friedrich zum Schmuck seiner Bühne.
Unter diesen wurde besonders die Tänzerin Signora Barberina, bei der
sich körperliche Anmuth und feine geistige Bildung in seltenem Maße ver=
banden, hoch gefeiert, und auch der König unterließ es nicht, ihr seine
Huldigungen darzubringen. Nach der Oper pflegte er gern, wenn sie
getanzt hatte, in ihrem Cabinete den Thee einzunehmen; zuweilen auch
wurde sie von Friedrich selbst in vertrauter Gesellschaft zum Abendessen
eingeladen. Dies war eine ungewöhnliche Auszeichnung, da Friedrich
schon in dieser Zeit fast ausschließlich nur im Kreise der männlichen
Freunde verkehrte. Noch gegenwärtig sieht man in den königlichen Schlös=
sern von Berlin und Potsdam das Bildniß der anmuthigen Tänzerin,

von Pesne gemalt, mehrfach wiederholt; sie ist zumeist tanzend darge=
stellt; ein kleines Tigerfell, das sie über dem Reifrocke trägt, und die
Handpauke, die sie schwingt, bezeichnen dabei die Rolle der Bacchantin.
Selbst auf großen bildlichen Darstellungen, welche auf Friedrichs Befehl
gemalt wurden, kehren die Züge ihres Gesichts wieder. Signora Bar=
berina war im Jahre 1744 nach Berlin gekommen; 1749 heirathete
sie den Sohn des Großkanzlers; die Ehe wurde aber wieder getrennt,
und später, doch erst nach Friedrichs Tode, wurde sie in den preußischen
Grafenstand erhoben.

Friedrich widmete dem Theater eine ganz persönliche Theilnahme.
In den Proben war er oft gegenwärtig und nahm Theil an der Direc=
tion. Für die Oper hat er selbst mehrere Texte geschrieben, auch ver=
schiedene Musikstücke componirt. Dabei muß aber in Erinnerung gebracht
werden, daß die Bühne wesentlich eine Hofbühne war, und vorzüglich
dazu diente, die Pracht, die an den Hoffesten entfaltet wurde, zu erhöhen.
Mancherlei Berichte über die Anordnung dieser Hoffeste sind auf unsere
Zeit gekommen und versetzen uns lebhaft in das heitere Leben jener glück=
lichen Periode. Großen Ruf hat vornehmlich das Fest erlangt, welches
Friedrich seiner Schwester, der Erbprinzessin von Baireuth zu Ehren,
am 25. August 1750 veranstaltete. Es war ein Carousselreiten im Lust=
garten zu Berlin, bei Nacht, während der ganze Platz, der von Schau=
gerüsten umfaßt war, durch ein unzähliges Lampenmeer erhellt wurde.
Vier Ritterschaaren, deren von Gold, Silber und Steinen funkelnde Co=
stüme die Nationen der Römer, Karthager, Griechen und Perser vorstell=
ten und die von vier Prinzen des königlichen Hauses geführt wurden,
kamen unter Fackelschein gezogen und begannen den Wettkampf im Ring=
stechen; die Prinzessin Amalie, eine jüngere Schwester Friedrichs, ver=
theilte die Preise. Alles war von diesem glänzenden Feste entzückt;
Voltaire, der sich damals in Berlin aufhielt, improvisirte auf der Stelle
die zierlichsten Verse zur Verherrlichung der Kämpfer und der Preisver=
theilerin; und auch Friedrich fand sich so befriedigt, daß er einige Tage
darauf eine Wiederholung des Festes bei Tagesbeleuchtung anordnete.

In demselben Jahre, in welchem das eben genannte Fest Statt
fand, erfreute sich Berlin noch eines andern seltenen Schauspieles. Ein
tatarischer Aga erschien als Abgesandter des Chans der krimischen

11*

Tataren und seines Bruders, des Sultans von Budziak, dem preußischen
Könige, dessen Ruhm nunmehr schon bis zu den fernen Völkerschaften der
Erde gedrungen war, ein Zeugniß huldigender Ehrfurcht darzubringen.—

Von allem, was unter Friedrichs Regierung in der Verwaltung
des Landes, in den Angelegenheiten des Heeres, in den Elementen geistiger
Bildung, in den Dingen, die zum Schmucke des öffentlichen Lebens ge=
hören, geschah, war er die Seele, er die bewegende Ursache, die leitende
Kraft. Darauf ist schon früher hingedeutet worden; hier muß das Ver=
hältniß noch einmal näher berührt werden. Die Einrichtung seiner Re=
gierung war streng monarchisch; so hatte er dieselbe bereits von seinem
Vater überkommen, so behielt er sie bei; aber er befestigte sie mit einer
Energie, die allein bei einem so überlegenen Geiste gefunden werden konnte.
An die Stelle der Stände, welche früher dem Regenten berathend zur
Seite standen, waren jetzt Beamte getreten, die nur zur Ausführung des
königlichen Willens dienten. Jede Angelegenheit des Staates wurde un=
mittelbar vor die Augen des Königs gebracht; einsam in seinem Cabinete
faßte er den Entschluß und ertheilte auf Alles und Jedes seinen eigenen
selbständigen Bescheid. Die Cabinetsräthe dienten dazu, diese Dinge dem
Könige vorzulegen und seinen Willen zu vernehmen; die Minister hatten
nur das Geschäft der Ausführung, je nach der besonderen Abtheilung der
Staatsverwaltung, welcher sie vorstanden. Friedrich wurde dabei von dem
Gefühl seiner persönlichen Ueberlegenheit geleitet; aber er hatte den ernst=
lichen Willen, einzig und allein für das Wohl seines Volkes zu sorgen.
Keinem, auch dem Geringsten nicht, war es versagt, sich vertrauensvoll
an den Vater des Vaterlands zu wenden; Keiner, falls nicht etwa ganz
Verkehrtes vorgebracht wurde, hatte eine Mißachtung des Gesuches zu
befürchten. Friedrich betrachtete den Staat als eine künstlich zusammen=
gesetzte Maschine, in der Jeder an der Stelle, auf die ihn das Schicksal
geführt, für das Wohl des Ganzen zu sorgen habe; in seiner Hand sah
er die Fäden zusammenlaufen, durch welche das Ganze angemessen und
im Einklange bewegt wird. Er wußte Alles, er kannte Alles, und ein un=
geheures Gedächtniß bewahrte ihn — soweit menschliches Vermögen zu
bewahren ist — vor der Gefahr, Einrichtungen zu treffen, die mit dem
einmal festgesetzten Organismus des Staates, wenn auch nur in unter=
geordneten Beziehungen, in Widerspruch gestanden hätten.

Manche charakteristische Züge sind uns erhalten geblieben, die von der Weise, wie er das Ganze im Einzelnen zu beherrschen vermochte, wie er alle einzelnen Zustände mit scharfer Aufmerksamkeit verfolgte, wie er unverrückt nur die Sorge für das Wohl seines Volkes im Auge behielt, Zeugniß geben. Statt vieler, stehe hier nur ein einziger Zug, der, so unbedeutend er erscheint, doch vorzüglich geeignet ist, sein sicheres Eingehen auf die Verwaltungs=Angelegenheiten und die Art seiner Gesinnung zu vergegenwärtigen. Es ward ihm einst die Bestätigung der Wahl eines Landrathes zur Unterschrift vorgelegt. Bei dem Namen des Vorgeschlagenen stutzte er, und verlangte den Minister zu sprechen. Er äußerte sich ungehalten über die Wahl, während der Minister dieselbe zu rechtfertigen und die löblichen Eigenschaften des Gewählten zu entwickeln suchte. Friedrich jedoch ließ sich nicht irre machen. Er befahl, ein besonderes Actenstück aus dem Kammergericht herbeizuholen, und schlug eine darin enthaltene Verhandlung auf. „Seh' Er her," sprach er nun zu dem Minister; „dieser Mann hat mit seiner leiblichen Mutter um einige Hufen Ackers einen weitläufigen Proceß geführt, und sie hat um eine solche Lumperei auf ihrem letzten Krankenlager noch einen Eid schwören müssen. Wie kann ich von einem Menschen mit solchem Herzen erwarten, daß er für das Beste meiner Unterthanen sorgen wird? Daraus wird nichts, man mag einen andern wählen!"

Eine solche ganz außerordentliche Thätigkeit aber, der sich zugleich noch die mannigfachsten künstlerischen und wissenschaftlichen Beschäftigungen anschlossen, machte Friedrich nur dadurch möglich, daß er seine Zeit mit der gewissenhaftesten Genauigkeit eintheilte, daß er für jedes Geschäft und für jede Erholung eine bestimmte Stunde hatte. Auf seinem Schreibtische lag ein Kalender, in dem alle feststehenden Geschäfte verzeichnet waren. Seine Tageseintheilung war unverrückt dieselbe. Seine Natur bedurfte nur wenig Schlaf; mit dem frühesten Morgen begann seine Arbeit. Der Vormittag war ganz dem Staatsdienste in seinen verschiedenen Arten gewidmet, während der größere Theil des Nachmittags und der Abend dem Genusse der Kunst und Wissenschaft diente. Eigenthümlich ist es, daß er gewisse Pausen, die er zwischen den Berufs=Arbeiten festgesetzt hatte, in der Regel durch Flötenspiel ausfüllte. Er ging dann meist, längere oder kürzere Zeit, phantasirend im Zimmer umher. Zu einem Freunde äußerte er einst, daß er während dieses Phantasirens oft allerlei Sachen überlege und nicht daran denke, was er blase; daß ihm während desselben schon die glücklichsten Gedanken, selbst über Geschäfte eingefallen seien. Die Kunst war es also, die, wenn auch ihm selbst unbewußt, sein Gemüth frei machte und seinen Geist in seiner selbständigen Kraft stärkte.

Auf gleiche Weise, wie der Tag, hatte auch das Jahr für Friedrich seine bestimmte Eintheilung. Die Hauptabschnitte machten hierin die Rei= sen, die er zur Besichtigung der Truppen nach den verschiedenen Provinzen unternahm. Diese Reisen verbreiteten besonderen Segen über alle Theile seines Reiches; denn nicht allein nach den Truppen sah er, sondern auch nach Allem, was die Verwaltung und das ganze Wohl des Landes anbe= traf. So schnell er zu reisen pflegte, so hatte er doch Zeit genug, um an jedem Ruhepunkte die höheren oder niederen Beamten, die sich auf aus= drücklichen Befehl daselbst versammeln, ihn auch zuweilen eine Strecke lang begleiten mußten, zu sprechen, mit ihnen Verabredungen zu treffen, Bittschriften entgegenzunehmen, und, wenn möglich, auch sogleich zu be= antworten. Auch Geschäftsmänner und Kaufleute sah er bei diesen Gele= genheiten gern um sich und ging mit ihnen theilnehmend in alle besonderen Verhältnisse der Provinzen ein. Im schlesischen Gebirge sagte er einst den Abgeordneten des Handelsstandes die ermuthigenden Worte: „Wenden Sie sich nur an mich: ich bin Ihr erster Minister!" — Dabei war auch die Zeit, die er im Wagen zubringen mußte, für ihn nicht verloren. War auf dem Wege nichts, was seine Aufmerksamkeit in Anspruch nahm, so hatte er Bücher bei sich, mit deren Lectüre er sich beschäftigte; und waren die Stöße des Wagens zu störend, — denn Kunststraßen hat er nicht ausführen lassen, so recitirte er sich Stellen seiner Lieblingsdichter, davon er Vieles im Gedächtniß bewahrte.

Zweiundzwanzigstes Kapitel.
Der Philosoph von Sanssouci.

Bereits vor dem Ausmarsche in den zweiten schlesischen Krieg hatte Friedrich, von der Armuth der Potsdamer Gegend gefesselt, die Anlage des sogenannten „Lustschlosses im königlichen Weinberge" bei Potsdam befohlen. Der Plan zu der ganzen Anlage war von ihm selbst entworfen; auch hat sich dieser Entwurf bis auf unsere Zeit erhalten. Der Berghang wurde zu sechs mächtigen Terrassen umgestaltet; zu dem Lustschlosse, welches die Bekrönung der Terrassen bildet, wurde im April 1745 der Grundstein gelegt und dasselbe in zwei Jahren vollendet. Knobelsdorff führte die Leitung des Baues, der einfach, nur aus Einem Geschosse bestehend, auf=geführt wurde. Nach der Vollendung erhielt das Gebäude den Namen „Sanssouci." Unmittelbar darauf wurde es von Friedrich bezogen, und es blieb bis an seinen Tod das Asyl, in dem er sich ungestört der gesel=ligen Erholung und der reichen Einsamkeit seines Geistes erfreuen durfte. Alles, was den Menschen in Friedrich anbetrifft, ist fortan eng mit dem Namen Sanssouci verknüpft. Alle freundschaftlichen Briefe, die er hier schrieb, sind mit diesem Namen bezeichnet, während unter den geschäft=lichen Schreiben stets der Name der Stadt steht. Auf den literarischen Werken, die von ihm bei seinen Lebzeiten dem Drucke übergeben wurden, nennt er sich den „Philosophen von Sanssouci." Der Aufenthalt zu Sanssouci wurde dem zu Rheinsberg ähnlich, nur mit dem Unterschiede, daß natürlich jene jugendlich unbefangene Heiterkeit nicht ganz wieder=kehren konnte. Rheinsberg, welches der Residenz zu entlegen war, als daß es fortan der Aufenthaltsort eines Königs sein konnte, hatte Prinz Heinrich, Friedrichs jüngerer Bruder, zum Geschenk erhalten.

Friedrich verknüpfte mit dem Namen Sanssouci eine geheime, tiefere Bedeutung. Er hatte sich zur Seite des Schlosses, noch ehe dessen Grund gelegt war, eine Gruft bauen lassen, welche dereinst seine irdischen Reste aufnehmen solle. Sie wurde mit Marmor überkleidet und ihr Zweck durch die Bildsäule einer Flora, welche darauf lagerte, spielend verhüllt. Diese Gruft, deren Dasein Niemand ahnen konnte, war eigentlich mit jenem Namen gemeint. Mit einem Freunde sprach er einst davon und sagte, auf die Gruft deutend: „Quand je serai là, je serai *sans souci!*" (Wenn ich dort bin, werde ich o h n e S o r g e sein!) Aus dem Fenster seines Studirzimmers hatte er täglich das Bild der Blumengöttin, der Hüterin seines Grabes, vor Augen.

An die Geschichte der Anlagen von Sanssouci knüpfen sich mehrere Anekdoten, die wohl geeignet sind, die Charaktergröße des seltenen Königs

wiederum in eigenthümlichem Lichte zu zeigen. Bekannt ist es, daß nicht
weit von der einen Seite des Schlosses eine Windmühle steht, deren Platz
Friedrich gern mit in die Gartenanlagen hineingezogen hätte. Friedrich,
so wird erzählt, ließ den Müller zu sich kommen und forderte ihn auf, die
Mühle ihm zu verkaufen. Jener aber hatte sie von seinem Vater geerbt
und wünschte sie auch auf seine Kinder zu bringen. Der König versprach
ihm nun, ihm eine bessere Mühle anderwärts zu bauen, ihm Wasserlauf
und Alles frei zu geben, auch noch die Summe, die er für seine Mühle
fordern würde, baar auszahlen zu lassen. Aber der Müller bestand hart=
näckig auf seinem Vorsatze. Jetzt ward Friedrich verdrießlich. „Weiß Er
wohl," so sprach er drohend, „daß ich Ihm Seine Mühle nehmen kann,
ohne einen Groschen dafür zu geben?" — „Ja, Ew. Majestät," erwiederte
der Müller, „wenn das Kammergericht zu Berlin nicht wäre!" Auf diese
Worte stand Friedrich von seinem Begehren ab und änderte den Plan
seines Gartens. Noch heut erheben sich die Flügel der Mühle über das
königliche Schloß, die Unterwerfung des Königs unter das Gesetz bezeu=
gend. — Ziemlich ähnlich lauten die anderen Anekdoten.

In Sanssouci vereinigte Friedrich den Kreis der Männer um sich,
denen er sein näheres freundschaftliches Vertrauen schenkte. Denjenigen,
die ihm aus der schönen Rheinsberger Zeit geblieben waren, wußte er
bald neue Freunde zuzugesellen. Unter den Letzteren ist besonders der
Marquis d'Argens zu erwähnen, der von provençalischer Geburt, in der
Heimat wegen seiner freien Gesinnung nur Verfolgungen erlitten hatte,
hier aber ein sicheres Asyl fand; die Anmuth seines Benehmens, die feine
Bildung seines Geistes, vor Allem aber die treue, anspruchlose Hingebung
an den König machten ihn diesem bald so werth, daß er nachmals die
Stelle in Friedrichs Herzen einnahm, die früher Jordan besessen hatte.
Durch gleiche Treue war Friedrichs literarischer Secretair Darget ausge=
zeichnet. Als einer der alten Freunde ist hier noch der Baron Pöllnitz zu
erwähnen, der schon unter König Friedrich I. gedient und sich durch viel=
seitige Kenntnisse, besonders aber durch eine unerschöpfliche gesellige Laune
empfohlen hatte, obgleich der Leichtsinn und die Unbeständigkeit seines
Charakters ihn stets daran hinderten, Friedrichs näheres Vertrauen zu
gewinnen. Im Frühjahr 1744 hatte er sich sogar, durch sehr unüber=
legte Handlungen, den völligen Verlust der königlichen Gnade zugezogen

und konnte dieselbe nur dadurch wiedergewinnen, daß er sich auf strenge
Bedingungen förmlich unterwarf. Die letzteren lauteten dahin, daß er
mit keinem Gesandten verkehre, daß er die Freuden der königlichen Tisch=
gesellschaft nie wieder verderbe, und daß öffentlich in Berlin verboten
würde, ihm, bei hundert Ducaten Strafe, auch nur das Geringste zu
leihen. Pöllnitz war eine Art lustigen Raths; ziemlich in gleicher Eigen=
schaft figurirte in Sanssouci der französische Arzt de la Métrie.

Die militairischen Freunde des Königs gehören ebenfalls in diesen
Kreis. Dabei ist jedoch zu bemerken, daß keiner von ihnen es wagen
durfte, seine dienstliche Stellung mit dieser freundschaftlichen zu verwech=
seln. Was sie im Dienst versehen hatten, wurde mit voller Strenge gerügt;
aber dafür that auch eine solche Rüge dem freundschaftlichen Verhältnisse
keinen Abbruch. Winterfeld genoß das nächste Vertrauen des Königs;
als dessen General=Adjutant war er indeß fast ganz dem Geschäftsleben
hingegeben. Graf Rothenburg, der in der Schlacht von Czaslau schwere
Wunden davon getragen hatte, wurde Friedrich ein zweiter Keyserling.
Aber auch er starb früh, und sein Tod machte dem Könige alle die Schmerzen
lebendig, die er beim Tode des ersten Lieblings empfunden hatte. Friedrich
selbst bewies ihm in der letzten Krankheit die innigste Theilnahme. Es
war im December 1751, als man ihm meldete, daß der Graf im Ster=
ben liege. Halb angekleidet eilte Friedrich über die Straße in die Woh=
nung des Freundes. Er fand den Arzt bei ihm: dieser zuckte mit den
Achseln, dem Könige stürzten die Thränen aus den Augen, und als man,
als letztes Rettungsmittel, dem Grafen eine Ader schlug, hielt er den
Teller, um das Blut aufzufangen. Da dieser Aderlaß die gehoffte Wir=
kung nicht that, so verließ er den Sterbenden im tiefsten Schmerze; nach
seinem Tode verschloß er sich mehrere Tage vor aller Gesellschaft.

Dem Obersten Forcade, der in der Schlacht von Soor am Fuße
verwundet wurde, erwies Friedrich für seine Verdienste wiederholte Gna=
denbezeigungen. Bei einer Cour auf dem Berliner Schlosse, als Forcade
seinen Dank abzustatten kam und sich seines leidenden Fußes wegen an
das Fenster lehnte, brachte ihm Friedrich selbst einen Stuhl und sagte:
„Mein lieber Oberst v. Forcade, ein so braver und würdiger Mann als
Er ist, verdient sehr wohl, daß auch der König selbst ihm einen Stuhl
bringt."

Einen vorzüglichen Werth legte Friedrich auf die Erwerbung zweier Männer, die ein gleicher Gewinn für sein Herz wie für seinen Staat wurden. Dies waren die Gebrüder Keith aus Schottland, die als Anhänger der Stuarts ihr Vaterland meiden mußten. Der jüngere, Jakob Keith, kam zuerst zu Friedrich und erhielt sogleich die preußische Feldmarschallswürde. Der ältere Georg Keith, Erbmarschall von Schottland und deshalb gewöhnlich nur Lord-Marschall genannt, kam später und war einer der Wenigen, welche das Geschick für die späteren Tage des Königs erhielt.

Auch den alten Feldmarschall Schwerin, der im zweiten schlesischen Kriege seinen Abschied genommen hatte, wußte sich Friedrich wieder zu gewinnen. Er that die ersten Schritte zur Versöhnung und lud Schwerin zu sich ein. Dieser gehorchte dem Befehle. Als er im Schloß angekommen war und im Vorzimmer vernommen hatte, daß Friedrich wohlgelaunt sei, ließ er sich durch den Kammerhusaren, der den König bediente, melden. Der Husar erhielt keine Antwort auf seine Meldung; Friedrich ergriff statt dessen seine Flöte und ging phantasirend eine Viertelstunde im Zimmer auf und nieder. Endlich legte er die Flöte bei Seite, steckte den Degen an und befahl, den Feldmarschall vorzulassen. Dies geschah, der König empfing ihn mit gnädigem Gruße und deutete dem Diener durch einen Wink an, das Zimmer zu verlassen. Im Vorzimmer hörte der Kammerhusar nun, wie das Gespräch zwischen dem Könige und Schwerin immer lauter wurde, und endlich so heftig, daß ihm anfing, bange zu werden. Bald aber legte sich der Sturm, die Unterredung wurde immer ruhiger und endlich ganz leise. Dann öffnete sich die Thür, Schwerin verneigte sich mit einer heitern, zufriedenen Miene gegen den König, und dieser sagte mit gütigem Tone: „Ew. Excellenz essen zu Mittag bei mir." Fortan war das gute Vernehmen zwischen den beiden großen Männern wieder hergestellt. Was in jener Stunde gesprochen wurde, hat nie ein Dritter erfahren.

Mit dem größten Enthusiasmus aber wurde von Friedrich derjenige Mann aufgenommen, der ihn unablässig, wie kein Zweiter, anzog, dessen Geist allein ihm zu genügen vermochte, und den er schon oft vergeblich ganz für sich zu gewinnen versucht hatte — Voltaire. Noch im Jahre 1749 hatte Friedrich dem französischen Dichter geschrieben: „Sie sind

wie der weiße Elephant, dessetwegen der Schah von Persien und der
Großmogul Krieg führen, und dessen Besitz, wenn sie glücklich genug
gewesen sind, ihn erlangt zu haben, einen von ihren Titeln bildet. Wenn
Sie hieher kommen, sollen Sie an der Spitze des meinigen stehen;
Friedrich von Gottes Gnaden, König von Preußen, Kurfürst von Bran=
denburg, Besitzer von Voltaire ꝛc. ꝛc." Da zerrissen plötzlich die Bande,
die ihn an seine Heimat gefesselt hatten, und er folgte dem jahrelangen
Anbringen des Königs. Am 10. Juli 1750 traf er in Sanssouci ein,
um fortan bei Friedrich zu bleiben. Er erhielt den goldenen Schlüssel
der Kammerherren, den Verdienstorden und ein bedeutendes Jahrgehalt,
welches sich bald bis auf die Summe von 5000 Thalern steigerte. Friedrich
bewies ihm die entschiedenste Huldigung; Prinzen, Feldmarschälle, Staats=
minister beeiferten sich, ihm ihre Aufwartung zu machen.

Voltaire's Gegenwart brachte in der That einen Reiz in das Leben
von Sanssouci, der Alles zu schnellerer Bewegung, zu vollerer Aeußerung
der Kräfte mit fortriß. Jeder war bedacht, sich ganz zusammenzunehmen,
um der scharfen Ueberlegenheit des Dichters entgegentreten zu können.
Alles beschäftigte sich mit Wissenschaft und Poesie; die Prinzen und Prin=
zessinnen suchten in der Darstellung der Tragödien, zu denen man jetzt
unverzüglich schritt, den Anforderungen des Meisters zu genügen. Dabei
blieb in dem engen Kreise aller Zwang, alles Ceremoniel verbannt.
Voltaire fand vollkommene Muße zur Vollendung seiner Arbeiten, die er
in Frankreich, wo das Wort nicht frei war, hatte liegen lassen müssen.
Er konnte sein Leben gestalten, wie er wollte; nur die Abendmahlzeit
pflegte den Geist der Vertrauten zum heitersten Genusse zu vereinen. Hier
war Alles Witz und Geist, und Voltaire und Friedrich standen einander
als die Herrscher im Reiche des Geistes gegenüber.

Daß Voltaire nicht der Mann des Gemüthes, daß sein Charakter
nicht frei von Flecken war, hatte Friedrich schon früher erkannt, aber er
hatte ihn auch nicht berufen, um an ihm einen eigentlichen Freund zu ge=
winnen. Er wollte einen Gesellschafter an ihm haben, der seiner eigenen
geistigen Kraft genüge, einen Lehrer, der ihn in seinen wissenschaftlichen
Bestrebungen unterstütze, dem er seine Arbeiten zur Kritik, zur Vollendung
der Form anvertrauen könne. Dies gewährte ihm Voltaire bereitwillig,
und so wurde auch Friedrich durch seine unmittelbare Nähe wesentlich

gefördert. Manche bedeutende literarische Arbeiten hatte Friedrich seit dem
Frieden in rascher Thätigkeit verfaßt; diese wurden nun vollendet, und wieder andere reihten sich ihnen an. Den zweiten Theil der Geschichte seiner
Zeit, welcher den zweiten schlesischen Krieg enthält, hatte Friedrich schon im
Jahre 1746 geschrieben. Im folgenden Jahre hatte er seine Memoiren zur
Geschichte des brandenburgischen Hauses (die Geschichte seiner Vorgänger)
begonnen, deren einzelne Abschnitte in der Akademie vorgelesen, auch in
den Schriften der Akademie gedruckt wurden; vollendet und in einer selbst=
ständigen Prachtausgabe erschien dieses Werk im Jahre 1751. Auch ver=
schiedene Gedächtnißreden, auf seine Freunde und andere Männer von
Verdienst, hatte er für die Akademie verfaßt. Dann war eine Reihe von
Gedichten mannigfacher Art entstanden, Oden, gereimte Briefe, ein Lehr=
gedicht über die Kriegskunst, ein komisches Epos unter dem Namen „das
Palladium" u. s. w. Diese wurden im Jahre 1750, unter dem Titel
der „Werke des Philosophen von Sanssouci" in einer Prachtausgabe
gedruckt. Voltaire leistete dabei hilfreichen Beistand. Doch waren diese
Arbeiten, und ganz besonders die Gedichte, blos für die nächsten Freunde
bestimmt, und es wurden nur wenig Exemplare, unter sorgfältiger
Controle der Empfänger ausgegeben. Friedrich hatte dafür eine eigene
Druckerei in dem Thurme des Berliner Schlosses eingerichtet: daher
führen diese Werke auf ihrem Titel die Ortsangabe: „Im Schloßthurme."
(Au Donjon du Château.) Auf dem Titel der Gedichte steht außerdem
noch: „Mit dem Privilegium Apollo's."

Neben der Literatur diente zugleich, wie in früherer Zeit, die Musik
zur Erheiterung der Mußestunden. Die Stunde vor dem Abendessen
wurde in der Regel durch Concerte ausgefüllt, in denen Friedrich sein
Lieblingsinstrument, die Flöte, übte. Zur bestimmten Stunde trat er, die
Noten unter dem Arme, in das Concertzimmer und vertheilte die Stim=
men, legte sie auch wohl selbst auf die Pulte. Er blies übrigens nur
Concerte, die Quantz, — der seit seinem Regierungsantritt in seine Ca=
pelle eingetreten war, — für ihn gemacht hatte, oder Stücke seiner eigenen
Composition. Allgemein bewunderte man den tiefen, rührenden Ausdruck,
mit welchem er das Adagio vorzutragen wußte. In seinen Compositionen
fand man eine Beobachtung des strengen Satzes, die eine für einen Dilet=
tanten seltene musikalische Bildung zu erkennen gab; doch folgte er diesen

strengen Schulregeln nicht so blind, daß er dadurch den freien Ausdruck
seiner Phantasie hätte verkümmern lassen. Merkwürdig und seiner Zeit
fast vorgreifend ist es, daß er selbst das Recitativ in die Instrumental-
Composition auf eine Weise einzuführen wagte, welche zu ganz eigenthümlichen Erfolgen führte. Einst blies er ein solches Recitativ, worin der
Ausdruck des Flehens vorzüglich gelungen war. „Ich habe mir dabei,“ so
erklärte er seine Absicht, „Coriolans Mutter gedacht, wie sie auf den
Knieen ihren Sohn um Schonung und um den Frieden für Rom bittet.“

Der alte Lehrmeister, Quantz, genoß bei diesen Concerten besondere
Vorrechte, die er geschickt in Anwendung zu bringen wußte. Er allein
durfte dem Könige sein Bravo zurufen, was sonst nicht leicht ein Anderer
von den Musikern wagte. Zu tadeln wagte er zwar nicht ohne Aufforderung; doch sparte er in solchem Fall den Bravoruf, äußerte sich auch
anderweitig vernehmbar genug. So spielte Friedrich einst ein neues Stück
von seiner eigenen Composition, in welchem einige fehlerhafte Stellen vor-
kamen. Quantz räusperte sich dabei ziemlich laut. Friedrich merkte die
Absicht, schwieg jedoch still und fragte ein paar Tage darauf einen andern
Musiker um seine Meinung über jene Stellen. Dieser wies ihm den
Fehler nach, und Friedrich berichtigte denselben, indem er sagte: „Wir
müssen doch Quantz keinen Katarrh zuziehen!“

So vereinigten sich in Sanssouci alle Elemente zum anmuthvollsten geistigen Genusse. Doch sollte das schöne Zusammenwirken der verschiedenartigen Kräfte für einige Zeit widerwärtig gestört werden, und es
mußte diese Störung Friedrich um so empfindlicher fallen, als sie von
Demjenigen ausging, der gerade als die Sonne aller geistigen Bestrebungen dastand. Voltaire war es, der durch den Glanz der Stellung,
welche Friedrich ihm eingeräumt, geblendet ward und es vergaß, was er
seinem königlichen Gönner und was er seiner eigenen Würde schuldig sei.
Was ihm in so überschwenglichem Maße zu Theil wurde, reizte ihn statt ihn
zu befriedigen, nur zu immer heftigerem Durste; seine Stellung sollte ihm
blos dazu dienen, um alle Nebenbuhler im Bereiche des Wissens zu unterdrücken, um seine Einkünfte auf beliebige Weise zu vergrößern, um eine
politische Bedeutsamkeit zu erreichen. Er selbst hatte dem Könige früher
einen jungen französischen Belletristen, d'Arnaud, zur Unterstützung in
seinen literarischen Arbeiten empfohlen, und dieser war von Friedrich mit

ben schmeichelhaftesten Versen eingeladen worden.   Diese Verse schienen
Voltaire's Ruhm zu nahe zu treten, und da ihm überdies, seit er selbst
nach Sanssouci gekommen, der junge Dichter im Wege war, so brachte er
es dahin, daß derselbe in Kurzem weggeschickt wurde. Größere Eifersucht
flößte ihm der gelehrte Naturforscher Maupertuis ein, den Friedrich gleich=
falls auf seine Empfehlung zum Präsidenten der neugegründeten Akademie
berufen hatte; es entspann sich zwischen Beiden bald eine bittere Feind=
schaft; die nur des Anstoßes bedurfte, um öffentlich hervorzubrechen. Ein
ekelhafter Proceß, in den Voltaire mit einem jüdischen Kaufmann ver=
wickelt wurde, stellte gleichzeitig seine Rechtlichkeit in ein zweifelhaftes Licht.
Der Jude verklagte Voltaire, daß er ihn mit unechten Steinen übervor=
theilt habe; der richterliche Spruch fiel zwar zu des Letzteren Gunsten aus,
doch zog ihm die ganze Angelegenheit eine üble Nachrede zu.   Noch ver=
derblicher war es für seinen Ruf, daß er sich unterfing, gegen das aus=
drückliche Edict des Königs sächsische Steuerscheine in Leipzig zu geringen
Preisen aufkaufen zu lassen, um nachher als preußischer Unterthan (einem
besonderen Artikel des Dresdner Friedens zu Folge) volle Bezahlung
dafür zu erhalten.   Endlich nahm er auch keinen Anstand, mit fremden
Gesandten auf eine Weise zu verkehren, die Friedrich für seinen literarischen
Genossen wenig schicklich erachtete.   Alles das bemerkte Friedrich mit
steigendem Unwillen; er sendete dem Dichter ernstliche Rügen über sein
ganzes Benehmen zu, und das schöne Verhältniß schien in kurzer Frist
seiner Auflösung nahe. Voltaire dagegen wollte sich auch im Rechte wissen;
er erkannte es sehr wohl, daß Friedrich an ihm eben nichts als seine Kunst
werth hielt.   „Ich werde ihn höchstens noch ein Jahr nöthig haben; man
drückt die Orange aus und wirft die Schale fort," — so sollte sich Friedrich
gegen einen Vertrauten über ihn geäußert haben. Den Verlust von Fried=
richs Gnade wollte er nur einem verläumderischen Worte Maupertuis'
zuschreiben.   Dieser sollte nämlich ausgesprengt haben, ein General aus
Friedrichs Umgebung sei einst bei ihm (Voltaire) gewesen, um sich ein
eben vollendetes Manuscript durchsehen zu lassen, da habe ein Läufer
ein Gedicht des Königs gebracht, und Voltaire habe den General mit
den Worten abgefertigt: „Mein Freund, ein anderes Mal!   Da schickt
mir der König seine schmutzige Wäsche zu waschen, ich will die Ihrige
nachher waschen."

Trotz aller dieser Ursachen zur Mißstimmung konnten die beiden großen Geister indeß noch immer nicht von einander lassen. Nur im Andern fand Jeder sich ergänzt, und die Vorwürfe machten wieder der schmeichelhaftesten Anerkennung Platz. Für Friedrich namentlich stand der Dichter noch zu hoch, als daß er dem Menschen nicht nachsichtig seine bisherigen Thorheiten verziehen hätte. Das beweist vornehmlich eine Ode, die er ihm gerade in dieser Zeit widmete und in der er ihn über sein herannahendes Alter durch die Hinweisung auf seinen immer steigenden Dichterruhm zu trösten suchte. Die Ode schließt mit den glänzenden Worten:

> Welch' eine Zukunft wartet Dein, o Meister,
> Wenn Deine Seele drang in's Land der Geister: —
> Zu Deinen Füßen sieh' die Nachwelt hier!
> 　　Die eilenden Stunden
> 　　Im Voraus bekunden
> 　　Unsterblichkeit Dir!

Aber schon war Neues hinzugetreten, den Bruch zu erweitern und unheilbar zu machen. Maupertuis hatte in einer gelehrten Schrift ein neues Naturgesetz aufgestellt; ein anderer Gelehrter erklärte, daß dasselbe schon vor geraumer Zeit von Leibnitz ausgesprochen sei; der Streit wurde lebhaft, und die Berliner Akademie nahm sehr entschieden die Partei ihres Präsidenten. Diese Gelegenheit dünkte Voltaire günstig genug, um seinem Nebenbuhler einen empfindlichen Stoß zu geben; er schrieb anonym den Brief eines Akademikers von Berlin, der sehr geeignet war, Maupertuis lächerlich zu machen. Friedrich indeß war nicht gewillt, den Präsidenten seiner Akademie verspottet zu sehen, und es erschien von seiner Hand, als Gegen= schrift, aber gleichfalls anonym, ein zweiter Brief eines Akademikers, in welchem der Verfasser des ersten sehr ernsthaft zurecht gewiesen wurde. Aber eine andere Schrift von Maupertuis, die bedenklichere Blößen ent= hielt, gab bald Gelegenheit zu einer neuen, ungleich beißenderen Satire von Voltaire's Hand, der „Geschichte des Doctor Akakia" ꝛc. Friedrich hatte dieses Product im Manuscripte gelesen; der beißende Witz hatte ihm Vergnügen gemacht, aber er hatte verlangt, daß das Werk ungedruckt bleibe. Voltaire versprach es; — in Kurzem jedoch erschien dasselbe, zum großen Jubel der Feinde des Präsidenten, gedruckt in Dresden. Friedrich war hierüber, obgleich Voltaire seine Schuld an diesem Ereigniß leugnete, im höchsten Grade entrüstet und der Dichter sah sich, um nicht alle Gnade des Königs zu verlieren, schmachvoll zur der Unterschrift eines Reverses genöthigt, in welchem er fortan eine schicklichere Aufführung geloben mußte. Damit war aber die Gelegenheit nicht beendet. Aus seinem eigenen Fenster, es war am 24. December 1752, mußte er es mit ansehen, wie der Akakia auf öffentlicher Straße durch die Hand des Henkers verbrannt wurde.

Auf so unerhörte Schmach war Voltaire nicht gefaßt gewesen. Er packte sein Pensionspatent, den Orden, den goldnen Schlüssel zusammen und sendete sie unverzüglich an Friedrich zurück. Auf den Umschlag des Pakets hatte er die Verse geschrieben:

> Die ich empfangen, zart beglückt,
> Ich sende sie zurück mit Schmerzen:
> So wie ein Liebender mit tief zerrissnem Herzen,
> Zurück das Bildniß der Geliebten schickt!

Ein Brief, der dem Paket bald nachfolgte, sprach unverholen und erschütternd die Gefühle der tiefsten Kränkung, der gänzlichen Trostlosigkeit aus. Dieser Brief verfehlte seine Wirkung nicht. Noch an demselben Tage erhielt Voltaire die Zeichen der königlichen Gnade wieder, und es wurde noch einmal der Versuch gemacht, das alte Verhältniß wieder herzustellen.

Bald genug aber fühlte Voltaire deutlich, daß nach solchen Vorgängen die alte Vertraulichkeit nicht wiederkehren könne. Er bat um Urlaub zu einer Badereise nach Frankreich und erhielt ihn. Am 26. März 1753 reiste er von Potsdam ab. Kaum in Leipzig angekommen, ließ er neue beleidigende Blätter drucken. Dafür aber wartete seiner in Frankfurt, wo er am 1. Juni ankam, eine neue Schmach. Der König hatte ihm befohlen, das Patent, den Orden, den Schlüssel, auch das Exemplar seiner Gedichte, welches er ihm anvertraut, zurückzulassen. Dies war nicht erfolgt, und so wurde er, auf Ansuchen des preußischen Ministers zu Frankfurt, so lange gefänglich eingehalten, bis nach sechzehn Tagen sein Koffer aus Leipzig ankam, in welchem sich die verlangten Gegenstände befanden. Manches Bittere, in Versen und in Prosa, folgte noch auf diese Vorfälle; und dennoch sahen sich beide Männer, der König und Voltaire, in kurzer Frist zu neuem Austausch ihrer Gedanken angetrieben. Voltaire

jedoch zurückzuberufen oder ihm den Orden und den goldnen Schlüssel wiederzugeben, dazu war Friedrich nicht zu bewegen.

Besser als Voltaire erkannte ein anderer französischer Gelehrter,
d'Alembert, dem Friedrich ebenfalls hohe Anerkennung bewies und den
er fort und fort in seine Nähe zu ziehen bemüht war, die Gefahr, welche
dem selbständigen Geiste in der Nähe des Thrones droht. Im Jahre
1755, als Friedrich eine Reise in die westlichen Provinzen seines Staates
machte, fand eine persönliche Zusammenkunft in Wesel statt, und dringender wiederholte Friedrich seine Anträge; aber d'Alembert wußte denselben auch jetzt ebenso fein wie bestimmt auszuweichen. Doch hatte er,
der von dem Geistesdruck in seiner Heimat viel leiden mußte, ein jährliches Gehalt von Friedrich dankbar angenommen. Der Briefwechsel, den
Friedrich fortan mit d'Alembert führte, ist von großer Bedeutung.

Mit derselben Reise verknüpfte Friedrich noch einen weiteren Aus-
flug, dessen heiteres Bild die Reihe seiner friedlichen Vergnügungen, die
bald durch neue hereinbrechende Stürme auf lange Zeit zerstört werden
sollten, anmuthig beschließt. Er ging nach Holland, vornehmlich in der
Absicht, die dortigen Kunstschätze zu besichtigen, denn er selbst hatte jetzt
im Sinne, in Sanssouci eine große Gemäldegalerie anzulegen. Doch
legte er, um ungestört seinem Plane folgen zu können, auch diesmal die
Zeichen seiner königlichen Würde ab, und es gelang ihm besser, als auf
seiner ersten Incognito-Reise nach Straßburg. Er nahm den Charakter
eines reisenden Flötenspielers an; sein ganzes Gefolge bestand aus dem
Obersten Balbi, der ein Kunstkenner war, und aus einem Pagen; er
trug eine schlichte schwarze Perrücke und ein zimmetfarbenes Kleid mit
goldenen Knöpfen.

Es werden manche komische Scenen erzählt, zu denen dieses Incognito Anlaß gab. So im Gasthofe zu Amsterdam, wo er sich eine kostbare
Pastete, deren Geschmack ihm höchlichst gerühmt worden war, bestellen
ließ. Die Wirthin, die von dem unscheinbaren Aeußern ihrer Gäste auf
ihren Geldbeutel schloß, fragte, ob man denn auch im Stande sein werde,
das theure Gericht zu bezahlen. Sie erhielt zur Antwort, der Herr sei
ein Virtuos, der mit seinem Flötenspiel in einer Stunde wohl mehr verdienen könne, als zehn Pasteten werth seien. Dies erweckte ihre Neugier;
sie eilte zu Friedrich und ruhte nicht eher, als bis er sich vor ihr auf seinem

Instrument hören ließ.　Ganz hingerissen von der Schönheit seines Vor=
trages, rief sie endlich aus:　„Gut, mein Herr; Sie können gar schön
pfeifen und wohl einige Batzen verdienen: ich werd' Ihnen die Pastete
machen!"

Von Amsterdam fuhr Friedrich auf der ordinairen Barke nach Utrecht,
um das Vergnügen zu haben, die schönen Landhäuser am Ufer des Flusses
zu sehen.　Hier machte er die Bekanntschaft eines Schweizers, le Catt,
der als der Erzieher eines jungen Holländers reiste.　Er lud ihn ein, an
seiner Mahlzeit Theil zu nehmen. Das Gespräch, in welchem der Schweizer
mannigfache Kenntnisse entwickelte und, als Friedrich ein ziemlich scharfes
Examen über die schweizerischen Zustände anstellte, durch geistreichen
Widerspruch zu fesseln wußte, erweckte ebenso, wie le Catts ganzes
Benehmen, die nähere Theilnahme des Königs. Er bat sich seine Adresse
aus, mit dem Bemerken, daß er ihm in Zukunft einmal vielleicht gute
Dienste leisten könne.　Nach drei Monaten empfing le Catt eine Ein=
ladung von Friedrich, die Stelle eines Vorlesers und literarischen Gesell=
schafters bei ihm zu übernehmen.　Doch war er damals krank und
konnte der Einladung nicht folgen. Nach drei Jahren ward er auf's Neue
von Friedrich aufgefordert: jetzt reiste er zu ihm und blieb ihm über
zwanzig Jahre ein treuer Diener.

Dreiundzwanzigstes Kapitel.

Politische Verhältnisse bis zum siebenjährigen Kriege.

Durch die Friedensschlüsse von Dresden und von Aachen war Ruhe
über Europa zurückgekehrt; aber es war die Ruhe eines schwülen Som=
mertages.　Trübe Dünste umzogen den Horizont, hier und dort stiegen
drohende Wolken empor, von allen Seiten hörte man das dumpfe Gemur=
mel des Donners; plötzlich hatten sich die Wolken zum finstern Knäuel
zusammengeballt, und auf's Neue, aber furchtbarer als zuvor, brach
der verheerende Sturm los.

Vor Allem war es die Eifersucht der übrigen Rangmächte auf

Preußen, was zu einer solchen Umdüsterung der öffentlichen Verhältnisse
Anlaß gab. Man konnte sich nicht darein finden, daß Friedrich, während
man die Königswürde seiner beiden Vorgänger als eine unschädliche Spie=
lerei betrachtet hatte, nun auch die ganze Bedeutung dieser Würde ins
Leben einführte.   Man fand es unangemessen, daß der „Markgraf von
Brandenburg" — denn immer liebte man es, spottweise gerade diesen
Titel zu gebrauchen — sich einen entscheidenden Einfluß auf die europäi=
schen Angelegenheiten errungen und dadurch die Stellung der seitherigen
Großmächte in manchen Beziehungen wesentlich verändert hatte.   Man
hielt sich überzeugt, daß Friedrich bei dem einmal Erworbenen nicht stehen
bleiben werde, sondern fort und fort, zum Nachtheil seiner Nachbarn und
zum Nachtheil der bestehenden Verhältnisse, nur auf neue Vergrößerung
seines Reiches sinne.   Zu alledem kam endlich mancherlei persönlicher
Widerwille, sodaß die Eifersucht und die Besorgniß sich hier und dort zu
offenem Hasse steigerten.

Maria Theresia hatte Schlesien nicht vergessen können.   Die stei=
gende Blüthe des Landes unter der preußischen Regierung, die bedeutend
vermehrten Einkünfte, die es Friedrich darbot, machten in ihren Augen
den Verlust nur empfindlicher.   Ihre religiöse Ueberzeugung fand sich in
dem Gedanken, das Land in der Gewalt des „ketzerischen" Preußenkönigs
zu wissen, tief verletzt.   Auch jetzt noch betrachtete sie ihre Verzichtleistung
auf Schlesien nur als eine Handlung, zu der sie, unfreiwillig, durch den
gebieterischen Drang der äußeren Umstände gezwungen worden sei.   Sie
dachte nur darauf, wie sie es möglich machen könne, das Verlorene dereinst
mit besseren Kräften wieder zurück zu fordern.   Aber sie ließ es nicht bei
müßigem Grübeln bewenden.   Mit männlicher Tüchtigkeit sorgte sie dafür,
daß die inneren Kräfte ihres Reiches erstarkten und daß sie durch enge
Verbindung mit anderen Staaten noch eine größere Furchtbarkeit gewann.
Im Haushalt des Staates wußte sie so vortreffliche Einrichtungen zu
treffen, daß, trotz der verschiedenen Einbußen, welche ihr Reich erlitten,
ihre Einkünfte in kurzer Frist höher stiegen, als es unter ihrem Vater,
Kaiser Karl VI., der Fall gewesen war.   Unablässig, selbst mit persön=
licher Theilnahme, war sie für die verbesserte Einrichtung, für die Aus=
bildung, für die gründliche Uebung ihres Heeres bemüht, so daß dasselbe
bald geeignet war, ihr ein festeres Vertrauen einzuflößen.   Unter den

12*

Beamten, welche sie in diesen Bestrebungen förderlich unterstützten, waren besonders der Graf von Daun, der im Jahre 1754 Generalfeldmarschall wurde, und der Graf von Kaunitz, den sie um dieselbe Zeit zu ihrem Staatskanzler ernannte, von einflußreicher Bedeutung. Kaunitz begegnete seiner Herrin in ihrem Hasse gegen Friedrich, und er wußte die sichersten Mittel anzugeben, um dem erwünschten Ziele näher zu kommen. Er leitete mit großer Kunst die wichtigsten Staatsverträge ein. Nur der Gemahl der Maria Theresia, der Kaiser selbst, war ohne Bedeutung. An der Verwaltung der eigentlich österreichischen Angelegenheiten nahm er keinen Theil. Seine Hauptthätigkeit bestand in Geldgeschäften, wozu er ein gutes Talent besaß; er ging in dieser einseitigen Thätigkeit sogar so weit, daß er, als der neue Krieg zwischen Oesterreich und Preußen ausgebrochen war, zu Anfange selbst an Friedrich Lieferungen für Geld machte.

Sachsen, besonders der Graf Brühl, war nach dem Schlusse des Dresdner Friedens ebenfalls in derselben feindlichen Stimmung, wie früher, gegen Friedrich geblieben. Doch ward das Kurfürstenthum, durch die Gefahr seiner äußeren Lage gegen die preußischen Staaten, zu behutsamen Schritten genöthigt. In Rußland war die Stimmung, sowohl der Kaiserin Elisabeth, als ihres allvermögenden Ministers Bestuscheff Friedrich nicht minder ungünstig. Dies war von der österreichischen Politik schnell benutzt worden, und schon im Jahr 1746 war zwischen beiden Mächten ein Vertheidigungs-Bündniß zu Stande gekommen; ein geheimer Artikel dieses Traktates besagte aber zugleich, daß, wenn Friedrich eine der beiden Mächte angreifen würde, er sein Recht auf Schlesien verwirkt haben solle und man unverzüglich dazu schreiten würde, dasselbe für Oesterreich wieder zu gewinnen. Sachsen wurde zum Beitritt zu dieser Verbindung eingeladen und bezeigte sich sehr bereit dazu; doch berief es sich wiederholt auf die Gefahr seiner Stellung, und so bestand man nicht weiter auf förmlichen Beitritt; der Gesinnungen des sächsischen Hofes war man durch genügende Zeugnisse versichert. Oesterreich und Sachsen aber ließen sich besonders angelegen sein, Rußland immer mehr gegen Preußen aufzureizen; sie fanden dafür einen sehr wohl zubereiteten Boden. Friedrich hatte über den wenig ehrenvollen Charakter der russischen Kaiserin und ihres Ministers wohl manch ein beißendes Wort fallen lassen, das von geschäftigen Händen schnell hinübergetragen war; eine Menge von Erdichtungen und Verleumbungen kam hinzu, und endlich, im Jahre 1753, brachte man es dahin, daß es im russischen Staatsrathe förmlich ausgesprochen wurde, Preußen sei selbst in dem Falle anzugreifen, wenn einer der russischen Verbündeten den ersten Angriff mache.

Für einen solchen Entschluß hatten, neben jenen Ränken, auch die englischen Guineen vortheilhaft mitgewirkt. Das Verhältniß Oesterreichs zu England war zwar bereits loser geworden, da jene Macht die Schuld der Abtretungen, zu denen sie genöthigt war, vorzugsweise auf England schob. Aber England stand seit früherer Zeit mit Rußland im Bunde, und jetzt glaubte es ebenfalls, sich durch solche Verbindung gegen Preußen verstärken zu müssen, vornehmlich deshalb, weil es Preußen noch als Bundesgenossen von Frankreich betrachtete. Zwischen Frankreich und England aber drohte, wegen gewisser Streitigkeiten in Nordamerika, ein Seekrieg auszubrechen, und in diesem Falle wünschte man nichts mehr, als Hannover gegen einen Angriff von preußischer Seite geschützt.

Friedrich war nicht ohne Kunde über alle diese Umtriebe geblieben. Der russische Thronfolger war sein feuriger Bewunderer und hatte ihm manche wichtige Nachricht aus Rußland mitgetheilt, ohne doch selbst, da er von der Kaiserin absichtlich zurückgesetzt wurde, in die russischen Verhältnisse wirksam eingreifen zu können. Noch manche andere Canäle hatte sich Friedrich geöffnet um zur Kenntniß jener geheimen Verhandlung zu kommen; besonders wichtig war es, daß er durch den Verrath eines sächsischen Cabinetskanzlisten Abschriften der sämmtlichen Verhandlungen, welche zwischen Sachsen und den Kaiserhöfen von Wien und Petersburg stattfanden, zugesendet erhielt. So konnte er, bei näherem Andringen der Gefahr, seine vollständigen Maßregeln treffen. Vorerst aber schaute er noch heitern Muthes in das verworrene Getriebe. Er schrieb — im Jahre 1753, eben als jener phantastische Bericht über das große Manöver bei Spandau erschien, — seine anonymen „Briefe an das Publicum," in welchen er die diplomatischen Umtriebe der Zeit auf ergötzliche Weise parodirte. Der Berliner Hof, so berichtete er in diesen Briefen, hätte sich geweigert, bei seinen Festen die Menuets eines Musikanten aus Aix spielen zu lassen, da er lieber nach eigenen Tönen tanze; darauf hätten sich allerlei barbarische Staaten des Musikanten angenommen, es seien Bündnisse und Gegenbündnisse geschlossen worden, und es sei der fürchterlichste Krieg zu erwarten. Voltaire meinte

damals, in resignirter Selbstgefälligkeit, Friedrich habe die Briefe nur ge=
schrieben, um zu beweisen, daß er seiner Hilfe entbehren könne; und aller=
dings sieht man sehr deutlich, daß wer eine so überaus anmuthige, eine so clas=
sische Satire, wie diese Briefe in der That enthalten, zu schreiben wußte, selbst
eines Voltaire nicht bedurfte.   Aber Friedrich hatte dabei wohl mehr im
Sinne als den französischen Poeten.

Indeß sah England sehr wohl ein, daß es beim Ausbruch eines Krieges
mit Frankreich ungleich vortheilhafte Resultate gewinnen würde, wenn es
den Frieden auf dem festen Lande erhalte, und daß im Gegentheil Oester=
reichs Bemühungen blos dahin gingen, einen solchen Krieg, gegen Friedrich,
zu erregen. Auch erkannte es, daß Friedrich ebenso nur den Frieden wünsche;
denn in der That strebte dieser, dem der Ruhm und der Erwerb der ersten
Kriege durchaus genügten, auf keine Weise, Gelegenheit zum Bruche mit
seinen Nachbarn zu geben. Auch gab er davon, schon gegen Ende des Jahres
1754, an Frankreich ein hinlängliches Zeugniß, als er von dort zu einer
Unternehmung gegen Hannover aufgefordert wurde. „Es giebt dabei," so
war dem preußischen Gesandten in Paris gesagt, „etwas zu plündern: der
Schatz des Königs von England ist gut gefüllt, der König von Preußen
braucht ihn nur wegzunehmen."   Friedrich hatte darauf antworten lassen,
daß man dergleichen Anträge vielleicht sehr schicklich bei Anderen vorbringe,
daß er aber bitte, einen Unterschied unter den Personen zu machen. Auf solche
Gesinnung versuchte England eine Annäherung an Friedrich, um ein freund=
schaftliches Verhältniß zu Stande zu bringen, und die beiderseitigen In=
teressen begegneten sich so wohl, daß am 16. Januar 1756 ein wirkliches
Schutzbündniß zwischen beiden Mächten geschlossen wurde.   Dabei hatte
man freilich sehr bestimmt darauf gerechnet, und die Cabalen am russischen
Hofe hatten es zu bestätigen geschienen, daß Rußland auf Englands, somit
auch auf Preußens Seite treten würde.

In den Tagen, als der Abschluß dieses Bündnisses erfolgte, war
ein neuer französischer Gesandter bei Friedrich anwesend, der ihm den Antrag
zur Erneuung jenes früheren Bündnisses mit Frankreich, das eben jetzt zu
Ende lief, antrug und ihm als Lohn die Oberherrschaft über — die Insel
Tabago in Westindien verhieß. Den letzteren, stark abenteuerlichen Vorschlag
nahm Friedrich nur als einen Scherz an; im Uebrigen sprach er seine Absicht
aus, daß er entschieden den Frieden erhalten wolle und daß er aus diesem

Grunde jenes Schutzbündniß mit England geschlossen habe. Durch diese Erklärung aber fand sich der französische Hof empfindlich gekränkt, und man beklagte sich laut über die „Abtrünnigkeit" des preußischen Königs.

Dies führte schnell zu einer Verbindung zwischen Frankreich und Oesterreich. Schon lange hatte Kaunitz, die laue Stimmung Englands berücksichtigend, mit kluger Geschicklichkeit auf ein solches Ziel hingesteuert und Alles dazu vorbereitet. Schon gleich nach dem Frieden von Aachen hatte er derartige Anträge gemacht, die zunächst zwar von dem französischen Ministerium zurückgewiesen wurden, die aber, als man sie wiederholte, wenigstens dem Gedanken an die Möglichkeit einer solchen Umwälzung der Politik Raum gaben. Wirksamer wurden diese Anträge, als Kaunitz die Maitresse des Königs von Frankreich, die Marquise Pompadour, dafür gewann. Sie mußte Friedrich hassen, denn er hatte es im königlichen Sinne verschmäht, sich um die Hochachtung der Buhlerin zu bewerben. Sein Gesandter war es allein, der ihr, unter allen fremden Ministern, nicht die Aufwartung machte. Voltaire hatte an Friedrich, als er 1750 nach Sanssouci kam, zarte Grüße von Seiten der Marquise mitgebracht; Friedrich aber hatte trocken geantwortet: „Ich kenne sie nicht." Ueberhaupt verachtete er die ganze französische Maitressenregierung, und er pflegte die Epochen derselben, je nach den verschiedenen regierenden Unterröcken, in „Cotillon 1., 2., 3." abzutheilen. Daß auch König Ludwig XV. selbst keine sonderlich freundschaftlichen Gefühle für Friedrich hegte, ist schon früher bemerkt worden. Dagegen war von österreichischer Seite Alles geschehen, um die Gunst der Alles vermögenden Marquise zu gewinnen. Sogar Maria Theresia opferte ihren hehren Stolz der Rache gegen Friedrich in solchem Maße, daß sie es über ihr Herz gewann, die Buhlerin in freundschaftlichen Briefen als „Prinzessin," „Cousine," „theuerste Schwester" anzureden. Der Letzteren aber lag persönlich Alles am Kriege, indem sie nur dadurch ihre Creaturen einflußreich genug machen konnte und die europäischen Mächte, wenn die Politik einmal an ihre Person geknüpft war, auch dafür sorgen mußten, daß jede Nebenbuhlerin aus der Nähe des Königs entfernt blieb. So waren schon im Herbste 1755, auf einem Lustschlosse der Pompadour, förmliche Conferenzen gehalten worden, die nun, am 9. Mai 1756, zu einem Schutzbündniß zwischen Frankreich und Oesterreich führten, welches dem englisch-preußischen entgegengesetzt wurde.

In Bezug auf Rußland aber hatten England und Preußen sich einer falschen Voraussetzung hingegeben. Das Gewicht der englischen Guineen war nicht so stark wie der Haß der Kaiserin und ihres Ministers gegen Friedrich, und wie die Bestrebungen, die von österreichischer Seite angewendet wurden. Mit Preußen wollte es keine Verbindung; so brach es jetzt auch mit England und trat zur Gegenpartei. Endlich, um die Zahl der Feinde noch weiter zu vermehren, war in Schweden eine Staatsumwälzung ausgebrochen, welche alle Macht in die Hände des vom französischen Gelde abhängigen Reichsrathes gab. Friedrichs Schwester Ulrike, die jetzige Königin von Schweden, war hiedurch, ebenso wie ihr Gemahl, aller Macht und alles Einflusses beraubt worden.

Der Seekrieg zwischen England und Frankreich war inzwischen ausgebrochen. Gleichzeitig wurden große Rüstungen in der Nähe der preußischen Grenzen vorgenommen, in Böhmen ungewöhnliche Massen von Truppen zusammengezogen, Magazine angelegt und andere Einrichtungen getroffen, die nur bei kriegerischen Unternehmungen stattfinden. In Liefland sammelte sich ein bedeutendes russisches Heer. Friedrich wußte durch jene geheimen Canäle, daß diese Rüstungen nur ihm gelten sollten, daß sie zwar noch nicht so weit gediehen waren, um einen Angriff schon in diesem Jahre befürchten zu lassen, daß sie aber noch bedeutend, namentlich durch ein großes Heer in dem noch ungerüsteten Sachsen, vermehrt werden sollten, und daß die Feinde nichts weiter wünschten, als ihn zum Angriffe zu reizen, damit sie den Schein des Rechtes auf ihrer Seite hätten. Seine eigenen Anstalten waren so, daß er jeden Augenblick zum Kriege fertig sein konnte; es stand bei ihm, seinen Gegnern unverzüglich zuvorzukommen, aber er wollte wenigstens das letzte Mittel zur Erhaltung des Friedens anwenden. Er ließ also, am 26. Juli 1756, die Kaiserin von Oesterreich um eine offene Erklärung über den Zweck ihrer Rüstungen ersuchen. Die Antwort, die Kaunitz der Kaiserin in den Mund legte, lautete dahin, „daß in der starken Krisis, worin sich ganz Europa befinde, ihre Pflicht und die Würde ihrer Krone erfordere, hinreichende Maßregeln zu ihrer eigenen und zu ihrer Verbündeten Sicherheit zu ergreifen." Die Erklärung war absichtlich mit so dunkeln Worten gegeben, damit man ungehindert in den Rüstungen fortfahren könne. Friedrich erbat sich nun, am 2. August, einen deutlicheren Bescheid und die ausdrückliche Zusicherung, daß er weder in diesem noch in dem nächsten Jahre werde angegriffen werden. Aber auch hierauf erfolgten nur ausweichende Redensarten und die verlangte Zusicherung wurde ganz übergangen. Noch einmal fragte Friedrich in Wien an, da wurde aber alle fernere Erklärung auf eine ungestüme, schnöde und stolze Art ganz abgeschlagen. Friedrich betrachtete diese dreimalige Weigerung als eine Kriegserklärung, und er beschloß, die Frist des Jahres noch schnell zu benutzen, damit die Gegner ihn nicht mit überlegener Kraft überfallen möchten.

Als der Krieg ausgebrochen war, sendete Voltaire eine poetische Epistel an Friedrich, worin er ihm dafür, daß er auf's Neue den Brand des Krieges angefacht, — denn so stellten es natürlich die Gegner dar, — den ganzen Untergang seines Ruhmes, den er als Held und als Weiser errungen, verkündete. Friedrich antwortete, ebenfalls in Versen, daß er wahrlich das Glück des Friedens dem Kriege vorziehe, daß er aber auch' die Pflicht kenne, die das Schicksal ihm auferlegt. Voltaire, so fährt er fort, möge sich in sicherer Zurückgezogenheit der Ruhe des Weisen freuen; „Doch ich," so schließt er, —

> „Doch ich, umdräuet von Verderben,
> Muß kühn dem Sturm entgegen zieh'n,
> Als König denken, leben, sterben!"

Drittes Buch.

Der siebenjährige Krieg.

––––––

Vierundzwanzigstes Kapitel.

Der erste Feldzug des siebenjährigen Krieges. 1756.

Friedrich hatte den Plan gefaßt, seine Gegner rasch anzugreifen, ehe sie mit ihren Rüstungen fertig sein würden, und solchergestalt den Krieg, mit dem sie ihn bedrohten, von den Grenzen seines eigenen Staates abzuwenden. Von den Russen wußte er bestimmt, daß sie außer Stand: sein würden, noch im laufenden Jahre etwas zu unternehmen; nach dieser Seite hin genügte also, für den Nothfall, eine wenig bedeutende Verstär= kung der Besatzung seiner östlichen Provinzen. Die Hauptmacht der preu= ßischen Armee sollte gegen Sachsen und Böhmen geführt werden. In Sachsen beschloß Friedrich sich vorerst sicher zu stellen, um durch dieses Land die Mark Brandenburg zu decken und eine feste Grundlage für seine Unternehmungen gegen Böhmen zu gewinnen. Alle Veranstaltungen zur Ausführung dieses Planes waren ebenso verschwiegen, wie schnell ins Werk gerichtet worden; nur die vertrautesten Feldherren wußten um Fried= richs Absichten; die Brigadegenerale erfuhren erst am Tage vor dem Au= marsche, wohin der Zug gerichtet sein sollte.

Am 29. August rückten 60,000 Mann preußischer Truppen in drei Colonnen in Sachsen ein. Niemand war hier auf so plötzlichen Ausbruch des Krieges vorbereitet. In größter Eile wurden die sächsischen Truppn, deren Zahl sich auf 17,000 belief, aus ihren Standquartieren in in

festes Lager bei Pirna zusammengezogen; König August und sein Minister
Brühl, rathlos in der allgemeinen Verwirrung, verließen Dresden und
suchten im Lager Schutz. Man hatte zuerst die Absicht, mit der sächsischen
Armee nach Böhmen zu gehen und sich mit den Oesterreichern zu verbin=
den; auf den umsichtigen Rath des französischen Gesandten, des Marschalls
Broglio, entschloß man sich jedoch, die günstige Stellung, welche das Lager
bei Pirna darbot, zu benutzen, damit Friedrich durch dasselbe aufgehalten
und der österreichischen Armee Zeit gegeben werde, die angefangenen Rü=
stungen zu vollenden und zum Schutze Sachsens heranzukommen. Die
Sachsen besetzten nunmehr das ganze Plateau, welches sich, in einem Um=
fange von vier Meilen, zwischen Pirna und dem Königstein erhebt. Steile
Abhänge schützten dasselbe von allen Seiten gegen feindlichen Angriff;
zur Vertheidigung der wenigen Zugänge, die emporführten, wurden man=
nigfache Verhaue angelegt.

Friedrich hatte somit das ganze Land offen gefunden. Wittenberg,
Torgau, Leipzig und viele andere Städte waren ohne Widerstand besetzt;
in Dresden hielt Friedrich am 9. September seinen Einzug. In der
Nähe der Residenz vereinigten sich nun die verschiedenen Corps der preu=
ßischen Armee und nahmen eine Stellung, durch welche sie dem sächsischen
Lager die Gemeinschaft mit dem Lande abschnitten.

Friedrich erklärte, daß ihn die Verhältnisse des Krieges nöthigten,
das sächsische Land als Unterpfand in Verwahrsam zu nehmen, und daß
er dasselbe nach abgewendeter Gefahr dem Kurfürsten zurückerstatten
werde. Einstweilen aber wurden die wohlversehenen Zeughäuser von
Dresden, Weißenfels und Zeitz ausgeräumt und Waffen und Geschütz
nach Magdeburg geführt. Torgau wurde befestigt und mit preußischen
Truppen besetzt, das sächsische Ministerium aber außer Thätigkeit ge=
setzt; die Kanzleien wurden versiegelt, die Collegiensäle geschlossen,
eine preußische Landesverwaltung in Dresden angeordnet und im gan=
zen Lande endlich die kurfürstlichen Kassen in Beschlag genommen.
Dabei wurde jedoch mit so großer Milde als möglich verfahren. Die
preußischen Truppen wurden befehligt, die genaueste Kriegszucht zu beo=
bachten. Das Eigenthum der Unterthanen ward auf alle Weise geschont.
Friedrich selbst bewies sich in Dresden äußerst zuvorkommend gegen Jeder=
mann; er hielt täglich offene Tafel und bezeigte namentlich der Gemahlin

Augusts und der gesammten königlichen Familie, die in Dresden zurück=
geblieben war, alle irgend erforderliche Höflichkeit.

Indeß hatte diese plötzliche Besitznahme von Sachsen alle Welt auf=
merksam gemacht; Friedrichs Gegner waren auf's Eifrigste bemüht, sein
Unternehmen als einen Landfriedensbruch darzustellen. Der Kaiser erließ
an Friedrich ein Abmahnungsschreiben, in welchem er ihn väterlichst auf=
forderte, „von seiner unerhörten, höchst frevelhaften und sträflichen Em=
pörung abzulassen, dem Könige von Polen alle Kosten zu erstatten und
still und ruhig nach Hause zu gehen." Zugleich ward allen preußischen
Generalen und Kriegsobersten vom Kaiser anbefohlen, „ihren gottlosen
Herrn zu verlassen und seine entsetzlichen Verbrechen nicht zu theilen, wo=
fern sie sich nicht der Ahndung des Reichsoberhauptes blossstellen wollten."
Sich gegen solche Vorwürfe, die er bereits vorausgesehen, zu rechtfertigen,
hatte Friedrich beschlossen, die ganze Reihenfolge der zu seinem Verderben
angesponnenen Verhandlungen, die er in Abschriften aus dem Dresdener
Archiv in Händen hatte, durch den Druck zu veröffentlichen. Damit aber
die Gegner außer Stand gesetzt würden, die Echtheit dieser Verhand=
lungen zu leugnen, war es nöthig, sich der Originalschriften zu bemäch=
tigen. Doch hatte man sich auch sächsischer Seits auf einen solchen Fall
bereits gefaßt gemacht. Das Archiv sollte nach Polen geschickt werden;
bei der Nähe der Gefahr hatte man dasselbe einstweilen in die Gemächer
der Königin gebracht, und sie, die eine ebenso erklärte Feindin Friedrichs
war wie Brühl, bewahrte selbst die Schlüssel zu den Schränken. Sie sah
sich indeß genöthigt, die Schlüssel herauszugeben; ihr Zaudern, ihre
Bitten waren umsonst; die Schränke wurden geöffnet, und das Archiv
wanderte unverzüglich nach Berlin. In wenig Tagen erschien eine aus=
führliche mit allen Urkunden belegte Darstellung jener Verhandlungen im
Drucke. Von Seiten der Gegner erfolgte hierauf eine Menge von Gegen=
schriften, die indeß nicht die Echtheit der Urkunden, sondern nur die
Schlußfolgerungen, welche Friedrich aus ihnen ziehen mußte, angriffen.

Mit König August hatte Friedrich seit seinem Einmarsche in Sach=
sen in unausgesetzter Correspondenz gestanden. Er verlangte von ihm
entweder die thätlichen Beweise einer vollkommenen Neutralität oder, noch
lieber, eine Verbindung zu gemeinsamem Wirken gegen Oesterreich.
Friedrich hatte die Mittel, seinen Anforderungen einen energischen Nachdruck

zu geben. Ein Sturm auf das sächsische Lager schien zwar, wenn nicht
unausführbar, so doch mit allzuvielem Blutvergießen verbunden. Aber
das Lager war von allen Seiten so fest durch preußische Truppen eingeschlossen, daß den Sachsen jede Gelegenheit genommen wurde, sich
mit Nahrungsmitteln, daran sie schon Mangel zu leiden begannen, zu versehen; nur für die Küche König Augusts, der von Entbehrung keinen
Begriff hatte, war freier Transport verstattet worden. Zugleich lag es in
der eigenthümlichen Stellung der Sachsen, daß ein Angriff von ihrer
Seite auf die Preußen ihnen ebensoviel Gefahr bringen mußte, wie der
umgekehrte Fall ihren Gegnern. So durfte Friedrich hoffen, daß der
Hunger sie in kurzer Frist zur Ergebung zwingen würde. Doch gab
August den Anträgen Friedrichs kein weiteres Gehör, als daß sich Letzterer
mit dem Versprechen der Neutralität begnügen möge. Auf ein so allgemeines Versprechen hin hatte aber Friedrich nicht Lust, sein Heer nach
Böhmen zu führen; die früheren Erfahrungen in Sachsen hatten ihn hinreichend die Gefahr kennen gelehrt, der er sich aussetze, wenn er ein feindliches Heer im Rücken behalte. So blieb es bei der strengen Einschließung
des sächsischen Lagers; diese nahm jedoch den größeren Theil seiner Truppen in Anspruch und verhinderte ihn, mit Nachdruck gegen die österreichische
Armee in Böhmen aufzutreten.

Die letztere hatte sich, zwar immer noch nicht mit allem Nöthigen
ausgerüstet, in zwei Corps gegen die Grenzen von Sachsen und von
Schlesien zusammengezogen. Dem einen Corps trat eine besondere preußische Armee, unter Schwerin, aus Schlesien entgegen. Doch bezogen die
Oesterreicher hier ein so vortheilhaftes Lager, daß dadurch jede Schlacht
vermieden blieb und zwischen diesen Armeen nur unbedeutende Gefechte
vorfallen konnten. Dagegen hatte König August Gelegenheit gefunden,
dem österreichischen Hofe seine täglich bedrohlichere Lage vorzustellen und
um schleunigen Entsatz zu bitten. So erhielt nun das zweite Corps der
Oesterreicher, welches der Feldmarschall Browne anführte, den Befehl, zur
Befreiung der Sachsen entscheidende Schritte zu thun. Browne versammelte alsbald seine Armee zu Budin und schickte sich an, über den Eger-
fluß vorzurücken.

Zur Beobachtung dieses österreichischen Corps war von Friedrich
derjenige Theil seiner Truppen, den er bei der Einschließung des sächsischen

Lagers entbehren konnte, bereits gegen die böhmische Grenze voraus-
geschickt. Sie bemächtigten sich der Engpässe, welche die Verbindung
zwischen Sachsen und Böhmen vertheidigen, und benachrichtigten Friedrich von den Bewegungen des Feindes. Die Verbindung der Oesterreicher
mit den Sachsen zu verhindern, mußte jetzt Friedrichs vorzüglichstes
Augenmerk sein; er entschloß sich, jenen mit den vorausgesendeten Truppen, einem freilich nur geringen Theile seiner Macht, sofort entgegenzu-
gehen. Er eilte zu ihnen und führte sie aus dem Gebirge gegen die
Ebenen der Elbe hinab. Bei dem Flecken Lowositz an der Elbe, welcher
am Ausgang der Berge liegt, trafen die beiden Armeen aufeinander.
Beiden war die gegenseitige Annäherung gerade an dieser Stelle unerwartet; Friedrich gewann den Vortheil, daß er zwischen den Bergen,
welche seine Straße auf beiden Seiten einschlossen, eine feste Stellung einnehmen konnte.

Am Morgen des 1. October stellte Friedrich seine Armee in Schlachtordnung. Aber ein dichter Nebel hatte sich über die Ebene gelagert und
verhinderte, die Gegenstände deutlich zu unterscheiden. Wie durch einen
Flor sah man nur den Ort Lowositz vor sich und zur Seite einige Haufen
feindlicher Reiterei. Der linke Flügel der preußischen Armee wurde, als
er aufrückte und die Anhöhe zur Linken erstieg, durch ein verlorenes Gewehrfeuer empfangen, das aus den Weinbergen, welche sich hier zur Elbe
hinabzogen, unterhalten wurde. Es waren ein Paar tausend Panduren,
die hinter den Mauern der Weinberge versteckt lagen. Alles Dieses ließ
Friedrich vermuthen, es sei nicht die ganze feindliche Armee, sondern nur
ein vorausgesendeter Theil derselben, was ihm gegenüberstehe. Er ließ
aus seinen Geschützen auf die österreichischen Reiterhaufen feuern, und da
dies fruchtlos blieb, sendete er zwanzig Schwadronen Dragoner ab, sie zu
zerstreuen und den Kampf zu beenden. Diese drangen rüstig auf den Feind
ein und warfen nieder, was ihnen entgegenstand. Als sie aber die Flüchtigen verfolgten, wurden sie von vorn und von der Seite durch ein lebhaftes Flinten- und Geschützfeuer empfangen und zum Rückzuge genöthigt.
Friedrich erkannte jetzt erst, daß er allerdings das vollständige Corps,
welches ihm um mehr als das Doppelte überlegen war, vor sich habe. Er
sendete einen Adjutanten zu seinen Dragonern, um diese in eine andere
Stellung zu beordern; aber schon hatten Dragoner und Kürassiere vereint

sich aufs Neue der feindlichen Reiterei entgegengestürzt, diese, trotz desselben
Feuers und trotz des ungünstigsten Terrains, zurückgedrängt und bis nahe
vor die Schlachtordnung der Oesterreicher verfolgt. Jetzt aber wurde das
Geschützfeuer der Letzteren so stark, daß sie wiederum zum Rückzuge genöthigt waren, der indeß in bester Ordnung vor sich ging. So war noch
immer nichts Entscheidendes geschehen. Der Nebel begann indeß zu sinken
und man konnte zu angemessenen Maßregeln schreiten. Friedrich suchte
nun seine Stellung, trotz der feindlichen Uebermacht, so günstig als möglich zu nehmen und sich mit Anspannung aller Kräfte das Schicksal des
Tages geneigt zu machen. Das Hauptaugenmerk des Feindes war jetzt
auf den linken preußischen Flügel gerichtet, den man von der Anhöhe, auf
welcher er sich befand, zu vertreiben suchte. Aber die Preußen drangen
unerschrocken vor, erkämpften in den Weinbergen eine Grenzmauer nach
der anderen, stiegen in die Ebene hinab und verfolgten die Feinde, von
denen ein Theil sich in die Elbe stürzte, während ein anderer sich in Lowositz festsetzte. Neue österreichische Heerhaufen stellten sich den Preußen entgegen. Diese hatten sich durch sechsstündiges Feuern verschossen und drohten nun, da ihnen Pulver und Blei fehlte, muthlos zu werden. Doch der
Herzog von Bevern, der diesen Theil der preußischen Armee führte, rief
den Seinen heitern Muthes zu: „Bursche, seid unbekümmert! Weshalb
hätte man euch gelehrt, den Feind mit gefälltem Gewehre anzugreifen?"
Diese Worte weckten allen Muth seiner Schaaren, und obgleich die feindlichen Heerhaufen sich immer mehr verstärkten und namentlich an Lowositz
einen festen Stützpunkt fanden, so warfen sie doch mit gefälltem Bayonnet
Alles vor sich nieder, drangen in Lowositz, zwischen den Häusern, die jetzt
in Feuer aufloderten, hinein und trieben den ganzen Theil der österreichischen Armee, der ihnen hier entgegenstand, in die Flucht.

So war der Sieg, um zwei Uhr nach Mittag, errungen, aber nicht
ohne große Opfer. Die Verluste Friedrichs waren bedeutender als die der
Oesterreicher. Auch mußte Feldmarschall Browne seinen geschlagenen rechten Flügel durch den linken so geschickt zu decken, daß er sich ohne weiteren
Verlust zurückziehen konnte. Der rechte Flügel der preußischen Armee,
bei welchem Friedrich sich befand, hatte, mit Ausnahme der Verstärkungen,
welche er dem linken zusenden mußte, gar nicht an der eigentlichen Schlacht
Theil nehmen können. Es wird erzählt, daß Friedrich nach Beendigung

der Schlacht — ermüdet, da er drei Tage und zwei Nächte nicht geschla=
fen hatte, — sich in einen Wagen gesetzt habe, um ein wenig auszuruhen.
Plötzlich sei, als von österreichischer Seite der Retraiteschuß geschah und
hiezu eine scharf geladene Kanone genommen wurde, die Kugel dieses
Schusses durch den unteren Theil des Wagens gefahren, so daß sie dem
Könige beide Beine würde zerschmettert haben, wenn er sie nicht eben auf
den Rücksitz des Wagens gelegt hätte.

Friedrich konnte die österreichische Armee nicht verfolgen, da ihn die
Angelegenheit mit den Sachsen, die er jetzt zu Ende zu bringen wünschte,
zurückrief und er im Augenblicke zu schwache Mittel zur Hand hatte, um
Entscheidenderes in Böhmen ausführen zu können. Auch hatte es ihm die
Schlacht von Lowositz wohl deutlich gemacht, daß er nicht mehr die alten
Oesterreicher, sondern ein ungleich besser disciplinirtes Heer wiederfinde.
Zugleich aber konnte er mit gerechtem Stolze von seiner eigenen Armee
sagen: „Nie haben meine Truppen solche Wunder der Tapferkeit gethan,
seit ich die Ehre habe, sie zu commandiren." Jedenfalls war durch den
Sieg die Verbindung der österreichischen Armee mit der sächsischen unter=
brochen. Friedrich ließ somit den größeren Theil der Truppen, die bei
Lowositz gefochten hatten, in einer festen Stellung zurück und brach am
13. October mit den übrigen nach Sachsen auf.

Hier hatten indeß die Dinge eine andere Wendung genommen. Mit
unerschütterlicher Treue hatten zwar die sächsischen Truppen trotz des im=
mer drückenderen Mangels ausgeharrt. Als aber rings um die Abhänge
des weiten Kerkers das Victoriaschießen erscholl, mit welchem die Preußen
die Siegesnachricht begrüßten, und der jubelnde Donner von allen Ber=
gen wiederhallte und durch die Thäler fortgetragen wurde, da schien alle
Hoffnung verloren. Das einzig übrige Rettungsmittel schien nun, die
Wachsamkeit der Preußen zu täuschen und sich mit dem Degen in der
Hand einen Ausweg zu eröffnen. Man sendete geheime Boten nach Böh=
men an den Feldmarschall Browne; dieser setzte sich an die Spitze eines
Corps von 6000 Mann und rückte am jenseitigen Elbufer, im Rücken
der Preußen, heran, um durch kräftige Mitwirkung die Rettung der Sach=
sen zu erleichtern. Zur bestimmten Stunde, am 11. October, war er am
verabredeten Orte eingetroffen; aber der erste Versuch des Uebergangs der
Sachsen über die Elbe, der gleichzeitig erfolgen sollte, mißlang. In der

folgenden Nacht machten die Sachsen den Uebergang möglich, während
Kanonenschläge von der Höhe des Königsteins den Oesterreichern das
Zeichen zum Angriff auf die preußischen Posten, welche hier noch den
Sachsen entgegenstanden, geben sollten.   Aber der Sturm des Himmels
überschallte die Kanonenschläge. Browne blieb in seiner Stellung. Sowie
die Sachsen die Höhen von Pirna verließen, waren auch die Preußen
emporgedrungen und der Nachtrab und das Gepäcke in ihre Hände gefallen.
Nun wurden auch die preußischen Posten jenseit der Elbe verstärkt und
die Sachsen aufs Neue in der unwegsamsten Gegend eingeschlossen. Bis
zum 14. October harrte Browne aus; dann kehrte er, dessen eigene
Stellung mit jeder Stunde gefahrvoller wurde, nach Böhmen zurück.
Zweiundsiebzig bange Stunden brachten die entkräfteten Sachsen unter
offenem Himmel, bei anhaltendem Regen, ohne Nahrung und ohne Schlaf
zu.   Brühl und der König, die sich auf dem festen Königstein aller
Bequemlichkeit und alles Genußes erfreuten, geboten verzweiflungsvollen
Angriff; aber die sächsischen Generale sahen die gänzliche Unmöglichkeit
ein. Sie versuchten jetzt, durch eine ehrenvolle Capitulation ihre Freiheit
zu erlangen.   Graf Rutowski, der Oberbefehlshaber der Sachsen, sendete
einen Officier mit seinen Bedingungen an Winterfeldt. Dieser versicherte
jedoch, daß er dazu vom Könige keine Erlaubniß habe, führte Jenen, damit
den Sachsen auch der letzte Schimmer des Muthes genommen werde,
selbst durch die ganze Kette der preußischen Posten und entließ ihn endlich
mit der Anweisung, er möge dem Grafen Rutowski nur eine genaue
Beschreibung der preußischen Stellung machen.   So blieb der gesammten
sächsischen Armee nichts übrig, als sich der Gnade des preußischen Königs
zu Kriegsgefangenen zu übergeben. Sämmtliche Regimenter mußten das
Gewehr strecken.   Friedrich kam die Reihen heraufgeritten, hieß die feind=
lichen Generale, als diese ihm mit entblößtem Haupte entgegentraten,
achtungsvoll willkommen und lud sie zu seiner Tafel.   Unter die halb=
verhungerten Soldaten wurde reichlich Brot ausgetheilt. Die sächsischen
Officiere erhielten, als sie ihr Ehrenwort gegeben hatten, daß sie während
dieses Krieges nicht gegen die Preußen kämpfen wollten, die Erlaubniß,
nach Hause zurückzukehren. Die Soldaten aber, über deren Unterhalt und
Bewahrung man in Verlegenheit war, wurden genöthigt, zur preußischen
Fahne zu schwören. Sie bekamen preußische Uniformen, preußische Officiere

und wurden zum Theil unter die preußischen Regimenter vertheilt, theils blieben sie ganz beisammen. Friedrich vermehrte durch sie sein Heer ansehnlich, aber er hatte dabei nicht auf das Nationalgefühl der Sachsen gerechnet: die Dienste, welche sie ihm leisteten, waren gering, und mehrfach gingen nachmals ganze Regimenter in voller militairischer Ordnung zum Feinde über.

Hiemit war der erste Feldzug zu Ende. König August, der vom Königstein aus Zeuge der Gefangenschaft seines Heeres gewesen war, erbat sich Pässe von Friedrich und ging mit seinen jüngsten Söhnen und mit Brühl nach Warschau, wo er sich in glänzenden Hoffesten zu erholen bemühte. Doch blieb seine Gemahlin in Dresden zurück und ließ es sich fort und fort angelegen sein, feindlich geheim gegen Friedrich zu wirken. Die preußischen Armeen wurden aus Böhmen zurückgezogen und der Grenzcordon zur Sicherung der Winterquartiere errichtet.

Aber der erste Feldzug war nur das Vorspiel zu ungleich gewaltigeren Bestrebungen. Die Kühnheit, mit der Friedrich seinen Gegnern zuvorgekommen war, reizte ihre Eifersucht zum glühendsten Hasse. Der Kaiser machte den Kampf zu einer Angelegenheit des deutschen Reiches und der katholischen Kirche; Friedrichs Absicht sollte auf die Unterdrückung der letzteren gehen; als Reichsstand sollte er der Acht verfallen sein, und in der That kam es schon jetzt so weit, daß der Reichstag, bei dem der Kurfürst von Sachsen seine Klage eingereicht hatte, gegen ihn, im Januar 1757, eine „eilende Reichs=Executionsarmee" aufbot, zu deren Führer der Reichsfeldmarschall Prinz Joseph Maria Friedrich Wilhelm Hollandinus von Sachsen=Hildburghausen ernannt wurde. Durch einen schlimmen Druckfehler in der öffentlichen Kundmachung dieses Aufgebotes war aber die „eilende" Armee bereits vorläufig als eine „elende" bezeichnet, und als solche trat sie auch nachmals, ohne sich übergroßer Eile zu befleißigen, hervor. Das deutsche Reich, als solches, war schon lange zu einem leeren Schattenbilde herabgesunken.

Bedeutender war die Gefahr, die von den auswärtigen Mächten drohte. Der französische Hof erklärte, daß er den Einfall Friedrichs in Sachsen als eine Verletzung des westphälischen Friedens, dessen Bürge Frankreich sei, betrachte. Zu den schon vorhandenen Gründen des Hasses waren neue gekommen. Die Königin von Polen war eine Mutter der

Gemahlin des Dauphins von Frankreich; an Letzterer fand die Maitresse des Königs eine willkommene Bundesgenossin gegen Friedrich, und zugleich stimmte mit ihren Ansichten das französische Ministerium überein, dem es nur erfreulich war, wenn der Seekrieg mit England, dem Verbündeten Friedrichs, in einen Landkrieg gegen Hannover verwandelt wurde. Man rüstete daher ein dreifaches Heer, um dasselbe über den Rhein gegen Hannover und gegen Preußen zu führen. Schweden, wo die Factionen des Adels im Besitze der Herrschaft waren, mußte dem Interesse Frankreichs folgen; von dieser Seite wurde der Entschluß gefaßt, den Theil von Vorpommern, den Schweden an Friedrichs Vater hatte abtreten müssen, durch Waffengewalt wieder zurückzufordern. Rußland schloß im Januar 1757 einen neuen Bund mit Oesterreich gegen Friedrich. Oesterreich lieferte Subsidiengelder, die jedoch eigentlich von Frankreich kamen, zur Unterstützung der russischen Rüstungen.

Gegen die Uebermacht dieser Feinde hatte Friedrich nur wenige Verbündete von Bedeutung. In Deutschland hielten blos einige kleinere Fürsten, die zum Theil in englischem Solde dienten, zu ihm. Sein Bündniß mit England wurde am 11. Januar 1757 fester erneut, und das Volk von England bewies ihm eine an Begeisterung grenzende Verehrung; aber die Häupter der englischen Regierung standen in feindlichem Parteienkampfe gegeneinander und verloren das Interesse für den wichtigeren Kampf, der sich jetzt vorbereitete, aus den Augen. Der Hof dachte nur daran, die Grenzen von Hannover gegen feindlichen Einfall zu decken. Friedrich konnte die hannöverschen Truppen nicht bewegen, den Franzosen eine Armee über den Rhein entgegenzuschicken, und da er seine eigenen Kräfte nicht zersplittern durfte, so sah er sich genöthigt, Wesel, die Hauptfeste seiner westphälischen Provinzen, aufzugeben.

Zur Verstärkung seiner eigenen Macht, in der somit allein sein Heil beruhen konnte, mußte ihm zunächst Sachsen, das nunmehr als erobertes Land betrachtet wurde, die Mittel hergeben. Es mußte sich zu einer ansehnlichen Kriegssteuer, zur Lieferung von Rekruten und Nahrungsmitteln verstehen; die zum Theil überflüssig ausgedehnten Gehalte der Beamten wurden verringert oder ganz eingezogen; die ungeheuren Porzellanvorräthe aus der meißner Fabrik wurden für Friedrichs Rechnung verkauft. Das königliche Schloß in Dresden, auch die Kunstschätze, welche König

August mit großen Kosten gesammelt hatte, ließ Friedrich indeß unberührt. Er besuchte während des Winters, dessen. größte Zeit er in Dresden zubrachte, mehrfach die dortige Gemäldegalerie und machte in ihr seine Studien zu der Sammlung, die er in Sanssouci anzulegen gedachte; die Aufseher der Galerie, welche die anvertrauten Schätze in Gedanken schon eingepackt und nach Berlin geführt sahen, wurden dabei reichlich beschenkt; und als sich Friedrich das Bild der heiligen Magdalena von Batoni, an dem er Wohlgefallen fand, copiren lassen wollte, unterließ er es nicht, eine besondere Genehmigung von Seiten des sächsischen Hofes einzuholen. Im Uebrigen erfreute er sich an der Oper und an den Concerten, für deren Ausführung Dresden treffliche Mittel darbot, sowie an allen denjenigen Dingen, welche daheim seine Mußestunden ausgefüllt hatten. Mit dem Hofe der Königin von Polen und ihres Sohnes, des Kurprinzen, wurden nach wie vor die nöthigen Höflichkeits= bezeigungen gewechselt. Doch duldete Friedrich nicht, daß sie sich auf irgend eine Weise in seine Verwaltung des sächsischen Landes mischten; und als er die Königin in Verdacht einer eifrigen Correspondenz mit den Oesterreichern hatte, ordnete er an den Thoren eine so strenge Controle an, daß man auch bald im Inneren einer Sendung von Würsten, welche angeblich zum Geschenk für eine Freundin der Königin bestimmt war, die Briefschaften entdeckte. Dies hatte wenigstens zur Folge, daß man sich bei den weiteren Mittheilungen einer größeren Vorsicht befleißigte.

<hr />

Fünfundzwanzigstes Kapitel.

Beginn des Feldzuges von 1757. Prag und Kollin.

So war der Winter vergangen und der ernstlichere Kampf um das Dasein der preußischen Herrschaft mußte bald beginnen. Friedrich hatte sein Heer so weit verstärkt, daß er (nach ausgedehntester Berechnung) über ungefähr 200,000 Mann zu gebieten hatte; aber er konnte auch berech= nen, daß ihm die Feinde, mit vereinten Kräften, an 500,000 Mann entgegenzusetzen im Stande seien. Doch waren weder Frankreich, noch Rußland, noch Schweden, noch die Reichsarmee mit ihren Rüstungen fertig; nur Oesterreich stand ihm drohend gegenüber. So entschloß er sich auf's Neue, seinen Gegnern zuvorzukommen, den einen gerüsteten Feind mit aller Macht anzugreifen und sich vorerst auf der einen Seite Luft zu machen, damit er alsdann um so freier den nachfolgenden Geg= nern die Stirn bieten könne.

Den Oberbefehl über die österreichische Armee führte noch der Feld= marschall Browne. Sein Plan war, Friedrich in Sachsen anzugreifen und auf diese Weise dieselben Vortheile zu erstreben, die Friedrich selbst seither bei seinen raschen Angriffen zu erreichen gewußt hatte. Er hatte demgemäß eine vortheilhafte Aufstellung seiner Truppencorps angeordnet und Magazine in der Gegend der sächsischen Grenze eingerichtet. Friedrich that, als ob er dem Gegner freies Spiel lassen wolle; er verschanzte Dresden und sprengte das Gerücht aus, daß er den Angriff der Oester= reicher abwarten werde. Plötzlich sendete das österreichische Cabinet an Browne's Stelle den Prinzen Karl von Lothringen, den Bruder des Kaisers, den nach der Stelle des Oberbefehlshabers gelüstete. Prinz Karl brachte ein anderes Operationssystem mit und machte mancherlei Veränderungen in den bisherigen Anordnungen, ohne jedoch den alten Plan durch einen neuen von gleicher Folgerichtigkeit zu ersetzen. Dies kam Friedrich höchst erwünscht; er fuhr in seinen Schein=Maßregeln fort und wiegte die Feinde in stolze Sicherheit. Ehe es sich diese versahen, drang nun, gegen Ende April, seine Armee von vier Seiten, gleich vier reißenden Bergströmen, in Böhmen ein, trieb die einzelnen Truppencorps der Oesterreicher, die noch auf weitere Verstärkungen warteten, vor sich her und nahm ihnen die Magazine weg. Nur eins der österreichischen Corps wagte Widerstand, aber es wurde von dem Herzoge von Bevern, der aus der Lausitz in Böhmen einrückte, bei Reichenberg geschlagen.

Bei Prag vereinigte sich der größere Theil der österreichischen Corps zu einer bedeutenden Macht. Dorthin gingen auch, nach Friedrichs An= ordnung, die preußischen Truppen, um den entscheidenden Kampf zu beginnen. Am 6. Mai, in morgenlicher Frühe, traf die preußische Haupt= macht, unter Friedrich, Schwerin und dem Herzoge von Bevern, am rech= ten Elbufer unterhalb Prag zusammen, während ein viertes Corps, unter dem Prinzen Moritz von Dessau, den Befehl hatte, Prag auf dem linken Elbufer zu umgehen, dann über den Fluß zu setzen und dem Feinde in

den Rücken zu fallen.   Friedrich eröffnete Schwerin seine Absicht, die
Oesterreicher unverzüglich anzugreifen und ihnen keine Zeit zu weiterer
Besinnung zu lassen.   In der That waren diese auf die Nähe der Preu=
ßen so wenig vorbereitet, daß sie davon erst durch einige Schüsse, welche
bei der Vereinigung der preußischen Armee gegen einen Croatenhaufen
fielen, benachrichtigt wurden; sie begannen jetzt, zum Theil mit Hinter=
lassung des Gepäckes und Feldgeräthes, sich in Schlachtordnung zu
stellen.   Schwerin aber stellte dem Könige vor, daß die Truppen durch
nächtlichen Marsch ermüdet seien, daß man dem Feinde nur auf Umwegen
beikommen könne und daß man überhaupt von der Beschaffenheit des
Bodens keine genaue Kenntniß habe.   Als jedoch Friedrich auf seinem
Willen bestand, so drückte der alte Feldmarschall, wie er es zu thun ge=
wohnt war, seinen Hut in die Augen und rief aus: „Soll und muß denn
gerade heut eine Schlacht geliefert werden, so will ich die Oesterreicher
gleich hier angreifen, wo ich sie sehe!“ Das wäre freilich allzuschwer in’s
Werk zu richten gewesen; die Oesterreicher hatten sich sehr vortheilhaft
auf einem Höhenzuge, der durch eine sumpfige Niederung geschützt war,
aufgestellt.   Doch wurde der General Winterfeldt ausgesendet, die weitere
Beschaffenheit des Bodens zu untersuchen; er brachte schnell den Bescheid,
daß man den Feind sehr leicht umgehen könne, indem seitwärts eine Ab=
flachung der Berge und grünende Saatflächen zwischen Teichen einen
günstigeren Zugang darböten.   So wurde die preußische Armee seitwärts
geführt, während die Oesterreicher ihrer Bewegung folgten.

Aber was Winterfeldt für Saatfelder angesehen hatte, waren grün=
bewachsene Sümpfe, welche jetzt dem Vorrücken der Preußen, namentlich
dem linken Flügel, den Schwerin führte und der dazu bestimmt war, dem
Feinde zuerst in die Seite zu fallen, sehr unerwartete Hindernisse ent=
gegensetzten.   Nur ein geringer Theil der Truppen fand schmale Dämme,
auf denen einzelne Rotten hinübermarschiren konnten; die übrigen waren
genöthigt, durch die Sümpfe zu waten, in denen sie bei jedem Tritt ein=
sanken; auch war es nicht möglich, die erforderliche Anzahl Kanonen dem
Feinde entgegenzuführen.   So geschah der Uebergang langsam und nicht
ganz in Ordnung.   Doch griffen die ersten Bataillone, die festen Fuß
gefaßt hatten, unter Winterfeldts Leitung den Feind rüstig an, aber ein
mörderisches Kartätschenfeuer zwang sie zum Stehen; Winterfeldt wurde

schwer verwundet. Die Oesterreicher, von Browne geführt, der patriotisch
die Stelle eines Unterbefehlshabers übernommen hatte, drängten vor,
und bald wendete sich das Vordertreffen der Preußen auf dieser Seite zur
Flucht. Da kam Schwerin auf dem Kampfplatze an; er riß einem
Hauptmanne die Fahne, welche dieser ergriffen hatte, aus der Hand und
bemühte sich, die Soldaten zu sammeln und sie auf's Neue dem Feuer
des Feindes entgegenzuführen; aber kaum war er ein Paar Schritte vor=
wärts geritten, als er, von fünf Kartätschenkugeln durchbohrt, entseelt
vom Pferde sank. Gleichzeitig war aber auch Browne schwer verwundet
worden, so daß er sich aus der Schlacht forttragen lassen mußte.

Ein Cavalerie=Angriff, zur Seite des linken Flügels der Preußen,
war, obschon ebenfalls nicht ohne hartnäckigen Widerstand, glücklich von
Statten gegangen. Die feindliche Reiterei wurde hier gänzlich zerstreut.
Der Prinz von Lothringen bemühte sich vergebens, seine Reiterschaaren
zum Stehen zu bringen; er wurde mit fortgerissen, ein Brustkrampf
befiel ihn, und so wurde auch er bewußtlos aus dem Getümmel fortge=
tragen. Indeß war der linke Flügel der Preußen verstärkt worden und
drang nun, den Tod des verehrten Führers zu rächen, mit erneutem Un=
gestüm vor. Bald waren die Oesterreicher zum Weichen gebracht. Von
allen Seiten hatte jetzt die preußische Armee den Uebergang möglich
gemacht und sich auf die Feinde geworfen. In einer Menge von kleinen
Gefechten, wie es die Natur des Bodens mit sich brachte, wurde jetzt mit
größtem Heldenmuthe gekämpft; überall kamen die Oesterreicher, trotz
der hartnäckigsten Gegenwehr, zum Weichen; der Mangel eines oberen
Befehlshabers ließ ihre Anstrengung zu keiner übereinstimmenden Wir=
kung kommen. Friedrich selbst aber brachte den Kampf zur Entscheidung.
Er bemerkte, daß im Mittelpunkte der österreichischen Armee eine Lücke
entstanden war; hier stürzte er sich, obgleich von beiden Seiten alsbald
das heftigste Feuer erfolgte und Viele neben ihm niedergeschmettert wur=
den, an der Spitze von drei Bataillonen hinein und sprengte die Feinde
auseinander. Der Rückzug der Oesterreicher wurde jetzt zur verwirrten
Flucht; Alles war nur darauf bedacht, hinter den Thoren von Prag
Schutz zu suchen; ein Theil der Oesterreicher, der die Stadt nicht hatte
erreichen können, flüchtete in's Weite. Es würde eine gänzliche Niederlage
der Feinde erfolgt sein, hätte der Prinz von Dessau, seinem Auftrage

gemäß, den Uebergang über die Elbe schnell genug bewerkstelligen und die
Flüchtigen in die Seite nehmen können.

Der Sieg war errungen, aber mit vielem und schwerem Blute; die
Preußen hatten 18,000 Mann verloren. Von Schwerin sagte Friedrich
nachmals: „Sein Tod machte die Lorbeern des Sieges verwelken!" Und
außer ihm war noch eine bedeutende Anzahl ausgezeichneter Führer
gefallen oder verwundet. Doch war der Verlust der Oesterreicher noch
bedeutender; er belief sich im Ganzen auf 24,000 Mann. Auch sie verloren an Browne einen ihrer vorzüglichsten Feldherren. Friedrich hatte
Letzterem, der an seinen Wunden wenige Wochen darauf starb, sein Beileid bezeigen und ihm den Tod Schwerins melden lassen.

Der größere Theil des österreichischen Heeres hatte sich nach Prag
gerettet. Friedrich faßte den kühnen Gedanken, hier in großem Maßstabe
zu wiederholen, was er im vorigen Jahre vor dem sächsischen Lager bei
Pirna vollbracht hatte. Die weitläufige Stadt sollte belagert, die Armee
zur Uebergabe gezwungen werden. Schon am Abend nach der Schlacht
ließ er sie dazu auffordern, doch er erhielt eine abschlägige Antwort.
Nun schloß er die Stadt rings mit seinen Truppen ein, errichtete eine
Reihe von Belagerungswerken und hoffte, sie in kurzer Frist durch Feuer
und durch Hunger zur Uebergabe zu nöthigen. Die glühenden Kugeln,
welche er in die Stadt hineinwerfen ließ, unterhielten eine fortwährende
Feuersbrunst; der zusammengedrängten Menschenmasse begann es an
Nahrungsmitteln zu fehlen; Krankheiten und Tod räumten furchtbar
unter der Menge auf; der Muth der österreichischen Armee schien ganz
gesunken, und einige schwache Ausfälle, zu denen sie sich entschloß, wurden
ohne Mühe zurückgeschlagen. Friedrich ließ es sich angelegen sein, geheime
Kundschafter in die Stadt zu senden; die Nachrichten, die sie ihm brachten, verhießen ein baldiges Ende nach seinem Wunsche. Der Hof in
Wien zitterte; an dem Schicksal Prags schien das ganze Schicksal des
Krieges zu hängen·; das Reich zitterte, denn bereits war ein kühnes
Freicorps aus Böhmen bis nach Bayern vorgedrungen und verbreitete
den Schrecken des preußischen Namens bis an die Thore von Regensburg; schon dachte man auf Mittel, durch neue Aufopferungen den Frieden von dem bis dahin unüberwindlichen Preußenkönige zu erkaufen.

Aber die in Prag eingeschlossene Armee, auf baldigen Entsatz hoffend hielt mit Standhaftigkeit die Schrecken der Belagerung aus. Eins der österreichischen Corps, das in Böhmen schlagfertig gestanden hatte, war später als die übrigen gegen Prag vorgerückt und am Tage der Prager Schlacht noch mehrere Meilen vom Schlachtfelde entfernt gewesen, der Feldmarschall Daun befehligte dieses Corps. Er zog sich nun weiter, auf der Straße nach Kollin, zurück, und zu ihm stießen die Schaaren der Oesterreicher, die in der Schlacht zersprengt und von Prag abgeschnitten worden waren. Gegen ihn hatte Friedrich zuerst den General Zieten mit seinen Husaren ausgeschickt; und da dieser die Feinde stärker fand, als man erwartet hatte, so war mit Zieten ein besonderes Beobachtungs=corps, unter dem Herzoge von Bevern, vereinigt worden. Dieses Corps rückte gegen Daun vor, und er, obgleich der Stärkere, wich zurück, ließ die Preußen Kollin mit einem reichlichen Magazine wegnehmen und selbst Kuttenberg besetzen. Aber durch diesen Rückzug näherte er sich zugleich mehr und mehr den mittleren Provinzen des österreichischen Staates, zog, ohne sich zu schwächen, immer neue Unterstützungen, die ihm entgegenge=sendet wurden, an sich und vermehrte so nach und nach seine Armee zu einer bedeutenden Macht.

So waren mehr als fünf Wochen seit der Schlacht von Prag ver=flossen, ohne daß Friedrich im Stande gewesen war, eine Entscheidung herbeizuführen. Wie im vorigen Jahre durch das Lager von Pirna, so wurde er jetzt durch Prag in der raschen Ausführung seiner Entschlüsse aufgehalten. Aber die Verzögerung mußte jetzt, da es sich um größere Heermassen handelte, auch größere Gefahr bereiten; und, schlimmer noch als dieses, auch von den anderen Seiten rückte die drohende Gefahr be=reits näher. Die Franzosen waren mit einer mächtigen Armee über den Niederrhein gegangen und standen schon in Westphalen; die Russen, die Schweden, die Reichsarmee machten sich ebenfalls zum Anzuge bereit. Ein drückender Unmuth bemächtigte sich der Seele des Königs. Der Sieg von Prag hätte alle diese Hemmnisse, wie es schien, vereiteln kön=nen, wäre der Prinz von Dessau zu bestimmter Stunde auf dem Schlacht=felde erschienen; daß die Säumniß des Letzteren unverschuldet war, wurde von Friedrich überhört. Der Herzog von Bevern hätte jetzt, so meinte Friedrich, mit raschem Angriff das Corps des Feldmarschalls Daun zer=streuen können; daß aber dieses Corps dem preußischen bedeutend überlegen

war, daß die Oesterreicher den Preußen Stand halten würden, davon
wollte der König nichts wissen. Er entschloß sich, selbst auszuführen,
was Bevern nicht wagte; er nahm alle Truppen zu sich, die er bei der
Belagerung von Prag irgend entbehren konnte, und verließ am 13. Juni
das Lager, um zu Bevern zu stoßen.

Inzwischen war Daun, als er sich stark genug fühlte, wieder vorgerückt; er hatte jetzt den ausdrücklichen Befehl erhalten, zur Entsetzung
von Prag Alles zu unternehmen. Auch Dieses wollte Friedrich, als er
sich mit Bevern vereinigt hatte, nicht glauben. Alle Berichte, die ihm
darüber gebracht wurden, nahm er mit Unwillen auf, so daß es endlich
Niemand mehr wagte, ihm zu widersprechen. Aber mit Kümmerniß sahen
seine Getreuen die Wolke, die den hellen Sinn des Königs umdüstert
hielt. Zieten, der mit seinen Husaren genaue Kundschaft eingezogen hatte,
sprach es öffentlich aus, daß er das Unglück des Königs und seiner
Armee vor Augen sehe. Endlich, am Mittage des 17. Juni, erblickte
Friedrich selbst, als er seine Vorposten besuchte, die ganze österreichische
Armee, die ihm um ein sehr Bedeutendes überlegen war, in einem festen
Lager zwischen Kollin und Planian. Er entschloß sich, sie am folgenden
Tage anzugreifen, da es ihm um die Entscheidung zu thun war und da er
fürchtete, daß, wenn er sich der Schlacht entziehe, er genöthigt sein werde,
alle jüngst errungenen Vortheile aufzugeben.

Der Morgen des 18. Juni brach an; aber die österreichische Armee
war wiederum den Blicken der Preußen entschwunden. Man wußte nicht,
ob Daun nur seine Stellung verändert oder ob er sich unter dem Schutze
der Nacht ganz zurückgezogen habe. Friedrich beschloß, nach Kollin zu
marschiren, wo er jedenfalls feindliche Truppen erwarten durfte. Als er
indeß die Höhen bei Planian erreicht hatte, sah er auf den jenseitigen
Bergzügen auf's Neue die feindliche Armee vor sich, die ihn, zum Kampfe
bereit, in der vortheilhaftesten Stellung erwartete. Friedrich rückte nun
weiter auf der Straße gegen Kollin vor, um den Punkt ausfindig zu
machen, auf welchem der Feind anzugreifen wäre. Um 10 Uhr erreichte
man ein auf der Straße gelegenes Wirthshaus, dessen obere Fenster einen
vollkommenen Ueberblick über die Stellung der Oesterreicher verstatteten.
Hier entwarf Friedrich den Plan zur Schlacht. Der linke Flügel der
Feinde war durch tiefe Abhänge geschützt; auch das Mitteltreffen schien

dem Angriffe bedeutende Schwierigkeiten entgegenzustellen; der rechte
Flügel aber war scheinbar durch kein Hinderniß des Bodens vertheidigt.
Auf diese Stelle beschloß Friedrich alle Kräfte zu concentriren; der Feind
sollte hier umgangen und dann mit voller Macht von der Seite angefal=
len werden. Bis Mittag ließ Friedrich seine Truppen, die durch die
Hitze des Tages und den Marsch bereits angegriffen waren, rasten; dann
gab er das Zeichen zum Aufbruche. Aber der österreichische Feldherr be=
merkte die Absicht Friedrichs und bemühte sich, seinen schwachen rechten
Flügel zu verstärken.

Der Vortrab der Preußen begann den Kampf. Die Zietenschen
Husaren, die Grenadiere, die denselben ausmachten, fielen dem Feinde
in die Seite und gewannen ihm, trotz der heftigsten Gegenwehr, bedeu=
tende Vortheile ab. Aber plötzlich änderte Friedrich selbst seinen Plan.
Er befahl, daß der übrige Theil seiner Armee Halt machen, sofort auf=
marschiren und daß die Infanterie des linken Flügels gerade von vorn
den feindlichen Reihen entgegenrücken solle. Prinz Moritz von Dessau,
der das Haupttreffen commandirte, suchte ihn auf die Gefahr, der man
sich hiebei aussetzen würde, aufmerksam zu machen. Der König blieb bei
seinem Befehl; aber der Prinz wiederholte seine Einwendungen und sagte
endlich: ohne seine Pflicht zu verletzen und ohne die schwerste Verant=
wortung auf sich zu laden, könne er diesem Befehle nicht genügen. Dieser
Widerspruch reizte den Zorn des Königs; mit entblößtem Degen ritt er
auf den Prinzen zu und fragte ihn mit drohender Stimme, ob er gehor=
chen wolle oder nicht? Der Prinz fügte sich, und seine Regimenter rück=
ten gegen den Feind. War es neuer düsterer Ungestüm, war es Trotz
gegen das Schicksal, daß Friedrich von dem so weise überlegten Plane
abging?

Und dennoch schien er dem Heldenmuthe und der Tapferkeit seiner
Krieger nicht zu viel zugemuthet zu haben. Sie drangen, trotz des
schmetternden Geschützfeuers, gegen die Reihen der Oesterreicher empor;
sie vereinigten sich mit den Regimentern des Vortrabes und warfen mit
diesen vereint eine furchtbare feindliche Batterie. Der rechte Flügel des
Feindes wankte, der Sieg schien sich auf die Seite der Preußen zu
neigen; schon ließ Daun auf einem mit Bleistift geschriebenen Zettel den
Befehl zum Rückzuge durch seine Armee laufen. Doch einer von seinen

Oberofficieren bemerkte zu rechter Zeit, daß die Schlacht sich wiederum günstiger gestalte, und hielt den Zettel an. Denn jetzt hatte sich das Mitteltreffen der Preußen, durch einen allzu heftigen General geführt, verleiten lassen, gegen den ausdrücklichen Befehl des Königs Theil an der Schlacht zu nehmen. Es rückte gegen ein Dorf vor, welches von Croaten besetzt war, trieb diese hinaus und versuchte nun gegen die Oesterreicher emporzustürmen. Aber auf dem abhängigen Boden, der mit glattem, ausgedörrtem Grase bedeckt war, versagte jeder Tritt, und von dem Berge herab sprühte ihnen ein fürchterlicher Kartätschenregen entgegen. Reihenweis wurden hier die tapferen Preußen hingestreckt. Durch dieses unzeitige Unternehmen war den Regimentern des linken Flügels und dem Vortrabe der Preußen die nächste nöthige Unterstützung geraubt. Friedrich sendete ihnen Kürassiere und Dragoner zu, die errungenen Vortheile festzuhalten, und weiter zu verfolgen. Zweimal drangen die Reiter vor, aber sie mußten dem Geschützfeuer, das sie von der Seite empfing, weichen; zum dritten Mal setzte sich Friedrich selbst an ihre Spitze, aber auch jetzt vermochten sie nicht Stand zu halten.

Nun hatten jene siegreichen Schaaren, die seit zwei Stunden im Feuer standen, sich verschossen; von keiner Seite konnte ihnen Verstärkung zugeführt werden. Sächsische Reiterhaufen, die von Polen aus zu der österreichischen Armee gestoßen waren, drangen auf sie ein; andere Schaaren österreichischer Cavallerie folgten; ein wildes Gemetzel begann. Die Sachsen, der argen Niederlage gedenkend, die sie vor dreizehn Jahren erlitten, riefen triumphirend aus: Das für Striegau! Verzweifelt wehrten sich die Preußen; was nicht erlag, wendete sich endlich zur Flucht. Noch einmal sucht Friedrich dem Schicksal des Tages Trotz zu bieten. Er sprengt den Flüchtigen nach, er bemüht sich, sie zu sammeln; 40 Mann folgen seinen Befehlen, seinen Bitten; er führt diese, in der Hoffnung, daß auch die Uebrigen sich anschließen werden, unter klingendem Spiel gegen eine feindliche Batterie. Umsonst! auch die wenigen Getreuen fliehen auf's Neue, sobald sie von den feindlichen Kugeln erreicht werden. Friedrich bemerkt es nicht; nur einige Adjutanten sind noch bei ihm, als er der Batterie allein entgegenreitet. Einer von diesen fragt ihn endlich: „Sire, wollen Sie denn die Batterie allein erobern?" Da hält Friedrich sein Pferd an, sieht das leere Feld um sich, zieht das Fernrohr hervor und

beobachtet die feindliche Batterie, deren Kugeln zu seinen Seiten nieder=
schlagen. Endlich wendet er das Pferd und reitet stumm und langsam
nach dem rechten Flügel seiner Armee, wo der Herzog von Bevern com=
mandirt. Hier giebt er das Zeichen zum Rückzuge.

Der rechte Flügel hatte gar nicht an dem Kampfe Theil genommen.
Jetzt sollte er dazu dienen, den Rückzug der übrigen Heerestheile zu decken.
Aber während dieser Rückzug vor sich ging, wurde auch er noch in ein Ge=
fecht mit dem linken Flügel der Oesterreicher, der ihm entgegenrückte, ver=
wickelt. Der neue Kampf wurde mit nicht geringerer Erbitterung geführt,
als die früheren Gefechte des blutigen Tages. Die Preußen vermochten
gegen das mörderische Kartätschenfeuer der Oesterreicher nicht Stand zu
halten, ganze Regimenter wurden aufgerieben. Endlich, es war 8 Uhr des
Abends, mußte auch dieser Theil des preußischen Heeres den Rückzug an=
treten. Daun aber begnügte sich, das Schlachtfeld zu behaupten. Zufrieden
mit dem ersten siegreichen Erfolge über die preußischen Waffen, ließ er
Friedrichs Armee ungehindert und in guter Ordnung sich über Planian
nach Nimburg zurückziehen, und im edlen Stolze sendete er den Besiegten
die Verwundeten nach, die man in Planian hatte zurücklassen müssen*).

Friedrich hatte sich, als er die Schlacht verloren sah, sofort unter
geringer Bedeckung auf den Weg nach Nimburg gemacht. Der abendliche
Ritt war sehr gefahrvoll, denn rings, in Dörfern und Gebüschen, lagen
Trupps feindlicher Husaren und Croaten zerstreut. Auch erhob sich wäh=
rend des Rittes plötzlich das Gerücht, es seien österreichische Husaren im
Anzuge; man sah sich genöthigt, eine halbe Stunde lang mit verhängtem
Zügel fortzujagen. In einem Dorfe mußte man darauf kurze Rast machen,
um die erschöpften Pferde zu tränken. Ein alter verwundeter Cavallerist
trat zu dem Könige und reichte ihm in seinem Hute einen kühlen Trunk,
den er aus einem Pferdeeimer geschöpft hatte, mit den Worten: „Trink'

---

*) Die Berichte über die Schlacht bei Kollin weichen in wesentlichen
Punkten von einander ab. Die im Obigen enthaltene Darstellung folgt
denjenigen Berichten, denen man bisher die meiste Gültigkeit zuschrieb.
Neuere Untersuchungen haben jedoch den Umstand, daß Friedrich selbst
von seinem ursprünglichen Plane abgewichen sei, und den Streit des Königs
mit dem Prinzen von Dessau zweifelhaft gemacht. S. meine „Neuere
Geschichte des preußischen Staates und Volkes," Bd. I. S. 606.

Ew. Majestät doch und laß Bataille Bataille sein! Es ist nur gut, daß
Sie leben; unser Herrgott lebt gewiß, der kann uns schon wieder Sieg
geben!" Solche Worte mochten wohl tröstlich in das Ohr des Königs
klingen, aber es waren nicht Viele in der Armee, die ebenso sprachen.—
Als die übrigen Officiere, welche zu Friedrichs Gefolge gehörten, nach
Nimburg kamen, fanden sie ihn auf einer Brunnenröhre sitzend, den Blick
starr auf den Boden geheftet und mit seinem Stocke Figuren in den
Sand zeichnend. Niemand wagte ihn in seinen düsteren Gedanken zu
stören. Endlich sprang er auf und gab mit Fassung und erzwungener
Heiterkeit die nöthigen Befehle. Beim Anblick des kleinen Restes seiner
geliebten Garde traten ihm Thränen in die Augen. „Kinder," sagte er,
„ihr habt heute einen schlimmen Tag gehabt." Sie antworteten, sie seien
leider nicht gut geführt worden. „Nun, habt nur Geduld," fuhr Friedrich
fort, „ich werde Alles wieder gut machen."

Es war die erste Schlacht, die Friedrich verloren hatte. Sein
Verlust belief sich auf nahe an 14,000 Mann, der der Oesterreicher nur
auf wenig über 8000. Der schlimmere Verlust war das gebrochene Selbst=
vertrauen. Ueber das ganze Heer, das sich bis dahin für unüberwindlich
gehalten, verbreitete sich eine Muthlosigkeit, welche erst neuer glänzender
Siege bedurfte, um wieder der alten Zuversicht Platz zu machen. Als
den Officieren des Belagerungsheeres bei Prag die Niederlage bekannt
gemacht wurde, folgte eine dumpfe Stille von mehreren Minuten; der sonst
so sanftmüthige Prinz Wilhelm von Preußen aber brach in lautes Weh=
klagen über das Benehmen des königlichen Bruders aus.

Jetzt durfte Friedrich nicht länger auf einen Angriffskrieg in Böhmen
denken; die Belagerung von Prag mußte aufgehoben werden. Friedrich
selbst war gleich von Nimburg dahin geeilt, die nöthigen Anordnungen
zum Abzuge zu treffen. Am zweiten Tage nach der verlorenen Schlacht
verließ das preußische Heer die Verschanzungen mit klingendem Spiele,
ohne daß der Prinz von Lothringen, welcher die Oesterreicher in der Stadt
commandirte und durch eine Marketenderin, die von Kollin aus nach Prag
gekommen war, die Siegesnachricht erhalten hatte, ihnen ein besonderes
Hinderniß in den Weg gelegt hätte. Erst auf die letzten Abtheilungen der
preußischen Truppen, die zu lange gesäumt hatten, wagte er einen Ausfall
und brachte ihnen allerdings einen, obschon nicht bedeutenden Verlust bei.

Noch weniger unternahm Daun zur Verfolgung der Preußen; er ließ in seinem Lager, während die beiden preußischen Heere sich vereinigten, ruhig den ambrosianischen Lobgesang anstimmen. Dann ging er mit seiner Armee nach Prag, sich mit dem Prinzen von Lothringen zu verbinden.

Friedrich hatte die Absicht, sich so lange als möglich in Böhmen zu halten, vornehmlich, um aus dem nördlichen Theile des Landes vorerst alle Lebensmittel an sich zu ziehen und dadurch die künftigen Unternehmungen des Feindes auf Sachsen zu erschweren. Er hatte deshalb seine Armee in zwei Hauptcorps getheilt, die zu beiden Seiten der Elbe in festen Stellungen standen. Das auf der östlichen Seite, welches sich später nach der Lausitz zurückziehen sollte, führte sein Bruder, der Prinz von Preußen. Die österreichische Armee war mehrere Wochen unthätig gewesen; dann wendete sie sich mit ihrer Hauptmacht gegen das Corps des Prinzen. Dieser, der die Gefahr drohend gegen sich heranschreiten sah, ließ Friedrich mehrfach von den Bewegungen des Feindes benachrichtigen; aber Friedrich wollte auch jetzt, wie vor der Kolliner Schlacht, den Nachrichten über die Stärke und über die Entschlossenheit der Gegner keinen Glauben beimessen. Endlich sah der Prinz sich zu eiligem Rückzuge gegen Zittau, wo ein bedeutendes Magazin vorhanden war, genöthigt. Aber er wählte hiezu eine minder günstige, mit mannigfachen Hindernissen verknüpfte Straße durch das Gebirge, so daß dieser Rückzug der preußischen Armee auf's Neue einen sehr ansehnlichen Verlust zufügte, während der Feind zugleich auf einer kürzeren Straße gegen Zittau vordrang. Hier trafen beide Heere gegen einander. Eine Schlacht vermied Prinz Wilhelm; aber der Prinz von Lothringen richtete gegen die Stadt Zittau, deren Magazine durch eine geringe Schaar von Preußen vertheidigt wurden, ein barbarisches Bombardement, welches die gewerbfleißige Stadt, die „Goldgrube Sachsens," in einen Trümmerhaufen verwandelte. Auf die Nachricht von dem Rückzuge seines Bruders war auch Friedrich mit seiner Armee nach Sachsen gegangen. Nachdem er hier die Grenzen versichert, führte er den Haupttheil seiner Truppen zu der Armee des Prinzen Wilhelm. In Bautzen traf er mit letzterem zusammen. Die Begegnung war nicht freundlich. Der Prinz und sämmtliche Generale seiner Armee — mit Ausnahme Winterfeldts, den Friedrich dem Prinzen, gewissermaßen als Rathgeber beigegeben, — mußten die härtesten Beschuldigungen über

die Verluste jenes Rückzuges anhören. Friedrich ließ den Generalen aus=
drücklich sagen, sie hätten insgesammt verdient, daß ihnen der Kopf vor
die Füße gelegt werde. Prinz Wilhelm verließ auf solche Begegnung das
Heer und ging nach Berlin zurück; hier kränkelte er bald und starb im
folgenden Sommer.

Sechsundzwanzigstes Kapitel.
Fortsetzung des Feldzuges von 1757.

Indeß rückten von allen Seiten die Gefahren näher, und Friedrich
wünschte nichts mehr, als den Oesterreichern, welche nun in der oberen
Lausitz standen, sobald als möglich eine Schlacht zu liefern. Aber der
Prinz von Lothringen hatte mit seiner Armee eine so vortreffliche Stel=
lung genommen, daß ein Angriff auf diese eine Tollkühnheit gewesen wäre.
Friedrich suchte ihn durch mehrere künstliche Märsche aus seiner Stellung
zu entfernen; aber die Oesterreicher wichen nicht. Auch eine andere eigen=
thümliche Kriegslist, die Friedrich anwendete, blieb ohne Erfolg. Wider
seine Gewohnheit speiste er eines Abends in Gesellschaft mehrerer Generale
unter freiem Himmel. Hier wurde von nichts, als von dem auf den fol=
genden Tag beschlossenen Angriffe, und zwar so laut gesprochen, daß Alle,
die sich um die königliche Tafel drängten, — und man durfte auch Kund=
schafter unter diesen vermuthen, — die Unterredung mit anhören konn=
ten. Zugleich wurden während der Nacht alle Vorbereitungen, wie zu
einer Schlacht, getroffen. Zahlreiche Ueberläufer kamen zum Prinzen von
Lothringen und benachrichtigten ihn von diesen Umständen; aber er ließ
sich zu keiner falschen Bewegung verleiten.

Friedrich durfte nicht länger säumen, wollte er jetzt nicht Sachsen
den Angriffen der Franzosen und der Reichsvölker, die schon im vollen
Anmarsch begriffen waren, preisgeben. Er ließ also den größten Theil
der Armee unter dem Oberbefehl des Herzogs von Bevern zurück, welcher
die Lausitz und Schlesien gegen die Oesterreicher decken sollte, und machte
sich selbst an der Spitze von 12,000 Mann auf den Weg nach Dresden,
um die dortigen Truppen noch an sich zu ziehen und sodann gegen die
Saale zu marschiren. Dem Herzoge von Bevern hatte er Winterfeldt zur

Seite gestellt und von der Kühnheit und Erfahrung dieses Generals, der sein besonderes Wohlwollen besaß, glückliche Erfolge erwartet. Die Oester= reicher verharrten in ihrer Unthätigkeit, bis der österreichische Staats= kanzler, Graf Kaunitz, in dem Lager des Prinzen von Lothringen eintraf, um diesen zu lebhafteren Unternehmungen aufzumuntern. Dem Vertrauen der Kaiserin eine Probe von der Entschlossenheit des Heeres zu geben, wurde schnell ein Angriff auf ein vereinzeltes preußisches Corps — freilich mit sehr bedeutender Uebermacht — veranstaltet. Winterfeldt, welcher dieses Corps befehligte, wurde bei diesem Gefechte durch die Brust geschossen und starb nach wenigen Stunden. Die Oesterreicher siegten in dem un= gleichen Kampfe, ohne jedoch andere Vortheile damit zu verknüpfen. Der Herzog von Bevern fürchtete nun, die Oesterreicher möchten ihn von Schlesien abschneiden; er begab sich mit seinem Heere dahin auf den Weg; der Prinz von Lothringen ließ ihn ruhig den Uebergang über die Flüsse, welche die Lausitz von Schlesien scheiden, vollenden und machte sich dann bereit, ihm nach Schlesien zu folgen. Als Friedrich die Nachricht von Win= terfeldts Tode erhielt, rief er schm erzergriffen aus: „Gegen die Menge meiner Feinde hoffe ich noch Rettungsmittel zu finden; aber nie werde ich einen Winterfeldt wiederbekommen!"

Doch schon waren die Erfolge der zahlreichen Feinde von solcher Art, daß jeder Andere als Friedrich an der Möglichkeit einer Rettung verzweifeln mußte. Vom Niederrhein war eine mächtige französische Armee, unter dem Marschall d'Estrées, in Westphalen eingerückt, wo ihr ein aus Hannoveranern, Hessen, Braunschweigern und anderen Deutschen zusam= mengesetztes Heer gegenüberstand. Den Oberbefehl über letzteres führte der Herzog von Cumberland, ein Sohn des Königs von England. Auch einige preußische Truppen befanden sich unter den Verbündeten; diese wurden jedoch, als die Armee des Herzogs von Cumberland, dem Willen des hannöverschen Ministeriums gemäß, sich bis an die Weser zog, von Friedrich abberufen und zur Verstärkung der Festung Magdeburg ver= wendet. Zu Hastenbeck, unweit Hameln, kam es am 26. Juli zur Schlacht zwischen beiden Armeen. Von beiden Seiten wurde theils mit Vortheilen, theils mit Verlusten gefochten; beide Heerführer glaubten sich geschlagen und ordneten gleichzeitig den Rückzug an. Die Franzosen aber waren die Klügeren; sie bemerkten den Irrthum und besetzten schnell das Schlachtfeld,

so daß sie als Sieger erschienen. Der Herzog von Cumberland zog
sich eilig zurück; die französische Armee folgte ihm, und jener hielt sich
jetzt für so ganz hülflos, daß er zu Kloster Seeven, am 8. September,
die Hand zu einer schimpflichen Convention bot, der zufolge die ganze
Armee der Verbündeten auseinander gehen sollte; den Hannoveranern
wurden Cantonnirungsquartiere bei Stade verstattet. Braunschweig wurde
nun von den Franzosen besetzt; sie fielen in die preußischen Elbprovinzen
ein und übten alle möglichen Gräuel und Erpressungen aus. Der Herzog
von Richelieu, den man aus Paris gesendet hatte, um den Marschall
d'Estrées zu ersetzen, ließ es sich aufs Eifrigste angelegen sein, durch diese
Erpressungen sein eigenes, bedeutend zerrüttetes Vermögen wiederherzu=
stellen.

Etwas später war ein großes russisches Heer in Preußen eingerückt.
Die wilden Schwärme asiatischer Barbaren, die mit diesem Heere kamen,
verwüsteten alles Land, welches sie betraten, und bereiteten den Bewoh=
nern namenloses Elend. Memel wurde erobert, die Russen drangen bis
an den Pregelfluß vor, wo ihnen die preußische Armee, wenig stärker als
das Viertel der russischen Macht unter dem Feldmarschall Lehwald ent=
gegentrat. Am 30. August kam es bei Groß=Jägerndorf zur Schlacht.
Die geregelte Tapferkeit der Preußen schien den Sieg über die unzähl=
baren barbarischen Horden davon zu tragen, bis die errungenen Vortheile
durch manche Fehler des Anführers und einige zufällige Umstände ver=
loren gingen. Die Preußen verließen das Schlachtfeld, ohne von den
Russen verfolgt zu werden; auch betrug ihr Verlust nur etwa die Hälfte
von dem der Letzteren.

Gleichzeitig war ferner eine schwedische Armee nach Stralsund über=
gesetzt und machte Streifzüge nach Pommern und nach der Uckermark. End=
lich war auch die Reichsexecutionsarmee, unter dem Prinzen von Hildburg=
hausen, zusammengezogen; sie hatte sich gegen Ende August mit einem
französischen Corps unter dem Prinzen Soubise, das Frankreich außer
jener großen Armee, zufolge seines Vertrages mit Oesterreich, stellen mußte,
in Thüringen vereinigt und bereits Erfurt besetzt.

So war Friedrich auf allen Punkten seines Reiches, ohne Ausnahme
bedroht, und fast überall schon standen die feindlichen Heere auf dem
Boden seiner Provinzen. Der furchtbarsten Uebermacht hatte er nur ein

kleines, ſchon zuſammengeſchmolzenes Heer entgegenzuſetzen, das über=
dies durch die Niederlage von Kollin und durch den Rückzug aus Böh=
men muthlos geworden war. Nach menſchlicher Berechnung ſchien es
unmöglich, daß er dem gänzlichen Verderben entgehen könne. Und um das
Maß ſeines Kummers voll zu machen, ſo mußte ihn, während der beäng=
ſtigenden Fortſchritte ſeiner Feinde neben dem Verluſte ſo vieler tapferer,
ihm zum Theil nahe befreundeter Männer, noch ein Unglück treffen,
das ſein Gemüth im Allertiefſten ergriff. Seine Mutter, die ihm ihres
kräftigen, entſchiedenen Charakters, ihrer ganzen Geiſtesrichtung wegen
werth war wie nur wenige Frauen, war zehn Tage nach der Schlacht von
Kollin geſtorben. Eine finſtere Melancholie hatte ſich ſeiner Seele
bemächtigt; und obgleich er es, mit ungeheurer Gewalt möglich zu machen
wußte, daß ſeine Umgebungen nur zuverſichtliches Handeln, ungetrübten
Muth, ja ſelbſt Laune und Heiterkeit an ihm ſahen, ſo zitterten ſeine
Vertrauteſten doch, denn ſie wußten, daß er ein ſchnell tödtendes Gift bei
ſich trug, und daß er entſchloſſen war, den Sturz ſeines Reiches nicht zu
überleben. In den Gedichten, welche er in dieſer Zeit niederſchrieb, athmet
nur der Gedanke des Todes, in dem allein er Ruhe vor den Stürmen
des Schickſals zu finden hoffte. Er malte es ſich als ein ſüßes Gefühl
aus, freiwillig von dem traurigen Schauplatze abzutreten. Hier ſind die
Bruchſtücke eines von dieſen Gedichten, das an ſeinen Freund, den Mar=
quis d'Argens, gerichtet iſt.

> Nun iſt das Loos geworfen, Freund!
> Ermüdet von dem Schickſal, das mich quält,
> Ermüdet, mich zu beugen ſeiner Laſt,
> Verkürz' ich ſelbſt das Ziel, das die Natur
> In mütterlichem Sinn, verſchwenderiſch
> Beſtimmt für meine leiderfüllten Tage.
> Mit feſtem Herzen, unverwandtem Blick
> Schreit' ich dem Ziel entgegen, welches bald
> Mich vor des Schickſals Wüthen ſchirmen ſoll,
> Furchtlos und mithleos, in der Parze Händen,
> Zerreiß' an ihrer trägen Spindel ich
> Den allzulangen Faden. Mir hilft Atropos,
> Und ſchnell bring' ich in jenen Nachen ein,
> Der Fürſt und Hirten, ohne Unterſchied,
> Hinüberführt in's Land der ew'gen Ruhe.

Lebt wohl, ihr trügerischen Lorbeerkränze!
's ist allzutheurer Kauf, wer leben will
In der Geschichte Büchern.
Oft geben vierzig arbeitsvolle Jahre
Nicht mehr als einen Augenblick des Ruhms
Und Haß von hundert Mitbewerbern!
Erträumte Größe, lebe wohl!
Dein flücht'ger Schimmer soll die Augen mir
Nicht fürder blenden.

Schon lang hat Morpheus, karg mit seinem Mohne,
Kein Korn mehr auf mein trübes Aug' gestreut.
Den Blick von Thränen schwer, sprach ich zum Morgen:
Der Tag, der bald erwachen wird, verkündet
Nur neues Unheil mir! Ich sprach zur Nacht:
Bald ist dein Schatten da, der meine Schmerzen
Zur Ewigkeit verlängert!

Jetzt, um zu enden meine Pein,
Gleich jenen Armen, die im Kerker schmachten,
Die ihrem grausen Schicksal, ihren Henkern
Trotz bietend, kühnen Muths die Ketten brechen,
Zerreiß' auch ich, — nicht sorg' ich ob des Mittels!
Das unglückvolle, fein gewebte Band,
Das allzulange schon an diesen Leib,
Den gramzernagten, meinen Geist gefesselt.
Leb' wohl, d'Argens! In diesem Bilde siehst
Du meines Todes Ursach. Denke nicht,
Ich bitte dich darum, daß aus dem Nichts
Des Grabes ich nach Götterwürde dürste.
Die Freundschaft fordert Eines nur von dir;
So lang hinieden noch des Himmels Fackel
Die Tage dir erhellt, indeß ich ruhe,
Und wenn der Frühling neu erscheint und dir
Aus reichem Schoose holde Blumen beut,
Dann jedes Mal mit Myrten und mit Rosen,
Sollst schmücken du mein Grab!

Aber, daß es dem Könige gegeben war, seinen Gram in Worten auszusprechen, daß er ihn, als ein künstlerisches Gebilde, aus seinem

Innern abgetrennt vor ſich hinſtellen konnte, das war es, was ihn befreite.
Die Poeſie war das Gegengift, welches er bei ſich trug und welches ihn
vor dem letzten furchtbaren Schritte ſchützte.   Und bald klingt wieder in
ſeinen Gedichten ein anderer Ton als der der gänzlichen Hoffnungsloſig=
keit; er wagt es, wieder muthig in die Zukunft zu ſchauen; er reißt ſich,
mitten aus der Verzweiflung ſeiner damaligen Lage in kühner Begeiſte=
rung empor und verkündet das ſiegreiche Ende des ſchreckenvollen Kampfes.
So ruft er in einer Ode, die ſeinem jüngeren Bruder, dem Prinzen Hein=
rich gewidmet iſt, ſeinem Volke die Worte zu:

> Ihr Preußen hört! zu euch ſpricht des Orakels Stimme,
> Zu euch, die dem Geſchick und ſeinem herben Grimme
>   Ihr wurdet unterthan:
> Noch nimmer hat ein Volk, im Werden ſeiner Größe,
> Bis an das Ziel durcheilt gar ohne dräu'nde Stöße
>   Des Glückes Siegerbahn!

Er verweiſet die Preußen auf das Beiſpiel des römiſchen Volkes, das
ebenfalls unter tauſend Gefahren groß und weltherrſchend geworden war,
Dann wendet er ſich an ſeinen Bruder:

> O du, auf den mit Luſt hinblicket unſre Jugend,
> Für künft'ge Thaten du, in deiner holden Tugend
>   Ihr Vorbild, Schmuck und Schild:
> Erhalte dieſen Staat, deß Ruhm ſo hell gefunkelt,
> Mein Bruder, und der jetzt, von Wolken rings umdunkelt,
>   Sich ſchon in Nacht verhüllt,
>
> So wird die Zeit, die nie verarmt an Blüth' und Kränzen,
> O Preußenland! auch dir, ſo lang' die Sterne glänzen,
>   Neu bringen Blüth' und Kranz!
> So kündet mein Geſang, der Zukunft zugewendet,
> Dem Staate Glück und Heil, bis einſt die Zeit ſich endet, —
>   Und ew'gen Ruhmes Glanz!

Auch hier noch ſcheint der Gedanke durchzugehen, daß vielleicht nicht
durch ihn, den König, dieſe Zukunft werde heraufgeführt werden.   Aber
er hatte einmal die Zuverſicht des ſiegreichen Ausganges gefunden; und
ſo fand er auch in dieſer Zuverſicht die Kraft, welche ihn die Uebermacht
ſeiner Feinde brechen ließ.   Von hier an beginnen die herrlichſten Thaten
des großen Königs.

Siebenundzwanzigstes Kapitel.

Fortsetzung des Feldzuges von 1757. Roßbach.

Nach mancherlei kleinen Gefechten war Friedrich gegen Erfurt vor=
gerückt. Die vereinigte Armee der Reichstruppen und Franzosen hatte sich
bei dem ersten Erscheinen des Vortrabes zurückgezogen und die Stadt sich
den Preußen übergeben.   Auch aus Gotha wurden die vereinigten Trup=
pen vertrieben und mit Verlust bis nach Eisenach zurückgedrängt.   Doch
sah sich Friedrich wiederum genöthigt, seine kleine Armee durch Entsen=
dung zweier Corps, das eine gegen die Franzosen unter Richelieu, das
andere gegen eine neue österreichische Armee, welche in die Lausitz einge=
drungen war und die Mark Brandenburg bedrohte, bedeutend zu schwä=
chen. Dem Feinde seine Schwäche zu verbergen, wurden jetzt die einzelnen
Abtheilungen der preußischen Truppen in den Dörfern vertheilt, mußten
öfters ihre Quartiere ändern und jedes Regiment den neuen Ruheplatz
unter neuem Namen betreten.   Die Spione merkten getreulich die Menge
dieser Namen von Regimentern, unterrichteten den Prinzen von Soubise
von der bedeutenden Stärke der Preußen, und dieser wagte, trotz seiner
großen Ueberlegenheit, kein entscheidendes Unternehmen.

Als Soubise jedoch hörte, daß Friedrich Gotha nur durch einige
Cavallerieregimenter unter dem General Seydlitz besetzt habe und mit
der Hauptmacht nach Erfurt zurückgekehrt sei, so beschloß er, wieder auf
Gotha vorzugehen.   Seydlitz, der sich bereits bei Kollin durch kühne
Unternehmungen hohen Ruhm erworben, verließ darauf die Stadt, hatte
aber keineswegs im Sinn, dem Feinde freien Spielraum zu geben.   In
einiger Entfernung stellte er sich mit seiner kleinen Schaar in Schlacht=
ordnung, in einer Weise, daß man sie von Weitem ebenfalls für eine
große Armee halten konnte.   Ein Dragoner war in die Stadt geschickt
worden; dieser gab sich für einen Deserteur aus und versicherte, der König
selbst sei wieder in Anmarsch.   Als nunmehr die Franzosen und Reichs=
truppen, nachdem sie Gotha besetzt, zur Schlacht ausrückten, und die langen
Linien sich gegenüber sahen, auch Infanterie zwischen den Reitern zu
bemerken glaubten, — es waren einige Schwadronen Husaren, welche

Seydlitz, um den Feind zu täuschen, hatte absitzen lassen, — so zweifelten sie nicht, daß sie die ganze preußische Armee vor sich hätten. Seydlitz gab das Zeichen zum Angriff, und bald wichen die Feinde zurück. Eine Schaar preußischer Husaren und Dragoner sprengte mit verhängtem Zügel nach der Stadt, wo eben Soubise und seine Generale an der herzoglichen Tafel festlich bewirthet wurden. Diese schwangen sich in Eile auf ihre Pferde, und nur mit Mühe entgingen sie der Gefangenschaft. Den Preußen fiel, außer einer Schaar feindlicher Soldaten, der ganze Troß und das Gepäck der Franzosen in die Hände. Die Husaren ergötzten sich an den Pomaden, den Pudermänteln, Haarbeuteln, Schlafröcken, Sonnen= schirmen und Papageien, die sie in großer Masse unter dem Gepäck der französischen Officiere gefunden hatten; die Kammerdiener, Lakaien, Köche, Friseurs, Maitressen, Feldpaters und Kommödianten aber, die den Troß ausmachten, sendeten sie unentgeldlich zurück. Bis Eisenach hin hatte Seyd= litz die feindliche Armee verfolgt. Friedrich spendete ihm für das kühne Unternehmen reichliches Lob. An sich zwar war dasselbe ohne erhebliche Folgen, aber es hatte den Charakter des Feindes kennen gelehrt; und die ganze Weise, wie dieser sich Friedrichs kleiner Armee gegenüber benahm, war sehr wohl geeignet, den alten preußischen Muth wieder lebendig werden zu lassen.

Doch mußte Friedrich sich wieder aus Thüringen zurückziehen. Er erhielt die Nachricht, daß jene österreichische Armee, welche in der Lausitz stand, den Marsch auf die Mark Brandenburg anzutreten im Begriff sei, daß ein Corps ungarischer Husaren unter dem General Haddik bereits nach Berlin vorgehe, und es war zu vermuthen, daß gleichzeitig auch die Schweden von Norden aus einen Angriff auf die Mark machen würden. Friedrich begab sich auf diese Nachricht nach Torgau, während Prinz Moritz von Dessau an der Spitze eines besonderen Corps den General Had= dik von Berlin abzuhalten suchte. Der Letztere aber war dort einen Tag frü= her angekommen, während der Hof in Eile nach Spandau geflüchtet war, hatte sich eine Contribution von 200,000 Thalern auszahlen und außer= dem 24 Paar feiner Damenhandschuhe, zum Geschenk für die Kaiserin, übergeben lassen. Die Handschuhe erhielt er sorgfältig eingepackt; als aber die Kiste geöffnet ward, paßten sie sämmtlich nur auf die linke Hand. Dann war er schnell vor dem herannahenden Corps des Prinzen Moritz entwichen. Die größere österreichische Armee aber blieb ruhig in dem Lager, welches sie zu Bautzen bezogen hatte.

Während so eine drohende Gefahr ohne bedeutenden Verlust vorüberging, kamen auch andere günstige Nachrichten. Die Russen hatten ihren Sieg in Preußen nicht benutzt; vielmehr war die Armee, nachdem man in Memel eine Besatzung zurückgelassen, wieder über die russischen Grenzen zurückgeführt worden. Der Grund war eine plötzliche Krankheit der Kaiserin Elisabeth: man erwartete ihren Tod, und Bestuschef, so feindlich er gegen Friedrich gesinnt war, mochte es doch für gut finden, sich durch diese Maßregel dem Thronfolger zu empfehlen. Dafür freilich ward nachmals der allmächtige Minister, als die Kaiserin wider Erwarten genas, nach Sibirien geschickt. In Pommern hatten die Schweden einen unerwarteten Widerstand an den Landmilizen gefunden, welche von dieser Provinz aus eigenen Mitteln in nicht unbeträchtlicher Anzahl gestellt waren. Durch sie war Stettin, das nur eine äußerst schwache Besatzung hatte, gegen eine große schwedische Armee vertheidigt und diese in ihrem Marsche gegen Berlin aufgehalten worden. Im ganzen Verlaufe des siebenjährigen Krieges spielen diese Landmilizen, welche zu einer Zeit, da man nur stehende Heere kannte, als eine seltene, hochachtbare Erscheinung betrachtet werden müssen, eine wichtige Rolle in der Vertheidigung des Landes und seiner Festungen. Darum, sowie aus anderen Beweisen pommerscher Treue, hat aber auch Friedrich nachmals, in seinem „politischen Testamente," seinen Nachfolgern erklärt, „daß sie sich vorzüglich auf die pommersche Nation verlassen und dieselbe als die erste Stütze des preußischen Staates ansehen könnten und müßten." Nach diesem Vorbilde wurden nun auch in der Mark und in Magdeburg ähnliche Landmilizen eingerichtet. Als jene russische Armee sich aus Preußen zurückgezogen hatte, ließ Friedrich das dortige Corps seinen Pommern zu Hülfe kommen, so daß die Schweden bald nach Stralsund und Rügen zurückgedrängt waren.

Zugleich hatte Friedrich mit dem Herzoge von Richelieu Unterhandlungen angeknüpft. Dieser gehörte nicht zu der Partei der Marquise Pompadour, sondern zu derjenigen kleineren Partei des französischen Hofes, welche die Fortdauer des alten Bündnisses mit Friedrich gewünscht hatte. So machten ihn die feinen Schmeicheleien in Friedrichs Briefen und das

willkommene Geschenk von 100,000 Thalern bereit, auf diese Unterhand=
lungen einzugehen. Zwar waren die Verhältnisse nicht der Art, um dem
französischen Hofe Eröffnungen hierüber zu machen; doch verstand sich
Richelieu gern dazu, vor der Hand nicht weiter feindlich gegen die Pro=
vinzen zu verfahren. Auch an den König von England hatte Friedrich
geschrieben, als die schmachvolle Convention von Kloster Seeven bekannt
geworden war; er hatte ihn stolz aufgefordert, ihn jetzt nicht auf eine so
entehrende Weise zu 'verlassen, wie es der Herzog von Cumberland in
jener Convention eingegangen war. Friedrich traf mit diesem Begehren
den wunden Fleck im Gemüthe König Georgs. Denn dieser selbst war
über die Convention im höchsten Grade entrüstet; er hatte den Herzog
von Cumberland öffentlich mit den Worten empfangen: „Hier ist mein
Sohn, der mich zu Grunde gerichtet und sich selbst beschimpft hat!" und
so bewies man sich englischer Seits für jetzt wenigstens insofern willfährig,
als man die Ratification der schimpflichen Convention durch allerlei Aus=
flüchte zu verzögern suchte.

Ein Feind, den man in früheren Jahrhunderten als den fruchtbar=
sten von allen angesehen hätte, ward auf eine leichte und fast ergötzliche
Weise abgewiesen. Dies war die Reichsacht, die über Friedrich zu fällen
der in Regensburg versammelte Reichshofrath sich jetzt, da der König von
Preußen schon erdrückt schien, nach allen Kräften angelegen sein ließ. Am
14. October erschien der Hofgerichts=Advocat Aprill in der Würde eines
kaiserlichen Notars, begleitet von zwei Zeugen, in der Wohnung des preu=
ßischen Gesandten zu Regensburg, Freiherrn von Plotho, diesem „die fis=
calische Citation wegen der Achtserklärung zu insinuiren." Das war
eine „Vorladung des Kurfürsten und Markgrafen von Brandenburg, zu
sehen und zu hören, wie er werde in des Reiches Acht und Aberacht er=
kläret, und aller seiner Lehen, Rechte, Gnaden, Freiheiten und Anwart=
schaften beraubt werden." Plotho empfing den Notar im Schlafrocke.
Den Erfolg der Citation erzählte der Letztere selbst, in einem gerichtlich
aufgesetzten Document, mit folgenden Worten: „Und seind Se. Excellenz
Freiherr von Plotho in einem heftigen Zorn und Grimm gerathen, also
zwar, daß Dieselben Sich nicht mehr stille zu halten vermöget, sondern
mit zitternden Händen und mit brinnenden Angesicht beide Arme in die
Höhe haltend gegen mir aufgefahren, dabei auch die fiscalische Citation

annoch in seiner rechten Hand haltend, in diese Formalia wider mich ausge=
brochen: Was! du Flegel insinuiren? Ich antworte hierauf: Dieses ist
mein Notariat=Ambt, deme ich nachkommen muß. Dessen aber ohngeachtet
fallete mich er Freiherr von Plotho mit allem Grimme an, ergriffe mich
bei denen vorderen Theilen meines Mantels, mit dem Vermelden: Willst
du es zurücknehmen? Da mich nun dessen geweigert, stoßete und schube
er sothane Citation vorwärts zwischen meinen Rock mit aller Gewalt hin=
ein, und da er mich annoch bei den Mantel haltend zum Zimmer hinaus=
gedrucket, rufte er zu denen zweien vorhanden gewesenen Bedienten:
Werfet ihn über diesen Gang hinunter!" — Damit hatte es für diesmal
sein Bewenden: denn bald erfocht Friedrich neue Siege, die dem Reichs=
hofrath mehr Bedachtsamkeit einflößten.

Friedrich hatte jetzt die Absicht, nach Schlesien zu gehen, wo der
Herzog von Bevern hart bedrängt wurde, als er plötzlich die Nachricht
erhielt, daß die verbündete Armee der Reichstruppen und Franzosen, ver=
stärkt durch ein Corps von Richelieu's Armee, sich aus ihrer bisherigen
Unthätigkeit emporgerafft habe, nach Sachsen vordringe und zum Theil
bereits in die Nähe von Leipzig gekommen sei. Er beschloß also, sich vor=
erst aufs Neue gegen diesen Feind zu wenden und ihn wieder nach Thü=
ringen zurückzudrängen, damit derselbe nicht in allzugroßer Nähe von Kur=
sachsen — der Monat October ging bereits zu Ende — seine Winterquartiere
nehmen könne. In großer Schnelligkeit hatte Friedrich die verschiedenen
Corps einer Armee zusammengezogen und Leipzig gedeckt. Die feindliche Ar=
mee wich bis zur Saale zurück und besetzte, um den Uebergang der Preußen
über diesen Fluß zu verhindern, die Städte Halle, Merseburg und Weißen=
fels. Friedrich folgte den Gegnern rasch und drang selbst, an der Spitze
des Vortrabes seiner Armee, in Weißenfels ein, während die Feinde sich
über den Fluß flüchteten; sie zündeten die dortige, zierlich überbaute Brücke
an, um Friedrich vom jenseitigen Ufer abzuschneiden, lieferten dadurch
aber, indem dies zu eifrig geschah, eine bedeutende Anzahl ihrer eigenen
Truppen in die Hände der Preußen. Friedrich wünschte die Brücke zu
retten, doch hatte man dieselbe mit leicht brennbaren Stoffen angefüllt,
sodaß sie in einem Augenblicke ganz in Flammen stand; zugleich hinderte
ein scharfes Musketenfeuer die Löschanstalten der Preußen. Als Friedrich
hierauf am Ufer des Flusses recognosciren ritt, ward ihm eine drohende

Gefahr bereitet, der er nur durch den Edelmuth des französischen An=
führers, des Herzogs von Crillon, entging. Dieser hatte nämlich zwei
Officieren den Auftrag gegeben, von einer kleinen Insel in der Saale
die Bewegungen der Preußen zu beobachten. Einer von ihnen brachte die
eilige Nachricht von der Nähe des Königs und fragte um Erlaubniß, ob er
durch das Gebüsch der Insel gedeckt, auf ihn schießen dürfe. Aber der Herzog
erwiderte, nicht zu diesem Zweck habe er dem Officier den Posten auf der Insel
gegeben; die geheiligte Person eines Königs müsse stets verehrt werden.

Zwei Corps, die Friedrich von Weißenfels gegen Merseburg und
Halle absendete, fanden an beiden Orten die Brücken ebenfalls bereits ab=
gebrochen und die feindliche Armee auf ihrem Rückzuge begriffen, die sich
nun, einige Meilen jenseit der Saale, bei Mücheln vereinigte. Sie ließ es
ruhig geschehen, daß die preußische Armee Schiffbrücken schlug, gleichfalls
über die Saale ging und Mücheln gegenüber ein Lager bezog. Die Stellung
der verbündeten Truppen war aber so wenig geschickt gewählt, daß die
preußischen Husaren Gelegenheit fanden, in das feindliche Lager einzubrechen
und Pferde und selbst Soldaten aus den Zelten zu entführen. Friedrich
beschloß einen Angriff. Als er jedoch am folgenden Tage, den 4. November
vorrückte, fand er, daß der Feind, durch die Kühnheit der preußischen Hu=
saren gewarnt, über Nacht eine veränderte, sehr günstige Stellung einge=
nommen habe. So gab er den Angriff gegen den dreimal überlegenen Feind
wieder auf, ging zurück und bezog ein Lager in der Nähe von Roßbach.
Im Lager der Feinde aber war ob dieser vermeinten Flucht des Preußen=
königs großer Jubel; Musik und Trommelschlag tönte von ihrer Anhöhe
herab weit über die Felder, als ob sie eine Schlacht zu feiern hätten. Die
französischen Officiere wollten witzig sein und behaupteten, es geschehe dem
Herrn Marquis von Brandenburg viel Ehre, daß man sich mit ihm in
eine Art von Krieg einlasse; sie sendeten bereits Boten nach Paris, welche
dort die Gefangenschaft Friedrichs anmelden mußten. Sie dachten nicht
daran, daß, so überlegen sie waren, ihrer Armee doch der Geist fehle, der
von Friedrich ausgehend das preußische Heer belebte; daß die Eifersucht,
die zwischen den deutschen und den französischen Truppen ihres Heeres und
zwischen den Anführern beider herrschte, den gemeinsam raschen Entschluß
unmöglich machte; daß auf die Reichstruppen, welche buntscheckig zusam=
mengewürfelt und ohne alle militairische Organisation waren, leider kein

Verlaß sei, daß aber auch die Disciplin der französischen Truppen gar
wenig Lob verdiene; und daß endlich Uebermuth in der Regel der Vor=
bote des Falles zu sein pflegt.

Der Morgen des 5. November brach an, und Friedrich erhielt die
Nachricht, daß die Feinde ihre Stellung verließen. Sie rückten im weiten
Bogen um Friedrichs Armee, während ein einzelnes Corps ihm gegenüber
stehen blieb. Offenbar war es ihre Absicht, ihm den Rückzug abzuschneiden,
ihn von allen Seiten einzuschließen und so zu erdrücken. Friedrich blieb
den Vormittag über, als ahne er nichts von der Gefahr, welche ihm be=
reitet ward, ganz ruhig zu Roßbach, ließ die Mittagstafel bereiten und setzte
sich mit seinen Generalen zu Tisch. Die Feinde waren entzückt über diese Ruhe
der preußischen Armee; die Führer der letzteren aber, die den Plan des
Königs ahnten, hatten in der Stille Alles zum Aufbruch bereit gemacht.
Endlich, halb drei Uhr nach Mittag, gab Friedrich den Befehl zum Aus=
rücken; in weniger als einer halben Stunde war das ganze Lager abge=
brochen, und die französischen Officiere selbst zollten der Schnelligkeit, mit
der dies geschah, so viel Bewunderung, daß sie es die Verwandlung einer
Opern=Decoration nannten. Aber jetzt fürchteten sie, die preußische Armee
möchte ihnen entschlüpfen, und um so eiliger setzten die Colonnen des
feindlichen Heeres ihren Marsch fort. Indeß rückte Friedrich in ähnlicher
Richtung vor. Die Reiterei, die von Seydlitz geführt wurde, machte den
Vortrab aus und verschwand den Blicken der Feinde hinter einer Hügel=
reihe, während die nachfolgende Infanterie zum Theil durch einen sumpfigen
Boden gedeckt ward. Nun wurden auf dem bedeutendsten jener Hügel die
preußischen Kanonen aufgefahren; ihr Donner begann den Kampf; ihre
Stellung machte das Feuer sehr wirksam, während die feindlichen Kanonen
aus der Tiefe wenig ausrichten konnten. Durch einen sonderbaren Zufall
war zwischen beiden Armeen eine große Menge von Hasen eingeschlossen;
diese wurden jetzt durch den Geschützdonner aufgeschreckt und machten ver=
gebliche Versuche, nach der einen oder anderen Seite durchzubrechen. Als
eine der ersten französischen Kugeln einen von den Hasen vor der Front der
preußischen Truppen zerschmetterte, riefen diese jubelnd aus: „Es wird
Alles gut gehen, die Franzosen schießen einander selbst todt!"

Immer mehr waren die feindlichen Colonnen, die Cavallerie an ihrer
Spitze, geeilt, um den Preußen ganz sicher in den Rücken zu fallen. Indeß

aber hatte sie Seydlitz, ungesehen, bereits überflügelt. Plötzlich hält er mit seinen rüstigen Schwadronen auf der Höhe; er gewahrt den günstigen Augenblick und beschließt den Angriff, ohne die Infanterie erst abzuwarten. Seine Reihen stehen in fester Ordnung da; er reitet weit voraus, der ganzen Linie sichtbar, schleudert zum Zeichen des Angriffs seine Tabakspfeife in die Luft und augenblicklich stürmen die Schaaren auf die feindliche Reiterei ein, die vergebens ihre Linien aufzurollen sucht. Sie wird geworfen; einige Regimenter suchen zu widerstehen, aber umsonst. Nun wendet sich alles zur Flucht; ein tiefer Hohlweg hemmt ihren scharfen Ritt und spielt den preußischen Reitern eine große Menge von Gefangenen in die Hände; die Uebrigen fliehen unaufhaltsam bis zur Unstrut und lassen sich nicht wieder blicken. Seydlitz aber steht im Rücken der feindlichen Infanterie. Gegen diese hat Friedrich nun auch den linken Flügel seiner Infanterie sammt dem Geschütz vorrücken lassen; es gelingt ihr ebenso wenig wie der Cavallerie, sich in Linien aufzustellen; in ihren tiefen Reihen wüthet das preußische Kartätschenfeuer; die preußische Infanterie bedrängt sie heftig von der einen Seite, die Cavallerie im Rücken; — endlich stäubt auch hier Alles in wirrer Flucht auseinander, und in ganzen Schaaren werden die Fliehenden gefangen genommen. Nicht zwei Stunden hatte der Kampf gedauert; die früh eintretende Dunkelheit hemmte die weitere Verfolgung. Die preußische Armee, nicht völlig 22,000 Mann stark, zählte an Getödteten nur 165, an Verwundeten nur 376 Mann, während von den 64,000 Feinden 6 bis 700 getödtet, mehr als 2000 verwundet, mehr als 5000 gefangen und ihnen außerdem eine große Menge von Geschützen, Fahnen, Standarten, sowie der größte Theil des Gepäckes genommen war. Dabei war bei Weitem nicht die ganze Armee im Feuer gewesen. Nur sieben Bataillone hatten am Kampfe Theil genommen; zehn Bataillone hatten keinen einzigen Schuß gethan. So war bei den Preußen große Siegesfreude. Friedrich sagte seiner Armee feierlichen Dank; Seydlitz, dessen Arm durch einen Flintenschuß verwundet war, erhielt, als seltenste Auszeichnung, den schwarzen Adlerorden und wurde dann vom jüngsten Generalmajor zum Generallieutenant befördert.

Am folgenden Tage brach die preußische Armee zur Verfolgung des feindlichen Heeres auf; eine große Menge von Nachzüglern wurde noch gefangen genommen. Aber die Mehrzahl der Feinde war so schnell entflohen,

daß sie nicht mehr eingeholt werden konnte. Viele der Franzosen machten
erst Halt, als sie an den Rhein gekommen waren; stets glaubten sie noch
die preußischen Husaren hinter sich. Um sich einigermaßen schadlos zu
halten, bezeichneten sie ihren Weg durch Plünderungen und Ausschwei=
fungen aller Art; dafür rotteten sich aber auch die thüringischen Bauern
zusammen und übten ernstliche Rache.

    Friedrich benahm sich gegen die französischen Gefangenen sehr gütig.
Er tröstete die Verwundeten unter ihnen, die, gerührt durch solche Herab=
lassung, ihn als den vollkommensten Eroberer begrüßten: er wisse nicht
nur die Leiber seiner Feinde, sondern auch ihre Herzen zu bezwingen. Als
sie Briefe unversiegelt schickten und Friedrich baten, dieselben nach Frankreich
durchzulassen, antwortete er: „Ich kann mich nicht daran gewöhnen, Sie
als meine Feinde zu betrachten, und ich habe kein Mißtrauen gegen Sie;
versiegeln Sie Ihre Briefe, und Sie sollen auch die Antworten ungeöffnet
empfangen." Dem schwer verwundeten General Cüstine stattete er, als
er sich nach Leipzig zurückbegeben hatte, persönlich einen Besuch ab, und
äußerte sich gegen diesen mit so vielem Interesse für die französische Nation,
daß Cüstine, sich mühsam von seinem Lager emporrichtend, in die Worte
ausbrach: „Sire, Sie gießen Oel in meine Wunden!"

    In Deutschland aber, selbst bei den Gegnern Friedrichs, war fast
allgemeiner Jubel über den Sieg bei Roßbach, den man nur als eine
Demüthigung der wenig beliebten Franzosen betrachtete. Von jetzt an
loderte das schon im Stillen genährte Feuer der Begeisterung für den
deutschen Helden mächtig empor. Allenthalben sang man Siegeslieder auf
die Preußen und Spottlieder auf die Gegenpartei. Der Deutsche fühlte
endlich wieder den Stolz, ein Deutscher zu heißen. Viele von
diesen Liedern leben noch heut im Munde des Volkes. Eins von ihnen
schildert vortrefflich den kühnen Sinn von Friedrichs Truppen. Es be=
ginnt mit den Strophen:

> Ein preußischer Husar fiel in französ'sche Hände,
> Soubise, der ihn sah, befragt' ihn wohl behende:
> Sag' an, mein Sohn, wie stark ist deines Königs Macht?
> Wie Stahl und Eisen! sprach der Preuße mit Bedacht.
>
> Mein Sohn, verstehst mich nicht, versetzt Soubise wieder,
> Ich meine ja die Zahl, die Menge deiner Brüder.

Darauf stutzte der Husar und schaute in die Höh'n
Und sprach: So viel wie Stern' am blauen Himmel stehn! — u. s. w.

Bitter mußte dieser Jubel freilich Diejenigen kränken, die einmal von der Feindschaft gegen Friedrich nicht ablassen konnten. Die Königin von Polen, die in Dresden fort und fort Ränke gegen ihn angesponnen hatte, vermochte die Gefühle ihres Hasses nicht länger zu ertragen. Eines Abends hatte sie ihren Hofstaat in tiefem Grame entlassen; am folgenden Morgen fand man sie todt in ihrem Bette.

Aber auch die fremden Nationen nahmen an dem Enthusiasmus der Deutschen Theil; sogar die Franzosen, welche die Niederlage als eine Demüthigung der Hofpartei betrachteten, machten sich in bitteren Spottliedern gegen Soubise Luft. In den Kaffeehäusern von Paris durfte geraume Zeit kein anderes als das preußische Interesse öffentlich laut werden. Den Prinzen Soubise suchte der Hof indeß dadurch zu trösten, daß er ihm den Marschallstab verehrte. Vor Allem lebhaft äußerte sich die Theilnahme für Friedrich in England; das englische Volk vergötterte ihn; auf allen Straßen von London wurde sein Bildniß zum Kaufe ausgeboten; seine Siege wurden durch allgemeine Illuminationen gefeiert. Hier fand zugleich, eben als die Nachricht des Sieges von Roßbach nach London kam, eine günstige Veränderung im Ministerium statt. Man verweigerte die Bestätigung der Convention von Kloster Seeven, indem man sich darauf berief, daß die Franzosen sie zuerst gebrochen hätten, und beschloß die Fortsetzung des Krieges. Da es den Engländern aber an einem guten Heerführer fehlte, so empfahl ihnen Friedrich einen der vorzüglichsten Feldherren seiner Armee, den Herzog Ferdinand von Braunschweig. Dieser wurde in der That unmittelbar darauf berufen, trat an die Spitze der Armee der Hannoveraner und ihrer Verbündeten, die schnell wieder auf dem Kriegsschauplatze erschien, und errang noch im Anfange des Winters einige Vortheile gegen die große französische Armee. Hiedurch war denn auch die letztere von den preußischen Grenzen abgewendet und Friedrich von dieser Seite für jetzt vollkommen gesichert.

Achtundzwanzigstes Kapitel.

Schluß des Feldzuges von 1757.   Leuthen.

Von dem einen Feinde hatte sich Friedrich glücklich befreit; aber noch galt es, den zweiten, ungleich gefährlicheren, zurückzuschlagen. Der Herzog von Bevern hatte sich von den Grenzen der Lausitz bis nach Breslau zurückgezogen und vor der Stadt ein verschanztes Lager einge= nommen; die österreichische Armee unter dem Prinzen von Lothringen war ihm mit sehr überlegener Kraft gefolgt; ein besonderes Corps hielt das neubefestigte Schweidnitz, welches Friedrich als den Schlüssel von Schlesien ansah, eingeschlossen. Nach kurzer Rast machte sich Friedrich nunmehr auf, dem Herzoge von Bevern zu Hilfe zu eilen. Jenes öster= reichische Corps, welches in der Lausitz stand, mußte jedoch, damit der Marsch der preußischen Armee nicht aufgehalten werde, zuvor von dort vertrieben werden. Feldmarschall Keith erhielt zu diesem Zwecke den Auftrag, mit einem kleinen Corps einen Streifzug nach Böhmen zu machen; er führte diese Expedition auch so kühn und glücklich aus, daß die Oesterreicher schnell aus der Lausitz zur Vertheidigung von Böhmen aufbrachen, während er eine Menge feindlicher Magazine zerstörte und mit reicher Beute ungefährdet zurückkehrte

Aber schon in der Lausitz erhielt Friedrich die Nachricht, daß Schweidnitz, am 14. November, capitulirt habe, wodurch den Feinden ein ganzes Truppencorps, ein Magazin, eine Menge von Kriegsmunition, eine Kriegskasse in die Hände gefallen waren und sie Meister des böhmi= schen Gebirges wurden. Am 25. November traf die Nachricht ein, daß der Herzog von Bevern durch die Oesterreicher angegriffen, geschlagen und selbst in die Hände der Feinde gefallen sei. Zwei Tage darauf erfuhr Friedrich, daß auch Breslau sich dem Feinde übergeben hatte und fast die ganze Besatzung, nahe an 5000 Mann, zu den Oesterreichern übergegan= gen war. Die Trümmer der Bevernschen Armee, 18,000 Mann, hatte General Zieten nach Glogau geführt. Nun schien Schlesien ganz ver= loren, und es war nicht zu erwarten, daß Friedrich die Oesterreicher würde hindern können, ihre Winterquartiere im Mittelpunkte des Landes zu nehmen. Die österreichisch gesinnten Bewohner des Landes hoben froh

lockend ihr Haupt empor; viele Beamten huldigten der Kaiserin; der
Fürstbischof von Breslau, Graf Schaffgotsch, der allein dem Könige von
Preußen seine Würde und die mannigfachsten Gnadenbezeigungen ver=
dankte, vergaß sich so weit, daß er von seinem Wohlthäter mit den ver=
ächtlichsten Worten sprach und den schwarzen Adlerorden mit Füßen trat.

Aber Friedrich verzagte nicht. In Eilmärschen rückte er trotz der
übeln Wege weiter auf der Straße nach Breslau vor. Schon am 28.
November langte er in Parchwitz an; jenseits der Katzbach bezog er ein
Lager, um seinen Truppen einige Rast zu gönnen. Die Oesterreicher
lagerten vor Breslau in einer vortrefflichen Stellung; aber Friedrich
war entschlossen, sie anzugreifen, wo er sie fände, wäre es auch — wie er
sich ausdrückte — auf dem Zobtenberge. Bei Parchwitz stieß Zieten mit
den Ueberresten der Bevernschen Armee zu ihm. „Diese Armee jedoch," so
erzählt Friedrich, „war muthlos und durch die kürzlich erlittene Niederlage
gebeugt. Man faßte die Officiere bei der Ehre, man erinnerte sie an
ihre früheren Thaten, man suchte die traurigen Bilder zu verscheuchen,
deren Eindruck noch neu war. Selbst der Wein wurde ein Hilfsmittel,
die niedergeschlagenen Gemüther zu gewinnen. Der König sprach mit
den Soldaten; er ließ unentgeltlich Lebensmittel unter sie austheilen.
Kurz, man that Alles, um in den Truppen dasjenige Vertrauen wieder
zu erwecken, ohne welches die Hoffnung auf den Sieg vergebens ist.
Schon fingen die Gesichter an, sich wieder aufzuheitern; die, welche die
Franzosen bei Roßbach geschlagen hatten, hießen ihre Cameraden gutes
Muthes sein. Etwas Ruhe gab den Soldaten wieder Kraft; und die
Armee war bereit, den Schimpf, welchen sie am 22. November erlitten
hatte, abzuwaschen." Diese Gelegenheit suchte der König und bald fand
sie sich.

Doch dünkte dieses Alles dem Könige noch nicht genug; seine ganze
Armee bestand nur aus 32,000 Mann; während ihm 80 bis 90,000
Oesterreicher gegenüberstanden, welche anders disciplinirt waren als die
Feinde bei Roßbach und durch ihre seitherigen Fortschritte das Gefühl
des Sieges in sich trugen. Friedrich berief daher die Generale und
Stabsofficiere seiner Armee zusammen und sprach zu ihnen folgende uns
von der Geschichte aufbewahrte Worte:

„Sie wissen, meine Herren, daß es dem Prinzen von Lothringen gelungen ist, Schweidnitz zu erobern, den Herzog von Bevern zu schlagen und sich zum Meister von Breslau zu machen, während ich gezwungen war, den Fortschritten der Franzosen und Reichsvölker Einhalt zu thun. Ein Theil von Schlesien, meine Hauptstadt und die sämmtlichen Kriegs= bedürfnisse, welche darin befindlich waren, sind verloren gegangen; meine Widerwärtigkeiten würden auf's Höchste gestiegen sein, setzte ich nicht ein unbedingtes Vertrauen in den Muth, die Standhaftigkeit und die Vater= landsliebe, welche Sie bei so vielen Gelegenheiten bewiesen haben. Ich erkenne die Dienste, die Sie dem Vaterlande und mir geleistet, mit der innigsten Rührung meines Herzens. Es ist fast keiner unter Ihnen, der sich nicht durch eine große, ehrenvolle Handlung ausgezeichnet hätte: ich schmeichle mir, Sie werden auch bei neuer Gelegenheit nichts an Dem mangeln lassen, was der Staat von Ihrer Tapferkeit zu fordern berech= tigt ist. Dieser Zeitpunkt rückt heran; ich würde glauben, nichts gethan zu haben, ließe ich die Oesterreicher im Besitze Schlesiens. Lassen Sie es sich also gesagt sein: ich werde gegen alle Regeln der Kunst die beinahe dreimal stärkere Armee des Prinzen Karl angreifen, wo ich sie finde. Es ist hier nicht die Frage von der Anzahl der Feinde, noch von der Wich= tigkeit ihrer Stellung; alles Dieses, hoffe ich, wird die Herzhaftigkeit mei= ner Truppen, wird die richtige Befolgung meiner Dispositionen zu über= winden suchen. Ich muß diesen Schritt wagen, oder es ist Alles ver= loren; wir müssen den Feind schlagen, oder uns Alle vor seinen Batterien begraben lassen. So denke ich — so werde ich handeln. Machen Sie diesen meinen Entschluß allen Officieren der Armee bekannt; bereiten Sie den gemeinen Mann zu den Auftritten vor, die bald folgen werden, und kündigen Sie ihm an, daß ich mich berechtigt halte, unbedingten Gehorsam von ihm zu fordern. Im Uebrigen, wenn Sie bedenken, daß Sie Preußen sind, so werden Sie sich gewiß dieses Vorzuges nicht unwürdig machen; ist aber Einer oder der Andere unter Ihnen, der sich fürchtet, alle Gefahren mit mir zu theilen, der kann noch heute seinen Abschied erhalten, ohne von mir den geringsten Vorwurf zu leiden."

Diese Rede des Königs, so erzählt ein Augenzeuge, v. Retzow, durchströmte die Adern der anwesenden Helden, fachte ein neues Feuer in ihnen an, sich durch ausgezeichnete Tapferkeit hervorzuthun und Blut und Leben für ihren großen Monarchen aufzuopfern, der diesen Eindruck mit der innigsten Zufriedenheit bemerkte.   Eine heilige Stille, die von Seiten seiner Zuhörer erfolgte, und eine gewisse Begeisterung, die er in ihren Gesichtszügen wahrnahm, bürgte ihm für die völlige Ergebenheit seiner Armee.   Mit einem freundlichen Lächeln fuhr er darauf fort: „Schon im Voraus hielt ich mich überzeugt, daß Keiner von Ihnen mich verlassen würde; ich rechne also ganz auf Ihre treue Hilfe und auf den gewissen Sieg.   Sollte ich bleiben und Sie für Ihre mir geleisteten Dienste nicht belohnen können, so muß es das Vaterland thun.   Gehen Sie nun in's Lager und wiederholen den Regimentern, was Sie jetzt von mir gehört haben."

Friedrich hielt noch einen Augenblick inne; dann fügte er mit nachdrücklichem Ernst zum Schlusse der Rede die Worte hinzu: „Das Regiment Cavallerie, welches nicht sofort, wenn es befohlen wird, sich unaufhaltsam in den Feind stürzt, lasse ich gleich nach der Schlacht absitzen und mache es zu einem Garnison=Regimente! Das Bataillon Infanterie, das, es treffe, worauf es wolle, nur zu stocken anfängt, verliert die Fahnen und die Säbel, und ich lasse ihm die Borten von der Montirung abschneiden! — Nun, leben Sie wohl, meine Herren; in Kurzem haben wir den Feind geschlagen, oder wir sehen uns nie wieder."

Die Begeisterung, so fährt der genannte Augenzeuge fort, welche Friedrich der Versammlung einzuflößen gewußt hatte, ergoß sich bald über alle übrigen Officiere und Soldaten der Armee.   Im preußischen Lager ertönte ein lauter Jubel. Die alten Krieger, welche so manche Schlacht unter Friedrich gewonnen hatten, reichten sich wechselseitig die Hände, versprachen einander treulich beizustehen und beschworen die jungen Leute, den Feind nicht zu scheuen, vielmehr seines Widerstandes ungeachtet ihm dreist unter die Augen zu treten.   Man bemerkte seitdem bei Jedem ein gewisses inneres Gefühl von Festigkeit und Zuversicht, das in der Regel der Vorbote eines nahen Sieges ist.

Am 4. December rückte die preußische Armee aus ihrem Lager vor. Auf dem Marsche nach Neumarkt erfuhr Friedrich, der sich bei der Cavallerie des Vortrabes befand, daß dieser Ort bereits von österreichischen Husaren und Croaten besetzt sei.   Da ihm daran lag, sich der jenseitigen Höhen zu versichern, so stürmte er, ohne erst die Infanterie abzuwarten, mit seinen Husaren die Thore der Stadt und nahm die Mehrzahl der

Feinde gefangen. Dann besetzte er die Höhen und erwartete seine Armee.
Am Abend desselben Tages hörte er, daß die österreichische Armee ihre
feste Stellung verlassen habe und über das Schweidnitzer Wasser vorge=
rückt sei. Es hatte nämlich dem Prinzen von Lothringen nicht anständig
geschienen, den Angriff der „Berliner Wachparade" — wie die Oester=
reicher spottend die kleine preußische Armee nannten — in seinen festen
Verschanzungen abzuwarten. Friedrich aber nahm diesen unerwarteten
und unverständigen Schritt des Gegners als eine Vorbebeutung zum
Siege auf; mit lebhafter Fröhlichkeit trat er in das Zimmer, wo er die
Parole ausgeben wollte und sagte lächelnd zu einem der Anwesenden:
„Der Fuchs ist aus seinem Loche gekrochen, nun will ich auch seinen Ueber=
muth bestrafen!" Dann ordnete er schnell Alles zum Angriffe, der den
nächsten Tag unternommen werden sollte.

Der Morgen des verhängnißvollen 5. December brach an; das
Heer zog gerüstet dem Feinde entgegen. Friedrich wußte nichts Bestimm=
teres über die Stellung des Prinzen von Lothringen; aber wohl wußte
er, daß er den schwachen Punkt des Feindes würde finden und an die
Benutzung desselben den Sieg knüpfen können. Doch war er auf Alles
gefaßt. Als er sich an die Spitze seiner Armee begab, rief er einen
Officier mit 50 Husaren zu sich. Zu diesem sprach er: Ich werde mich
heut bei der Schlacht mehr aussetzen müssen als sonst. Er mit Seinen
funfzig Mann soll mir zur Deckung dienen. Er verläßt mich nicht und
giebt Acht, daß ich nicht der Canaille in die Hände falle. Bleib' ich, so
bedeckt Er den Körper gleich mit Seinem Mantel und läßt einen Wagen
holen. Er legt den Körper in den Wagen und sagt Keinem ein Wort.
Die Schlacht geht fort und der Feind — der wird geschlagen!"

Die ersten Colonnen der Armee hatten auf dem Marsche fromme
Lieder mit Feldmusik angestimmt. Sie sangen:

> Gieb, daß ich thu' mit Fleiß, was mir zu thun gebühret,
> Wozu mich dein Befehl in meinem Stande führet,
> Gieb, daß ich's thue bald, zu der Zeit, da ich's soll,
> Und wenn ich's thu', so gieb, daß es gerathe wohl!

Ein Commandeur fragte bei Friedrich an, ob die Soldaten schweigen soll=
ten. Der König erwiderte: „Nein, laß Er das, mit solchen Leuten wird
Gott mir heute gewiß den Sieg verleihen!"

Jetzt war die preußische Avantgarde in die Nähe eines Dorfes gekommen, vor dem eine feindliche Cavallerielinie aufgestellt war. Anfangs glaubte man, es sei einer der Flügel des österreichischen Heeres, doch über= zeugte man sich bald, daß dieses weiter zurückstand. Um indeß ganz sicher zu gehen ließ Friedrich die feindlichen Reiter angreifen; sie wurden bald geworfen und eine große Menge von ihnen gefangen genommen. Friedrich ließ die Gefangenen, die Reihen seiner Armee entlang, nach Neumarkt führen, um durch dieses Schauspiel den Muth der Seinen auf's Neue zu erhöhen. Doch war es fast überflüssig; denn kaum gelang es ihm, die Hitze der Husaren, die jenen Angriff gemacht hatten und die nun gerades Weges auf die österreichische Armee einbrechen wollten, in Schranken zu halten.

Auf einer Höhe angekommen, erblickte Friedrich nunmehr die ganze feindliche Schlachtordnung vor sich, die sich in unermeßlichen Reihen über eine Meile lang seinem Marsch entgegenbreitete. Vor ihrer Mitte lag das Dorf Leuthen. Nach dem Angriffe auf jenes Cavalleriecorps, das vor dem rechten Flügel der Oesterreicher gestanden hatte, glaubten sie, Friedrich würde sie von dieser Seite angreifen, und waren eilig auf Ver= stärkung des rechten Flügels bedacht. Aber Friedrich fand, daß, wenn er auf den linken, schlecht angelehnten Flügel des Feindes einfiele, der weitere Erfolg ungleich größere Vortheile darbieten würde; er ließ somit seine Armee, die zum Theil durch Hügelreihen gedeckt wurde, im weiten Bogen seitwärts ziehen. Die Oesterreicher bemerkten diese Bewegung, ohne doch Friedrichs Absichten einzusehen; man meinte, er suche der Schlacht aus= zuweichen. Feldmarschall Daun sagte zu dem Prinzen von Lothringen: „Die Leute gehen: man störe sie nicht!"

Um Mittag war die preußische Armee dem linken feindlichen Flügel in die Flanke gekommen. Um 1 Uhr begann der Angriff. Prinz Karl hatte die Unvorsichtigkeit begangen, auf diesen Punkt seiner Schlachtord= nung minder zuverlässige Truppen — württembergische und bayersche Hilfsvölker — zu stellen. Diese waren bald über den Haufen geworfen; in heftiger Flucht drängten sie bis Leuthen zurück, wo sie beinahe von den eigenen Verbündeten mit Pelotonfeuer wären empfangen worden. Auf die Flucht der Hilfsvölker folgte bald eine gänzliche Verwirrung des linken Flügels der österreichischen Armee. Die Preußen wendeten sich dem Mitteltreffen der Oesterreicher entgegen. Die Stellung des letzteren wurde durch das Dorf Leuthen gedeckt, welches breit und ohne einen Eingang darzubieten, den feindlichen Angriff schwierig machte, und aus dessen geschlossenen Gehöften die Preußen ein scharfes Feuer empfing. Ein hartnäckiger Kampf entspann sich um Leuthen. Ein Bataillon des preußischen Garderegiments machte einen Angriff auf das Dorf; der Commandeur stutzte, als er die Schwierigkeit der Lage übersah; er war unentschlossen, was zu thun sei. Der älteste Hauptmann, v. Möllendorf, der nachmalige berühmte Feldmarschall, sprang vor und rief den Soldaten zu, ihm zu folgen. Es ging auf einen versperrten Thorweg los. Man stieß und riß die Flügel auf; zehn Gewehre lagen in Anschlag, aber schon war Möllendorf mit dem Bataillon durch den gefährlichen Paß eingedrungen. Andere folgten, und bald, wenn auch nicht ohne fortgesetzten hartnäckigen Kampf, war das Dorf genommen. Die Oesterreicher suchten sich auf den Höhen hinter Leuthen festzusetzen, während jetzt die Preußen an dem Dorfe einen festen Halt fanden. Jene standen in dichten Massen; in ihren Reihen wüthete furchtbar das preußische Geschütz, der Kampf währte stundenlang, ohne vor- oder zurückzuweichen. Es war 4 Uhr. Jetzt kam die österreichische Cavallerie des rechten Flügels, um die preußische Armee von der Seite anzugreifen. Aber auf diesen Augenblick hatte die preußische Cavallerie des linken Flügels nur gewartet; sie stürzte jener in die Seite und in den Rücken, und in kurzer Frist waren die österreichischen Reiter vom Schlachtfelde vertrieben. Dieses war das Signal zur allgemeinen Flucht. In wilder Unordnung eilte die österreichische Armee über das Schweidnitzer Wasser. Da brach die frühe Nacht herein und beendete den Kampf.

Scharfsinn, Gewandtheit, unerschütterlicher Muth hatten in vier kurzen Stunden gegen die furchtbarste Uebermacht einen der glorreichsten Siege, welche die Weltgeschichte kennt, erfochten. Friedrichs Verfahren war im vollsten Sinne künstlerisch; wie der Orgelspieler, der mit leisem Fingerdruck die rauschende Flut der Töne erklingen läßt und sie in majestätischer Harmonie führt, so hatte er alle Bewegungen seines Heeres in bewunderungswürdigem Einklange geleitet. Sein Geist war es, der in den Bewegungen seiner Truppen sichtbar wurde, der in ihren Herzen wohnte, der ihre Kräfte stählte.

Noch auf dem Schlachtfelde bewies Friedrich dem Prinzen Moritz
von Dessau, welcher das Haupttreffen des preußischen Heeres geführt
hatte, die ehrenvollste Auszeichnung, indem er ihn zum Feldmarschall
ernannte. Er that dies mit den Worten: „Ich gratulire Ihnen zur
gewonnenen Bataille, Herr Feldmarschall!" Der Prinz, noch mit Dienst-
angelegenheiten beschäftigt, hatte auf die einzelnen Ausdrücke des Grußes
nicht genau Acht gegeben. Friedrich wiederholte also mit erhobener Stimme:
„Hören Sie nicht, daß ich Ihnen gratulire, Herr Feldmarschall?" Als
nun der Ueberraschte sich bedankte, erwiderte der König: „Sie haben mir
so bei der Bataille geholfen und Alles vollzogen, wie mir noch nie einer
geholfen hat."

Ein tiefes Dunkel hatte sich über das Schlachtfeld, auf dem sich die
Preußen, so gut es sein konnte, in Ordnung stellten, gelagert und die
Nacht die weitere Verfolgung des Feindes und seine gänzliche Vernichtung
verhindert. Friedrich aber gedachte, auch jetzt noch nicht zu rasten, sondern
mit rascher Entschlossenheit die Erfolge des glorreichen Tages festzuhalten.
Es lag ihm daran, sich der Brücke zu versichern, welche bei dem Orte
Lissa über das Schweidnitzer Wasser führt, damit er am folgenden Tage
ungehindert die Verfolgung fortsetzen könne. Er nahm zu dem Zwecke
Zieten und einen Trupp Husaren, sowie einige Kanonen mit sich und
suchte die Straße nach Lissa auf. In einem an der Straße belegenen
Kruge ward Licht bemerkt; man pochte und forderte eine Laterne. Der
Krüger, der seine Laterne nicht einbüßen mochte, kam selbst; Friedrich
gebot ihm, seinen Steigbügel zu fassen und dem Zuge zu leuchten. So
erreichte man den Weidendamm vor Lissa, während Friedrich den Krüger
von den hohen Gästen, die über Nacht bei ihm geherbergt, und von den
stolzen Reden, welche sie über die Preußen geführt, berichten ließ. Alles
horchte der treuherzig gemüthlichen Erzählung, als plötzlich funfzig bis
sechzig Flintenschüsse fielen, die gegen die Laterne gerichtet waren, doch
nur einige Pferde verwundeten. Es war ein österreichischer Posten, welcher
den Damm bewacht hatte und nun entlief. Man befand sich nahe vor
Lissa; es schien gefährlich, mit dem kleinen Trupp weiter vorzugehen.
Friedrich sendete schnell einen Adjutanten zur Armee zurück, einige der
ersten Grenadierbataillone herbeizuholen; bis diese Verstärkung nachkam,
ließ er seinen Trupp halten und den Weg nach dem offenen Oertchen

untersuchen; es wurde indeß keine weitere Gefahr entdeckt. In aller Stille
rückte man nun in Lissa ein; die Straßen waren leer, in den Häusern
rings aber war Licht und viel geschäftiges Leben. Einige österreichische
Soldaten brachten Strohbündel aus den Häusern; sie wurden ergriffen
und berichteten, sie hätten Befehl, das Stroh auf die Brücke zu tragen,
die abgebrannt werden sollte. Indeß war man doch des preußischen
Besuchs inne geworden; ein Trupp österreichischer Soldaten hatte sich still
gesammelt und fing plötzlich an, stark auf die Preußen zu feuern, so daß
mehrere Grenadiere zu Friedrichs Seiten verwundet wurden. Die Preußen
aber hatten ihre Kanonen bereits schußfertig und erwiderten ungesäumt
den Gruß. In demselben Augenblicke kam aus allen Häusern ein starkes
Feuer auf die Preußen, und wieder schossen die Grenadiere auf die Fenster,
aus denen gefeuert wurde. Alles schrie und commandirte durch einander.
Friedrich aber sagte gelassen zu seiner Umgebung: „Messieurs, folgen Sie
mir, ich weiß hier Bescheid!" Sogleich ritt er links über die Zugbrücke,
welche nach dem herrschaftlichen Schlosse von Lissa führt; seine Adjutanten
folgten. Kaum war er von dem Schloßportale angekommen, als eine
Menge von hohen und niederen österreichischen Officieren, die eben ihre
Mahlzeit eingenommen hatten und nun, durch das Schießen aufgeschreckt,
ihre Pferde suchten, mit Lichtern in den Händen aus den Zimmern und
von den Treppen herabgestürzt kamen. Erstarrt blieben sie stehen, als
Friedrich mit seinen Adjutanten ganz ruhig vom Pferde stieg und sie mit
den Worten bwillkommnete: „Bon soir, Messieurs! Gewiß werden Sie
mich hier nicht vermuthen. Kann man hier auch noch mit unterkommen?
Sie waren die größere Mehrzahl und hätten sich durch einen kühnen Ent=
schluß der Person des Königs bemächtigen können; aber daran dachte in
der Verwirrung Niemand. Die österreichischen Generale und Stabsofficiere
ergriffen die Lichter und leuchteten dem Könige die Treppe hinauf in eins
der ersten Zimmer. Hier präsentirte Einer den Andern dem Könige, der
sich mit ihnen in ein freundliches Gespräch einließ. Während deß fanden
sich auf dem Schlosse immer mehr Adjutanten und andere Officiere ein;
endlich wurde die Menge derselben so bedeutend, daß Friedrich verwundert
fragte, wo sie denn alle herkämen; und jetzt erst hörte er, daß seine ganze
Armee auf dem Wege nach Lissa sei.

Im Eifer des Sieges nämlich war diese gefolgt, als Friedrich jene

Grenadierbataillone auf den Weg nach Lissa beordert hatte. Still und
ernst hatte sich die Armee aufgemacht; Jeder schritt in tiefen Gedanken
über den bedeutungsvollen blutigen Tag vorwärts; der kalte Nachtwind
strich schaurig über die Felder, die von dem Aechzen und Wimmern der
Verwundeten erfüllt waren. Da stimmte ein alter Grenadier aus tiefer
Brust das schöne Lied „Nun danket Alle Gott" an; die Feldmusik fiel
ein, und sogleich sang die ganze Armee, mehr als 25,000 Mann, wie mit
Einem Munde:

> Nun danket Alle Gott
> Mit Herze, Mund und Händen,
> Der große Dinge thut
> An uns und aller Enden!

Die Dunkelheit und die Stille der Nacht, die Schauer des Schlacht=
feldes, wo man fast bei jedem Schritt auf eine Leiche stieß, gaben dem
Gesange eine wunderbare Feierlichkeit; selbst die Verwundeten vergaßen
ihre Schmerzen, um Antheil an diesem allgemeinen Opfer der Dankbar=
keit zu nehmen. Eine erneute innere Festigkeit belebte die ermüdeten
Krieger. Dann tönte ein lauter, hochgehaltener Jubel aus Aller Munde;
und als man nun das Feuern in Lissa hörte, so wollte es Einer dem
Andern an Geschwindigkeit zuvorthun, seinem Könige beizustehen. Alles,
was von Feinden in Lissa war, wurde gefangen genommen.

Die Oesterreicher hatten an dem einen Tage 27,000 Mann, 116
Geschütze, 51 Fahnen und 4000 Wagen verloren, während sich der Ver=
lust der Preußen nur auf 6000 Mann belief. Aber schon in der Frühe
des folgenden Morgens drang die preußische Armee unaufhaltsam weiter
vor, um alle Erfolge, die der Sieg gewähren konnte, festzuhalten. Nach
allen Seiten setzte man den Feinden nach; zahlreiche Schaaren von Ge=
fangenen und mannigfache Beute fielen noch ferner in die Hände der
Preußen. In Breslau hatte sich ein österreichisches Corps von nahe an
18,000 Mann geworfen. Friedrich belagerte die Stadt mit 14,000 Mann,
beschoß ihre Werke trotz der heftigsten Kälte, und schon am 21. December
sahen sich die Oesterreicher genöthigt, das Gewehr zu strecken; außer der
Besatzung fielen zugleich bedeutende Vorräthe und eine reiche Kriegskasse
in Friedrichs Hände. Wenige Tage darauf ging auch Liegnitz, das die
Oesterreicher flüchtig befestigt hatten, mit großen Vorräthen über, doch

erhielt die Besatzung freien Abzug. Nur Schweidnitz blieb in den Händen der Feinde, indem hier die hartgefrorene Erde die erforderlichen weitläu= figeren Belagerungsarbeiten unmöglich machte. Doch wurde der Ort fest eingeschlossen. Bis auf Schweidnitz war ganz Schlesien am Ende des Jahres von den Oesterreichern geräumt. Die Preußen bezogen ihre Win= terquartiere. Von der gewaltigen österreichischen Armee betraten nur 37,000 Mann die böhmischen Grenzen.

Neunundzwanzigstes Kapitel.

Beginn des Feldzuges von 1758. Der Zug nach Mähren.

Wohl durfte Friedrich hoffen, daß nach einem Jahre so blutiger Arbeit, nach dem gewaltigen Schlage, mit dem er alle Rachepläne Oester= reichs vernichtet, Maria Theresia zum Frieden geneigt sein werde. In der That schien sich eine solche Gesinnung von Seiten des kaiserlichen Hofes kund zu geben. Die Schriften der kaiserlichen Kanzlei und des Reichshofrathes, die immer noch ihren Gang fortgingen, milderten in Etwas ihren beleidigenden, selbst unanständigen Ton. Auch beeiferte sich Graf Kaunitz, Friedrich von einer Verschwörung zu benachrichtigen, welche gegen sein Leben angezettelt sei. Friedrich hielt dies für eine bloße Er= findung; doch ließ er seinen Dank für die Nachricht zurückschreiben, dabei aber auch hinzusetzen: es gäbe zwei Arten des Meuchelmordes, die eine durch den Dolch, die andere durch entehrende Schandschriften; die erste Art achte er wenig, gegen die zweite sei er empfindlicher. Indeß säumte er nicht, soviel an ihm lag, für den Frieden zu arbeiten. Er sendete den kriegsgefangenen Fürsten Lobkowitz nach Wien, dort die Unterhandlungen einzuleiten; er schrieb selbst in dieser Angelegenheit an die Kaiserin. „Ohne die Schlacht vom 18. Juni," so heißt es in diesem Briefe, „in der mir das Glück zuwider war, würde ich vielleicht Gelegenheit gehabt ha= ben, Ihnen meine Aufwartung zu machen: vielleicht hätte, wider meine Natur, Ihre Schönheit und Ihr hoher Sinn den Sieger überwunden; vielleicht hätten wir ein Mittel gefunden, uns zu vergleichen .... Sie hatten zwar einigen Vortheil in Schlesien; aber diese Ehre war nicht

von langer Dauer, und die letzte Schlacht ist mir wegen des vielen Blu=
tes, welches dabei vergossen ward, noch schrecklich. Ich habe mir meinen
Vortheil zu Nutze gemacht, . . . und ich werde im Stande sein, wieder in
Böhmen und Mähren einzurücken. Ueberlegen Sie dieses, meine theure
Cousine; lernen Sie einsehen, wem Sie sich vertrauen! Sie werden
sehen, daß Sie Ihre Lande in's Verderben stürzen, daß Sie an der Ver=
gießung so vieles Blutes Schuld sind, und daß Sie denjenigen nicht über=
winden können, der, wenn Sie ihn hätten zum Freunde haben wollen,
sowie er Ihr naher Verwandter ist, mit Ihnen die ganze Welt hätte
können zittern machen. Ich schreibe dieses aus dem Innersten meines
Herzens, und ich wünsche, daß es den Eindruck machen möge, den ich ver=
lange. Wollen Sie aber die Sache auf das Aeußerste treiben, so werde
ich Alles versuchen, was meine Kräfte verstatten; und doch versichere ich
Ihnen, daß ich ungern in Ihnen eine Fürstin untergehen sehe, welche die
Bewunderung der ganzen Welt verdient. Wenn Ihre Bundesgenossen
Ihnen so beistehen, wie es ihre Schuldigkeit ist, sehe ich freilich voraus,
daß es um mich gethan sein wird. Aber ich werde keine Schande davon
haben; vielmehr wird es mir in der Geschichte zum Ruhme gereichen,
daß ich einen Mit=Kurfürsten (Hannover) von der Unterdrückung habe
erretten wollen, daß ich zur Vergrößerung der Macht des Hauses Bour=
bon nichts beigetragen, und daß ich zweien Kaiserinnen und dreien Kö=
nigen Widerstand zu leisten wußte." — Ueberzeugender konnte man frei=
lich nicht sprechen.

In Wien aber hatte man sorgfältige Vorkehrungen getroffen, daß
Maria Theresia weder von dem Elend und Jammer des Krieges, noch
von der Schmach, welche der österreichischen Armee am 5. December wi=
derfahren war, genügende Kunde erhielt. Man ging so weit, daß man
alle Ereignisse des Tages von Leuthen in's Märchenhafte verkehrte, um
nur die Niederlage gebührend entschuldigen zu können. Und als nun auch
die französische Politik mit angelegentlicher Geschäftigkeit eintrat, um
jeden Gedanken an einen friedlichen Vergleich zu hintertreiben, da loderte
alsbald der ganze alte Haß und das alte Rachebegehren in Maria The=
resia empor. Die Unterhandlung des Fürsten Lobkowitz wurde mit einem
Stolze abgewiesen, daß man hätte glauben sollen, nicht die mächtige

österreichische Armee, sondern der König von Preußen sei bei Leuthen geschlagen worden.

Die Verbindung Oesterreichs mit Frankreich und Rußland wurde im Gegentheil enger geschlossen als bisher. Frankreich versprach erneute Rüstungen und fernere Subsidien an Rußland. Die russische Kaiserin aber suchte den Rückzug ihres Heeres aus Preußen, der in ihrer Krank= heit wider ihren Willen geschehen war, dadurch gut zu machen, daß sie schleunig einen zweiten Einmarsch dieses Heeres in Preußen anordnete. Friedrich, der eben erst die Winterquartiere bezogen hatte, konnte dieses nicht verhindern. Am 16. Januar bereits brach die russische Armee unter dem Feldmarschall Fermor von Memel auf und zog, da sie keinen Wider= stand fand, sechs Tage darauf unter großer Feierlichkeit in Königsberg ein. Die Stadt mußte der russischen Kaiserin an Friedrichs Geburtstage huldigen; die öffentlichen Einnahmen wurden mit Beschlag belegt, die Verwaltung wurde durch russische Vorgesetzte geleitet und ganz Ostpreu= ßen als eine russische Provinz betrachtet. Fermor wurde zum General= gouverneur ernannt und erhielt vom Kaiser die Würde eines Reichsgrafen.

Dagegen wurde nun auch die Verbindung Friedrichs mit England um so fester geknüpft. William Pitt, der englische Staatssecretair, der jetzt an der Spitze der Regierung stand und Friedrichs Größe mit hellem Auge erkannt hatte, nutzte die günstige Stimmung des Volkes und des Parlaments, so daß am 11. April 1758 ein neuer Alliance= und Sub= sidien=Tractat zu Stande kam, durch welchen England sich verpflichtete, die hannöversche Armee durch englische Truppen zu verstärken und an Friedrich jährlich eine Summe von 670,000 Pfund Sterling als Hilfs= gelder zu zahlen. Friedrich sendete dafür einige preußische Regimenter zur Verstärkung der hannöverschen Armee. Hilfsgelder von einer fremden Nation anzunehmen, stimmte freilich nicht ganz mit seiner hochherzigen Gesinnung überein; er hätte lieber eine englische Flotte in der Ostsee zu seinem Beistande gesehen. Dieses lehnten die Engländer jedoch ab; und da sich jetzt das Herzogthum Preußen und die westphälischen Provinzen in den Händen der Feinde befanden, so war Friedrich durch die unerbitt= liche Nothwendigkeit dazu gezwungen; ja er mußte sogar, um den drin= genden Bedürfnissen zu begegnen, noch auf eine weitere Vermehrung jener Summe denken und sie in zehn Millionen Thaler von geringerem Gehalt

umprägen lassen. Denn wenn auch Sachsen starke Contributionen zahlte,
wenn Mecklenburg, — dessen Herzog sich besonders feindlich erwiesen und
vor allen deutschen Fürsten auf die Achtserklärung gedrungen hatte, —
noch härter büßen mußte: so reichte das Alles doch nicht hin, um alle
diejenigen Zurüstungen fortzusetzen, welche die Uebermacht der Feinde
nöthig machte.

Friedrich war den Winter über, den er zumeist in Breslau zubrachte,
damit beschäftigt, sein Heer wieder in den früheren Stand zu setzen. Die
großen Schlachten des vorigen Jahres, die beschwerlichen Märsche, pest=
artige Krankheiten in den Lazarethen hatten es auf den dritten Theil des
ursprünglichen Bestandes zurückgebracht. Jetzt sorgte man mit allen
Kräften, es wieder vollzählig und die Schaaren der Neugeworbenen mit
allen Regeln des preußischen Dienstes vertraut zu machen. Dabei wurde
auch die Ordnung der schlesischen Angelegenheiten nicht vergessen. Ueber
Diejenigen, welche sich bei dem Einmarsche der Oesterreicher treulos ge=
zeigt, wurde strenge Untersuchung verhängt und das Vermögen der Ent=
wichenen eingezogen. Auch die Einkünfte des Fürstbischofs, Grafen
Schaffgotsch, der über die Grenze gegangen war, aber beim Wiener Hofe,
seines ehrlosen Betragens halber, kein Gehör fand, wurden mit Beschlag
belegt.

Während die preußischen Soldaten noch von den Beschwerden des
vorjährigen Feldzugs rasteten und die Rekruten eingeübt wurden, begann
der Herzog Ferdinand von Braunschweig, an der Spitze der hannöver=
schen und verbündeten Truppen, bereits den Kampf gegen die Franzosen.
Schon im Februar brach er aus seinen Winterquartieren auf, befreite
Hannover und trieb die ganze große französische Armee vor sich her. Ohne
Rast und Aufenthalt floh diese über die beschneiten Fluren Westphalens
bis an den Rhein zurück und machte erst in Wesel Halt; 11,000 Feinde
fielen in Ferdinands Hände. Hier gönnte der Sieger seinen Truppen
Rast und wartete die Verstärkung aus England ab. Durch dieses glän=
zende Unternehmen wurde Friedrich von allen französischen Angriffen be=
freit; auch die folgenden Ereignisse hielten sie von seinen Grenzen ab.
Am 1. Juni ging Ferdinand über den Rhein und schlug die verstärkte
französische Armee am 23. bei Krefeld. Nach weiteren glücklichen Erfol=
gen wurde er zwar, als Soubise mit seiner Armee in Hessen eindrang,

zum Rückzuge genöthigt; aber die Art und Weise, wie er den Uebergang
über den Rhein bewerkstelligte, brachte ihm nur neuen Ruhm. Zweimal
siegte Soubise's Armee über vereinzelte Corps der Verbündeten, ohne
doch einen wesentlichen Vortheil für Frankreich zu gewinnen. Ferdinands
Märsche und Stellungen verhinderten vielmehr jede Verbindung der bei=
den französischen Armeen und nöthigten sie, gegen das Ende des Jahres
ihre Winterquartiere am Rhein zu nehmen; Soubise blieb diesseit des
Stromes; die große Armee suchte ihre Quartiere zwischen Rhein und
Maas.

Friedrich hatte indeß den Plan gefaßt, den diesjährigen Feldzug
wiederum nach seiner gewohnten Weise zu beginnen. Statt den Angriff
oder gar die Verbindung der feindlichen Heere abzuwarten, gedachte er,
sich schnell und unvermuthet dem Einen entgegenzuwerfen, damit er, wenn
er diesen zurückgedrängt, sodann auch zur Bekämpfung des Andern freie
Hand behalte. Die Russen hatte er zwar an der Besetzung Preußens
nicht hindern können; aber dieses Land war durch Polen von seinen
übrigen Provinzen getrennt, und er konnte berechnen, daß die russische
Armee ohne geregelte Verpflegungs=Anstalten, somit unbehilflich in ihren
Bewegungen, nicht im Stande sein würde, vor dem Beginn des Som=
mers zu weiteren Angriffen zu schreiten. So entschloß er sich, seine Kräfte
zunächst gegen Oesterreich zu wenden. Hier durfte er um so eher auf
günstige Erfolge rechnen, als die österreichische Armee, durch die Verluste
des vorigen Jahres und durch die Lazareth=Krankheiten geschwächt, nicht
ohne große Mühe und zeitraubende Anstrengungen wiederherzustellen war.

Zunächst war es nöthig, die Oesterreicher von dem Einen Punkte,
den sie noch in Schlesien inne hatten, — von Schweidnitz zu vertreiben,
Sobald es die Jahreszeit erlaubte, am 1. April, wurde die förmliche
Belagerung eröffnet; am 18. April streckte die Besatzung, ein Corps von
5000 Mann, das Gewehr, nachdem eins der Forts, welche Schweidnitz
umgaben, durch nächtlichen Sturm genommen war.

Jetzt erwartete die österreichische Armee, die in Böhmen stand,
Friedrichs Einmarsch in dieses Land. Feldmarschall Daun führte den
alleinigen Oberbefehl über die Oesterreicher; Maria Theresia hatte zwar
den Prinzen von Lothringen wieder an dieser Stelle zu sehen gewünscht;
allein der Prinz hatte der im Uebrigen höchst ungünstigen Stimmung,

der er wegen der erlittenen Verluste ausgesetzt war, nachgegeben und das
Heer verlassen. Dauns Rüstungen waren noch auf keine Weise vollendet;
dieser Umstand, sowie die übergroße Vorsicht, die alle seine Handlungen
charakterisirt, veranlaßte ihn, die gewaltigsten Verschanzungen an den
böhmischen Grenzen auszuführen. Ganze Wälder wurden niedergeschla=
gen, das Holz zu der ungeheuren Menge von Verhauen zu gewinnen.
Friedrich that Alles, um den Gegner in seiner vorgefaßten Meinung zu
bestärken. Dabei aber hatte er, ganz in der Stille, die Vorbereitungen
zu einem andern Unternehmen getroffen. Mit dem Beginn des Mai, ehe
es Jemand ahnen konnte, stand seine Armee in Mähren und machte sich
zur Belagerung von Olmütz bereit. Es lag ihm zunächst daran, die
Uebereinstimmung zwischen den Operationen der Oesterreicher und ihrer
Verbündeten und den hienach entworfenen Feldzugsplan soviel als mög=
lich zu beeinträchtigen.

So schnell aber die preußische Armee in Mähren eingerückt war, so
langsam folgte der schwere Train, der das Belagerungsgeschütz herbei=
führte. Daun hatte Zeit gewonnen, dem Könige nach Mähren zu folgen
und eine drohende Stellung einzunehmen. Doch begnügte er sich, das
kleinere preußische Heer von seinen leichten Truppen umschwärmen zu
lassen, einen entschiedenen Erfolg von günstigeren Umständen abwartend.
Indeß wurde die Belagerung rüstig begonnen. Aber hiebei wurden jetzt
von den leitenden Officieren manche Fehler gemacht; die ersten Batterien
wurden in einer Entfernung von den feindlichen Werken aufgeführt, daß
man eine große Menge von Kugeln ganz ohne Erfolg verschoß; und als
man näher gerückt war, konnte man, bevor eine neue Zufuhr eingetroffen
war, täglich nur eine geringe Anzahl von Schüssen thun, so daß die Be=
lagerten Zeit gewannen, allen Schaden fort und fort wieder auszubessern.
Ueberdies reichte die preußische Armee nicht hin, die Stadt vollkommen
einzuschließen, so daß diese in Verbindung mit Dauns Armee blieb und
sogar eine Verstärkung in sich aufnehmen konnte.

Alle Hoffnung eines günstigen Erfolges beruhte nun auf einem gro=
ßen Transport, welcher der preußischen Armee von Schlesien aus die nö=
thigen Kriegsbedürfnisse zuführen sollte. Die Bedeckung desselben zu ver=
stärken, wurde ihm Zieten mit seinem Corps entgegengesendet. Aber dies=
mal hatte Daun in der That die trefflichsten Maßregeln zum Verderben

des Feindes ergriffen. Ein bedeutend überlegenes Corps griff den Trans=
port in den Gebirgspässen von allen Seiten an. Man feuerte mit Kano=
nen auf die Wagenburg, welche die Preußen in Eile bildeten, man sprengte
die Pulverwagen in die Luft, schoß die Pferde todt, und bald war Alles
in der schrecklichsten Verwirrung. Die schützenden Truppen mußten der
Uebermacht weichen. Es war eine bedeutende Anzahl junger Rekruten aus
Pommern und aus der Mark bei dem Transport gewesen; wenige von
diesen wurden gefangen, die übrigen deckten mit ihren Leibern die Wahl=
statt. Zieten war genöthigt, sich, unter fortwährenden Gefechten, nach
der schlesischen Grenze zurückzuziehen. Nur ein kleiner Theil der Wagen
kam bei der preußischen Armee an.

     Jetzt blieb Friedrich nichts übrig, als das ganze Unternehmen aufzu=
geben und mit seiner Armee aus Mähren aufzubrechen. Doch waren auf
diesem Rückzuge die größten Schwierigkeiten zu erwarten. Darum berief
Friedrich die sämmtlichen höheren Officiere zu sich in das Hauptquartier
und sprach seinen Entschluß mit folgenden Worten aus: „Messieurs! Der
Feind hat Gelegenheit gefunden, den aus Schlesien angekommenen Trans=
port zu vernichten. Durch diesen widerwärtigen Umstand bin ich genö=
thigt, die Belagerung von Olmütz aufzuheben. Die Herren Officiere dür=
fen aber nicht denken, daß deshalb Alles verloren ist. Nein! Sie können
versichert sein, daß Alles reparirt werden soll, daß der Feind daran den=
ken wird. Die Officiere müssen allen Burschen Muth zusprechen und es
nicht leiden, wenn etwa gemurrt werden sollte. Ich besorge nicht, daß
Officiere selbst sich verzagt bezeigen werden; sollt' ich, wider Vermuthen,
dies bei Einem oder dem Andern bemerken, so werd' ich's auf das Schärfste
ahnden. Ich werde jetzt marschiren, und wo ich den Feind finde, ihn
schlagen, er mag postirt sein, wo er will, eine oder mehrere Batterien vor
sich haben, — doch" — hier hielt der König inne und rieb sich mit der
Krücke seines spanischen Rohres die Stirn — „doch werd' ich's nie ohne
Raison und Ueberlegung thun. Ich bin aber auch versichert, daß jeder
Officier bei vorfallender Gelegenheit und jeder Gemeine ebenfalls, seine
Schuldigkeit thun wird, sowie sie's bisher gethan haben."

     In der That hatten sich jetzt wiederum die Verhältnisse auf eine
Weise gestaltet, daß es der freiesten, besonnensten Ueberlegung und des
standhaftesten Muthes bedurfte, um ohne Gefährde daraus hervorzugehen.

Aber, wenn man die Thaten des großen Königs betrachtet, so findet man, daß er nirgend bewunderungswürdiger erscheint, als wenn die Gefahren sich zu häufen beginnen, und nach gewöhnlicher Berechnung der Untergang unvermeidlich erscheint. In diesen Fällen erhöhte sich die Spannkraft seines Geistes zu einem Grade, der eben außerhalb der Sphäre aller gewöhnlichen Berechnung lag. Jetzt sollte er mit einer kleinen Armee, deren Marsch durch die Masse des Belagerungsgeschützes und durch einen Zug von viertausend Wagen im höchsten Maße erschwert ward, aus dem Inneren eines Landes zurückkehren, dessen Zugänge von bedeutend überlegenen Schaaren besetzt und dessen Bewohner von feindseliger Stimmung erfüllt waren. Alle Welt war auf die Lösung dieses schwierigen Räthsels gespannt. Aber Friedrich hatte schon die zweckmäßigsten Anordnungen getroffen. Daun vermuthete, daß er auf dem kürzesten Wege, unmittelbar nach Schlesien zurückkehren werde und Friedrich ließ es sich angelegen sein, den vorsichtigen Gegner aufs Neue in seiner vorgefaßten Meinung zu täuschen. So fertigte er einen Feldjäger an den Commandanten von Neisse ab, mit dem schriftlichen Befehl, Brot und Futter zur Ankunft der Armee in Bereitschaft zu halten. Der Feldjäger spielte seine Rolle so geschickt, daß er dem Feinde, der keine Kriegslist vermuthete, in die Hände fiel und sich seiner scheinbar so wichtigen Depesche berauben ließ. Nun hatte Daun nichts Eiligeres zu thun, als alle Wege und Pässe nach Schlesien zu besetzen. Friedrich aber gewann hiedurch noch einige Tage Vorsprung, um den Marsch nach der fast entgegengesetzten Richtung, nach Böhmen, antreten zu können. Erst als er sich hintergangen sah, eilte Daun ihm nach. In den Pässen des mährischen Gebirges suchten nun die leichten Truppen der österreichischen Armee den Marsch der preußischen Colonnen aufzuhalten: aber siegreich wurden alle Angriffe solcher Art, trotz der mannigfachsten Schwierigkeiten, zurückgeschlagen. Friedrich erreichte Böhmen und nahm sein Lager bei Königingrätz, am 12. Juli, ohne irgend einen erheblichen Verlust erlitten zu haben und ohne daß Daun, auch unter diesen Umständen, eine Hauptschlacht gewagt hätte; von hier sendete Friedrich den beschwerlichen Belagerungstrain nach Glatz. Gern hätte er nunmehr, nachdem sein Heer gerastet und sich gestärkt hatte, die ganze Expedition mit einer ernstlichen Schlacht beschlossen; allein Daun hütete sich weislich, die feste Stellung, die er den Preußen gegenüber

eingenommen hatte, zu verlassen. So kehrte Friedrich im Anfang
August nach Schlesien zurück, von aller Welt über einen Rückzug bewun=
dert, den man nur mit dem Rückzuge der zehntausend Griechen unter
Xenophon zu vergleichen wußte. Der kaiserliche Hof aber weihte seinem
Feldmarschall, welcher dem glücklichen Rückzuge der Preußen in bescheide=
ner Ruhe zugesehen, eine Denkmünze, die ihm den Ehrennamen des
„deutschen Fabius Maximus" gab und auf der die Worte standen: „Du
hast durch Zaudern gesiegt; fahre fort, durch Zaudern zu siegen!"

  Vielleicht während dieses Rückzuges war es, daß Friedrich durch
rasche Geistesgegenwart einer persönlich drohenden Gefahr entging. Er
war mit kleinem Gefolge zum Recognosciren ausgeritten; in einem Ge=
büsche lagen Panduren, die ihre Schüsse auf die kleine Schaar richteten.
Friedrich hatte dies nicht beachtet, als ihm plötzlich ein Feldjäger zurief,
daß in der Nähe, hinter einem Baume versteckt, ein Pandur auf ihn an=
lege. Friedrich sah sich um, erblickte den zielenden Panduren, hob den
Stock, — den er stets, auch zu Pferde trug, — in die Höhe und rief
ihm mit drohender Stimme zu: „Du! Du!" Der Pandur aber nahm
erschrocken sein Gewehr vor den Fuß, entblöß'te sein Haupt und blieb in
ehrerbietiger Stellung stehen, bis der König vorübergeritten war.

Dreißigstes Kapitel.

Fortsetzung des Feldzuges von 1758. Zorndorf.

  Es gehört zu den Eigenthümlichkeiten des siebenjährigen Krieges und
zu denjenigen Umständen, die Friedrich vorzugsweise Gelegenheit gaben,
seine Feldherrngröße zu entfalten, daß er fort und fort von einem Unter=
nehmen zu dem andern eilen mußte, daß er den Gegnern, die ihn auf ver=
schiedenen Seiten bedrängten, nicht anders die Stirn bieten konnte, als
indem er rastlos mit seiner Armee die weitesten Märsche machte und hie=
durch die geringe Zahl seiner Truppen vielfach verdoppelte. Das vorige
Jahr hatte ihn in Böhmen, der Lausitz, Thüringen, Sachsen und Schlesien
gesehen; jetzt war er kaum aus Mähren und Böhmen zurückgekehrt, als
er wiederum genöthigt war, sich unverzüglich nach der entgegengesetzten

Seite zu wenden. Die Russen hatten, unter dem Commando des Feldmarschalls Fermor, ihr schwerfälliges Heer in Marsch gesetzt, waren langsam durch die nördlichen Provinzen des damaligen Polens (West-preußen und Posen) gezogen, hatten am 2. August die Grenzen der Neu-mark überschritten und bedrohten nun das Innere der Staaten Friedrichs mit allen den Gräueln, welche ihre ungeregelten Kriege mit sich führten. Denn so mäßig sie sich in Preußen, das fortan als eine russische Provinz gelten sollte, betragen hatten, so wilde Barbareien übten sie an denjeni-gen Orten aus, welche sie als feindliche Besitzung anerkannten. Brand, Blut und Elend bezeichneten ihre Schritte; die blühenden Fluren, über die sie gezogen waren, lagen als eine Wüste hinter ihnen.

Als die Russen sich den märkischen Grenzen näherten, war ihnen jenes Armeecorps entgegengezogen, welches im vorigen Jahre in Preußen gekämpft hatte und jetzt, unter dem Befehl des Grafen Dohna, die Schweden in Stralsund eingeschlossen hielt. Zu schwach jedoch, um gegen die Uebermacht der Feinde etwas Entscheidendes unternehmen zu können, lagerte sich Dohna an der Oder und begnügte sich, das linke Ufer des Flusses zu decken und die Besatzung der Festung Cüstrin zu verstärken, als Fermor mit seiner Hauptmacht gegen dieselbe vorrückte. Eine regel-mäßige Belagerung dieses Ortes ließ die nächste sumpfige Umgebung nicht zu; wohl aber hoffte Fermor, die Besatzung durch ein Bombarde-ment zur Uebergabe zu zwingen und auf diese Weise einen festen Waffen-platz an der Oder zu gewinnen. Eine ungeheure Menge von Bomben und Granaten wurde am 15. August in die Stadt geworfen, sodaß Alles in kurzer Frist in Flammen aufging. Die Einwohner der Stadt und die Menge der Bewohner des Landes, die hinter den Wällen von Cüstrin Schutz gesucht vor den barbarischen Horden, sahen alle ihre Habseligkeiten den Flammen preisgegeben und konnten nichts als ihr Leben retten, indem sie sich über die Oder flüchteten. Fermor ließ mit dem Bombarde-ment so lange fortfahren, als Brandgeschosse in seinem Lager vorhanden waren. Doch war seine Absicht umsonst. Die Festungswerke blieben unversehrt; und als nach fünf Tagen der Commandant zur Uebergabe auf-gefordert wurde, mit dem Androhen, daß man, wenn die Uebergabe nicht erfolge, sofort zum Sturme schreiten und die ganze Besatzung niedermetzeln würde, so erklärte er, er gedenke, sich bis auf den letzten Mann zu vertheidigen.

16*

Unterdeß war ein besonderes Corps der russischen Armee gegen
Pommern gesendet und die schwedische Armee aufgefordert worden, in
Uebereinstimmung mit den russischen Truppen vorzuschreiten. So hatte
die Gefahr den höchsten Punkt erreicht. Doch verfuhren die Schweden
äußerst langsam, und zwar auf den Rath des französischen Gesandten,
dessen Wunsch es war, daß sie, um die französischen Armeen zu unterstützen,
ihren Marsch gegen die Elbe wenden möchten. Und schon war der Retter
nahe. Am 21. August traf Friedrich in dem Lager des Grafen Dohna,
Cüstrin gegenüber, ein und brachte 14,000 Mann seiner erprobten schlesi=
schen Armee mit, die er, auf die Nachricht der drohenden Gefahr, der
Sommerhitze zum Trotz in fliegenden Märschen von der böhmischen
Grenze hinübergeführt hatte. Gleich nach seiner Ankunft musterte er das
Corps des Grafen Dohna. Der stattliche Aufzug, in welchem dasselbe an
ihm vorüberzog, fiel ihm auf; er wendete sich zu Dohna und bemerkte
gegen diesen laut, wohl an die vorjährige Niederlage der Truppen ge=
denkend: „Ihre Leute haben sich außerordentlich geputzt; ich bringe welche
mit, die sehen aus wie die Grasteufel, aber sie beißen!"

Aber tiefe Trauer und heißes Rachebegehren mußten das Gemüth
des Königs erfüllen, als er die rauchenden Trümmer der Stadt und all
die Verwüstungen vor sich sah, welche die barbarischen Horden in seinem
Lande angerichtet, und das Elend der Bewohner, die von ihm Linderung
ihres grausamen Schicksals begehrten. Mildreich tröstete er die Unglück=
lichen auf den Brandstätten Cüstrins. „Kinder," sagte er zu ihnen, als
sie treuherzig die einzelnen Umstände ihrer Leiden erzählten, — „Kinder,
ich habe nicht eher kommen können, sonst wäre das Unglück nicht geschehen!
Habt nur Geduld, ich will euch Alles wieder aufbauen." Auch bewährte
er sein Wort durch die That und ließ ihnen augenblicklich, zur Bestrei=
tung ihrer nächsten dringenden Bedürfnisse, die Summe von 200,000
Thalern auszahlen. Schnell beschloß er, den Feind zu schwerer Verant=
wortung zu ziehen. Während in der Nähe von Cüstrin auf die russischen
Verschanzungen gefeuert wurde, so daß man glauben mußte, er werde hier
sofort zum ernstlichen Angriffe schreiten, ließ er mit dem Beginn der Nacht
sein Heer aufbrechen, um eine Strecke unterhalb Cüstrin unbemerkt die
Oder überschreiten zu können. Als die Armee sich zum Abmarsch anschickte,
ritt er die Reihen entlang, begrüßte noch einmal seine Tapfern, und rief

ihnen freundlich zu: „Kinder, wollt ihr mit?" Alles antwortete mit einem
jubelnden Ja! Einer sagte zu ihm: „Wenn wir nur erst die russischen
Beutepferde hätten, da sollte es noch geschwinder gehen." Der König ant=
wortete mit Laune: „Die wollen wir schon bekommen!"

Am 23. August wurde der Uebergang über den Fluß bewerkstelligt
und der Feind nunmehr im weiten Bogen umgangen. Das ganze Heer
wurde über die Gräuelscenen, die sich hier überall den Augen darboten, zur
leidenschaftlichsten Rache entflammt. Man sah nichts als brennende oder
eingeäscherte Dörfer; in den Schlupfwinkeln der Wälder lagen die elen=
den Bewohner, denen der Feind auch das Letzte, was sie an Nahrungs=
mitteln besaßen, genommen hatte. Willig gaben ihnen die menschenfreund=
lichen Soldaten das Brot, das sie bei sich hatten; dafür trugen ihnen
die Bauern Wasser zu, ihren Durst in der brennenden Hitze zu löschen;
auch fand man an vielen Orten vorsorglich große Gefäße, selbst Sturm=
fässer mit Wasser zu diesem Behufe auf die Straße gestellt.

Am Morgen des 25. August hatte Friedrich das russische Heer so
weit umgangen, daß er dasselbe von der vortheilhaftesten Seite angreifen
konnte. Eine gedehnte Ebene verstattete ihm einen freien Angriff, während
im Rücken und zur Seite des Feindes sumpfige Niederungen und ein klei=
ner Nebenfluß der Oder befindlich waren. Die Brücke über den letzteren
hatte Friedrich abbrechen lassen, da er dem Feinde allen Rückzug abschnei=
den wollte; er gedachte das ganze feindliche Heer zu vernichten und so
mit Einem Schlage eine blutige Entscheidung zu erzwingen. Denn frei=
lich durfte er hier nicht lange säumen, da er erwarten konnte, daß die
Oesterreicher seine Abwesenheit bald zu gefährlichen Unternehmungen be=
nutzen würden. Darum hatte er auch die feindliche Bagage, die in einer
Wagenburg abgesondert zur Seite stand und durch ihn bereits von der
Hauptarmee abgeschnitten war, nicht, was ohne Mühe hätte geschehen kön=
nen, angegriffen; ohne bedeutendes Blutvergießen hätte er hiedurch den
Feind nöthigen können, ein Land zu verlassen, in dem er sich nicht zu hal=
ten vermochte. Aber die Vollendung dieses Unternehmens hätte Wochen
erfordert.

Die preußische Armee bestand aus 32,760 Mann, die der Russen aus
ungefähr 52,000 Mann. Die letztere hatte sich, als Friedrich heranrückte,
in einem ungeheuern länglichen Viereck, Reiterei, Troß und Reserve in der

Mitte aufgestellt. Eine solche Aufstellung hatte sich in den Türkenkriegen, gegen die regellosen Angriffe eines wilden Feindes, bewährt gezeigt; gegen eine europäisch disciplinirte Armee war sie wenig zweckmäßig. Friedrich entschloß sich mit seinem linken Flügel gegen die ungefüge Last des feind-lichen Heeres vorzurücken, die rechte Ecke desselben in gewaltigem Stoße zu zerschmettern und von hier aus Verwirrung und Niederlage über seine dichtgedrängten Glieder zu verbreiten. Zwischen beiden Heeren lag das Dorf Zorndorf. Umherschwärmende Kosakenschaaren hatten dasselbe in Brand gesteckt; aber der Rauch trieb den Russen entgegen und verhinderte sie, die Aufstellung des Gegners zu beobachten.

Um 9 Uhr begann der Angriff. Die Avantgarde und der linke Flügel der preußischen Armee rückten gegen die rechte Seite des russischen Heeres vor, welche durch eine sumpfige Niederung von der Hauptarmee abgetrennt war. Das Geschütz begann sein furchtbares Spiel und wüthete auf eine unerhörte Weise in den tiefen Reihen der Russen; durch Eine Kugel sollen 42 Mann niedergestreckt worden sein. Der Troß im Innern der Schaaren gerieth in Verwirrung, die Pferde mit ihren Wagen rissen aus und brachen durch die Glieder; nur mit Mühe konnte man densel-ben zu einer Aufstellung hinter den Truppen sammeln. Die preußische Infanterie benutzte die Verwirrung, zog eilig näher, feuerte heftig und warf das Vordertreffen der Russen. Der Aufmarsch der Preußen war indeß mit mancherlei Ungeschick verbunden gewesen; ihre Schaaren waren zum Theil getrennt, zum Theil in einer schwachen Linie geführt; die feind-lichen Heerführer benutzten dies, und nun brachen Fußvolk und Reiterei der Russen mit dem wilden Ruf: Ara, Ara! auf die Preußen ein, deren Infanterie sich in verwirrter Flucht zurückzog. Aber die preußische Ca-vallerie, unter Seydlitz, war bis dahin ruhig zur Seite vorgerückt. Als nun die Russen in Unordnung ihren Gegnern nachsetzten, gab Seydlitz, den richtigen Moment scharf erfassend, das Zeichen zum Angriff, und augenblicklich stürmten seine Schaaren in geregelter Kraft auf die feind-lichen Haufen ein. Jetzt erhob sich ein fürchterlicher Kampf, wie die euro-päische Kriegsgeschichte kaum ähnliche Beispiele kennt. Denn ob auch die ersten Reihen der Russen niedergeschmettert waren, so standen die nachfol-genden doch unerschütterlich fest. Auch diese wurden geworfen, aber immer ballten sich neue Massen zusammen, mit ihren Leibern dem Gegner einen

Wall entgegensetzend, der nicht anders, als durch gänzliche Niedermetze=
lung erstiegen werden konnte. Ob sie auch ihre Pulvervorräthe verschossen
hatten, doch wichen die Russen nicht eher, als bis sie von der Klinge des
Gegners durchbohrt niedersanken. Stundenlang währte dieses Morden.
Einige Haufen der Russen geriethen über ihre Bagage, plünderten die
Marketenderwagen und öffneten die Branntweinfässer, nach dem berauschen=
den Tranke lechzend. Die Officiere schlugen die Fässer in Stücke; Einige
warfen sich auf den Boden, den Trank noch im Staube aufzulecken, Andere
kehrten ihre Waffen in wilder Wuth gegen ihre Befehlshaber und morde=
ten Die, welche ihnen den Trank verschüttet. Endlich, nachdem die Mit=
tagstunde bereits vorüber war, endete der Kampf auf dieser Seite. Was
von den Russen nicht niedergemetzelt lag, war in die Sümpfe versprengt.
Seydlitz zog seine tapferen Schaaren vor dem feindlichen Kanonenfeuer
zurück, das nunmehr von der anderen Seite auf ihn gerichtet wurde.

Die übrigen Theile beider Armeen waren bis jetzt noch nicht zum
Kampfe gekommen. Friedrich hatte sich auf dem rechten Flügel seiner
Truppen befunden. Nun ordnete er seine Armee zum Angriff und rückte
vor. Vor dem rechten Flügel befand sich eine Batterie, durch einen
beträchtlichen Zwischenraum von der Truppenlinie getrennt und deshalb
durch ein besonderes Bataillon gedeckt. Auf diese stürzte sich eine große Schaar
feindlicher Cavallerie und nahm schnell die Batterie und jenes Bataillon
gefangen. Dann sprengte sie der Armee entgegen; hier wurde sie jedoch
durch ein lebhaftes Feuer zurückgeworfen. Jetzt brach sich auch jenes
gefangene Bataillon wieder zu den Seinigen Bahn, mit dem lauten Rufe:
Victoria, es lebe der König! Friedrich aber ritt zu ihnen heran und sagte:
„Kinder, ruft noch nicht Victoria; ich werde es euch schon sagen, wenn
es Zeit ist!" — In dem Augenblick stürzten neue Schaaren der russischen
Reiterei auf den linken Flügel der preußischen Armee. Dieser war aus
den Regimentern des Grafen Dohna gebildet; ein Theil von ihnen war
es gewesen, der schon bei jenem ersten Angriff auf den rechten Flügel der
Russen geflohen war. Jetzt ergriff sie insgesammt bei dem Anbrausen der
feindlichen Haufen ein panischer Schreck; in schmachvoller Flucht verlie=
ßen sie aufs Neue das Schlachtfeld. Und wieder war es dem Helden des
Tages, Seydlitz, vorbehalten, die bedrohliche Gefahr abzuwenden. Aufs
Neue stürmte er mit seinen tapferen Schaaren auf die Feinde ein, warf

die ruſſiſche Cavallerie in wilder Unordnung zurück und griff die noch
ſtehenden Infanterie=Treffen der Ruſſen trotz des lebhafteſten Kartätſchen=
und Gewehrfeuers muthig an. Bald kam auch Friedrich mit dem erprob=
tern Theile ſeiner Infanterie heran, und nun entſtand wiederum ein
Gemetzel, jenem gleich, welches dem rechten Flügel der Ruſſen bereits den
Untergang gebracht hatte. Mann kämpfte gegen Mann, keine Abtheilung
vermochte mehr Ordnung zu erhalten, Ruſſen und Preußen, Infanterie
und Cavallerie, Alles war in dichten Knäueln durcheinander gedrängt.
Friedrich ſelbſt wurde in Perſon auf eine Weiſe mit in das Geſecht ver=
wickelt, daß ſeine Pagen um ihn her gefangen, verwundet und getödtet
wurden. Der furchtbare Staub des heißen Tages und der Pulverdampf
hatten alle Geſichter unkenntlich gemacht; den König erkannten ſeine
Truppen nur an der Stimme. Kein Theil wich dem andern an Muth,
aber die Kriegszucht der Preußen trug den Sieg davon; es gelang
den Führern, ſie in geregelten Schaaren zuſammenzuziehen, und als
der Abend ſank, waren die Ruſſen, die nicht niedergemetzelt lagen, vom
Kampfplatze zurückgedrängt.

Während Friedrich ſeine Armee zur Nachtruhe ordnete, ſuchten die
Ruſſen in einzelnen Haufen ihr Heil in der Flucht. Da ſie aber überall
die Brücken abgebrochen fanden, ſo hinderte dies die gänzliche Auflöſung
ihres Heeres, deſſen Führer es ſich nun auf alle Weiſe angelegen ſein
ließen, die Zerſtreuten zu ſammeln. Eine Schaar von einigen tauſend
Ruſſen hatte ſich wieder auf dem Schlachtfelde aufgeſtellt. Gegen ſie ließ
Friedrich noch einmal Truppen marſchiren; doch blieb dieſer letzte, übri=
gens unbedeutende Angriff fruchtlos, da es theils an Munition fehlte, theils
auch die Hälfte der angreifenden, aus Bataillonen des linken Flügels
beſtehend, zum dritten Mal vor dem feindlichen Feuer entfloh. Indeß ver=
anlaßte dieſer kleine und für das Schickſal des Tages ſo ganz gleichgültige
Erfolg den ruſſiſchen Heerführer, prahleriſche Siegesnachrichten nach
Petersburg und nach den Höfen der Bundesgenoſſen zu ſenden, die ſich
gern auf kurze Zeit dem angenehmen Traume überließen.

Ueber Nacht hatten ſich die Ruſſen geſammelt und am folgenden
Morgen ſich aufs Neue in Schlachtordnung geſtellt. Es ſchien ſich eine
zweite Schlacht entſpinnen zu wollen; in der That begann eine Kanonade,
welche vier Stunden lang dauerte. Aber auf beiden Seiten war die

Erschöpfung groß; auch fehlte es an Munition, so daß es zu keinem ernstlichen Angriffe kam. Fermor hielt nun um einen Waffenstillstand von einigen Tagen an, unter dem Vorwande, die Todten zu begraben. Friedrich ließ ihm antworten, dies sei die Pflicht des Siegers. So benutzte Fermor die folgende Nacht, den linken Flügel des preußischen Heeres zu umgehen und seine Wagenburg wieder zu gewinnen, wo er sich vorläufig verschanzte.

Gefangene waren am Tage der Schlacht von Zorndorf auf beiden Seiten nur wenig gemacht worden. Man hatte Pardon weder gegeben noch genommen. Man sagt, Friedrich selbst habe es verboten gehabt. Erst am folgenden Tage war eine größere Anzahl der versprengten Russen in die Hände der Preußen gefallen. Die Verluste im Ganzen waren sehr bedeutend. Friedrich hatte über 11,000 Mann, die Russen das Doppelte verloren. An Trophäen hatten die Preußen 103 Kanonen und 27 Fahnen und Standarten erobert. „Der Himmel hat Ew. Majestät heute wieder einen schönen Sieg gegeben!" so redete der englische Gesandte, Sir Mitchell, der Friedrich in den Krieg gefolgt war, den Letzteren auf der Wahlstatt an. „Ohne diesen," — erwiderte Friedrich und zeigte dabei auf Seydlitz, — „ohne diesen würde es schlecht mit uns aussehen!" Seydlitz aber lehnte das ehrenvolle Wort bescheiden ab und sprach das ganze Verdienst der gesammten Reiterei zu. Auch fand sich Friedrich veranlaßt, dem Feldmarschall Daun den wahren Erfolg der Zorndorfer Schlacht zu melden. Ihm war nämlich ein Brief Dauns an Fermor in die Hände gefallen, worin dem russischen Heerführer gerathen ward, er möge keine Schlacht wagen mit einem listigen Feinde, den er noch nicht kenne; er möge nur zögern, bis Dauns Unternehmen auf Sachsen zu Ende gebracht sei. Friedrich schrieb nun zurück: „Sie haben Recht gehabt, dem General Fermor zu rathen, daß er vor einem feinen und listigen Feinde, den sie besser kenneten, auf seiner Hut sei. Denn er hat Stich gehalten und ist geschlagen worden."

Unter den Gefangenen befanden sich fünf russische Generale. Als diese, noch auf dem Schlachtfelde, dem Könige vorgestellt wurden, so bedeutete er sie, wie er bedaure, daß er kein Sibirien habe, wohin er sie schicken könne, damit sie für ihre barbarische Weise der Kriegführung bestraft und ebenso behandelt würden wie in Rußland die preußischen Officiere.

Sie fanden darauf ihre Wohnungen in den gewölbten Kellern unter den Wällen Cüstrins. Als sie dort hingeführt wurden und gegen einen solchen unziemlichen Aufenthalt protestirten, erwiderte ihnen der Commandant, mit Rücksicht auf die Erklärung des Königs: „Sie haben, meine Herren, nicht mir, sondern der armen Stadt die Ehre angethan, sie zu beschießen, und sich selbst kein Haus übrig gelassen; Sie müssen für jetzt so vorlieb nehmen!" Indeß gestattete Friedrich schon nach einigen Tagen, daß die russischen Generale ihre Keller verlassen und in der nicht abgebrannten Neustadt von Cüstrin Wohnungen miethen durften. Ja, als darauf die Nachricht von einer milderen Behandlung der Preußen in Petersburg kam, erlaubte er ihnen, nach Berlin zu gehen und selbst an den dortigen Hoffesten Theil zu nehmen. Damals waren es Gefangene fast aus allen europäischen Nationen, welche an den Hoftagen zu Berlin der Königin ihre Aufwartung machten.

Die preußische und die russische Armee hatten indeß noch einige Tage unthätig einander gegenübergestanden, bis am 1. September Fermor sich auf Landsberg zurückzog. Friedrich folgte ihm, sah sich jedoch schon am 2. September genöthigt, mit einem Theile seiner Armee nach Sachsen aufzubrechen, wohin ihn neue Noth der Seinen berief. Ein Corps von 16,000 Mann blieb zur Beobachtung der Russen zurück. Fermor rückte nun in Pommern ein und zog jene Abtheilung seiner Truppen, die in Gemeinschaft mit den Schweden hatte operiren sollen, wieder an sich; dann sendete er ein anderes Corps nach dem Ufer der Ostsee, Colberg zu belagern. Die Besatzung dieser Festung war sehr schwach, aber Landmilizen und die gesammte Bürgerschaft nahmen mit aufopfernder Beharrlichkeit Theil an der Vertheidigung; ein mehrfach wiederholtes Bombardement blieb fruchtlos, und selbst ein Sturmangriff, nachdem die Russen bereits in den bedeckten Weg eingedrungen waren, wurde glücklich abgeschlagen. Endlich, am Ende October, wurde die Belagerung aufgehoben, und die gesammte russische Armee zog sich jenseit der Weichsel in ihre Winterquartiere.—
Den Fortschritten der Schweden war nach der Schlacht von Zorndorf durch ein besonderes preußisches Corps Einhalt gethan.

Einunddreißigstes Kapitel.

Schluß des Feldzuges von 1758. Hochkirch.

Als Friedrich die böhmischen Grenzen verließ und gegen die Russen zog, dünkte es seinen übrigen Gegnern die günstige Zeit nun auch ihrer= seits angriffsweise gegen seine Besitzungen zu verfahren. Die preußischen Truppen, die in Sachsen und Schlesien standen, waren an Zahl nicht son= derlich bedeutend; man konnte ihnen sehr überlegene Massen entgegenstellen und man meinte, daß vor der Hand das Genie des Königs eben nicht weiter zu fürchten sei. Die Reichsarmee, die in Franken ihre Winterquartiere genommen und sich ansehnlich verstärkt hatte, rückte nun in Böhmen ein und wendete sich gegen die sächsischen Grenzen. Daun zog mit der großen österreichischen Armee nach der Lausitz und errichtete dort seine Magazine. Hier konnte er, je nach den Umständen, mit der Reichsarmee gemeinschaft= lich gegen Sachsen operiren oder in Schlesien einfallen, oder auch den Vorschritten der Russen in die Hände arbeiten. Zu diesem Behufe ließ er ein Corps leichter Truppen unter dem General Laudon in die Niederlausitz bis nach den Gegenden der Oder vorrücken. Laudon fand bei dieser Expe= dition keine besonderen Hindernisse und war somit leicht im Stande, in Peitz, einer kleinen alten Festung an einem Nebenflusse der Spree, einen militairischen Posten zur Sicherung seiner weiteren Unternehmungen fest= zusetzen. Indeß geschah das Letztere nicht, ohne dem preußischen Namen neue Ehre zu bereiten. Peitz war nämlich durch fünfzig alte preußische Invaliden besetzt; und als die Oesterreicher ohne sonderliches Ceremoniel einzudringen suchten, wurden sie mit Verlust einiger Mann abgewiesen. Doch machte der österreichische Anführer ernsthafte Anstalten zum Angriff; er ließ den Com= mandanten in aller Form zur Uebergabe auffordern, und dieser benahm sich nun, wie es ehrenhafter Krieger Sitte ist. Bevor er unterhandelte, machte er die Bedingung, daß zwei aus seiner Feste entsendete Officiere, vom Feinde auf's Ehrenwort angenommen, sich überzeugen dürften, ob das feindliche Corps nach seiner Stärke berechtigt sei, die Räumung des Platzes zu fordern. Der Feind genügte dem Ansinnen des Commandanten; die Officiere kehrten zurück und bezeugten die überlegene Macht desselben. Jetzt erst schritt der

Commandant zur Capitulation; er bewirkte sich und seinen fünfzig
Veteranen freien Abzug nach Berlin und ließ den Eroberern nichts als
einige Stücke zumeist mittelalterlicher Armaturen zurück.

Prinz Heinrich, der Bruder des Königs, führte den Oberbefehl der
sächsischen Armee. Durch mancherlei Streifcorps hatte er den Anmarsch
der Reichsarmee verzögert; doch konnte er gegen die Hauptmacht derselben,
als diese wirklich in Sachsen einrückte, nichts Entscheidendes wagen und
mußte sich begnügen, sich vor der Hand in einem festen Lager in der Nähe
von Dresden sicherzustellen, während die überlegene feindliche Armee das
Lager von Pirna besetzte. Indeß war aber auch die schlesische Armee, unter
dem Markgrafen Karl, aufgebrochen und hatte eine Stellung genommen,
welche geeignet war, Schlesien gegen Dauns Angriffe von der Lausitz her
zu decken. Zugleich war von dieser Seite der General Zieten abgesendet,
um dem weiteren Vorschreiten des Laudon'schen Corps entgegenzutreten.
Unter diesen Umständen, und da von Seiten der Russen kein näheres Ein=
greifen in das gemeinschaftliche Unternehmen stattfand, faßte Daun den
schnellen Entschluß, sich gegen Sachsen zu wenden. Er rückte in kurzer
Frist gegen Dresden vor und beschloß nun, den Prinzen Heinrich im Rücken
anzufallen, während ihn die Reichsarmee von vorn angreifen sollte, damit
das kleine preußische Heer zwischen der zwiefach größeren Uebermacht er=
drückt würde. Gleichwohl wußte sich Prinz Heinrich in einer so günstigen
Stellung zu erhalten, daß kein Angriff auf ihn erfolgte; bald kam die
Nachricht an, daß Friedrich sich, nachdem er bei Zorndorf gesiegt, mit raschen
Schritten der sächsischen Grenze nähere. Am 10. September, nachdem er
die Armee des Markgrafen Karl und das Zieten'sche Corps an sich gezogen
und Laudon wieder zur rückgängigen Bewegung auf die österreichische
Hauptmacht genöthigt hatte, traf Friedrich in der Gegend von Dresden ein.
Hier standen nunmehr vier Armeen auf dem engen Raume von zwei Meilen
einander gegenüber; jeder Tag schien eine blutige Lösung dieser eigen=
thümlichen Verhältnisse zu verheißen. Friedrich wünschte nichts mehr als
eine entscheidende Schlacht. Aber Daun hatte jetzt die Lust dazu verloren:
als ein Meister im Vertheidigungskriege wußte er schnell eine so günstige
Lagerstelle zu besetzen, daß ein Angriff auf ihn die größte Verwegenheit
gewesen wäre. Ebenso stand die Reichsarmee in dem Lager von Pirna
vollkommen sicher. Eine geraume Frist verging auf diese Weise, ohne daß

irgend eine Entscheidung erfolgt wäre. Vergebens waren die verschiedenen
Manövers, welche Friedrich anstellte, um den Gegner aus seiner Stellung
herauszulocken. Aber jeder Tag war peinlicher für ihn, denn in der Zwi=
schenzeit waren andere österreichische Corps in Oberschlesien eingerückt, hat=
ten die Festung Oppeln und Reisse eingeschlossen, und schon kam die Nachricht,
daß alle Anstalten zur förmlichen Belagerung von Reisse gemacht würden.

Jetzt faßte Friedrich einen schnellen Entschluß. Da er hier den Feind
zu keiner Schlacht bewegen konnte, so gedachte er, einen raschen Zug nach
Schlesien zu unternehmen, um die Oesterreicher zu verhindern, in dieser
Provinz festen Fuß zu fassen; hiedurch wurden zugleich die österreichischen
Magazine in der Lausitz, aus denen Daun seinen Unterhalt bezog, bedroht.
Es glückte ihm, durch ein vorgesendetes Corps Bautzen besetzen zu lassen;
nach einigen Tagen folgte er selbst mit seiner Armee nach. Aber Daun
hatte ebenso die Gefahr eingesehen, in welche er durch die Wegnahme seiner
Magazine versetzt werden mußte. Dies und gleichzeitig auch Friedrichs
Marsch nach Schlesien zu vereiteln, hatte er sich, ehe noch Friedrichs ganze
Armee den beschlossenen Marsch antreten konnte, in derselben Richtung
auf den Weg gemacht. Am 10. October, als Friedrich von Bautzen aus
weiter vorrückend, das Dorf Hochkirch besetzt hatte, sah er seinen Schritt
auf's Neue durch die ganze österreichische Heeresmacht, die ihm gegenüber
lagerte, aufgehalten.

Die Stellung, welche Daun eingenommen hatte, war wiederum
überaus günstig. Er hatte eine Reihe ausgedehnter bewaldeter Bergzüge,
welche das Dorf Hochkirch in einem Winkel umschlossen, besetzt. Es war
so wenig möglich, hier vorzudringen, als es räthlich sein konnte, in Hoch=
kirch zu verweilen. Friedrich indeß, der es nicht für ehrenvoll hielt, vor
dem blosen Anblick des Feindes umzuwenden, und der auch, wo es An=
griff galt, dem österreichischen Heerführer durchaus keinen kühnen Ent=
schluß zutraute, befahl, das Lager bei Hochkirch aufzuschlagen. Alle preu=
ßischen Generale, die sich zur Stelle befanden, sahen die Gefahr dieses
Unternehmens ein; Fürst Moritz von Dessau erlaubte sich, dem Könige
Vorstellungen darüber zu machen. Aber Friedrich achtete nicht darauf.
Der General=Quartiermeister der Armee erhielt Befehl, das Lager abzu=
stecken; dieser weigerte sich, zu dem Verderben der Armee beizutragen, und
ward mit Arrest bestraft. Ein Ingenieur=Lieutenant mußte nun, nach

Friedrichs eigener Anordnung, die Linien des Lagers ausstecken, während
seine Fourierschützen bei diesem Geschäft bereits durch die österreichischen
Kanonenkugeln begrüßt wurden. Zur Sicherung des Lagers wurden indeß
auf beiden Seiten Batterien angelegt; die eine von diesen kam vor Hoch=
kirch zu stehen, auf dem Abhange, über welchem das Dorf sich erhebt.
Friedrichs Macht an dieser Stelle bestand aus 30,000, die der Oester=
reicher aus 65,000 Mann.

Die preußische Stellung war um so gefährlicher, als man aus dem
tiefer gelegenen Lager wenig oder nichts von Dem wahrnehmen konnte, was
die Oesterreicher auf und hinter ihren Höhen unternahmen, während diese
Alles deutlich unterschieden, was bei den Preußen vorging. Ueberdies waren
die Waldungen am Fuß der Berge rings von den leichten Truppen der
Oesterreicher besetzt, so daß den preußischen Vorposten und ihren Patrouillen
auf keine Weise gestattet war, sich in eine größere Entfernung vom Lager
hinauszuwagen, und den Oesterreichern alle Mittel zum unvorhergesehenen
Ueberfall bereit standen. Bei dem Allen aber blieb Friedrich fest in der
Meinung, daß Daun sich zu keinem Angriff entschließen werde. Er unter=
drückte selbst manche von den sonst nöthigen Vorsichtsmaßregeln und ließ
sogar die Truppen unangekleidet in ihren Zelten ruhen. Der Feldmarschall
Keith, der sich mit in der Armee befand, sagte ihm geradezu: „Wenn uns
die Oesterreicher hier ruhig lassen, so verdienen sie gehangen zu werden."
Friedrich antwortete gelassen: „Wir müssen hoffen, daß sich die Oester=
reicher mehr vor uns als vor dem Galgen fürchten." In dieser Beharr=
lichkeit bestärkten ihn die falschen Berichte eines Spions. Er hatte
nämlich, wie man erzählt, einen österreichischen Officier erkauft,
durch den er Alles erfuhr, was in der feindlichen Armee vorging. Die
Briefe wurden in einem Korbe mit Eiern, von denen ein ausgeblasenes
das jedesmalige Schreiben enthielt, überbracht. Zufällig aber mußte Daun
selbst eines Tages dem Ueberbringer der Eier begegnen und diesem befehlen,
die Waare nach seiner eigenen Küche zu bringen. Hier ward das Geheim=
niß entdeckt. Daun ließ unverzüglich den verrätherischen Correspondenten
vor sich fordern; dieser hatte natürlich sein Leben verwirkt, doch schenkte
es ihm der Feldmarschall unter der Bedingung, daß er fortan dem Könige
schreibe, was er ihm in die Feder dictiren würde. So erhielt Friedrich
einige Tage lang nur Nachrichten, die von nichts als von dem bevorstehenden

Aufbruch der österreichischen Armee, und von ihrem Rückmarsch nach Böh=
men sprachen, und die ihn somit aller Gedanken an die Gefahr seiner
Lage überhoben.

Da indeß dieser Aufbruch nicht so bald, als er erwartete, erfolgte,
so entschloß sich Friedrich, um nicht länger unthätig liegen zu bleiben,
das österreichische Heer zu umgehen. Nur bedurfte er hiezu noch einiger
Vorbereitungen für die weitere Verpflegung der Armee und konnte des=
halb für den Abmarsch keinen früheren Tag als den 14. October bestim=
men. Aber schon hatte Daun seine Maßregeln getroffen. Es wäre allzu
schmachvoll gewesen, wenn er noch länger gezaudert hätte, von der so
überaus günstigen Gelegenheit einen wirksamen Gebrauch zu machen.
Auch betrachtete die ganze österreichische Armee das Benehmen des Königs
als eine förmliche Beleidigung; man sprach es öffentlich aus, daß die Ge=
nerale sämmtlich verdienten, cassirt zu werden, wenn sie eine so verwegene
Herausforderung nicht annähmen. Um indeß ganz sicher zu gehen, ward
ein nächtlicher Ueberfall in der Nacht vom 13. auf den 14. October, be=
schlossen. Der Hauptschlag sollte gegen den wichtigsten Punkt des preu=
ßischen Lagers, gegen die Anhöhen, auf denen Hochkirch sich erhebt und die
durch die Zelte des rechten Flügels besetzt waren, ausgeführt werden.
Durch die bewaldeten Berghänge, welche die Oesterreicher besetzt hatten,
wurden breite Wege geschlagen, um ohne alles Hinderniß die Truppen zu
den verschiedenen Punkten hinabführen zu können, von denen aus der
rechte Flügel der Preußen angegriffen werden sollte. Zugleich war man
darauf bedacht, in den Waldungen und auf den Höhen eifrige Befesti=
gungsarbeiten sehen zu lassen, um die Absicht des Angriffes zu verhüllen
und die Preußen in ihrer vermeintlichen Sicherheit zu bestärken.

Die Nacht brach ein, und der zu diesem Unternehmen bestimmte
Theil des österreichischen Heeres machte sich, in größter Ordnung und
Stille, auf den Marsch. Auch dafür hatte man gesorgt, daß selbst der
Schall der Tritte und das Rasseln der Kanonen dem Ohr der preußischen
Vorposten fern blieb. Eine Menge Arbeiter war in den Waldungen an=
gestellt, jeden Schall durch unaufhörliches Fällen von Bäumen, durch
lautes Anrufen und Singen zu übertäuben. Im preußischen Lager hörte
man diesen Lärm und glaubte darin eine Fortsetzung jener ängstlichen
Befestigungsarbeiten zu erkennen. Unbesorgt begab man sich zur Ruhe,

und als auch einzelne Officier-Gesellschaften, welche sich bis drei Uhr Morgens mit Musik ergötzt hatten, verstummten, breitete sich dunkle Nacht und tiefer Schlummer über das ganze Lager aus.

Die Thurmuhr von Hochkirch schlug fünf, und plötzlich begann ein heftiges Gewehrfeuer auf die preußischen Posten, welche außerhalb des Lagers standen. Zu Anfange achtete man darauf wenig, denn in solcher Weise pflegten umherstreifende Panduren fast in jeder Nacht mit den Vorposten zu scharmutziren. Als aber das Feuer heftiger wurde, griffen die nächsten Bataillone, größtentheils ohne Stiefeletten und Tornister, zu den Waffen und eilten dem Feinde entgegen. Es glückte ihnen, den Angriff zurückzuschlagen. Doch schlichen, als sie das Lager verließen, Croaten und andere österreichische Truppen in dasselbe und feuerten nun in den Rücken der Preußen, während diese zugleich durch immer größere Uebermacht von vorn bedrängt wurden. Ein furchtbares Gefecht erhob sich; Mann kämpfte gegen Mann, und da die Dunkelheit alles gegenseitige Erkennen verhinderte, so suchte ein jeder sich durch blindes Umherschlagen und Stechen, gleichviel ob gegen Freund oder Feind, zu vertheidigen. Man tappte nach den Mützen der Gegner umher und nur die Blechkappen der preußischen, die Bärenmützen der österreichischen Grenadiere gaben das Erkennungszeichen. Endlich mußten die Preußen weichen; nur mit großem Verluste konnten sie sich nach Hochkirch durchschlagen. Neue Bataillone kamen, gegen die Oesterreicher anzukämpfen; wieder drängten sie dieselben zurück, und wieder mußten sie sich, von allen Seiten angegriffen, mit Verlust zurückziehen. Die Oesterreicher eroberten die Batterie, welche vor Hochkirch stand und den rechten Flügel des preußischen Lagers decken sollte, wendeten die Geschütze um und beschossen damit das Dorf. Furchtbar wütheten die Kanonenkugeln in den Reihen der Preußen, welche, die lange Dorfgasse hinab, ihnen entgegenzudringen suchten. Nur die Blitze des Geschützes hatten bis dahin die Nacht erhellt; jetzt brach der Morgen an, aber ein dichter Nebel hielt noch geraume Zeit das Dunkel fest.

Erst durch den Donner der Kanonen waren die übrigen Theile der preußischen Armee aus ihrer Ruhe aufgeschreckt worden. Friedrich hatte sein Hauptquartier zur linken Seite des Centrums in dem Dorfe Rodewitz. Auch er wurde erst jetzt erweckt und eilte sich anzukleiden. Kaum war er aus seiner Wohnung getreten, so erhielt er die Nachricht von den

Verlusten des rechten Flügels, und als er zu Pferde stieg, begrüßten ihn schon die aus seinem eigenen Geschütz abgeschossenen Kugeln. Noch aber war Hochkirch selbst nicht in den Händen der Feinde; noch hatte ein Bataillon die Gärten des Dorfes besetzt, ein zweites auf dem Kirchhofe eine feste Stellung genommen. Friedrich glaubte noch immer nicht an einen allge=meinen Angriff des Feindes; er beorderte einzelne Brigaden, den rechten Flügel zu unterstützen und die Oesterreicher von ihrer eingenommenen Stellung zu vertreiben. Der Feldmarschall Keith setzte sich an die Spitze einiger Bataillone; er drang zur Seite von Hochkirch vor, eroberte die preußische Batterie wieder und trieb den Feind beträchtlich zurück. Aber nun wurde er von der Uebermacht eingeschlossen; man mußte sich mit dem Bayonnet einen Rückweg bahnen, und Keith sank, von einer Gewehrkugel durchbohrt, entseelt zu Boden. Die Oesterreicher drangen in Hochkirch ein und besetzten das Dorf, das in Flammen aufging, dessen Kirchhof jedoch immer noch muthvoll durch die Preußen vertheidigt wurde. Der Prinz Franz von Braunschweig rückte mit neuen Truppen den Oesterreichern entgegen; auch er hatte zu Anfang günstige Erfolge, aber auch er wurde bald zur Umkehr genöthigt und, ebenso wie Keith, blieb auch er auf dem Platze. Nicht andere Erfolge hatte der Fürst Moritz von Dessau, den man, tödtlich verwundet, aus dem Gefechte trug. Immer neue Trup=penmassen wurden von österreichischer Seite in das Dorf geführt und endlich gelang es ihnen, auch des Kirchhofes Meister zu werden. Hier hatte sich, wie in einer kleinen Festung, jenes eine Bataillon, unter dem Major v. Lange, mit standhafter Beharrlichkeit gegen die Angriffe von sieben österreichischen Regimentern gewehrt. Jetzt hatten die tapferen Preußen sich verschossen; von allen Seiten eingeschlossen, suchten sie sich mit Säbel und Bayonnet durchzuschlagen, aber fast alle, der Major nicht ausgenommen, blieben sterbend oder verwundet auf dem Boden zurück, den sie so lange vertheidigt. Noch einmal suchte Friedrich den Oester=reichern die errungenen Vortheile zu entreißen. Er selbst führte sechs Batail=lone in den Kugelregen hinein; sein Pferd wurde verwundet; kaltblütig bestieg er ein anderes und wich, trotz aller Bitten, mit denen ihn seine Getreuen bestürmten, nicht eher von der Stelle, als bis er sah, daß seine Anstrengungen erfolglos blieben.

Endlich war der Nebel gefallen. Ein heller Tag beleuchtete die trau=
rigen Zeichen des blutigen Nachtkampfes.   Friedrich zog nun diejenigen
seiner Truppen, die bisher Theil am Gefechte gehabt, zurück und stellte
sie, Hochkirch gegenüber, in einer festen Linie auf.   Der linke Flügel seiner
Armee hatte bis dahin am Gefecht noch keinen Theil genommen.   Jetzt
geschah, dem von Daun entworfenen Plane gemäß, auch auf dieser Seite
ein Angriff, der durch andre Abtheilungen des österreichischen Heeres unter=
nommen wurde. Nach muthiger Gegenwehr wurden auch hier die Preußen
genöthigt, sich zurückzuziehen und die Batterie, welche den linken Flügel
des Lagers decken sollte, ebenfalls den Feinden überlassen.   Aber
aufs Neue stellten sie sich in Schlachtordnung.   In diesem Augenblicke
traf ein besonderes Corps preußischer Truppen in der Nähe der Wahlstatt
ein, welches einen ferner gelegenen Punkt besetzt gehabt und einige Angriffe,
die von Seiten der Oesterreicher auf dasselbe geschahen, glücklich zurück=
geschlagen hatte.   Hiedurch wurde die Stellung der preußischen Armee
in einer Weise gesichert und ausgefüllt, daß man mit Zuversicht neuen
Angriffen entgegensehen konnte.   Daun indeß fand es zweckmäßiger, das
Gewonnene festzuhalten, als noch einmal das Waffenglück mit einem
gefährlichen Feinde zu wagen.   Ueberdies hatte ihm der nächtliche Angriff
den Kern seiner besten Truppen gekostet, und nur mit Mühe brachte er
es jetzt dahin, seine Schaaren, die sich in bunter Unordnung durcheinan=
der drängten, in feste Linien zusammenzuziehen.   Er begnügte sich, eine
Stellung anzunehmen, in welcher seine Armee, statt aufs Neue anzugrei=
fen, vor einem Angriffe geschützt blieb, und sah in Ruhe zu, als Friedrich
sich zum Rückzuge anschickte.   Dieser Rückzug, den ein geschlagenes Heer
noch im Bereiche der feindlichen Kanonen, unternahm, geschah mit soviel
Ruhe, Gemessenheit und systematischer Ordnung, daß man das Schau=
spiel eines friedlichen Exercierplatzes vor sich zu sehen glaubte und selbst
die Oesterreicher zur Bewunderung hingerissen wurden.

Die Verluste, welche der leidenschaftliche Kampf herbeigeführt, waren
sehr bedeutend.   Die Preußen zählten etwa 9000 Mann, die sie ver=
loren hatten; die Oesterreicher zwar nicht weniger; aber jene hatten zugleich
den Tod der trefflichsten Heerführer zu beklagen und überdies waren
ihnen 101 Geschütze, 28 Fahnen, 2 Standarten und der größte Theil
ihrer Zelte genommen.   Gleichwohl ging Friedrich nur auf eine Stunde

Entfernung vom Schlachtfelde zurück und ließ hier, auf den Höhen zur Seite von Bautzen, seine Truppen ein Lager beziehen, so gut sie dasselbe eben, ohne Gezelte und Gepäck, aufzuschlagen im Stande waren. Auch bemühte er sich, seinen tapferen Soldaten Muth einzusprechen. Er hatte die Freude, zu sehen, daß es ihnen hieran wenigstens nicht fehle. Als die Regimenter an ihm vorüber zu der Lagerstätte zogen und ein Trupp von Kanonieren und Grenadieren vorbeikam, rief er diesen mit Laune zu: „Kanoniers, wo habt Ihr Eure Kanonen gelassen?" — Der Teufel hat sie bei Nachtzeit geholt! war die Antwort. — „So wollen wir," erwiderte Friedrich, „sie ihm bei Tage wieder abnehmen! Nicht wahr, Grenadiers?" — Ja, sagten diese im Vorbeigehen; das ist recht, sie sollen uns auch Interessen dazu geben! — Friedrich lächelte und sagte: „Ich denke auch dabei zu sein!" — Einem Officier sagte er: „Daun hat mir heut' einen glupischen Streich gespielt!" Jener antwortete, es sei eine bloße Fleischwunde, die bald zu heilen dem Könige nicht schwer fallen werde. — „Glaubt Er das?" versetzte der König. — Nicht allein ich, fuhr der Officier fort, sondern die ganze Armee traut dies Ew. Majestät vollkommen zu. — „Er hat Recht!" gab nun der König zur Antwort und faßte, wie er es bei vertraulicher Unterredung pflegte, einen Knopf an der Uniform des Officiers: „Er soll sehen, wie ich Daun fassen werde; ich bedaure einzig, daß heut so viele brave Leute um's Leben kommen mußten." — Es sind uns noch manche ähnliche Reden dieses Tages, in denen das traurige Schicksal der Armee mit frischer Laune besprochen wurde, aufbehalten.

Im Innern aber fühlte Friedrich wohl, wie bedenklich aufs Neue seine Lage geworden war, wie ihn vor allen die Schuld dieses Mißgeschickes treffe und wie viel er namentlich an seinen Heerführern verloren hatte. Keith war überdies einer seiner vertrautesten Freunde gewesen. Und wie ihn nach der Schlacht von Kollin, die Bitterkeit seines Kummers zu vermehren, die Nachricht von dem Tode seiner Mutter traf, so jetzt die von dem Tode seiner geliebten Schwester, der Markgräfin von Baireuth. Sie war an dem Tage des Ueberfalls von Hochkirch gestorben. Diese Nachricht berührte ihn tiefer, als alles übrige Leiden; an der Markgräfin hatte er die theilnehmende Freundin seiner Jugend, die innigste Genossin seiner geistigen Freuden, die Stütze seines Gemüthes unter den bedrohlichen

Verhältnissen der Gegenwart verloren. Von seiner innigen Liebe zu
ihr zeugt unter Anderm ein Gedicht, welches er wenige Tage zuvor ge=
schrieben hatte und in dem er sie über die Krankheit, welche ihr Leben
schon bedrohte, zu trösten beabsichtigte. Die Schlußworte dieses Gedichts,
in dem er sein eigenes Leben als Opfer für die Genesung der Schwester
bereit stellt, lauten also:

> Wenn das Geschick, unbeugsam uns beherrschend,
> Ein blutig Opfer fordert, — dann, ihr Götter,
> Erleuchtet seinen richterlichen Spruch,
> Daß seine strenge Wahl auf mich nur falle.
> Dann will gehorsam ich und ohne Murren
> Erwarten, daß der unerweichte Tod,
> Von meiner Schwester seinen Schritt abwendend,
> Abstumpfe seiner Sichel Glanz an mir.
> Doch wenn so hohe Gunst, als ich erbitte,
> Nicht einem Sterblichen zu Theil kann werden, —
> O meine Götter! dann gewähret mir,
> Daß beid' an Einem Tage wir hinab
> Zu jenen Fluren steigen, die von Myrten
> Lieblich beschattet sind und von Cypressen,
> Zu jenem Aufenthalt des ew'gen Friedens, —
> Und daß Ein Grab umschließe unsern Staub!

Das Gedicht war noch nicht abgesendet worden; jetzt schickte er es mit
einigen Zeilen, in denen sich der tiefste Schmerz ausspricht, dem Gemahl
der Verstorbenen zu. Einige Monate später schrieb er ein Gedicht an den
Lord Marschall Keith, ihn über den Tod des bei Hochkirch gefallenen
Bruders zu trösten. Auch hier klingt das tiefe Gefühl des Leidens bei
dem Verluste der Freunde durch. Eine Stelle darin ist zu charakteristisch
für die Empfindsamkeit seines Herzens, als daß sie hier übergangen wer=
den dürfte. Sie heißt:

> Oft wähnt' ich Reich und Leben zu verlieren, —
> Und nimmer noch vermochte das Geschick,
> Das soviel Fürsten gegen mich vereint,
> Zum Gegenstand des Mitleids mich zu machen.
> Doch löset es der Freundschaft heilig Band,
> Dann, theurer Lord, schlägt es mich grausam nieder: —
> Achill auch war nicht gänzlich unverwundbar!

Auch an anderen Zeugnissen fehlte es nicht, die uns in die damalige Stimmung des gebeugten Königs blicken lassen. So wird berichtet, daß ihn sein Vorleser, Le Catt, als die Nachricht von dem Tode der Markgräfin eingelaufen war, eines Abends in den Predigten des berühmten Kanzelredners Bordaloue lesend fand. Le Catt, den König zu erheitern, redete ihn scherzend an: „Es scheint, als wollten Ew. Majestät gar bigott werden." Friedrich antwortete nichts; und als der Vorleser am nächsten Tage zur gewöhnlichen Stunde wiederkam, reichte er ihm eine Rolle schwarz geränderten Papiers, mit dem Bedeuten, die Schrift in seiner Wohnung durchzulesen. Es war eine Predigt über einen biblischen Text, die Friedrich, seinen gegenwärtigen Umständen gemäß, ausgearbeitet hatte. Le Catt hielt es für seine Pflicht, dem Könige Trost einzusprechen; dieser dankte für die Theilnahme, versicherte, daß er Alles zu günstiger Veränderung seiner Lage versuchen werde, und schloß mit den bedeutsamen Worten: „Auf allen Fall habe ich Etwas, womit ich das Trauerspiel schließen kann." Aber nicht dieses geheimnißvolle fremde Etwas, — ohne Zweifel das Gift, welches er bei sich trug, — die eigene Größe seines Geistes war es, was der traurigen Katastrophe schnell eine wunderbare Wendung gab. Wie er seinen Schmerz zu bezwingen und ihm Worte — hier merkwürdigerweise die Worte der Kanzel — zu verleihen wußte, so auch hatte er bereits alle Verhältnisse der Gefahr, die ihn äußerlich umfangen hielt, überschaut und sie seinem Glücke dienstbar gemacht; so konnte er, während Daun die günstige Zeit zu keinem erneuten Angriffe benutzte, mit Zuversicht die kühnen Worte aussprechen, die in eines jeden Anderen Munde eitel Prahlerei gewesen wären: „Daun hat uns aus dem Schach gelassen, das Spiel ist nicht verloren; wir werden uns hier einige Tage erholen, alsdann nach Schlesien gehen und Neisse befreien!"

In der That vollführte Friedrich in kurzer Frist, aller Welt zum Erstaunen, das, was einem Andern nur als die Frucht des vollständigsten Sieges zu Theil geworden wäre. Daun hatte nach seinem Siege nichts Eiligeres zu thun gehabt, als den ambrosianischen Lobgesang anstimmen zu lassen, die erbeuteten Trophäen kunstreich aufzubauen, Siegesfeste anzustellen, Couriere nach Wien und nach den Residenzen aller verbündeten Mächte zu senden und endlich sich auf's Neue in einem festen Lager mit Sorgfalt zu verschanzen. Durch alles Dieses glaubte er die Erfolge seines

Sieges so wohl vorbereitet, daß er dem General, welcher die Belagerung von Neisse leitete und in der That schon auf eine drohende Weise vorgerückt war, die Meldung machte: „Betreiben Sie Ihre Belagerung unbesorgt; ich halte den König fest; er ist von Schlesien abgeschnitten, und wenn er mich angreift, stehe ich Ihnen für den guten Erfolg."

Friedrich aber hatte dem Prinzen Heinrich, der in Dresden geblieben war, den Befehl zugesendet, mit einem Theile der dortigen Armee, mit Geschützen, Munition und Proviant aufzubrechen und zu ihm zu stoßen. Ungestört vereinigten sich beide Heere bei Bautzen. Nun wurden die Verwundeten nach Glogau gesendet, und Friedrich machte noch einige andere Bewegungen, die den österreichischen Heerführer glauben ließen, er werde sich mit seiner ganzen Armee dahin zurückziehen und ihm im Sachsen freie Hand lassen. Unerwartet aber brach Friedrich am Abend des 24. October auf, umging das wohlverschanzte Lager der Oesterreicher und marschirte auf Görlitz. Erst am folgenden Tage erfuhr Daun den Abmarsch der Preußen, durch den alle seine schönen Pläne zerstört wurden; im Gegentheil mußte er jetzt wegen seiner Magazine in der Lausitz, die den Preußen offen standen, besorgt werden. Eilig folgte er Friedrich zur Seite und besetzte, während jener in Görlitz einrückte, die seitwärts gelegenen Höhen. Dem Könige von Preußen wäre wiederum eine Schlacht erwünscht gewesen, aber Daun verließ seine schützenden Höhen nicht. So rückte Friedrich denn in eiligen Märschen nach Schlesien fort, während Daun, als er seine Magazine in Sicherheit sah, sich nach Dresden umwendete und nur durch seine leichten Truppen den Marsch der Preußen, ohne weitern Nachtheil, beunruhigen ließ. Am 7. November empfing Friedrich die frohe Nachricht, daß die Oesterreicher, auf die Kunde von seiner Annäherung, bereits die Belagerung von Neisse aufgehoben hätten und nach Mähren zurückgekehrt seien; hierauf war auch bald der Abmarsch sämmtlicher österreichischen Corps aus Schlesien erfolgt. Friedrich machte nun noch einen Besuch in Neisse, sich der Trefflichkeit der von ihm angelegten Werke, die dem Bombardement widerstanden hatten, zu erfreuen, sah sich aber sodann wiederum zu schneller Rückkehr nach Sachsen genöthigt.

Um sein Vorhaben nachdrücklich ausführen zu können, hatte Friedrich in Dresden nur einen geringen Theil seiner Armee zurückgelassen;

zu dessen Verstärkung waren die preußischen Corps, die den Schweden und Russen gegenüberstanden, zurückberufen. Ehe diese aber eintrafen, war Daun bereits auf's Neue vor Dresden gerückt, und auch die Reichsarmee, die bis dahin unbeweglich geblieben war, hatte schon einige Schritte vorwärts versucht. Da die preußische Armee jetzt allzuschwach, die Besatzung von Dresden, unter dem General Schmettau, aber wohl ausgerüstet war, um auf einige Zeit eine Belagerung aushalten zu können, so beschloß man, eine Schlacht zu vermeiden, die Armee von Dresden zurückzuziehen und so den österreichischen Heerführer zu einer Belagerung zu veranlassen, bis genügende Kräfte zum Entsatz vorhanden seien. Für Daun war dieser Entschluß sehr erwünscht; er hoffte durch die Eroberung von Dresden seinen Feldzug auf eine glorreiche Weise schließen zu können. Als er sich aber zu förmlicher Belagerung anschickte, ließ ihm der General Schmettau sagen, er werde sich, auf den Fall einer größeren Annä-herung, genöthigt sehen, die Vorstädte von Dresden abzubrennen. Die Warnung blieb unbeachtet, und die Drohung ging, am 10. November, in Erfüllung; es brannten 180 Häuser ab. Dieses Verfahren, welches durch die strenge Nothwehr gerechtfertigt wurde, empörte den österreichi-schen Feldmarschall; er ließ Schmettau wissen: „Nach solchen in einer Residenz unerhörten Maßnehmungen müsse der Commandant für sein Benehmen persönlich verantwortlich bleiben." Vielleicht dachte Daun in diesem Augenblicke nicht daran, daß die österreichische Armee im vorigen Jahre, als das blühende Zittau — überdies dem bundesverwandten Sachsen zugehörig — ohne alle Noth eingeäschert wurde, gar ärgere Schuld auf sie geladen hatte. Schmettau gab einfach zur Antwort: „Er sei beordert, die Stadt zu vertheidigen; nähere sich der Feind noch mehr, so gehe auch der Ueberrest der Vorstädte in Feuer auf, und mit noch weiterem Vordringen treffe dieses Schicksal jede Straße, in der er sich vom Walle bis in's Schloß vertheidigen werde, um hier den Ausgang der Begebenheiten abzuwarten."

Jetzt kam die Nachricht, daß Friedrich auf's Neue nach Sachsen zurückkehre. Und da nun auch noch ein Paar Unternehmungen von Sei-ten der Reichsarmee auf Torgau und Leipzig, zum Theil durch die aus Pommern heranrückenden Corps, vereitelt wurden, so fand Daun in der Antwort, welche ihm Schmettau gegeben hatte, genügenden Grund, den

ernstern Kampf, der leicht den Werth seiner bei Hochkirch errungenen
Lorbeern herabsetzen konnte, zu unterlassen. Er ließ Jenem sagen, er gebe
aus Achtung vor der königlich polnischen Familie und aus Menschenliebe
die Unternehmung auf Dresden auf. Er ging nunmehr nach Böhmen
zurück; die Reichsarmee hatte sich schon vorher auf den Weg nach Franken gemacht, und so fand Friedrich, als er in Dresden eintraf, keinen
Feind mehr im Lande. Er sendete nun die aus Pommern berufenen
Corps gegen die Schweden zurück, welche inzwischen vorgedrungen waren,
aber schnell wieder auf Stralsund zurückgetrieben wurden.

So war abermals ein Feldzug beendet, ohne daß Friedrich, außer
denjenigen Theilen seines Gebietes, die im fernen Westen und Osten besetzt blieben, eine Einbuße erlitten und ohne daß er von Sachsen etwas
verloren hätte. In Ruhe konnte er seine Truppen die Winterquartiere
beziehen lassen.

Für Daun aber war noch eine besondere Ehre aufbehalten. Nicht
genug, daß ihm die Kaiserin für seinen bei Hochkirch errungenen Sieg
auf's Schmeichelhafteste Dank gesagt, auch der Papst — Clemens XIII.,
der in diesem Jahre zur Regierung gekommen war und es vergessen zu
haben schien, wie parteilos Friedrich für seine katholischen Unterthanen
gesorgt, — betrachtete diesen Sieg als ein für die Kirche hochwichtiges
Ereigniß. Er verehrte dem österreichischen Feldmarschall einen geweihten
Degen, mit goldenem Knopfe und in rothsammtener Scheide, und einen
geweihten Hut, von Karmoisinsammet, mit Hermelin gefüttert und mit
Golde eingefaßt, vorn mit einer perlengestickten Taube, dem Symbole des
heiligen Geistes, der über den gebenedeiten Waffen des Heerführers
schweben sollte. Solche Auszeichnung verrieth eine fürchterliche Gesinnung gegen den König von Preußen, denn sie war bis dahin nur Denjenigen zu Theil geworden, welche die heilige Lehre des Christenthums
gegen die Waffen der Ungläubigen beschirmen sollten. Aber sie war un-
weise gewählt, denn sie gab es klar zu erkennen, daß Preußen fortan der
entschiedene Beruf obliege, gegen Fanatismus, Unduldsamkeit und Geistesdruck in die Schranken zu treten. Sie wendete nur um so mehr alle
hellen Gemüther dem großen Könige zu, ohne von ihrer Seite irgend zu
selbständigen Erfolgen zu führen. Denn wenn sich auch, in Folge solcher
Gesinnung, der Kurfürst von Köln bewogen fand, seinen protestantischen

Unterthanen die Freude über preußische Siege bei schwerer Strafe ver=
bieten zu lassen, so legte das wahrlich kein Gewicht mehr in die Schale
der Feinde Friedrichs. Und Friedrich, eben so rüstig mit der Feder käm=
pfend wie mit dem Schwerte, ließ die Gelegenheit nicht vorübergehen,
ohne eine Reihe satirischer Schriftchen als fliegende Blätter in die Welt
zu senden und durch sie die ganze Lächerlichkeit eines Unternehmens blos=
zustellen, welches die Gegenwart wieder in das Mittelalter zurückzuschrau=
ben beabsichtigte.

Zweiunddreißigstes Kapitel.

Feldzug des Jahres 1759. Kunersdorf.

Drei Jahre des Kampfes waren vorübergegangen. Viele schwere
Schlachten waren geschlagen, in Strömen war das Blut vieler Tausende
geflossen, blühende Fluren lagen verödet, Städte und Dörfer waren in
Schutt und Asche gesunken, unzählige Familien einst begüterter Menschen
irrten als Bettler umher; aber noch war der Haß der Gewaltigen nicht
abgekühlt, noch hatten sie die Hoffnung nicht aufgegeben, den kleinen
preußischen Staat, der sich unberufen, wie sie es meinten, in ihre Reihen
eingedrängt, von seiner Höhe herabzustürzen. Friedrich hätte gern die
Waffen aus seiner Hand gelegt; er war kein unersättlicher Eroberer, er
kannte keinen Haß, als den gegen das Schlechte und Gemeine; er war
der unausgesetzten Anstrengungen müde, zu denen ihn die übergroße Zahl
seiner Feinde zwang. „In der Ferne," so schrieb er im Anfange des
Jahres 1759 an seinen Freund, den Marquis d'Argens, „mag meine
Lage einen gewissen Glanz von sich werfen; kämen Sie ihr näher, so
würden Sie nichts als einen schweren, undurchdringlichen Dunst finden.
Fast weiß ich nicht mehr, ob es ein Sanssouci in der Welt giebt; der
Ort sei, wie er wolle, für mich ist dieser Name („ohne Sorge") nicht mehr
schicklich. Kurz, mein lieber Marquis, ich bin alt, traurig, verdrießlich.
Von Zeit zu Zeit blickt noch ein Schimmer meiner ehemaligen guten
Laune hervor; aber das sind Funken, die geschwind verlöschen, weil es
ihnen an Gluth fehlt, die ihnen Dauer geben könnte. Es sind Blitze, welche

aus dunkeln Wetterwolken hervorbrechen. Ich rede aufrichtig mit Ihnen:
sähen Sie mich, Sie würden keine Spur mehr von dem, was ich ehemals
war, erkennen. Sie würden einen alten Mann finden, dessen Haare grau
werden, der die Hälfte seiner Zähne verloren hat, ohne frohen Sinn, ohne
Feuer, ohne Lebhaftigkeit, — kurz, ebenso wenig den ehemaligen, als es
die Ueberbleibsel von Tusculum sind, von denen die Architekten, aus
Mangel an Ruinen, welche die eigentliche Wohnung Cicero's andeuten
könnten, so viel eingebildete Pläne entworfen haben. Das sind, mein
Bester, die Wirkungen, nicht sowohl der Jahre, als der Sorgen; die
traurigen Erstlinge der Hinfälligkeit, die uns der Herbst unsers Alters
unausbleiblich mitbringt. Diese Betrachtungen, die mich sehr gleichgiltig
gegen das Leben machen, versetzen mich übrigens gerade in den Zustand,
in welchem ein Mensch sein muß, der bestimmt ist, sich auf Leben und
Tod zu schlagen: mit dieser Gleichgiltigkeit gegen das Leben kämpft man
muthiger und verläßt diesen Aufenthalt ohne Bedauern."

Friedrich hatte den Winter zu neuen Rüstungen, soweit es seine
Kräfte gestatteten, benutzt; aber er war entschlossen, den neuen Feldzug
nicht mehr, wie bisher, mit einem Angriffskriege zu eröffnen, sondern,
seine Grenzen beschirmend und sichernd, die Unternehmungen der Feinde
abzuwarten.

Indeß betraten wiederum, wie im vorigen Jahre, die Armee der
Verbündeten unter Herzog Ferdinand von Braunschweig und die Armeen
der Franzosen zuerst den Schauplatz des Krieges. Noch im Winter hatte
Soubise, wider alle Verträge, die freie Reichsstadt Frankfurt am Main
mit französischen Truppen besetzt. Durch den Besitz von Frankfurt war
den Franzosen die Verbindung mit den Oesterreichern und mit den Reichstruppen, sowie alle nöthige Zufuhr gesichert; darum war Herzog Ferdinand vorzugsweise darauf bedacht, ihnen diesen wichtigen Punkt wieder
zu entreißen. Er rückte ihnen entgegen. Am 13. April kam es bei
Bergen, in der Nähe von Frankfurt, zur Schlacht; aber die Franzosen,
bei denen jetzt der Herzog von Broglio an Soubise's Stelle als Oberbefehlshaber eingetreten war, behaupteten ihre Stellung. Sofort drangen
beide französische Armeen wieder in Deutschland vor; Kassel, Münster
und Minden mit bedeutenden Abtheilungen der verbündeten Truppen
fielen in ihre Hände. Ferdinand jedoch hatte die Weser behauptet. Bei

Minden trat er der überlegenen französischen Nordarmee, unter Contades
entgegen, und erfocht am 1. August einen glänzenden Sieg, während
gleichzeitig ein besonderes französisches Corps durch seinen Neffen, den
Erbprinzen von Braunschweig, vernichtet wurde. Eine Reihe anderer
glücklicher Gefechte schloß sich an, und in kurzer Frist sahen sich die Fran=
zosen genöthigt, alle glänzenden Erwerbungen dieses Jahres wiederum
aufzugeben. Den Beschluß des siegreichen Feldzuges machte die Ueber=
rumpelung von Fulda, welches durch den Herzog von Württemberg besetzt
war, der als französischer Söldner die Armee des Feindes mit 12,000
Mann verstärkt hatte. Auch er mußte sich mit großem Verluste bis an
den Main zurückziehen.

Auf preußischer Seite begann das ernsthafte Spiel des Krieges erst
im Sommer. Friedrich wollte diesmal, wie bemerkt, die Bewegungen der
Feinde abwarten, um dann den günstigsten Augenblick zur Abwehr er=
spähen zu können; gleichwohl hatte auch er nicht eben müssig zugesehen.
Da in jener Zeit alle Heeresbewegungen auf der Verpflegung aus Ma=
gazinen beruhen mußten, so hatten die Gegner auf den verschiedenen Sei=
ten, wo sie die preußischen Staaten umlagerten, beträchtliche Vorraths=
häuser zur Unterstützung ihrer bevorstehenden Unternehmungen angelegt.
Konnte Friedrich diese zerstören, so mußten die Feinde natürlich auf eine
sehr empfindliche Weise gehemmt werden. Friedrich ergriff demnach seine
Maßregeln. Schon im Februar ließ er ein Corps in Polen einrücken,
wo die Russen längs der Warthe ihre Magazine angelegt hatten. Hiebei
galt es zunächst, die Unternehmungen eines polnischen Großen, des Für=
sten Sulkowski, rückgängig zu machen, indem dieser, trotz der trägen
Parteilosigkeit, welche die polnische Republik behauptete, und trotz dem,
daß seine Residenz Reisen der schlesischen Grenze ganz nahe lag, ansehn=
liche Lieferungen für die Russen veranstaltete und selbst Truppen für sie
warb. Er wurde sammt seiner Leibwache aufgehoben und nach Glogau
transportirt; außerdem aber gelang es den Preußen, in Polen Vorräthe
zu zerstören, aus denen 50,000 Mann auf drei Monate verpflegt werden
konnten. Eine zweite Expedition der Art sollte von Oberschlesien aus
nach Mähren unternommen werden; diese führte zwar an sich zu keinem
Erfolge, doch bewirkte sie, daß Daun, einen Einfall des Königs in
Mähren befürchtend, seine Hauptmacht nach dieser Seite zog und dadurch

die böhmischen Grenzen gegen Sachsen hin blosgab. Nun ließ Prinz
Heinrich, welcher die preußische Armee in Sachsen befehligte und schon
die Reichstruppen aus Thüringen zurückgedrängt hatte, verschiedene Corps
in Böhmen einrücken, welche in der kurzen Frist von fünf Tagen alle
dort befindlichen Magazine vernichteten und dem Feinde etwa das Doppelte des in Polen verübten Nachtheiles zufügten. Daun sendete eilig
Verstärkungen gegen die sächsische Grenze, aber die Preußen waren bereits glücklich zurückgekehrt. Prinz Heinrich war indeß nicht gewillt, sich
mit diesem einen kühnen Unternehmen zu begnügen; noch ernsthafter und
mit noch glücklicherem Erfolge wiederholte er dasselbe gegen die Reichsarmee, die in Franken, zwischen Bamberg und Hof, aufgestellt war. Er
rückte in verschiedenen Colonnen gegen dieselbe vor. In eiligem Laufe
floh eine Abtheilung der Reichsarmee nach der anderen zurück und sammelte sich erst bei Nürnberg wieder; eine große Anzahl von Gefangenen
und sämmtliche Hauptmagazine fielen in die Hände der Preußen. Nachdem die letzteren in den fränkischen Städten bedeutende Contributionen
eingetrieben und vergeblich versucht hatten, den Feind zum Stehen zu
bringen, damit es auf solche Weise zu einer entscheidenden Schlacht
komme, kehrten sie wieder nach Sachsen zurück, wo jetzt ihre Gegenwart
nöthig wurde. Die Expedition fand im Laufe des Maimonates statt.

Bei Gelegenheit dieses fränkischen Zuges wurde beiläufig auch gegen
diejenige Classe von Friedrichs Feinden, die, weniger geneigt zu Helden-
thaten, in Schmähschriften gegen den großen König Ruhm zu erwerben
suchte, ein warnendes Beispiel ausgeübt. Ein preußischer Officier kam
mit einigen Soldaten schnellen Rittes nach Erlangen, machte dort einem
berüchtigten Zeitungsschreiber seinen Besuch, ließ dem Ueberraschten eine
gemessene Anzahl Stockprügel geben und lehrte mit der förmlichen Quittung, welche ihm der Patient über das Empfangene ausgestellt, wieder
zur Armee zurück.

Friedrich selbst hatte bisher der österreichischen Hauptarmee, die sich,
unter Daun, bei Schurz in Böhmen lagerte, bei Landshut gegenübergestanden. Als sich dieselbe nördlich nach Mart=Lissa hinwendete, rückte er
ihr nach und bezog mit seiner Armee, vollkommen im Vertheidigungs-
systeme beharrend, ein festes Lager bei Schmottseifen.

Die Bewegung der österreichischen Armee war vorzugsweise durch

die inzwischen eingetretenen Unternehmungen der Russen, in deren Opera=
tionen die ihrigen einzugreifen bestimmt waren, veranlaßt worden. Die
Russen hatten bereits Ende April die Weichsel überschritten und darauf
ihre Magazine erneuert. Gegen sie schickte Friedrich jetzt den größeren
Theil desjenigen seines Armeecorps, welches unter dem Grafen Dohna in
Pommern stand, mit dem Auftrage, die einzelnen Colonnen der russischen
Armee noch während ihres Marsches anzugreifen. Dohna wußte dies in=
deß nicht möglich zu machen. Der ganze Erfolg seiner Sendung bestand
darin, daß er ihnen aufs Neue einige Magazine wegnahm, während ihre
Corps sich vereinigten und bereits gegen die Oder vorrückten. Da Dohna
keine Schlacht wagte, so glaubte Friedrich bessere Erfolge erwarten zu
dürfen, wenn er an dessen Stelle einen kühneren Heerführer sende. Er
wählte dazu den General v. Wedell, der sich bereits im zweiten schlesi=
schen Kriege den Ehrennamen des preußischen Leonidas erworben und auch
bei Leuthen sich aufs Rühmlichste ausgezeichnet hatte. Wedell war einer
der jüngsten Generale der Armee; um daher seine älteren Genossen nicht
zu kränken, wohl aber auch, um ihn durch eine ganz ungewöhnliche Ehre
zu höchster Begeisterung zu entflammen, ernannte ihn Friedrich förmlich,
nach altrömischer Sitte, zum Dictator. „Bei dem Heer stellt er nunmehr"
— mit diesen Worten entließ ihn der König — „meine Person vor:
was Er befiehlt, geschieht in meinem Namen, als wäre ich selbst gegen=
wärtig. Ich habe Ihn bei Leuthen kennen gelernt, und setzte in Ihn das un=
begrenzte Vertrauen, Er werde ebenso, wie mancher von den Römern er=
nannte Dictator, auch meine Angelegenheiten an der Oder verbessern. Ich
befehle ihm daher, die Russen anzugreifen, wo Er sie findet, sie tüchtig zu
schlagen und dadurch ihre Vereinigung mit den Oesterreichern zu ver=
hindern."

Wedell traf die Russen in der Gegend von Züllichau, wo sie, bei
dem Dorfe Kay, eine sehr günstige Stellung eingenommen hatten. Ohne
darauf zu achten und nur an den Befehl des Königs denkend, griff er sie,
am 23. Juli, mit seiner dreimal geringeren Macht an. Aber die persön=
liche Tapferkeit des Dictators und seiner Untergebenen fruchtete nichts
gegen die Uebermacht und gegen die Ungunst der örtlichen Verhältnisse.
Vergebens waren die bis zur Nacht fortgesetzten Angriffe; die Preußen
mußten mit einem Verlust von mehr als 8000 Mann das Feld räumen.

Die Russen rückten bis Frankfurt vor, und hier stieß ein österreichisches Corps, von Laudon geführt, zu ihnen.

Jetzt war für Friedrich die größte Gefahr im Anzuge. Schnell entschloß er sich, in eigner Person den Russen entgegenzutreten. Er berief den Prinzen Heinrich mit dem größern Theile seiner Armee aus Sachsen zu sich, übergab ihm das Commando in dem Lager von Schmottseifen und machte sich selbst mit einem ansehnlichen Truppen=Corps, welches er mit dem Wedell'schen Corps vereinigte, auf den Weg nach Frankfurt.

Die russische Armee, vom General Soltikof geführt, hatte am jen= seitigen Oderufer eine feste Stellung eingenommen. Auf einer Hügelreihe, die sich von Frankfurt aus östlich zieht und vor der das Dorf Kunersdorf liegt, hatte sie sich gelagert und den Abfall der Hügel durch starke Batte= rien gesichert. Friedrich fand es für angemessen, an Frankfurt vorüberzu= ziehen und zwischen dieser Stadt und Cüstrin über den Strom zu setzen. So kam er in einem weiten Bogen der einen Seite des russischen Heeres gegenüber. Am 11. August hatte er diese Stellung erreicht. Die Stärke der russischen Armee, mit Einschluß des österreichischen Hilfs=Corps unter Laudon, betrug ungefähr 70,000 Mann; Friedrich hatte ihnen 43,000 Mann entgegenzusetzen.

Am 12. August, früh um 2 Uhr, brach die preußische Armee zum Angriff auf. Sie zog sich, da der Boden von Seen und Bächen durch= schnitten war, aufs Neue in einen Bogen seitwärts, und marschirte nun durch einen Kiefernwald dem linken Flügel des Feindes entgegen. Es war bereits 11 Uhr des Vormittags, als man den Saum des Waldes erreicht hatte und sich zum Angriff stellte; die Hitze war drückend, und die Armee hatte schon zwei Nächte wenig geruht. Kanonen waren aufge= fahren, und alsbald entspann sich mit den feindlichen Batterien ein hefti= ges Geschützfeuer. Da rückte die preußische Infanterie gegen die Anhöhen vor, auf denen der Feind stand. Trotz des feindlichen Kugelregens kletterte sie muthig über den Verhack, den die Russen zum Schutz ihrer Stellung angelegt hatten, erstieg die Höhen und eroberte die Batterien. Ein russi= sches Regiment nach dem andern wurde geworfen; bald waren die Preu= ßen in vollkommenem Besitz der Anhöhen, welche die Stellung des linken russischen Flügels ausgemacht hatten; eine große Menge von Gefangenen und feindlichen Kanonen war in ihren Händen. Erst jenseit einer Schlucht mit steil abfallenden Seitenwänden, der Kuhgrund genannt, sammelten sich die Russen wieder und stellten den Preußen neugeordnete Schaaren entgegen. Doch war das für die Preußen kein Hinderniß; sie sprangen in die Schlucht und erkletterten den steilen Rand auf der anderen Seite. Vergebens bemühten sich die Russen, sie wieder hinabzustürzen; sie behaupteten sich siegreich auch auf dieser Seite und trieben wiederum ein feindliches Regiment nach dem andern zurück.

Es war 5 Uhr Nachmittags. Zwei Dritttheile des Feindes waren geschlagen und aus ihrer Stellung vertrieben, 90 Kanonen waren in den Händen der Preußen, der Sieg war so gut wie entschieden, und schon flogen Couriere mit der freudigen Nachricht nach Berlin. Es war vorauszusehen, daß der Feind nach einem so gewaltigen Schlage nur auf den Rückzug bedacht sein würde. Aber Friedrich war nicht gewillt dem Geschlagenen goldne Brücken zu bauen; da das Schicksal des Tages ihm bis dahin so günstig gewesen war, so hoffte er, daß es ihm nun auch gelingen würde, die Macht des Gegners gänzlich zu vernichten. Vergebens machte man ihm Vorstellungen, wie viel die eigene Infanterie bereits gelitten habe, wie erschöpft sie von dem heißen Tage sei, wie gefährlich es sei, den Feind zur Verzweiflung zu bringen, und wie dessen rechter Flügel noch die vortrefflichste Stellung inne habe. In der That beherrschten die Anhöhen, auf denen der rechte Flügel stand, — die sogenannten Judenberge, — die Reihe der Hügel, welche man bis jetzt bereits gewonnen hatte; amphitheatralisch hoben sie sich über diesen empor, und noch war die feindliche Armee reichlich mit Geschütz versehen. Friedrich aber blieb bei seiner Meinung und befahl erneuten Angriff. Im heftigen Gewehrfeuer standen beide Armeen einander gegenüber; aber den Preußen fehlte es an schwerem Geschütz, das in dem sandigen Boden nicht auf die Anhöhen folgen konnte, während die feindlichen Kanonen von den Judenbergen aus furchtbar in ihren Reihen wütheten. Tief erschöpft, vermochten sie bald nicht mehr so regelmäßig zu feuern wie bisher. Sie konnten dem Feinde keinen weiteren Vortheil abgewinnen; doch behaupteten sie noch standhaft ihre Stellung. Jetzt erhielt die preußische Cavallerie, die, durch mancherlei Hindernisse des Bodens aufgehalten, bisher keinen Theil am Gefechte gehabt, den Befehl, auf die feindliche Armee vorzurücken. Aber ein Theil der preußischen Reiter stürzte in Wolfsgruben, die von den Russen angelegt waren; andere wurden von einem wilden Kartätschenfeuer empfangen; Seydlitz, ihr Führer, fiel verwundet, und als nun auch einige feindliche Cavallerieregimenter gegen sie ausrückten, wurden sie bald gänzlich zurückgeworfen.

So war wiederum eine Stunde des Kampfes verflossen. Bisher hatten nur einzelne Regimenter des österreichischen Hilfs=Corps an dem Gefechte Theil genommen; jetzt gewahrte Laudon, daß für ihn der ent= scheidende Augenblick gekommen sei. Unverzüglich brach er mit seinen Reiterschaaren auf, durchzog, von den Preußen ungesehen, eine tiefe Schlucht, die seit jenem Tage der Laudonsgrund heißt, und fiel plötzlich der preu= ßischen Armee, die schon in Unordnung stand, in die Seite und in den Rücken. Nun vermochte diese nicht mehr ihre Stellung zu behaupten; sie wendete sich zum Rückzuge. Friedrich that Alles, um das Schicksal des Tages festzuhalten; er ermunterte die Seinen zu standhafter Ausdauer, er führte die Bataillone aufs Neue dem Feinde entgegen, — umsonst! Schon war ein Pferd unter ihm erschossen, schon waren verschiedene Offi= ciere und Adjutanten an seiner Seite gefallen, schon mehrere Schüsse durch seine eigene Uniform gegangen, er wich nicht. Ein neuer Schuß traf die Brust des zweiten Pferdes, das er bestiegen hatte; ein Adjutant und ein Unterofficier, die Einzigen, die sich in der Nähe befanden, sprangen hinzu und fingen ihn mit ihren Armen auf, als das Pferd sich eben auf die Seite werfen wollte. Kein Reservepferd war mehr da; eine feindliche Kugel schlug an seine Hüfte, aber sie ward durch ein goldenes Etui, welches er in der Tasche trug, in ihrem argen Laufe aufgehalten. Jetzt trafen andere Officiere ein, dem Könige Rapport über den weitern Verlauf des Unheiles zu bringen; sie baten ihn dringend, die gefährliche Stelle zu verlassen. Er aber rief aus: „Wir müssen Alles versuchen, um die Schlacht wieder zu gewinnen; ich muß hier, so gut wie Ihr, meine Schuldigkeit thun!" Alle seine Ausdauer fruchtete zu nichts. Abermals drangen die Feinde ungestüm vor, und in wilder Unordnung flohen die Preußen vom Schlachtfelde, sich in den benachbarten Wäldern vor dem Grimm der Geg= ner zu bergen. Durch das Getümmel hörte man die Stimme des Königs, der in gänzlicher Verzweiflung die Worte ausrief: „Giebt es denn heute keine verwünschte Kugel für mich?"

Ein Trupp preußischer Husaren war unter den Letzten auf dem

Schlachtfelde. Als auch diese, sich vor den andrängenden Kosakenschwär=
men zu retten, ihren Pferden die Sporen gaben, rief plötzlich ein Husar
seinem Führer zu: Herr Rittmeister, da steht der König! Sich umwen=
dend, erblickte der Officier den König, der ganz allein, nur in Begleitung
eines Pagen, welcher sein Pferd hielt, auf einem Sandhügel stand; er
hatte seinen Degen vor sich in die Erde gestoßen und blickte mit verschränk=
ten Armen dem herannahenden Verderben entgegen. Eilig sprengten die
Husaren auf ihn zu. Nur mit Mühe konnte ihn der Rittmeister über=
reden, sich auf das Pferd zu werfen und auf seine Rettung bedacht zu sein.
Endlich folgte er den Bitten des Officiers und rief: „Nun, Herr, wenn
Er meint, vorwärts!" Aber schon waren die Kosaken ganz nahe gekom=
men. Der Rittmeister wendete sich und schoß den feindlichen Officier vom
Pferde. Das machte die Verfolger einen Augenblick stutzen; Friedrich ge=
wann mit seiner kleinen Schaar einen Vorsprung, und jene vermochten
ihn nicht wieder einzuholen.

Friedrich übernachtete in einem kleinen Dorfe an der Oder, in einer
zertrümmerten Bauerhütte. Die Husaren hatte er ausgesendet, seine zer=
streuten Truppen soviel als möglich zu sammeln. Nur der Page und ein
Livréebedienter waren bei ihm; Beide hielten abwechselnd vor dem Hause
Wache. Einige Verwundete, die im Dorfe lagen, hörten von der Anwe=
senheit des Königs und kamen, den Wachtdienst zu theilen, bis endlich
eine größere Truppenzahl zum Schutze des Königs anlangte. Man hatte
ihn selbst bereits todt geglaubt. Friedrich aber war überzeugt, daß, wenn
die Russen irgend ihren Sieg benutzten, keine Rettung für ihn möglich
sei. Gefangenschaft aber und die zu erwartenden schmachvollen Bedingun=
gen, die sich an seine Freigebung knüpfen würden, gedachte er nicht zu
überleben. Darum benutzte er die Nacht, seine letzten Verfügungen zu
treffen. Prinz Heinrich sollte Generalissimus seiner Armee werden und
diese seinem Neffen, Friedrich Wilhelm, dem fünfzehnjährigen Thronfol=
ger, schwören. Der Hof und die Archive sollten aus Berlin, wohin er
die Feinde auf allen Seiten in Anmarsch glaubte, geflüchtet werden. Dem
Staats=Minister, Grafen Finckenstein, schrieb er: „Ich habe keine Hilfe
mehr, und um die Wahrheit zu sagen, ich glaube, daß Alles verloren ist.
Ueberleben werde ich den Sturz meines Vaterlandes nicht. Leben Sie
wohl auf ewig!"

So verzweifelt Friedrichs Lage war, so sehr er für seine eigene Per=
son von jedem Augenblick das Schlimmste befürchten konnte, so fühlte sein
Herz doch zugleich die innigste Theilnahme an dem Unheil, das so viele
seiner Getreuen betroffen, so rüstig war er zu helfen bedacht, wo er noch
helfen konnte. Zwei junge Officiere seiner Armee waren unter Anderen
auf eine furchtbare Weise verwundet worden; dem einen war durch eine
Kanonenkugel der größte Theil des Armes weggerissen, dem anderen war
eine Kartätschenladung von gehacktem Eisen ins Gesicht und in den Arm
geschossen. Man hatte sie in jenes Dorf gebracht, in welchem Friedrich
sein Nachtquartier nahm; hier erholten sie sich wieder, allein kein Feld=
chirurg wollte die schweren Wunden verbinden. Der Erfolg der Schlacht
war ihnen noch unbekannt, als Friedrich unerwartet des Abends in die
Stube trat, wo sie auf der Erde in ihrem Blute lagen. Seine ersten
Worte waren: „Ach Kinder, ihr seid wohl schwer blessirt?" Sie erwider=
ten: „Ja, Ew. Majestät; allein das ist das Wenigste! Wenn wir nur
erst wüßten, ob Sie gesiegt hätten: denn wir hatten schon zwei Redouten
hinter uns und waren bei der dritten, als uns das Unglück traf." Der
König sagte: „Ihr habt es bewiesen, daß ihr unüberwindlich seid; das
Uebrige ist Zufall. Verliert nicht den Muth: es wird Alles, auch ihr
werdet besser werden. Seid ihr schon verbunden? Hat man euch zur Ader
gelassen?" — „Nein, Ew. Majestät," erwiderten sie, „kein Teufel will uns
verbinden." — Auf der Stelle wurde ein Arzt gerufen, dem Friedrich
seinen Unwillen über die schlechten Anstalten zu erkennen gab! befahl ihm
für diese braven Leute alle Sorgfalt zu verwenden. Der Arzt sah die
Wunden, zuckte die Achseln und versicherte, hier könne kein Verbinden
helfen; alle Mittel seien vergebens, wenn auch dem Einen der Arm abge=
nommen würde. Der König faßte die jungen Krieger bei der Hand und
zeigte sie dem Arzte mit den Worten: „Hier sehe Er nur, die Leute haben
noch kein Fieber! Bei solchem jungen Blut und frischem Herzen pflegt
die Natur allezeit Wunder zu thun." Beide Officiere wurden in der That
gerettet, dienten bis zum Frieden und wurden dann mit guten Versor=
gungen bedacht. Friedrich aber, der in jenem Zimmer hatte übernachten
wollen, nahm mit einer schlechtern Behausung vorlieb. — Die furchtbaren
Bilder der Zukunft hatten ihn auf seinem kümmerlichen Strohlager nicht
schlafen lassen. Als ihm am folgenden Morgen ein Officier berichtete,

daß man noch einiges Geschütz gerettet habe, rief er diesem wild entgegen:
„Herr, Er lügt! ich habe keine Kanonen mehr!" Niemand wagte es, sich
ihm zu nähern. Nur dem alten Obersten Moller klagte er vertraulich sein
Leid. Diesen fragte er, wie es doch komme, daß seine Armee nicht mehr
so viel leiste, wie früher. Moller, vielleicht des Tages von Leuthen und
der damaligen frommen Stimmung des Heeres gedenkend, antwortete, daß
seit geraumer Zeit schon keine Betstunde mehr in der Armee gehalten sei.
Friedrich gab am folgenden Tage den Befehl, daß der Feldgottesdienst
fortan in strenger Regelmäßigkeit abgehalten werde.

Die Russen hatten es versäumt, die Früchte ihres Sieges zu pflücken.
Ihre Generalität versammelte sich am Abend nach der Schlacht in
einem Bauerhause, zu berathschlagen, ob den besiegten Preußen nachzusetzen sei oder nicht. Erschöpft von der Hitze des Tages ließ man vorerst
erfrischendes Getränk kommen, und bald waren darüber die Gedanken
an alle Anstrengungen verschwunden. Friedrich wurde in der Nacht nicht
weiter beunruhigt; schon am folgenden Morgen sammelte sich ein Corps
von 18,000 Mann seiner zerstreuten Truppen um ihn; mit diesem ging
er ungestört über die Oder, brach die Brücken ab und lagerte sich zwischen
Frankfurt und Cüstrin. Er sah jetzt, daß der Feind ihm doch noch Hoffnung übrig lasse. Kurz vor der Schlacht hatte er durch einen Adjutanten
des Herzogs Ferdinand von Braunschweig die Nachricht von dem glorreichen Siege bei Minden erhalten; er hatte den Botschafter gebeten,
bis nach der Schlacht zu verweilen, damit er ihm das Gegencompliment
an den Herzog mitgeben könne. Jetzt entließ er ihn mit den Worten:
„Es thut mir leid, daß die Antwort auf eine so gute Botschaft nicht besser
hat gerathen wollen. Wenn Sie aber auf Ihrem Rückwege noch gut
durchkommen und Daun nicht schon in Berlin und Contades in Magdeburg finden, so können Sie Herzog Ferdinand von mir versichern, daß
noch nicht viel verloren ist!" — Allmälig erst konnte man die Größe des
Verlustes ermessen; über 18,000 Mann, 172 Geschütze, 26 Fahnen und
2 Standarten, außerdem alles eroberte Geschütz, hatten die Preußen verloren. Viele der ersten Officiere der Armee waren schwer verwundet. Traurig
war das Schicksal eines Dichters, den die eben aufblühende deutsche Poesie zu
ihren Lieblingen zählte und der tapfer in den Reihen der Preußen mitgekämpft
hatte, des Majors Christian Ewald v. Kleist. Ein Kartätschenschuß hatte ihm

das Bein zerschmettert; Kosaken hatten ihn seiner Kleider beraubt und
in einen Sumpf geworfen; russische Husaren hatten ihm darauf einige
Pflege angedeihen lassen, aber aufs Neue war er von Kosaken ausgeplün=
dert worden. Erst am folgenden Mittage fand ihn ein russischer Officier,
der ihn nach Frankfurt bringen ließ, wo er, trotz der eifrigsten Pflege,
am 24. August starb. In feierlichem Zuge, an dem die Russen ebenso wie die
Mitglieder der Frankfurter Universität Theil nahmen, wurde er begraben;
ein russischer Stabsofficier legte ihm den eigenen Degen auf den Sarg,
„damit ein so würdiger Officier nicht ohne dieses Ehrenzeichen begraben
werde."

Aber auch der Verlust der feindlichen Armee war nicht gering; er
belief sich auf mehr als 16,000 Mann. Darum schrieb Soltikof an seine
Kaiserin: „Der König von Preußen pflegt seine Niederlagen theuer zu
verkaufen; noch einen solchen Sieg und ich werde die Nachricht davon
mit einem Stabe in der Hand allein zu überbringen haben."

Friedrich war der festen Ueberzeugung, die Feinde würden jetzt ihren
Sieg wenigstens dazu benutzen, in die Mark und nach der wehrlosen Re=
sidenz vorzudringen. Genügende Veranlassung gab ihm zu solcher Mei=
nung der Uebergang der Russen über die Oder und die Annäherung der
österreichischen Hauptmacht unter Daun nach der Niederlausitz. Er zog
somit Alles, was nur von militärischen Kräften zusammenzubringen war,
an sich, ließ neue Geschütze aus seinen Zeughäusern zur Armee kommen
und lagerte sich, den Weg nach Berlin vertheidigend, bei Fürstenwalde
an der Spree. Indeß, was Jedermann erwarten mußte, geschah nicht.
Die Feinde blieben geraume Zeit in ihren Stellungen, ohne etwas zu
unternehmen. Daun wünschte den Zug nach Berlin den Russen aufzubürden;
Soltikof aber, empfindlich über die bisherige Ruhe der österreichischen
Hauptmacht, entgegnete, daß er jetzt zwei Schlachten gewonnen habe und
bevor er seine Truppen auf's Neue opfere, erst auf die Nachricht zweier
österreichischer Siege warten wolle. So entspann sich ein Zwiespalt
zwischen den feindlichen Heerführern, der wesentlich dazu diente, Friedrichs
Schicksal zu erleichtern.

Doppelt erwünscht kam dem Könige diese Stockung in den feind=
lichen Unternehmungen, da sich unterdessen in Sachsen die drohendste
Gefahr bereitet hatte. Die Reichsarmee war in das von Truppen fast

ganz entblößte Land eingerückt, hatte in kurzer Frist Leipzig, Torgau und Wittenberg erobert und schritt zur Belagerung von Dresden. Schmettau, der die preußische Besatzung in Dresden commandirte, schickte sich zu einer ebenso hartnäckigen Vertheidigung, wie im vorigen Jahre, an; da empfing er einen Befehl, den Friedrich unmittelbar nach der Niederlage von Kunersdorf, in seiner größten Bedrängniß, geschrieben hatte, daß er es nicht auf das Aeußerste ankommen lassen und vornehm= lich nur darauf bedacht sein solle, die königlichen Kassen zu retten. Dieser Befehl nahm ihm plötzlich den Muth zu weiterer Vertheidigung; er ahnte es nicht, daß Friedrich sofort zwei Corps zum Entsatze gesendet hatte und daß diese schon in der Nähe waren; er capitulirte, und auch Dresden ging in die Hände der Feinde über.

Prinz Heinrich hatte ruhig in seinem Lager bei Schmotteisen an der schlesischen Grenze gestanden und bis dahin für seine Ruhe nur den Spott der Oesterreicher eingeerntet. Jetzt brach er plötzlich im Rücken des österreichischen Heeres auf, schlug einzelne Abtheilungen desselben, vernichtete die Magazine, aus denen Daun seinen Unterhalt bezog, und nöthigte diesen, sich gegen ihn zu wenden. Daun gedachte, nach so un= angenehmer Veränderung der Dinge, den Prinzen nur von Sachsen abzu= halten; aber dieser kam ihm zuvor. Schon hatten jene von Friedrich abgesendeten Corps glückliche Fortschritte gemacht, und Heinrich konnte sich nun mit ihnen vereinigen. Daun aber, der um Alles nicht Sachsen, das wichtigste Ziel der österreichischen Operationen, aufgeben wollte, ver= ließ hierauf ganz die Stellung in der Nähe der russischen Armee; er wendete sich gegen Prinz Heinrich, und nun begann zwischen beiden eine Reihe künstlicher Manövers, die es, außer manchen einzelnen, für die Preußen glücklichen Gefechten, endlich dahin brachten, daß die Oesterreicher und die mit ihnen verbundene Reichsarmee den größten Theil ihrer sächsi= schen Eroberungen verloren und daß vornehmlich nur Dresden allein in ihren Händen blieb.

Die Russen hatten indeß ihr Lager in der Nähe von Frankfurt verlassen und sich südlich, gegen die schlesischen Grenzen, gewendet. Friedrich war ihnen zur Seite gefolgt. Als aber Soltikof hörte, daß Daun sich, statt der russischen Armee eine versprochene neue Verstärkung (das Laudon'sche Corps befand sich noch bei den Russen) zuzuschicken, mit seiner ganzen Macht nach Sachsen gewendet habe, als es auch an dem versprochenen Proviant gebrach, da entschloß er sich, nach Polen zurückzukehren. Daun ließ ihm statt des Proviants eine Unterstützung an Geld anbieten, aber Soltikof antwortete, die Russen äßen kein Geld. Daun jedoch wünschte dringend, Friedrichs Armee von Sachsen abzu= halten; und so ließ sich Soltikof noch einmal bewegen, in seinem Marsche nach Schlesien fortzufahren. Er machte sich bereit, Glogau zu belagern; als er sich aber dieser Festung näherte, hatte ihn Friedrich bereits um= gangen und ihm durch eine feste Stellung den Weg verlegt. Nach man= cherlei vergeblichen Versuchen ging Soltikof nun wirklich, gegen Ende Octobers, nach Polen zurück. Gerade um diese Zeit war Friedrich auf's Heftigste vom Podagra befallen; er vermochte weder zu reiten noch zu fahren und mußte sich von seinen Soldaten tragen lassen. Gleichwohl ließ er sich auch durch diesen neuen und unerwarteten Feind nicht in den Pflichten seines königlichen Berufes stören. Standhaft trotzte er den Schmerzen des Kör= pers und hielt seinen Geist frei, um, wie in den Tagen der Gesundheit, Alles überschauen und leiten zu können. Es war in Köben, einem schlesi= schen Städtchen an der Oder, wo er die Generale seiner Armee nach dem Abmarsch der Russen zu sich rufen ließ. Sie fanden ihn in einem ärmlichen Zimmer liegen, äußerst blaß, um das Haupt ein Tuch gebunden und mit einem Zobelpelze bedeckt. Trotz der heftigsten Schmerzen, die ihn quälten, redete er sie mit Heiterkeit an. „Ich habe Sie, Messieurs,"—so sprach er, — „hieher berufen lassen, um Ihnen meine Dispositionen bekannt zu machen und Sie zugleich zu überzeugen, daß die Heftigkeit meiner Krank= heit mir nicht gestattet, mich der Armee persönlich zu zeigen. Versichern Sie also meinen braven Soldaten, daß es nicht eine gemachte Krankheit ist; sagen Sie ihnen, daß, ungeachtet ich diese Campagne hindurch viel Un= glück gehabt habe, ich doch nicht eher ruhen werde, als bis Alles wieder hergestellt ist; daß ich mich auf ihre Bravour verlasse und daß mich nichts als der Tod von meiner Armee trennen soll." Nun gab er mit bewunde= rungswürdiger Ruhe alle Anordnungen, welche die veränderten Verhält= nisse erforderten. Ein Theil seiner Armee wurde zur Deckung von Schle= sien bestimmt, ein andrer Theil zur Unterstützung des Prinzen Heinrich nach Sachsen gesendet.

Die Muße, zu der Friedrich theils durch die Bewegungen der

Ruffen, theils durch seine Krankheit genöthigt war, trug Früchte eigen=
thümlicher Art, die eben nur bei einem Friedrich zur Erscheinung kommen
konnten.   Wie er jeden freien Augenblick auszukaufen wußte, wie er im
Lager überall seine kleine Handbibliothek mit sich führte und stets wissen=
schaftliche Genossen zur Seite hatte, wie er durch Lectüre und eigene schrift=
stellerische Thätigkeit seinen Geist unabläßig erfrischte und stärkte, so auch
in dieser trüben Zeit.   Er hatte die Geschichte Karls XII., jenes genial
abenteuerlichen Schwedenkönigs, vorgenommen und fand sich dadurch zu
der Abfassung einer sehr interessanten kleinen Schrift: „Betrachtungen
über den Charakter und die Talente Karls XII.," veranlaßt.   Er schrieb
darüber an den Marquis d'Argens: „Da ich unaufhörlich mit militairi=
schen Ideen beschäftigt bin, so wendet sich mein Geist, den ich gern zer=
streuen möchte, diesen Gegenständen in einem solchen Maße zu, daß ich
ihn für jetzt auf keine anderen Dinge zu richten vermag." Im folgenden
Winter ließ er die Schrift drucken, doch nur zwölf Exemplare davon ab=
ziehen, die er unter seine Freunde vertheilte.

Kaum aber war die Krankheit gewichen, so eilte auch Friedrich nach
Sachsen, wo die Verhältnisse sich inzwischen sehr günstig gestellt hatten.
Die feindliche Armee war bis gegen Dresden zurückgedrängt. Am 14. No=
vember traf Friedrich bei den Seinen ein und konnte dem Bruder, dessen
glückliche Maßregeln in der Lausitz und in Sachsen vor Allem dazu gedient
hatten, dem ganzen Feldzuge eine glückliche Wendung zu geben, die gerech=
testen Lobsprüche bringen. „Heinrich," so sagte er, „ist der einzige Gene=
ral, welcher in diesem Feldzuge keine Fehler gemacht hat." Aber die glück=
lichen Erfolge sollten jetzt auch mit dem größten Nachdrucke zu Ende ge=
führt werden.   Friedrich setzte sich selbst an die Spitze seiner Armee, ver=
folgte den zurückweichenden Feind und lieferte ihm bei dem Dorfe Krögis
ein verderbliches Gefecht. Dann sendete er verschiedene Corps in den Rücken
des Gegners, der sich hinter dem Plauenschen Grunde in eine feste Stel=
lung zurückgezogen hatte. Eins dieser Corps brach in Böhmen ein und
kehrte mit reichen Contributionen und einer Menge von Gefangenen zu=
rück. Ein zweites größeres Corps, unter dem General Finck, ward nach
Maxen gesendet, Daun den Rückzug abzuschneiden oder zu erschweren.
Aber dies war eine gefährliche Aufgabe; Finck machte Gegenvorstellungen,
doch antwortete Friedrich: „Er weiß, daß ich keine Difficultäten leiden

kann: mach' Er, daß Er fortkommt." Finck ergab sich mit trüber Ahnung
in sein Schicksal. In der That sah er sich bald von der feindlichen Ueber=
macht eingeschlossen; vergebens suchte er sich, am 21. November, durch
muthigen Kampf aus seiner ungünstigen Stellung zu erretten. Er wurde
genöthigt, sich mit seinem ganzen Corps, 12,000 Mann stark, zu Kriegs=
gefangenen zu ergeben. Diesem plötzlichen Unglück folgte bald noch ein
zweites. Ein preußisches Corps unter dem General Diereke, welches am
jenseitigen Elbufer stand, sollte auf gleiche Weise von den Oesterreichern
aufgehoben werden. Diereke versuchte, über Nacht sich über den Strom
zurückzuziehen; aber schon hatte ein heftiger Eisgang begonnen, sodaß das
Unternehmen nur mit großer Schwierigkeit von Statten ging; blos ein
Theil der Preußen entkam, die übrigen, 1500 Mann an der Zahl, fielen
ebenfalls in die Hände des Feindes.

So hatten noch zum Schlusse des Jahres die Verhältnisse in Sachsen
abermals eine üble Wendung genommen. Daun hatte jetzt nicht mehr
Lust, sich nach Böhmen zurückzuziehen; Friedrichs Armee war durch diese
Unglücksfälle wieder bis auf die geringe Zahl von 24,000 Mann zurück=
gekommen; alle Welt erwartete, daß er nun auch die zuletzt errungenen
Vortheile aufs Neue einbüßen werde. Aber Friedrich wich keinen Schritt.
Dem Feinde gegenüber blieb er, trotz der furchtbaren Kälte, welche jetzt
eintrat, in seinem kleinen Lager bei Wilsdruf. Seine Armee lieferte, täg=
lich abwechselnd, vier Bataillone, welche das Lager beziehen mußten, dessen
Zelte eingefroren und hart wie Breter waren. Die Soldaten legten sich
in den Zelten übereinander, um sich gegenseitig gegen die grimmige Kälte
Schutz zu geben. Die übrigen Theile der Armee cantonirten umher in
den Dörfern. Die Officiere suchten sich hier in den Stuben und Kammern
zu erwärmen, die Gemeinen bauten sich Brandhütten und lagen Tag
und Nacht am Feuer. Die Kälte forderte eine große Anzahl von Opfern.
Aber dem Feinde war durch dieses kühne Unternehmen jede Gelegenheit
zum Vorrücken genommen; Daun sah sich genöthigt, auch seine Truppen
denselben Unbequemlichkeiten und Leiden auszusetzen, ohne doch etwas ge=
winnen zu können. Endlich traf bei Friedrichs Armee eine Verstärkung
ein, welche ihm der Erbprinz von Braunschweig zuführte. Jetzt erst, im
Januar, ließ er seine Truppen regelmäßige Winterquartiere beziehen;

das Hauptquartier wurde nach Freiberg verlegt, wo Friedrich die übrigen Wintermonate zubrachte.

So ward endlich ein Feldzug zum Schlusse gebracht, der den Preußen Unheil zugefügt hatte, wie noch keiner der früheren. Und doch hatte Friedrich von Allem, was er vor dem Beginn desselben besessen, nichts weiter verloren als Dresden und einen Theil der Umgegend, sowie einige wenig bedeutende Besitzungen in Pommern, die von den Schweden, bei dem Abmarsch des größten Theiles der preußischen Truppen aus jener Gegend, eingenommen waren. Zu weiteren Erfolgen hatten es die vereinten Anstrengungen seiner übergewaltigen Gegner nicht gebracht.

Dreiunddreißigstes Kapitel.

Beginn des Feldzuges von 1760. Dresden und Liegnitz.

Bei den unausgesetzten Anstrengungen, zu denen sich Friedrich seit vier Jahren genöthigt gesehen, bei den geringen Mitteln, die ihm, im Vergleich mit der überwiegenden Macht seiner Gegner, zu Gebote standen, mußte die Fortsetzung des Krieges, auch wenn das neue Jahr nicht eben so verderbliche Früchte tragen sollte wie das vergangene, doch seine Kräfte allmälig aufreiben, mußten doch endlich die empörten Wogen über dem gebrechlichen Schifflein, welches er führte, zusammenschlagen. Friedrich fühlte das nur zu deutlich; und darum ließ er wenigstens Nichts unversucht, den wilden Sturm zu beschwören oder ihm eine andere Richtung zu geben. Der König von Spanien war im vergangenen Jahre gestorben; Oesterreich hatte Ansprüche auf das spanische Erbe in Italien; Sardinien ebenfalls. Friedrich schickte einen Abgesandten nach Turin, einen andern nach Madrid, beide Höfe zum Kriege zu erregen; aber er fand kein sonderlich geneigtes Gehör. Maria Theresia selbst ließ ihre italienischen Ansprüche vor der Hand auf sich beruhen, da ihr noch immer keine Erwerbung so am Herzen lag, als die von Schlesien. Eben so vergeblich waren die Versuche, Friedens=Unterhandlungen mit Frankreich ins

Werk zu richten. Zwar hatte der Krieg, neben den übrigen Ausschwei=
fungen des Hofes, die Finanzen des französischen Staates bereits im
höchsten Grade zerrüttet; zwar bezeigte sich in der That der Hof von Ver=
sailles den Anerbietungen, welche England machte, nicht abgeneigt: als
aber England erklärte, daß Preußens Integrität die unerläßliche Bedin=
gung eines jeden Friedensschlusses sei, da wurde Alles wiederum abge=
brochen. Noch spielte die Maitresse des Königs, welche der fortgesetzten
Verachtung von Seiten Friedrichs eben nur immer glühenderen Haß ent=
gegenzusetzen wußte, frechen Muthes mit dem Glücke des französischen
Volkes; noch gab sie auf alle warnenden Stimmen jene Antwort zurück,
die in wahnsinnigem Uebermuth das Schicksal herausforderte und dereinst
so furchtbar in Erfüllung gehen sollte: „Nach uns die Sündfluth!" —
So konnte es nicht fehlen, daß, statt des ersehnten Friedens, das kriege=
rische Bündniß zwischen Frankreich, Oesterreich und Rußland, oder richti=
ger — denn es handelte sich ja nicht um die Interessen der Völker, son=
dern nur um die Befriedigung persönlicher Leidenschaften, — das Bünd=
niß zwischen der Pompadour, Maria Theresia und Elisabeth nur fester
geschlossen wurde.

Für Friedrich aber blieb somit, außer der Hilfe, die England ihm
gewährte, keine weitere Hoffnung übrig, als die in der Ueberlegenheit sei=
nes eigenen Geistes, in dem unerschrockenen Muthe, den er seinen Schaa=
ren einzuflößen wußte, und in dem Umstande beruhte, daß er schon seither
in den Unternehmungen der Gegner nicht eben allzugroße Uebereinstim=
mung bemerkt hatte. Alle Mittel, welche ihm zu Gebote standen, wurden
zu neuen Rüstungen angewendet. Doch konnte er sich nicht entschließen,
seinen eigenen Unterthanen, die schon genug durch den Krieg zu leiden
hatten, besondere Abgaben zu diesem Zwecke aufzubürden; dagegen mußten
Sachsen, Mecklenburg, auch die anhaltischen Fürstenthümer aufs Neue
außerordentliche Lieferungen machen und starke Contributionen zahlen.
Sie mußten zugleich Rekruten stellen; diese, auch die neuen Mannschaften,
welche aus dem eigenen Lande zur Armee stießen, reichten indeß lange nicht
hin, um das zusammengeschmolzene Heer wieder vollzählig zu machen;
über das ganze deutsche Reich wurde zugleich ein förmliches Werbesystem
für die preußischen Armeen ausgebreitet; auch die kriegsgefangenen Oester=
reicher mußten sich zum preußischen Dienste bequemen. Zu der letzten

Maßregel schritt Friedrich, seit das Wiener Cabinet sich ermüßigt gesehen, die Auswechselung der Gefangenen zu verbieten. Bei alledem aber hatte er bei der Eröffnung des neuen Feldzuges kaum 90,000 Mann zusam= mengebracht, während seine unmittelbaren Gegner ihm mehr als 200,000 Mann entgegensetzen konnten. Zugleich waren es nicht mehr Truppen wie die, mit denen Friedrich den Krieg begonnen hatte; junge Bursche, die noch keinen Feind gesehen, waren aus dem Inlande, unzuverlässige Mannschaften aus dem Auslande herbeigekommen. Doch brachten jene eine nationale Begeisterung mit, wurden diese durch die strenge Zucht des preußischen Dienstes, wurden beide durch den begeisterten Glanz gefesselt, der trotz der Verluste des vorigen Jahres noch immer fest an dem Namen der Armee des großen Friedrich haftete. Die ganze Zeit der Winterruhe wurde mit rastloser Einübung der Neugeworbenen ausgefüllt.

Inmitten all dieser Sorgen blieben auch jetzt Wissenschaft und Kunst Friedrichs treue Trösterinnen. Auch jetzt suchte er den Schmerz über die arge Zerrissenheit seiner Zeit mit den Worten der Dichtung aus= zusprechen, und rührend und ergreifend wirkt das Gefühl, welches in die= sen Gedichten athmet, noch heute auf den Leser. Merkwürdig ist besonders die große „Ode an die Deutschen," welche Friedrich im März 1760 schrieb. Mit eindringlichen Worten hält er hier den deutschen Völkern, „den Söh= nen einer gemeinsamen Mutter," ihren Wahnsinn vor, sich gegenseitig zu zerfleischen, Fremde zum Brudermorde in die schöne Heimat hereinzufüh= ren und ihnen so den Zugang zum Herzen des Vaterlandes zu eröffnen; dann weist er sie auf die Bahnen, wo ein ehrenhafter Ruhm für sie zu erkämpfen sei; am Schlusse des Gedichtes ermahnt er sein Preußenvolk aufs Neue zu standhafter Ausdauer. Auch sah sich Friedrich in dieser Zeit zu einer neuen, öffentlichen Herausgabe seiner früheren Gedichte genöthigt, als in Frankreich ein Nachdruck derselben erschien, welcher sämmtliche sa= tirische Ausfälle auf politische Personen der Zeit, die nur den vertrauten Freunden mitgetheilt waren, enthielt. Man hat überzeugende Gründe, die Herausgabe dieses Nachdrucks Voltaire zuzuschreiben, der die Feinde des Königs noch mehr aufzureizen und seiner noch ungestillten Rachbegier einige Befriedigung zu gewähren bemüht war.

Dasselbe Gefühl, wie in den Gedichten dieser Zeit, spricht sich auch in den Briefen aus, in denen Friedrich den Freunden seine Lage und seine

Gedanken ohne weiteren Rückhalt mittheilt. So schreibt er im März 1760
an Algarotti, den er ebenfalls zu seinen Vertrautesten zählte: „Der ir=
rende Jude, wenn er jemals existirt hat, hat kein so irrendes Leben ge=
führt, wie das meine ist. Man wird am Ende wie die Dorf=Komödian=
ten, die keinen Heerd und keine Heimat haben; wir laufen durch die
Welt, um unsere blutigen Tragödien da aufzuführen, wo unsere Feinde
uns eben erlauben, unser Theater aufzuschlagen.... Der letzte Feldzug hat
Sachsen an den Rand des Abgrundes geführt. So lange es mir das
Glück verstattete, habe ich dieses schöne Land geschont: jetzt ist Verwüstung
überall. Und ohne von dem moralischen Uebel zu sprechen, welches dieser
Krieg bringen wird: das physische Uebel wird nicht das kleinere sein, und
wir können uns Glück wünschen, wenn die Pest nicht noch darauf folgt.
Wir arme Thoren, die wir nur einen Augenblick zu leben haben; wir
machen uns diesen Augenblick so hart, als wir nur vermögen; wir ge=
fallen uns darin, die schönsten Werke, welche Fleiß und Zeit hervorge=
bracht haben, zu zertrümmern und nichts als ein hassenswerthes Anden=
ken an unsere Zerstörungen und an das Elend, das sie verursacht haben,
zu hinterlassen!"

Friedrich sah sich wiederum nach dem Schlusse der Winterruhe, wie
im vorigen Jahre, genöthigt, seine Armeen in ihren vertheidigenden Stel=
lungen verharren zu lassen; zu einem Angriffskriege reichten seine Kräfte
nicht hin. Doch verging geraume Zeit, ehe die Feinde mit entschiedenen
Maßregeln gegen ihn auftraten. Sie konnten sich über den Plan, welchem
gemäß man den Feldzug eröffnen wollte, nicht vereinigen. Der russische
Hof machte auf Soltikofs Rath den Vorschlag, mit der Eroberung Col=
bergs zu beginnen und dann, unter Begünstigung der Flotte, zu deren
Absendung sich Rußland verpflichtet hatte, den Krieg längs der pommer=
schen Küste zu führen. Dieser Plan lag in Rußlands nächstem Interesse
und Soltikof hatte dabei die Absicht, sich der unbequemen Gemeinschaft
mit den Oesterreichern zu entheben. Frankreich hatte ähnliche Vorschläge
gemacht. Der König von Polen aber bat aufs Dringendste, ihm zunächst
sein Kurfürstenthum wieder zu erobern. Maria Theresia schlug vor, daß
Soltikof mit Laudon gemeinschaftlich auf die Eroberung Schlesiens be=
dacht sein sollte, während Daun die Armee Friedrichs in Sachsen fest=
halte. Der letztere Plan behielt die Oberhand; Soltikof aber war dadurch

seines Mißtrauens gegen die Oesterreicher nicht überhoben und fand sich im Gegentheil, durch die Verwerfung seines Planes, nur gekränkt.

Friedrich stand indeß der Daun'schen Armee in Sachsen gerüstet gegenüber, während Prinz Heinrich an der Oder sich bereit machte, dem Einmarsch der Russen zu begegnen, General Fouqué die Grenzen Schlesiens gegen Böhmen deckte und ein kleines Corps in Pommern, den Schweden gegenüber, aufgestellt war.

Das Vorspiel und die Eröffnung des Kampfes fanden in Schlesien statt. Schon im März machte Laudon einen Einfall in Oberschlesien, das nur durch wenige Truppen geschützt war. General Golz, der mit dem pommerschen Infanterie=Regiment von Manteuffel an der Grenze in Neustadt stand, sah sich genöthigt, sich auf Neisse zurückzuziehen. Kaum aber hatte das Regiment, zu den Seiten eines Transports von hundert Wagen, sich auf den Marsch gemacht, als Laudons Cavallerie sich mit überlegener Gewalt auf dasselbe stürzte. Doch wehrten die tapfern Pommern den Angriff durch ein wohlunterhaltenes Feuer ab. Nun sendete Laudon einen Trompeter an den General Golz, mit der Aufforderung, sich zu ergeben, da das Regiment von allen Seiten umringt sei; im Fall der Weigerung sollte Alles niedergemetzelt werden. Der General führte den Trompeter vor die Front des Regiments und machte den Seinen die feindliche Aufforderung bekannt; einstimmig erfolgte indeß nichts als eine sehr derbe pommersche Antwort, die wenig geneigten Willen zu verrathen schien. Jetzt wurden die Angriffe der Oesterreicher mit erneutem Ungestüm wiederholt, aber ebenso nachdrücklich abgeschlagen. Das Regiment erreichte eine sichere Stellung und hatte nur 140 Mann, sowie einige Wagen verloren, während von den Oesterreichern 300 Mann gefallen waren. Laudon selbst konnte den tapfern Pommern seine Anerkennung nicht versagen.

Ernsthaftere Unternehmungen bereiteten sich einige Monate später, im Juni, vor. Laudon hatte sich gegen Böhmen gezogen und drang mit ungefähr 50,000 Mann in die Graffchaft Glatz und von da in das offene Schlesien ein, während Fouqué den festen Grenzposten von Landshut nur mit etwa 14,000 Mann besetzt hielt. Da seine Macht zur Behauptung dieses Postens nicht genügend war und ihm die Vertheidigung des flachen Landes größere Vortheile gegen den überlegenen Feind zu versprechen schien, so zog sich Fouqué aus dem Gebirge bis unter die Kanonen

von Schweidnitz. Laudon aber hatte nur auf diese Entfernung des
Gegners gewartet, um die Belagerung der Festung Glatz unternehmen
und hiedurch festen Fuß in Schlesien gewinnen können. Friedrich war
über alles Dieses äußerst ungehalten. Er schrieb seinem vieljährigen
Freunde — dem Großmeister des Bayard=Ordens, der in der schönen
Rheinsberger Zeit gestiftet war und noch immer seine Geltung hatte, —
die harten Worte: „Ich dank's Euch mit dem Teufel, daß Ihr meine
Berge verlassen habt! Schafft mir meine Berge wieder, es koste, was es
wolle!" Fouqué ging nun in seine frühere Stellung zurück; aber er faßte
den Entschluß, sich bis auf den letzten Mann zu behaupten und die Berge
den Oesterreichern nur mit seinem Blute zu verkaufen.

Friedrich indeß war nicht gewillt, den treuen Genossen aufzuopfern;
er wünschte nur, daß Fouqué den Feind so lange aufhalten möge, bis er
selbst mit seiner Armee zur Unterstützung herbeieile. Doch war dieses Un=
ternehmen nicht leicht, wenn Sachsen nicht der Daun'schen Armee über=
lassen werden sollte: Friedrich faßte den kühnen Plan, den österreichischen
Feldmarschall durch künstliche Manövers zu veranlassen, ihm nach Schle=
sien zu folgen. Schon mehrfach war ihm ein solcher Entwurf geglückt:
diesmal jedoch bezog Daun ein festes Lager unfern von Dresden, aus dem
ihn Friedrich nicht herauslocken konnte. So vergingen mehrere Tage, bis
plötzlich, am 25. Juni, im österreichischen Lager ein allgemeines Victoria=
schießen erfolgte. Durch die feindlichen Vorposten erhielt Friedrich die
Nachricht von dem Siege Laudons über Fouqué. Der letztere hatte sein
Wort gehalten. Laudon hatte ihn, am 23. Juni mit großer Uebermacht
bei Landshut angegriffen und fast sein ganzes Corps aufgerieben. Fouqué
selbst war, mehrfach verwundet, vom Pferde gestürzt und nur durch
seinen Reitknecht gerettet worden, der sich über ihn geworfen und die Hiebe
der feindlichen Dragoner mit dem eigenen Leibe aufgefangen hatte. Er
wurde dann gefangen genommen und blieb bis an das Ende des Krieges
in feindlichem Gewahrsam. Die offene betriebsame Stadt Landshut war
von der kaiserlichen Armee übel zugerichtet worden. Die Soldaten waren
betrunken, und Laudon selbst vermochte kaum die zügellose Wuth der Sei=
nen zu bändigen und dem Plündern und Morden Einhalt zu thun.

Es scheint, als habe die Nachricht von Fouqué's Niederlage, statt
Friedrich aus der Fassung zu bringen, vielmehr den Entschluß in ihm

rege gemacht, gerade jetzt etwas Außergewöhnliches und vom Gegner durchaus nicht Erwartetes zu unternehmen, als das sicherste Mittel, die Pläne seiner Feinde zu verwirren. Nichts schien ihm hiezu geeigneter, als ein Streich gegen Dresden selbst. Er versuchte auf's Neue, Daun durch allerhand Manövers aus seiner Stellung herauszuziehen, doch blieb es auch jetzt noch vergeblich. Da entschloß er sich zum förmlichen Abmarsch seiner Armee auf der Straße nach Schlesien. Dieses Mittel weckte endlich Daun aus seiner Ruhe; er eilte dem Könige vor und vereinigte sich mit dem Laudon'schen Corps, ihm auf diese Weise den Weg zu verlegen. Bei dieser Gelegenheit kam es, bei Gödau, zwischen einigen Cavallerie-Regimentern des preußischen Vortrabes, welche Friedrich selbst führte, und dem Nachtrab der österreichischen Armee zu einem Gefecht. Friedrich hatte die Gegner angegriffen, ohne die Verstärkung seiner Infanterie ab= zuwarten. Jetzt sah er, daß er dem überlegenen Feinde keinen Nachtheil zufügen konnte; er war im Begriff, sich gegen seine Infanterie zurückzu= wenden, als plötzlich feindliche Ulanen in seine Schaaren einbrachen und sie in die Flucht trieben. Er selbst war in höchster Gefahr, denn zwei Ulanen stürmten gegen ihn, der nicht ebenso eilig floh wie die Uebrigen, mit angelegten Lanzen vor. Nur die Geistesgegenwart seines Pagen rettete ihm das Leben. Dieser war gestürzt, rief aber den Ulanen auf pol= nisch zu, „wo sie der Teufel hinführen wolle?" Da er, als Page, keine Militair=Uniform trug, so hielten sie ihn für einen Oesterreicher, entschul= digten sich, daß ihre Pferde mit ihnen durchgegangen seien, und kehrten um. Inzwischen war ein preußisches Grenadierbataillon zur Stelle gekommen und machte durch sein Feuer dem ungleichen Scharmützel ein Ende.

Sobald Daun genügend aus Sachsen entfernt war, wendete sich Friedrich plötzlich nach Dresden um. Ein Corps der österreichischen Ar= mee, welches noch in seinem Rücken gestanden hatte, wich jetzt vor seiner Annäherung eilig zurück, ging bei Dresden über die Elbe und zog mit der ganzen Reichsarmee, welche bis dahin müßig am linken Elbufer ge= standen hatte, von Dresden fort bis gegen Pirna. So konnte Friedrich ohne größere Schwierigkeit, als die ihm die Besatzung von Dresden zu= fügte, die Belagerung beginnen, zu der er durch Eilboten das nöthige Ge= schütz aus Magdeburg beordert hatte. Er hoffte, daß die Besorgnisse für

die Familie des Königs von Polen und die zu erwartende Einäscherung
der prachtvollen Residenz den Commandanten zur schnellen Uebergabe
veranlassen würden. Am 14. Juli begann die Beschießung der unglück=
lichen Stadt, auf welche bald ein förmliches Bombardement folgte. Viele
der schönsten Paläste wurden zerstört, ganze Straßen gingen nach einan=
der in Feuer auf, das Elend der Einwohner war grenzenlos. In Schaa=
ren flüchteten sie sich aus der brennenden Stadt; ihre Schätze, welche sie
in bombenfesten Kellern verwahrt, wurden von den zügellosen Soldaten
der österreichischen Besatzung geraubt. Auf dem Thurme der Kreuzkirche
standen einige Kanonen, welche man an besonderen Festtagen abzufeuern
pflegte; diese hatte man jetzt gegen die Belagerer benutzt und so betrach=
teten die letzteren die Kirche als eine Batterie, richteten ihre Mörser gegen
dieselbe, und bald brach das mächtige Gebäude in Flammen zusammen.
Dasselbe Schicksal hatten mehrere andere Kirchen. Die alte Pracht der
schönen Residenz wurde größtentheils vernichtet.

Aber der Commandant hielt rüstig Stand; obgleich die Reichsarmee
es nicht für angemessen fand, sich aus ihrer sicheren Stellung zu rühren,
so hoffte er doch auf einen Entsatz von Seiten Dauns. Dieser zwar hatte
sich ebenfalls nicht übereilt; er hatte geglaubt, Friedrichs Rückzug sei
nur ein neues Manöver, um ihm eine Falle zu legen. Endlich traf er
vor Dresden ein, und nun wurde der Erfolg von Friedrichs Unternehmen
zweifelhaft. Daun verschaffte sich eine Verbindung mit den Belagerten,
welche Friedrich nicht zu hindern vermochte. Manche Ausfälle wurden
jetzt unternommen, manche kleine Gefechte fanden Statt, in denen die
Preußen wenigstens nicht immer siegreich waren. Bei einem hartnäckigen
Ausfalle gegen die Laufgräben wurde das preußische Infanterie=Regiment
Bernburg zum Weichen gebracht. Friedrich bestrafte diesen Mangel an
Tapferkeit, — wenigstens hielt er es dafür, — auf eine Weise, die bis
dahin in der preußischen Kriegsgeschichte ohne Beispiel war. Die Officiere
verloren ihre Huttressen, die Soldaten ihre Bandlitzen auf der Uniform
und ihre Pallasche; die Tambours durften den Grenadiermarsch nicht
mehr schlagen. Das ganze Regiment, stolz darauf, daß es von dem alten
Dessauer selbst gebildet, wurde das Gespötte der Armee; bald sollte indeß
die Gelegenheit kommen, die Schmach wieder auszuwetzen.

Von einem Tage zum andern verzögerte sich der Erfolg der Bela=

gerung. Ein bedeutender Transport, welcher zur Unterstützung der preu=
ßischen Armee aus Magdeburg kam, fiel in die Hände der Oesterreicher;
ein feindliches Corps zog sich in den Rücken der Preußen; endlich kam
die betrübende Nachricht, daß auch Glatz erobert sei, und so sah sich
Friedrich, nach fruchtloser Anstrengung, genöthigt, das Unternehmen auf=
zugeben.   Am Abend des 29. Juli zog er seine Armee von Dresden
zurück.   Glatz war durch ein einzelnes Corps der Laudon'schen Armee
belagert, und am 26. mit so schmachvoller Schnelligkeit übergeben wor=
den, daß man sich zu der Meinung berechtigt fand, es sei Verrath mit
im Spiele gewesen.   Doch gab Friedrich, trotz dieses bedeutenden Ver=
lustes, die Hoffnung nicht auf, Schlesien zu retten; nur mußte er bedacht
sein, die Verbindung der österreichischen Armee mit der russischen, welche
im Anmarsche gegen Schlesien begriffen war, zu hintertreiben. Ungesäumt
machte er sich auf den Marsch nach Schlesien.   Daun brach gleichzeitig
auf und zog wie sein Schatten neben ihm hin, ohne ihm doch wesentliche
Hindernisse in den Weg zu legen und ohne eine Schlacht zu wagen.

Indeß hatte sich Laudon gegen Breslau gewendet und begann die
Belagerung der Stadt.   Er führte 50,000 Mann, und die Besatzung
bestand nur aus 3000, zum Theil nicht sonderlich zuverlässigen Truppen.
Dazu kam, daß im Innern der Stadt 9000 österreichische Kriegsgefan=
gene lagen, und daß man selbst Mittel gefunden hatte, die Bürgerschaft
aufsässig zu machen. Nur auf die ungefähr aus 1000 Mann bestehende
Leibgarde des Königs, welche seit der Schlacht von Kollin in Breslau
gestanden hatte, durfte der Commandant, General von Tauentzien, sich
verlassen.   Dennoch beschloß er standhafte Gegenwehr. Laudon ließ ihn
zur Uebergabe auffordern, aber er erhielt eine entschieden abschlägige
Antwort.   Jetzt begann das Bombardement; ein Quartier der Stadt
und der königliche Palast gingen in Feuer auf. Aber Tauentzien begeg=
nete ebenso muthig wie umsichtig allen Gefahren, welche außen und innen
drohten.   Auf eine zweite Aufforderung zur Uebergabe, die mit der
Drohung schloß, „es solle das Kind im Mutterleibe nicht verschont wer=
den," erwiderte Tauentzien nur, daß so wenig er wie seine Soldaten das
Wochenbett zu beziehen gedächten.   Dem kühnen Muthe folgte baldige
Erlösung.   Prinz Heinrich, der die Bewegungen der Russen beobachtet
hatte, kam jetzt, da die Russen sich gegen Breslau zogen, in die Nähe der

Stadt. Laudon hob die Belagerung auf und Heinrich nahm seine Stel=
lung in der Nähe von Breslau.

Unmittelbar darauf rückte die russische Armee heran. Soltikof war
nicht wenig erstaunt, als er statt der Oesterreicher, die er mit Bestimmt=
heit erwartete, eine preußische Armee vor sich sah. Er fand seinen Ver=
dacht über die Unzuverlässigkeit seiner Bundesgenossen nur zu sehr be=
stätigt. Und als nun auch die Nachricht eintraf, daß Friedrich in Schlesien
eingerückt sei und daß Laudon sich, Dauns Unternehmungen zu unter=
stützen, gegen diesen zurückgezogen habe, so erklärte er auf's Bestimmteste,
daß er unverzüglich den Rückzug antreten werde, wenn man Friedrich die
Oder erreichen lasse, ohne die russische Armee durch das Laudon'sche
Corps verstärkt zu haben.

Durch diese ernstliche Erklärung fand sich Daun endlich veranlaßt,
sein allzuvorsichtiges Zaudern zu brechen und dem Gegner eine Schlacht
zu liefern. Beide Armeen standen an der Katzbach, in der Gegend von
Liegnitz, einander gegenüber. Es war derselbe Boden, welcher seit der
furchtbaren Mongolenschlacht im dreizehnten Jahrhundert schon mehrfach
Ströme Blutes getrunken hatte; auf ihm sollte Friedrich einen der Siege
erkämpfen, ohne die seine Rettung unmöglich schien; auf ihm sollte 53
Jahre später noch einmal siegreich um Preußens und um Deutschlands
Rettung gestritten werden. Daun konnte jetzt sein Vorhaben mit um so
größerer Zuversicht wagen, als Friedrichs Lage in der That höchst be=
denklich war. Die österreichische Armee zählte, nach der Vereinigung Lau=
dons mit Daun, 95,000 Mann; die preußische dagegen nur 30,000
Mann, ihr Proviant ging zu Ende, von Breslau war sie abgeschnitten,
und vergeblich hatte Friedrich, durch verschiedene Manövers, bereits
versucht, dem Feinde einige Vortheile abzugewinnen.

Daun gedachte, das Spiel von Hochkirch zu wiederholen; in der
Frühe des Morgens, am 15. August, sollte Friedrichs Lager von allen
Seiten überfallen werden. Der Plan war geheim gehalten worden, doch
konnte Friedrich aus gewissen Bewegungen der Feinde schließen, daß es
auf einen baldigen Angriff abgesehen sei. Da seine Stellung, oberhalb
Liegnitz, nicht vorzüglich gesichert war, so beschloß er, die Armee auf die
andere Seite der Stadt hinüberzuziehen, wo die Beschaffenheit des Bodens

bessere Vortheile versprach; zugleich unterstützte diese Stellung seine Absicht, sich nach der Oder durchzuschlagen. Zur Ausführung dieser Veränderung war die Nacht vom 14. auf den 15. bestimmt. Am Nachmittage vorher wurde ein feindlicher desertirter Officier eingebracht, der von wichtigen Geheimnissen sprach, welche er zu eröffnen habe; er war aber auf eine Weise betrunken, daß man erst zu allerhand Maßregeln mit kaltem und warmem Wasser schreiten mußte, ehe man anderweitige Nachrichten von ihm erhalten konnte. Jetzt bestätigten seine Aussagen den zu erwartenden Angriff; da er indeß von den Einzelheiten des feindlichen Planes keine Kunde hatte, so ließ es Friedrich bei den einmal bestimmten Maßregeln.

Die Umstellung der Armee war in nächtlicher Stille vor sich gegangen. Es war drei Uhr des Morgens. Friedrich befand sich auf dem linken Flügel, dessen sämmtliche Truppen theils mit Ungeduld den Tag erwarteten, theils unter den Waffen schliefen. Friedrich selbst hatte sich, in seinen Mantel gehüllt, zur Seite eines kleinen Wachtfeuers hingelegt und schlief. Ein General saß neben ihm und schürte das Feuer. In dem Augenblicke kam der Husarenmajor Hundt, welcher vor dem linken Flügel der Armee patrouillirt hatte, mit verhängtem Zügel zurückgesprengt und rief laut nach dem Könige. Man bedeutete ihn, den Schlafenden nicht zu stören. Aber Friedrich hatte schon den Ruf gehört; auf seine Frage berichtete der Major, daß feindliche Colonnen herannahten und nicht mehr vierhundert Schritte entfernt seien. Augenblicklich gab Friedrich den Befehl, sich in Schlachtordnung zu stellen. Da er aber einsah, daß dieses nicht der einzige Angriff auf seine Stellung sein würde, so befahl er, daß General Zieten mit dem rechten Flügel nach der andern Seite sich dem Feinde entgegensetze, während er selbst mit dem linken den schon beginnenden Angriff abschlage. Unter den ersten feindlichen Kugeln ordneten sich seine Truppen in größter Schnelligkeit.

Es war Laudon, der den Angriff auf den linken Flügel der Preußen machte. Doch hatte man österreichischer Seits von der Umstellung der preußischen Armee nichts geahnt. Laudons Absicht war es, sich mit plötzlichem Angriff des preußischen Gepäckes zu bemächtigen; absichtlich hatte er sich, um nicht zu früh verrathen zu werden, ohne Vortrab auf den Marsch gemacht. Jetzt sah er sich selbst auf eine unvorhergesehene

Weise überrascht. Schnell suchte auch er seine Truppen in Reihen zu ordnen, doch hinderte das ungünstige Terrain eine genügende Ausbreitung. Der Donner des Geschützes eröffnete nun die Schlacht. Die österreichische Cavallerie drang auf die preußische ein, aber sie wurde wieder zurückgeworfen. Dann rückte die Infanterie gegen einander. Die preußische hielt muthig im Feuer Stand, die österreichische begann zu weichen, preußische Cavallerie drang in ihre Reihen und nahm eine große Anzahl gefangen. Aber Laudon war dem Könige bedeutend überlegen; er führte 35,000 Mann mit sich, während der linke preußische Flügel nur 14,000 Mann zählte. Immer neue Truppen der österreichischen Armee rückten zur Verstärkung vor; doch warfen die Preußen, ob auch fort und fort ihre Reihen gelichtet wurden, jeden neuen Angriff zurück. Noch einmal drang Cavallerie in die preußischen Infanterie=Regimenter ein; diese wichen nicht. Hier war es, wo das Regiment Bernburg seine verlorene Ehre wieder erkämpfte; mit gefälltem Bayonnet ging es den österreichischen Reitern entgegen, stieß viele von ihnen vom Pferde, trieb die anderen in wilder Flucht vor sich her, und diese rissen nun auch, was sonst noch von österreichischen Regimentern stand, mit sich fort. Es war 6 Uhr, als schon der vollständige Sieg auf dieser Seite erfochten war.

Jetzt eilte Friedrich auf den rechten Flügel seiner Armee, auf den um diese Zeit erst einige leichte Angriffe gemacht wurden. Daun war nämlich in aller Frühe an der richtigen Stelle angekommen, auf welcher am vorigen Abende das preußische Lager gestanden hatte. Da er es leer fand, beschloß er, den Flüchtlingen — so betrachtete er die preußische Armee — nachzusetzen. Hiezu war ein Uebergang über das sumpfige „schwarze Wasser" nöthig, welches sich bei Liegnitz in die Katzbach ergießt und die preußische Stellung auf dieser Seite deckte. Da aber nur e i n e Brücke den Uebergang gestattete, so hatte Zieten seine Maßregeln danach getroffen. Als ungefähr so viel Oesterreicher herüber waren, als man mit Leichtigkeit zu zwingen gedachte, ließ er die Kanonen auf diesen Theil der Feinde richten, die nun in Eile zurückflohen und eine Anzahl Gefangener zurücklassen mußten. Einige Versuche der feindlichen Artillerie wurden durch die günstig gestellte preußische bald zum Schweigen gebracht. Noch hielt Daun an der Stelle still, unentschlossen, was weiter für ihn zu un= ternehmen sei. Von Laudon hatte er keine Nachricht; der Wind hatte

alles Getöse der Schlacht auf jener Seite abwärts geweht; nur ein dicker
Rauch, der sich erhob, ließ ihn einen ernsten Vorfall vermuthen. Da
erscholl ihm gegenüber ein freudiges Victoriaschießen, und er wußte nun,
woran er war. Kaum begann bei den Preußen das zweite Lauffeuer,
so kehrte die feindliche Macht um und ging über die Katzbach zurück,
welche sie beim Anbruche des Tages überschritten hatte.

Der Sieg war nicht ohne theure Opfer erkauft worden. Der Ge-
sammtverlust der Preußen belief sich auf 3500 Mann. Dagegen hatten
die Oesterreicher 10,000 Mann, und außerdem 82 Kanonen nebst 23
Fahnen und Standarten eingebüßt. Besondere Freude war dem Regiment Bernburg aufbehalten. Der König befahl, nachdem die Schlacht
beendet war, daß die ganze Armee sich in Einer Linie aufstellen sollte;
hier ritt er die Front, von einem Flügel bis zum andern, entlang, zu
sehen, was für Lücken die Schlacht gerissen hatte. Die ganze Armee hielt
das Gewehr beim Fuß, das Regiment Bernburg stand an der Spitze des
einen Flügels. Als Friedrich an dasselbe herankam, rief er den Soldaten
freundlich zu: „Kinder, ich dank' euch, ihr habt eure Sache brav gemacht,
sehr brav! Ihr sollt Alles wieder haben, Alles!" Der Flügelmann der
Leib = Compagnie des Regiments, ein alter Graukopf, trat bei diesen
Worten aus dem Gliede gegen den König vor und sagte: „Ich danke
Ew. Majestät im Namen meiner Cameraden, daß Sie uns unser Recht
haben zukommen lassen; Ew. Majestät sind doch nun wieder unser gnä=
diger König?" Friedrich klopfte dem Sprecher gerührt auf die Schulter
und antwortete, indem ihm die Thränen in die Augen traten: „Es ist
Alles vergeben und vergessen, aber den heutigen Tag werde ich euch gewiß
nicht vergessen!" Nun war die Heerschau zu Ende. Friedrich bestimmte,
daß der alte Flügelmann, der eben gesprochen, Sergeant sein solle. Als
dieser sich bedankte, drängten sich noch mehrere Soldaten des Regiments
um den König und vertheidigten ihre Aufführung bei Dresden damit,
daß der Fehler nicht an ihnen, sondern an der Anführung gelegen habe.
Friedrich wollte das nicht geradezu gelten lassen, und nun ging es von
Seite der Soldaten um die Wette an ein Demonstriren, mit einer Ver=
traulichkeit und einem Lärm, daß der Commandeur, den Unwillen des
Königs befürchtend, die Leute zurücktreiben wollte. Friedrich ließ es aber
nicht zu; er beendete den Streit mit der nochmaligen Versicherung, daß

sie brave Leute seien und sich des preußischen Ruhmes vorzüglich werth
bezeigt hätten. Friedrichs Gewalt über die Gemüther seiner Soldaten
beruhte vor Allem darin, daß er sich mit vollkommenster Vertraulichkeit
zu ihnen herabließ und oft an all ihren kleinen Interessen Theil nahm.
Die Anekdoten, welche man von seinem Leben erzählt, sind gerade an sol=
chen Zügen besonders reich. Dafür redeten ihn aber auch die Soldaten
gern mit seinem blosen Vornamen an, in dessen zutraulicher Abkürzung:
„Fritz,“ oder auch mit Hinzufügung jenes Beiwortes, das für unser
deutsches Gefühl auf so eigene Weise Ehrerbietung, Liebkosung und Ver=
traulichkeit verbindet: — „Alter Fritz.“

Der Sieg bei Liegnitz war der erste Strahl des Glückes, welcher
den preußischen Waffen seit geraumer Zeit wiederum leuchtete. Doch
wäre damit, außer der erneuten Zuversicht der Armee, nur wenig gewon=
nen gewesen, wenn die Feinde sich ihrer noch immer sehr bedeutenden
Uebermacht erinnert und schnelle Maßregeln getroffen hätten, um Frie=
drich auf's Neue in seinem Marsche aufzuhalten. Denn das hatte die
Erfahrung schon oft genug gelehrt, daß Friedrich nicht gewohnt war,
etwas halb zu thun. Auch jetzt machte er sich rasch die Verwirrung der
Feinde zu Nutze. Noch an demselben Tage legte er mit seiner Armee
drei Meilen zurück. In wenig Tagen war er mit der Armee des Prinzen
Heinrich bei Breslau vereinigt. Daun zog sich furchtsam gegen die Ge=
birge hin, die böhmische Grenze zu decken; Soltikof folgte verdrossen
dem Beispiele seines Bundesgenossen und ging mit seiner Armee bis an
die Grenze von Polen. Der große Entwurf der Vereinigung beider ge=
waltigen feindlichen Armeen war zerstört.

Vierunddreißigstes Kapitel.
Schluß des Feldzuges von 1760. Torgau.

Nach mancherlei weitläufigen Verhandlungen, die, außer dem
gegenseitigen Mißtrauen, noch durch eine plötzlich eintretende Krankheit
des russischen Heerführers verzögert wurden, kam endlich ein neuer Ope=
rationsplan zwischen den Armeen der Oesterreicher und Russen zu Stande.

Die Russen sollten einen Einfall in die Mark Brandenburg machen, die Oesterreicher zu neuen Unternehmungen in Schlesien schreiten, damit durch diesen Doppelangriff die preußische Macht wieder getrennt würde und ihre einzelnen Corps um so leichter geschlagen werden könnten. Daun hatte jetzt nichts Geringeres im Sinne, als sofort zur Belagerung von Schweidnitz zu schreiten. Friedrich, von der russischen Armee nicht eben große Eile befürchtend, entschloß sich, seine Hauptmacht zunächst gegen Daun — welcher ihm immer noch um das Doppelte überlegen war — zu führen und ihn wo möglich zur Räumung Schlesiens zu zwingen. In der That begegnete er ihm alsbald mit so geschickten Manövers, daß Daun von seinem Vorhaben abstehen mußte und sich, seiner großen Ueberlegenheit zum Trotze, auf einen blosen Vertheidigungskrieg zurückgeführt sah. Doch wußte wiederum Daun in den Gebirgen so sichere Stellungen zu nehmen, daß auch Friedrich seinen Plan, ihn ganz nach Böhmen hinauszudrängen, nicht zur Ausführung bringen konnte. So war auf's Neue geraume Zeit vergangen, ohne daß irgend etwas Entscheidendes vorfiel. Und als nun die Nachricht kam, daß die Russen bereits ihren Marsch nach Berlin angetreten hätten, als auch von Daun ein Corps, unter dem General Lascy, ebendahin entsendet wurde, mußte sich Friedrich entschließen, sein Unternehmen gegen die österreichische Hauptmacht aufzugeben, um seiner bedrängten Residenz Hilfe zu bringen. Am 6. October brach er mit seiner Armee auf.

Der Marsch wurde durch keine besonderen Zufälle gefährdet. Ein eigenes Interesse bietet er durch mancherlei kleine Charakterzüge dar, welche uns aufbehalten und vorzugsweise geeignet sind, das gemüthliche Verhältniß des Königs zu den Seinen erkennen zu lassen.

So wird erzählt, wie die Armee einst, an den Grenzen der Lausitz, vor einem Moraste Halt machte, um die Aufführung eines Dammes, welcher für das schwere Geschütz nöthig wurde, abzuwarten. Es war ein kalter und nebeliger Herbstmorgen. Schnell wurden Holzstöße zusammengetragen und Feuer angemacht, zu deren Seiten die Soldaten sich lagerten. Neben dem einen Feuer stand Friedrich und lehnte sich, in seinen Mantel gehüllt, an einen Baum. Zieten kam zu demselben Feuer und setzte sich auf einen Holzblock nieder; vom Marsche ermüdet, schlief er halb ein. Ein Grenadier schob dem General ein Bündel Holz unter den

Kopf; Friedrich bemerkte es wohlgefällig. Ein Officier kam herbei, dem
Könige eine Meldung zu bringen, und trat nahe an Zieten; jener winkte
ihn von der Stelle fort und sagte leise: „Weck' Er mir den Zieten nicht:
er ist müde!" — Nachher kam ein Soldatenweib und stellte, ohne den
König zu bemerken, einen Topf mit Kartoffeln an das Feuer. Sie kniete
nieder und blies so eifrig in die Gluth, daß die Asche Friedrich in's Gesicht flog. Er sagte nichts und zog nur den Mantel ein wenig vor. Zufällig ging ein Soldat vorbei, der den König erkannte; dieser machte das
Weib auf die Nähe desselben aufmerksam; im höchsten Schreck ergriff sie
ihren Topf und lief davon. Friedrich ließ sie zurückholen und die Kartoffeln in Ruhe an seinem Feuer gar kochen. Die Soldaten jubelten laut
über ihren gnädigen König.

Während des Marsches rief Friedrich öfters seinen Leuten, wenn
sie ermüdet waren und sich einem nachlässigen Gange überließen, die
Worte zu: „Gerade, Kinder, gerade!" Sie antworteten nicht selten:
„Fritz auch gerade!" Ein Husar, der einst denselben Zuruf empfing, er-
widerte mit dreister Laune, den Anzug des Königs musternd: „Fritz auch
gerade und die Stiefeln in die Höhe gezogen!" Friedrich nahm solche
Antworten jederzeit mit bester Stimmung auf; dafür folgten ihm die
Soldaten mit unbedingter Hingebung. Sein steter Morgengruß war:
„Guten Tag, Kinder!" und stets tönte es zurück: „Guten Tag, Fritz!"

Gegen das Ende des Marsches — so wird weiter berichtet — stieg
einst ein Husarenweib, welches alle Feldzüge der Armee mitgemacht hatte,
vom Pferde, ging in eine offene Scheune und genas dort, ohne weitere
Unterstützung eines derben Knaben. Dann raffte sie all ihr Geräth nebst
dem Kinde wieder zusammen, schwang sich ohne Sorgen auf ihr Pferd
und ritt zum Könige heran. „Majestät," rief sie ihm entgegen, „hier ist
ein junger Fritz, ich hab' ihn eben in einer Scheune geboren!" Friedrich
fragte, ob das Kind schon getauft sei. „Nein," antwortete sie, „aber Fritz
soll er heißen!" — „Gut," entgegnete der König, „habt Sorge für ihn,
und wenn es Friede wird, so meldet euch bei mir: ich will für den
Jungen sorgen!" —

Friedrich durfte vielleicht um so mehr hoffen, daß der Zug der Russen
gegen die Mark nicht mit genügender Entschlossenheit würde ausgeführt
werden, als schon vor seinem Aufbruche aus Schlesien ein Unternehmen,

welches sie mit außerordentlicher Zurüstung eingeleitet, auf eine über=
raschend glückliche Weise abgeschlagen war.   Es lag den Russen daran,
auch in Pommern festen Fuß zu fassen und, soviel es irgend möglich war,
im Besitz der Ostseeküsten vorzudringen.   So erschien, gegen Ende August,
eine gewaltige russische Flotte vor Colberg und begann, nachdem sie ein
großes Kriegsheer ausgeschifft hatte, die Belagerung der Festung.   Die
Besatzung von Colberg war wenig bedeutend: aber der Commandant,
Oberst v. der Heyde, wußte alle hartnäckigen Angriffe, alles Feuer der
Belagerungsgeschütze mit so großer Besonnenheit und Standhaftigkeit
abzuwehren, daß mehrere Wochen vergingen, ohne daß die Feinde wesent=
liche Vortheile erreicht hätten.   Schon war noch eine kleine schwedische
Flotte zur Verstärkung der russischen gekommen.   Plötzlich aber und un=
erwartet nahte sich der bedrängten Festung der sehnlich erwartete Entsatz.
Er bestand aus einem kleinen Corps preußischer Truppen, welches aus Nie=
derschlesien aufgebrochen und in so eiligen Märschen herangezogen kam, daß
es aus dem Boden hervorgewachsen schien.   Der Vortrab dieses Corps, eine
Schaar von 300 Husaren, warf sich ungestüm auf die feindliche Infan=
terie, welche schon die ganze preußische Armee vor sich zu sehen glaubte;
ein großer Theil wurde niedergehauen und gefangen; die übrigen flüchte=
ten auf die Schiffe, zum Theil auch suchten sie eilig, den Seestrand
hinab, das Weite.   Die schwedische Flotte hatte sich bei dem Anfalle der
preußischen Husaren schleunig auf die hohe See hinausbegeben, als ob
jene auch die Fähigkeit hätten, ihr in's Wasser zu folgen.   Am 23. Sep=
tember hatte sodann auch die russische Flotte die Segel gelichtet.   Das
preußische Corps aber war hierauf nach Schwedisch=Pommern gesendet
worden, den dortigen Feind im Zaume zu halten.

Doch war die Hoffnung, welche Friedrich aus diesem Ereigniß
schöpfen konnte, vergeblich gewesen.   Kaum war er, am 15. October, in
die Nähe der märkischen Grenze gekommen, so hörte er, daß seine pracht=
volle Residenz bereits die Beute der Feinde geworden sei.   Nach den viel=
fachen Berathungen zwischen den Oesterreichern und Russen hatten sich
die letzteren endlich schnell gegen die Mark gewendet.   Der Vortrab der
russischen Armee, unter dem General Tottleben, erreichte schon am
3. October Berlin.   Zunächst zwar leistete die schwache Besatzung nachdrück=
lichen Widerstand, wobei sich zugleich einige der ersten Generale der

preußischen Armee, die hier ihre Heilung von ehrenhaften Wunden erwarte=
ten, — unter ihnen Seydlitz, — rühmlichst auszeichneten. Auch waren
schnell einige preußische Truppencorps herangezogen und machten wirksame
Anstalten zur Vertheidigung.   Als dann aber das Corps des Generals
Tottleben bedeutend verstärkt wurde, als auch jenes österreichische Corps
unter General Lascy, welches Daun entsendet, gegen Berlin herangezogen
kam, sahen sich die preußischen Truppen, wollten sie nicht die Stadt der
Gefahr eines Sturmes Preis geben, zum Rückzuge genöthigt.   Der Hof
hatte schon seit längerer Zeit einen sichern Aufenthalt in Magdeburg ge=
nommen.   Die Besatzung Berlins capitulirte und Tottleben hielt am
9. October seinen Einzug.   Indeß war das Schicksal der preußischen Re=
sidenz minder hart, als man es, bei den bisherigen Gräueln, welche die
Russen überall verübt, erwarten zu dürfen glaubte.   Der russische Be=
fehlshaber ließ sich die Zahlung einer, allerdings sehr starken Contribution
verbürgen; seinen Truppen wurde strenge Mannszucht anbefohlen.
Die Contribution betrug zwei Millionen; doch auch hieraus erwuchs den
Bürgern keine Last, indem Friedrich es war, welcher dieselbe nachmals,
zwar im allergrößten Geheimniß, ganz aus eigenen Mitteln bezahlte.
Nur von den Oesterreichern, welche Tottleben gern ganz von dem Besitze
Berlins ausgeschlossen hätte, wurden mancherlei Ausschweifungen verübt
und vorzüglich bedeutend war nur der Verlust an Kriegsmaterial, welches
theils mitgenommen, theils vernichtet wurde.   Hohes Verdienst erwarb
sich ein edler Bürger Berlins, der Kaufmann Gotzkowsky, der überall
begütigend und lindernd zur Hand war.   Auch Potsdam, namentlich
Sanssouci, erfuhr eine glimpfliche Behandlung; hier commandirte ein
österreichischer General, Fürst Esterhazy, welcher sorgsam für die Sicherung
alles königlichen Privat=Eigenthumes wachte und sich, zum Andenken,
nur ein Bild aus dem Schlosse mitnahm.   Um so ärger aber wütheten
die Feinde auf den übrigen Schlössern und auf den Dörfern außerhalb
Berlins.   Vornehmlich traf Charlottenburg ein trauriges Schicksal. Hier
wurde Alles im königlichen Schlosse zerstört: die Mobilien und Gefäße
wurden zertrümmert, die Tapeten zerrissen, die Gemälde zerschnitten, die
Capelle geplündert und die schöne Orgel, welche in derselben stand, zer=
brochen.   Die meiste Wuth äußerte sich gegen die kostbaren Antiken,
welche Friedrich aus dem Nachlasse des Cardinals Polignac erstanden

und zum Schmuck dieses Schlosses und seines Gartens verwendet hatte;
alle Statuen und Büsten wurden zerschlagen, ja, damit ihre künftige Wie=
derherstellung unmöglich sei, mit barbarischer Lust vollständig zermalmt.
Und diese Greuel wurden nicht von den uncivilisirten asiatischen Horden,
ausgeübt: es waren namentlich sächsische Regimenter, — von jenen, die
bei Pirna gefangen und nachmals wieder zum Feinde übergegangen waren,
— die auf so unwürdige Weise ihrem Hasse gegen den Preußenkönig
Luft machten.

Aber nur wenige Tage dauerte die feindliche Besitznahme der preußi=
schen Residenz.   Schon am 11. October traf die Nachricht ein, daß Frie=
drich zur Befreiung der Seinen heranziehe, und das bloße Wort: „Der
König kommt!" verscheuchte wie ein rascher Windstoß die Schaaren der
Feinde. Am 12. zog Alles in großer Eile davon; die Russen gingen über
die Oder zurück; General Lascy wendete sich nach Sachsen; auch Daun,
der von Schlesien aus Friedrich nachgezogen war, rückte in Sachsen ein.
Friedrich erhielt die Nachricht von dem Abmarsche der Feinde unmittelbar,
nachdem ihm deren Ankunft gemeldet war.   Er hatte somit nicht nöthig,
weiter in die Mark vorzurücken; dagegen ward nun seine Anwesenheit in
Sachsen dringendes Erforderniß.   Er machte sich, nachdem er das Wich=
tigste wegen einer Entschädigung der großen Verluste, welche die Mark
erlitten, angeordnet hatte, aufs Neue auf den Weg, um den entscheidenden
Kampf aufzusuchen.

Wohl war es ein glänzendes Zeugniß seiner Feldherrngröße, daß
der bloße Klang seines Namens im Stande gewesen war, die übermäch=
tigen Feinde auseinanderzustäuben.   Doch war der Gewinn nur gering,
und nach der Weise, wie sich die Verhältnisse gegenwärtig gestellt hatten,
blieb in der That noch das Schlimmste zu befürchten. Ganz Sachsen war
in den Händen des Feindes. Als Friedrich hier, im Sommer, von Dres=
den abgezogen war, hatte er nur ein geringes Corps, der großen Reichs=
armee gegenüber, zurücklassen können. Anfangs hatte dieses Corps einige
glückliche Erfolge gehabt.   Dann aber war die Reichsarmee vorgeschrit=
ten; das preußische Corps mußte zum Schutze Berlins nach der Mark
eilen, und nun fanden die Feinde keinen Widerstand mehr, ganz Sachsen
zu besetzen.   Alle festen Städte fielen in ihre Hände.   Glückte es jetzt
Daun, Friedrich in Sachsen festzuhalten oder gar zu schlagen, so stand

die Mark aufs Neue den Russen offen; auch warteten diese nur auf solche
Kunde, um unverzüglich wieder hervorzubrechen und ihre Winterquartiere
im Brandenburgischen zu nehmen. Friedrich erkannte die ganze Größe
der Gefahr; aber die Reihe aller der Leiden, die er seither schon ertragen,
hatte seinen Muth gestählt. Er war entschlossen, das Aeußerste zu wagen.
„Nie werde ich,“ schrieb er an d'Argens, „den Augenblick sehen, der mich
nöthigen wird, einen nachtheiligen Frieden zu schließen; kein Beweggrund,
keine Beredsamkeit werden im Stande sein, mich dahin zu bringen, daß
ich meine Schande unterschreibe. Entweder lasse ich mich unter den Ruinen meines Vaterlandes begraben; oder wenn dem Geschick, das mich
verfolgt, dieser Trost noch zu süß scheinen sollte, so werde ich mein Unglück
zu endigen wissen, wenn es nicht mehr möglich ist, dasselbe zu tragen.
Stets handelte ich der inneren Ueberzeugung und jenem Gefühle von Ehre
gemäß, welches alle meine Schritte leiten wird. Nachdem ich meine
Jugend meinem Vater, meine männlichen Jahre meinem Vaterlande auf-
geopfert habe, glaube ich berechtigt zu sein, über mein Alter zu gebieten.
Ich habe es Ihnen gesagt und wiederhole es nochmals: nie wird meine
Hand einen schimpflichen Frieden unterzeichnen. Ich bin fest entschlossen,
in diesem Feldzuge Alles zu wagen und die verzweifeltsten Dinge zu unternehmen, um zu siegen oder ein ehrenvolles Ende zu finden.“

Das Glück begünstigte den Beginn. Wittenberg und Leipzig wurden wieder mit preußischen Truppen besetzt: die Reichsarmee zog sich,
ohne sich mit den Oesterreichern vereinigt zu haben, gegen Thüringen
zurück. Daun lagerte bei Torgau; mit ihm mußte nun der entscheidende
Kampf gekämpft werden.

Dauns Armee zählte über 64,000 Mann. Die Stellung, welche
er auf den Höhen bei Torgau eingenommen hatte, war fast jener gleich,
in der einst die Russen bei Kunersdorf standen; auf der vorderen Seite
war das Lager durch steileren Abfall des Bodens, durch Bäche und
Sümpfe, auf der hinteren Seite durch einen starken Verhau geschützt.
Friedrich führte ihm 40,000 Mann entgegen. Der Localität gemäß
beschloß Friedrich, mit dem Haupttheil seiner Armee die Stellung des Feindes zu umgehen und ihn von hinten anzufallen, während ein besonderes
Corps, unter Zietens Leitung, auf der vorderen Seite gegen ihn rücke und
ihn hier in Schach halte, um dann, wenn Friedrich die Macht der

Oesterreicher geworfen, ihnen in den Rücken zu fallen und ihre gänzliche
Vernichtung herbeizuführen.

Am 3. November, in früher Morgenstunde, machte sich Friedrich
auf den Marsch; seine Armee ging in drei von einander getrennten Co=
lonnen durch den großen Wald, der sich bis an die eine Seite der feind=
lichen Stellung heranzog. Ein österreichisches Regiment, das als Vor=
posten im Walde stand, gerieth hiebei ganz unerwartet zwischen die beiden
ersten Colonnen der preußischen Armee und wurde fast gänzlich gefangen
genommen.   Man hatte indeß, um an das bestimmte Ziel zu gelangen,
mehrere Meilen Weges zurückzulegen; Mittag war bereits vorüber,
als Friedrich den Saum des Waldes erreichte und sich endlich der
feindlichen Stellung gegenüber befand. Jetzt hörte man von jenseits eine
Kanonade beginnen, die immer heftiger wurde. Zieten war nämlich auf
einen vorgeschobenen Posten der österreichischen Armee gestoßen, der ihm
die Annäherung streitig machte, so daß er sich genöthigt fand, Kanonen
aufzufahren.   Dies hielt Friedrich für das Zeichen einer förmlichen
Schlacht, die bereits auf jener Seite beginne, und so entschloß er sich rasch
zum Angriffe, obgleich er noch nicht seine ganze Armee beisammen hatte
und namentlich die Cavallerie noch im Walde zurückgeblieben war. Es
war zwei Uhr, als seine ersten Regimenter dem Feinde entgegenrückten.
Aber Daun war schon früher von Friedrichs Bewegungen unterrichtet
worden und hatte danach seine Maßregeln getroffen. Ein furchtbares
Kanonenfeuer, das sie reihenweise zu Boden schmetterte, empfing die
preußischen Grenadiere. Ein Theil der preußischen Armee mußte im
Saume des Waldes marschiren; auch dahin flog der Regen der feind=
lichen Kugeln. Die Bäume stürzten zerschmettert zusammen und schlugen
die Soldaten zu Boden; ein ungeheurer Eichenast brach unmittelbar vor
dem Könige nieder und erschlug zwei Mann, die vor ihm gingen. Er
mußte vom Pferde steigen und seine Truppen zu Fuß in die Ebene hin=
ausführen. Der erste Angriff war umsonst, zwei Drittheile der Grena=
dier=Regimenter lagen zerschmettert auf dem Boden, die übrigen mußten
sich zurückziehen. Neue Truppen waren unterdeß herangekommen und
drangen wiederum gegen die Anhöhen vor. Auf's Neue brüllte der Don=
ner des Geschützes, die Erde erbebte, die grauen Regenwolken, die den
Himmel bedeckt hielten, zerrissen. „Hat Er je" — so wendete sich Friedrich

an einen Adjutanten — „eine stärkere Kanonade gehört? ich niemals!"
Wieder stürzten in Schaaren die Preußen zu Boden, aber unerschrocken
schritten die Uebrigen vor, überstiegen den Verhau und gewannen die
Höhen; hier behaupteten sie sich standhaft gegen die heftigsten Angriffe
der Oesterreicher, auf beiden Seiten wurden die Reihen licht, bis endlich
österreichische Cavallerie in die Preußen einbrach und sie abermals von
den Höhen hinabtrieb.

Ein dritter Angriff begann. Die preußische Cavallerie hatte endlich
den Kampfplatz erreicht und hieb nun mit frischem Muthe in die öster=
reichischen Schaaren ein. Beide Armeen standen mitten im Gewehrfeuer
einander gegenüber; hin und her schwankte Gewinn und Verlust. Fried=
rich theilte redlich die Arbeit der Seinen. Schon waren zwei Pferde ihm
unter dem Leibe erschossen, da traf eine Kugel seine Brust; er sank, ohne
einen Laut, vom Pferde, die Adjutanten unterstützten ihn, sie rissen ihm
entsetzt die Kleider von der Brust, — die Kugel hatte ihn nicht gefährlich
verletzt, durch den Pelz und das Sammtkleid, welche der König trug, war
ihre Kraft gehemmt worden; sie hatte ihm nur den Athem genommen.
Auch kam ihm gleich die Besinnung wieder. „Es ist Nichts!" so rief er
den besorgten Dienern zu, stieg wieder zu Pferde und gab erneute Be=
fehle für den Kampf. Aber wieder drang die österreichische Reiterei vor,
die Preußen mußten auf's Neue weichen. Jetzt brach die frühe Novem=
bernacht herein, die Fortsetzung des Kampfes hemmend.

Die preußische Armee zog sich vom Schlachtfelde zurück und stellte
sich in einiger Entfernung, die Ereignisse des nächsten Tages abzuwarten, in
Schlachtordnung. Friedrich begab sich in ein benachbartes Dorf. Alle Häuser
lagen voll Verwundeter, er nahm sein Nachtquartier in der Kirche. Hier
ließ er sich verbinden und ertheilte die nöthigen Befehle für die Aufstel=
lung der Armee; der Feind, so fügte er hinzu, habe wohl nicht geringern
Verlust erlitten, als das eigene Heer, und da ihm Zieten noch im Rücken
stehe, so werde er es nicht wagen, in seiner Stellung zu bleiben; dann sei
die Schlacht gewonnen. Gleichwohl konnten sich die Officiere, die ihm,
zum Theil ebenfalls verwundet, gefolgt waren, nicht so tröstlicher Hoff=
nung hingeben. In bangem Schweigen vergingen mehrere Stunden.
Schon hatte es neun Uhr geschlagen, da ward plötzlich eine unerwartete
Freudenbotschaft gebracht: Zieten hatte noch spät den Kampf begonnen

und hatte gesiegt! Jetzt verwandelte sich die bange Stille in lauten Ju=
bel und frohes Dankgebet. Friedrich aber setzte sich auf den Stufen des
Altars nieder, schrieb einige Depeschen, gab neue Befehle und legte sich
dann auf das dürftige Strohlager, das man ihm bereitet hatte, zur Ruhe
nieder.

Zieten hatte nämlich, nachdem er jenen ersten Posten der Oester=
reicher geworfen, bis gegen Abend, der Anordnung des Königs gemäß,
unthätig dem Feinde gegenüber gestanden. Erst als er die Ueberzeugung
erhielt, daß Friedrichs Unternehmen abgeschlagen sei, entschloß er sich zum
Angriff. Vor ihm lag ein Dorf, welches von Feinden besetzt war; er
griff es an, die Feinde wurden hinausgeschlagen, aber sie steckten das Dorf
in Brand, die Verfolgung zu verhindern. Der Feuerschein jedoch wurde
die Leuchte, die sein weiteres Beginnen bei der einbrechenden Nacht be=
günstigte. Er entdeckte, daß die österreichische Armee auf den Höhen sich
nach der Mitte hin zusammengezogen und die Seite unbesetzt gelassen
habe. Nun drang er hier mit seinen rüstigen Schaaren empor und ge=
wann, den Feinden gegenüber, eine feste Stellung. Ein hartnäckiger Kampf
entspann sich, ohne zu einer baldigen Entscheidung zu führen. Indeß hat=
ten einige der Regimenter, welche von Friedrichs Seite bereits an dem
frühern Kampfe Theil genommen, die Erneuung des Gefechtes bemerkt.
Sie eilten, zur Entscheidung beizutragen; der Feuerschein diente auch
ihnen zur Leuchte, während sie, in der Tiefe, ungesehen herannahen konn=
ten. Sie fielen den Reihen der Oesterreicher in die Seite, und schnell war
das Geschick des Tages entschieden. Die Oesterreicher zogen sich von dem
Schlachtfelde, das sie bereits als ein Siegesfeld betrachtet hatten, zurück.
Daun war schon vorher verwundet worden und hatte sich nach Torgau
bringen lassen; jetzt gab er den Befehl, daß noch in derselben Nacht seine
Armee sich auf das andere Ufer der Elbe begeben und Torgau verlassen
solle.

Die Nacht war wild und unruhig. Von beiden Armeen war eine
bedeutende Menge Soldaten versprengt, die nun, ohne Kenntniß von dem
Ausgange der Schlacht, truppweise umherirrten und sich zu den Ihrigen
zurückzufinden suchten. Der Brand des brennenden Dorfes war erloschen,
die Feuer, welche in großer Anzahl, zum Schutz gegen die Kälte der Nacht,
angezündet waren, dienten nur dazu, die Suchenden irre zu führen. Die

Oesterreicher richteten ihre Schritte nach dem Rauschen des Elbstromes,
doch fielen ganze Bataillone von ihnen in die Hände der Preußen. Preu=
ßische Trupps trafen auf einander; unvermögend, sich zu erkennen, be=
schossen sie sich gegenseitig. An den Feuern lagen häufig Gesunde und
Verwundete von beiden Heeren nebeneinander: des Mordens müde, hatten
sie das Uebereinkommen getroffen, daß derjenige Theil von ihnen am näch=
sten Morgen als gefangen betrachtet werden sollte, dessen Armee gesiegt
habe. Zugleich aber schwärmten wilde Rotten auf dem Leichenfelde um=
her und beraubten die Todten und Verwundeten. Endlich brach der Mor=
gen an. Friedrich erschien auf der blutigen Wahlstatt, für die Pflege der
Verwundeten zu sorgen; allgemein war die Freude, ihn, von dessen Ver=
wundung man gehört, gesund wieder zu sehen. Ein Grenadier, schon mit
dem Tode ringend, rief freudig aus: „Nun will ich gern sterben, da ich
weiß, daß wir gesiegt haben und der König lebt!" Als Friedrich und Zieten
einander begegneten, fielen sie sich tiefbewegt in die Arme; Friedrich
weinte laut und war unvermögend, dem treuen Diener seinen Dank aus=
zusprechen.

Der Verlust auf beiden Seiten war sehr bedeutend gewesen. Die
Preußen hatten 12 bis 13,000 die Oesterreicher über 16,000 Mann
verloren. Doch waren diese immer noch bedeutend stärker als die Preu=
ßen; mit kühner Entschlossenheit hätten sie Friedrich den weitern Gewinn
streitig machen können. Aber die plötzliche Niederlage nach dem gewissen
Siege, den man schon durch eilige Couriere nach Wien gemeldet, hatte sie
muthlos gemacht. Sie zogen nach Dresden und suchten sich nur im Be=
sitz dieser Stadt zu halten. Friedrich machte einige Versuche, sie auch noch
von hier zu vertreiben und ganz nach Böhmen zurückzudrängen; doch
war die winterliche Jahreszeit solchem Unternehmen nicht mehr gün=
stig. Von beiden Seiten wurden die Armeen nun in die Winterquartiere
geführt. Die Russen gingen nach Polen zurück, die Reichsarmee nach
Franken. Durch eins der österreichischen Corps waren einige Versuche
auf Oberschlesien gemacht worden, aber ebenfalls ohne Erfolg. Mit ge=
waltig überlegenen Kräften war dieser Feldzug gleich den früheren von
Seiten der Gegner begonnen; und doch behielten sie von all ihren Er=
werbungen am Schlusse desselben nichts, als das einzige Glatz.

Zwischen den französischen Armeen und denen der verbündeten

Truppen unter dem Herzog Ferdinand von Braunschweig war in dem
verflossenen Jahre mit wechselndem Erfolge gekämpft worden. Die Fran=
zosen hatten ein ungeheures Heer ausgerüstet, aber theils die geringe
Tauglichkeit der Führer, theils der Zwiespalt unter diesen hatte ihre große
Ueberlegenheit unwirksam gemacht. Bald schritt man von der einen, bald
von der andern Seite vor, ohne daß entscheidende Ereignisse herbeigeführt
wurden. Im Beginn des nächsten Jahres, im Februar, erfocht zwar der
Herzog Ferdinand durch plötzlichen Angriff sehr bedeutende Vortheile,
aber auch diese gingen im folgenden Monat wieder verloren. Die Trup=
pen wurden beiderseits in die eben verlassenen Winterquartiere zurückge=
führt, ohne daß die gegenseitigen Verhältnisse der feindlichen Mächte im
Wesentlichen eine veränderte Gestalt gewonnen hätten.

Fünfunddreißigstes Kapitel.

Beginn des Feldzuges von 1761. Das Lager zu Bunzelwitz.

Im Verlauf des Winters geschahen einige Schritte zu friedlicher
Ausgleichung all der Wirrnisse, in denen sich Europa nun schon seit so
langer Zeit befand. Die Anträge dazu gingen zunächst von Frankreich
aus, das verhältnißmäßig die meisten Kräfte, ohne einen eigentlichen
Zweck im Auge zu haben, vergeudete. Der Landkrieg, der in Westphalen
geführt wurde, hatte bereits ungeheure Summen verschlungen; viel größer
noch waren die Verluste, welche dieser Staat in dem gleichzeitig geführten
Seekriege mit England erleiden mußte. Für den Friedenscongreß wurde
Augsburg bestimmt. Aber noch immer waren die Leidenschaften, die den
Krieg angefacht hatten, nicht abgekühlt; Friedrich wünschte wohl von
ganzem Herzen den Frieden, aber er gedachte auch, auf keine Weise in un=
billige Forderungen zu willigen. Die Verhandlungen hatten somit wenig
günstigen Fortgang und wurden bald wieder eingestellt.

Um so eifriger war man von allen Seiten auf fortgesetzte Rüstungen
bedacht; aber schon begannen trotz aller Anstrengungen die Kräfte mehr
und mehr nachzulassen. Härtere Maßregeln als bisher mußte Friedrich

ergreifen, um sich die Mittel zu erneutem Widerstande zu verschaffen.
Das arme Sachsenland, das durch den unseligen Krieg schon so viel
gelitten hatte, wurde mit den stärksten Contributionen belastet, die Münze
wurde aufs Neue in bedeutend geringerem Werthe ausgeprägt. Rekruten
wurden aller Orten für das preußische Heer geworben; der Ackerbau lag
allenthalben, wo feindliche Armeen gehaust hatten, darnieder, und gern
vertauschten die Bauernburschen den Pflug mit der Muskete. Dabei
mußte freilich alle mögliche Dressur angewendet werden, um die auf solche
Weise zusammengerafften Truppen nur einigermaßen den Soldaten ähnlich zu machen, mit denen Friedrich den Krieg begonnen hatte. Oesterreich dagegen fand in seinen volkreichen Provinzen fortwährend Menschen-
schätze, welche das Heer auf eine vortheilhafte Weise zu vervollständigen
dienten; ja, man hat bemerkt, daß in demselben Grade, in dem die preußische Armee sich verschlechterte, die österreichische an Tüchtigkeit und Gewandtheit zunahm. Doch war wiederum, während Friedrich sich durch
seine Finanzoperationen im Stande sah, alle übrigen Kriegsbedürfnisse
in genügendem Maße zu beschaffen, in den österreichischen Kassen bereits
drückender Geldmangel. Sämmtliche Stabsofficiere mußten sich bequemen, ihre Besoldung in Papieren entgegenzunehmen, die erst nach geen-
digtem Kriege in Geld umgetauscht werden sollten. Wer nicht so lange
warten konnte, fand nur vor einer besonders dazu errichteten Bank Gelegenheit, das Papier gegen Geld, aber mit beträchtlichem Verluste, auszu-
wechseln. Diese Bank hatte Kaiser Franz, der Gemahl der Maria Theresia, dessen ganze Thätigkeit nur in Geldspeculationen bestand, aus seinem
Privat-Vermögen — wenig patriotischen Sinnes — errichtet.

Und wie die Anstrengungen, bei dem allmäligen Sinken der Kräfte,
nur immer heftiger werden mußten, wie man sich genöthigt sah, zu här-
teren Maßregeln zu schreiten, so konnten auch andere Erscheinungen, welche
die Verbitterung eines langen Krieges mit sich zu führen pflegt, nicht
ausbleiben. Sorgfältig hatte Friedrich bis jetzt für den Schutz der königlichen Schlösser in Sachsen gewacht; nichts von den Kunstschätzen, mit
denen sie geschmückt waren, war angetastet worden. Nur einigen Unternehmungen gegen Besitzungen des Grafen Brühl, der Friedrich jederzeit
den feindschaftlichsten Haß bewiesen, hatte er nicht unwillig zugesehen.
Jetzt aber hatte ihn die Plünderung des Charlottenburger Schlosses,

vor Allem die barbarische Zerstörung der Schätze des Alterthums, die durch keine Geldsummen wiederzuerwerben waren, aufs Tiefste empört. Und da sich gerade sächsische Truppen dabei ausgezeichnet, so mußte es auch Sachsen entgelten. Doch wartete Friedrich mehrere Monate, nachdem er öffentliche Klage über dieses Benehmen geführt; er drohte mit Repressalien, — kein Wort der Entschuldigung kam über die Lippen König Augusts. So gab Friedrich den Befehl, das Jagdschloß Hubertusburg, welches „das Herzblatt des Königs von Polen" genannt wurde, zu plündern. „Der Kopf der großen Herren," so sagte er, „fühlt es nicht, wenn den Unterthanen die Haare ausgerauft werden: man muß sie da angreifen, wo es ihnen selbst weh thut." Gleichwohl war zu solchem Unternehmen in der preußischen Armee der Mann nicht ganz leicht zu finden. Der General v. Saldern, dem es der König zuerst auftrug, weigerte sich wiederholt, da solch eine Handlung wider Ehre, Eid und Pflicht sei; er fiel darüber in Ungnade. Das Freicorps des Majors Quintus Icilius führte es darauf aus.

Bei alle dem aber ließ Friedrich auch diesmal die Ruhe des Winterquartiers, das er in Leipzig genommen hatte, nicht ohne alle diejenigen aufheiternden Genüsse vorübergehen, die einmal einen Theil seines Lebens ausmachten. Leipzig galt zu jener Zeit als der Mittelpunkt deutscher Wissenschaft und Poesie; so fand sich mehrfache Gelegenheit, hievon Kenntniß zu nehmen, so wenig Friedrich auch im Allgemeinen von den Bestrebungen der Deutschen im Bereiche des Geistes ein günstiges Vorurtheil hatte. Gottsched hatte Friedrich schon bei früheren Besuchen Leipzigs kennen gelernt; damals hatte der Dichter, dem freilich auch Voltaire Aufmerksamkeiten erwies, Eindruck auf ihn gemacht. Friedrich hatte ihm ein Gedicht gewidmet, welches ihn den „sächsischen Schwan" nannte und mit den schmeichelhaften Worten schloß:

> Durch deine Lieder fliege du
> Dem Siegeslorbeer, der den Deutschen schmücket,
> Apollo's schönen Lorbeer zu!

Jetzt ward Gottsched aufs Neue vor den König berufen; indeß hinterließ das nicht allzu liebenswürdige Benehmen des Poeten keinen sonderlich günstigen Eindruck. Mehr Wohlgefallen fand Friedrich an dem bescheidenen Gellert. Er ließ sich durch ihn eine von seinen sinnvollen Fabeln

vordeclamiren und fand, daß hier in der That fließende Poesie sei. Auch
äußerte er sich nachher: „Gellert sei der vernünftigste von allen deutschen
Gelehrten; er sei der einzige Deutsche, der zur Nachwelt gelangen werde."
Solch ein ungemessenes Lob konnte freilich nur ausgesprochen werden,
wenn man, wie es bei Friedrich der Fall war, die deutsche Wissenschaft
einzig nach Dem beurtheilte, was sie zu Anfange des Jahrhunderts ge=
wesen war; wenn man die Namen eines Klopstock, eines Lessing und an=
derer Geister, auf welche die Nation mit erhebendem Stolze zurückblickt,
gar nicht kannte. Auch ward Gellert nicht zum zweiten Male berufen.
Vielleicht, daß seine wenig überdachte Bitte, Friedrich möge Deutschland
den Frieden geben, — worauf dieser einfach antwortete, daß das leider
nicht in seiner Macht stehe, — und noch mehr Gellerts Entschuldigung:
er bekümmere sich mehr um die alte als um die neue Geschichte, nicht eben
geeignet waren, ein persönliches Interesse bei Friedrich hervorzurufen.

Des Abends wurde, wie in der heitern Friedenszeit, Musik gemacht.
Friedrich hatte dazu die Mitglieder seiner Capelle nach Leipzig kommen
lassen. Doch nahm er selbst schon weniger thätigen Antheil an der Musik.
Das Flöteblasen griff ihn bereits an.

Auch der Marquis d'Argens, nach dessen freundschaftlicher Theil=
nahme den König herzlich verlangte, war nach Leipzig gekommen. Mit
ihm verplauderte Friedrich die Abendstunden nach dem Concert. Als
d'Argens eines Abends in Friedrichs Zimmer trat, fand er ihn am Bo=
den sitzen, vor ihm eine Schüssel mit Frikassée, aus welcher die Windspiele
des Königs ihr Abendessen erhielten. Er hatte ein kleines Stöckchen in
der Hand, mit dem er unter den Hunden Ordnung hielt und der kleinen
Favorite die besten Bissen zuschob. Der Marquis blieb verwundert stehen
und rief aus: „Wie werden sich doch die fünf großen Mächte von Europa,
die sich wider den Markgrafen von Brandenburg verschworen haben, den
Kopf zerbrechen, was er jetzt thut! Sie werden etwa glauben, er macht
einen gefährlichen Plan zum nächsten Feldzuge, er sammelt die Fonds,
um dazu Geld genug zu haben, oder besorgt die Magazine für Mann und
Pferd, oder knüpft Unterhandlungen an, um seine Feinde zu trennen und
sich Alliirte zu verschaffen: — Nichts von alle dem! Er sitzt ruhig in
seinem Zimmer und füttert seine Hunde!" —

Der Feldzug des Jahres 1761 begann ziemlich spät, und erst am

Schluß des Jahres kam es zu entscheidenden Unternehmungen. Friedrich
sollte wiederum mit mehrfach überlegenen Feinden seine Kräfte messen,
in einer Lage, wo es ihm schon im höchsten Grade schwer wurde, etwa
eintretende Verluste zu ersetzen, wo selbst ein Sieg wie der von Torgau
ihm die empfindlichste Schwäche, somit den empfindlichsten Nachtheil berei=
ten mußte. Er sah sich also genöthigt, noch entschiedener als bisher das
System der Vertheidigung zu befolgen, den Angriff der Gegner abzuwar=
ten, auf die Blößen zu lauschen, die sie geben würden, und seine Kräfte
nur für den Punkt der höchsten Entscheidung aufzusparen. Das Vorspiel
des Kampfes geschah im Ausgange des Winters, da ein Streifzug gegen
die Reichsarmee unternommen und so glücklich ausgeführt wurde, daß
diese ihre Stellungen mit mannigfachem Verlust verlassen und auf län=
gere Zeit unthätig bleiben mußte. Dann regte es sich in Schlesien. Auf
diese Provinz war wiederum das Hauptaugenmerk des Feindes gerichtet.
Hier sollte sich eine österreichische Armee unter Laudon, 75,000 Mann
stark, mit einer russischen von 60,000 Mann, deren Oberbefehl jetzt der
Feldmarschall Butturlin führte, vereinigen. Friedrich brach, diese Verei=
nigung zu hintertreiben, im Mai nach Schlesien auf; aber er konnte
beiden feindlichen Armeen nur 55,000 Mann entgegenstellen. Zum Schutze
Sachsens ließ er den Prinzen Heinrich zurück.

Das Vierteljahr bis zur Mitte August ging unter verschiedenartigen
Manövers, Märschen und Gegenmärschen hin. Die Vereinigung der
feindlichen Armeen sollte, wie es hieß, in Oberschlesien erfolgen. Friedrich
begab sich dahin; Laudon wußte aber seine Operationen so geschickt einzu=
richten, daß Friedrich ihm keine Vortheile abgewinnen konnte. Unterdeß
rückten die Russen in Niederschlesien ein, gingen zwischen Glogau und
Breslau über die Oder, Laudon wendete sich rasch aus Oberschlesien nach
Böhmen zurück, besetzte die Pässe des Riesengebirges und brachte von
hier aus die, schon seit Jahren vorbereitete Vereinigung beider Armeen
zu Stande, ehe Friedrich zur Verhinderung derselben hatte heranrücken
können. Beide feindliche Heere standen jetzt in der Gegend von Striegau;
Friedrich war ihnen entgegen gezogen; da er seine Absicht vereitelt sah,
so machte er den Versuch, durch ein anderes Mittel die gefahrdrohende
Verbindung wiederum aufzuheben. Er wendete sich gegen den nächsten
bedeutenden Posten des Gebirges, den die Oesterreicher bei dem Anmarsch

der Russen verlassen hatten, um hiedurch den Gegnern die Zufuhr aus
Böhmen, ohne die sie sich in ihrer Stellung nicht zu erhalten vermochten,
abzuschneiden. Aber auch hier war ihm Laudon bereits mit schneller
Uebersicht zuvorgekommen; als Friedrich sich dem Gebirge näherte, fand
er dasselbe so stark besetzt, daß ein Angriff unmöglich war.

Die feindliche Uebermacht im Herzen Schlesiens schien alle Wünsche,
die zur Erniedrigung Friedrichs so lange genährt waren, vollständig er=
füllt zu haben. Friedrich war nicht vermögend, ihrem Angriff in offener
Schlacht zu widerstehen; die wenigen Festungen Schlesiens konnten ihnen
ebenfalls nicht auf die Dauer Widerstand leisten. Alles, was Friedrich
zu thun vermochte, bestand darin, daß er, jede fruchtlose Aufopferung ver=
meidend, die Feinde so lange in Unthätigkeit hielt, bis der Mangel an
Nahrungsmitteln für eine so gewaltige Masse von Menschen und Pferden
sie von selbst zur Trennung nöthigte. Dies führte er in der That auf
eine Weise aus, die wiederum sein Feldherrntalent in der seltensten Größe
darstellte. Er bezog, am 20. August, ein Lager bei Bunzelwitz, wodurch
er Schweidnitz, die zunächst gelegene Festung, deckte, die Verbindung
mit Breslau erhielt und nach keiner Seite für etwa erforderliche Unter=
nehmungen beschränkt blieb. Freilich hatte die Natur nicht eben viel
gethan, um dieses Lager gegen feindlichen Angriff zu sichern; aber es ver=
gingen mehrere Tage, ehe die feindlichen Heerführer sich über alle erforder=
lichen Maßregeln der Verpflegung und Stellung der Truppen, sowie über
die weiteren Operationen vereinigt hatten; und als sie nun die Stellung,
welche Friedrich eingenommen, näher zu untersuchen kamen, da fanden sie
kein Lager mehr, sondern eine förmliche Festung, welche in so kurzer Frist
aus der Erde hervorgewachsen war. Die ganze preußische Armee hatte
unaufhörlich abwechselnd, Tag und Nacht an diesen Verschanzungen
gearbeitet. Eine Kette von Schanzen, Gräben und starken Batterien zog
sich um das Lager her; vor den Linien waren Pallisaden eingerammt
oder spanische Reiter gesteckt; vor diesen waren drei Reihen tiefer Wolfs=
gruben; vor den Batterien hatte man sogenannte Flatterminen, Gruben,
die mit Pulver, Kugeln und Haubitzgranaten gefüllt waren, angelegt.
Man konnte jetzt schon einem feindlichen Unternehmen gelassener entge=
gensehen, und die Gegner fanden sich durch diese ganz unerwartete

Erscheinung genöthigt, die eben gefaßten Pläne aufzugeben und neue Maßregeln auszusinnen.

Indeß standen die feindlichen Armeen im weiten Bogen um das Lager, und man konnte zu jeder Stunde des Angriffs gewärtig sein. Es war somit unausgesetzte Aufmerksamkeit auf die Bewegung derselben nöthig. Die Truppen innerhalb des Lagers wurden stets gewechselt, damit der Feind nie wissen könne, welche Regimenter er an dieser oder jener Stelle vor sich finden werde. Da keine hinreichende Anzahl von Kanonen den ganzen Umfang des Lagers zu vertheidigen vorhanden war, so wur= den abwechselnd auch hier und dort Baumstämme in die Schießscharten gelegt. Besonders vor nächtlichem Ueberfall mußte man auf seiner Hut sein. Daher ließ Friedrich die Truppen bei Tage zumeist rasten; des Abends wurden die Zelte abgebrochen, und die Soldaten standen die Nacht unter dem Gewehr. Friedrich selbst nahm an allen diesen An= strengungen und Entbehrungen der Seinen getreulich Theil. Er brachte die Nächte stets in einer der wichtigsten Batterien unter freiem Himmel zu. Oft setzte er sich zum Feuer seiner Gemeinen, die ihm dann ein Paar Wachtmäntel auf die Erde zu breiten pflegten und ihm einen zusammen= gerollten Rock unter den Kopf legten, damit er wenigstens ein Stündchen ruhen könnte. Dann hörte man die Soldaten wohl sagen: „Wenn Fritz bei uns schläft, ist's so gut als wenn unserer Fünfzigtausend wachen. Nun mag der Feind kommen; ist Fritz bei uns, so fürchten wir den Teufel nicht, aber der Teufel muß sich vor ihm und vor uns fürchten. Denn Gott ist mächtiger als der Teufel, und der König klüger als unsere Feinde!“ Auch ließ Friedrich wohl ein Bund Stroh in die Batterie bringen, in welcher er übernachten wollte; darauf nahm er dann sein Lager, während die gekrönten Häupter, die sein Verderben sannen, auf weichen Flaumen ruhten.

So vergingen mehrere Wochen. Schon waren die Soldaten von den unausgesetzten Anstrengungen erschöpft, schon machte sich in dem Lager, dessen Verbindung mit dem Lande die Feinde abgeschnitten hatten, ein dringender Mangel bemerklich; schon rissen Krankheiten, endlich auch eine lähmende Muthlosigkeit unter den tapfern Preußen ein. Friedrich that Alles, um die Seinen zu standhafter Ausdauer anzuspornen; der Klang seiner Stimme, die Gewalt seines Auges waren es allein, was

ihre Sinne noch frisch, ihr Gemüth noch kräftig erhielt. Aber er selbst
erkannte die Gefahr seiner Lage nur zu gut; er sah es ein, daß seine Truppen
einem ernstlichen Angriffe der übermächtigen Feinde nicht mehr würden
widerstehen können. Den Vertrautesten offenbarte er wohl zuweilen
seine Stimmung; besonders bei dem alten Zieten, der mit seinen Schaaren
die Pein des Lagers theilte, suchte er gern Trost. Zieten war ungebeugt
und sprach mit Ueberzeugung seine Hoffnung aus, daß man doch noch
einst Alles zu gutem Ende bringen werde. Friedrich aber, der seine ganze
Lage besser überschaute als Jener, mochte auf eine so freudige Zukunft
kaum noch hinblicken. Einst fragte er Zieten ironisch, ob er sich etwa
einen neuen Alliirten verschafft habe. „Nein," antwortete Zieten, „nur den
alten da oben, und der verläßt uns nicht." — „Ach," seufzte der König,
„der thut keine Wunder mehr!" — „Deren brauchts auch nicht," erwiderte Zieten; „er streitet dennoch für uns und läßt uns nicht sinken!" —
Nur wenige schwere Monden sollten noch vorübergehen und Zietens Wort
sich auf eine unerwartete Weise erfüllen.

Die kühne Entschlossenheit, mit der Friedrich seine Stellung im Angesicht der Feinde behauptete, hatte deren Entschlüsse wankend gemacht,
sodaß sie sich nicht über den Angriff vereinigen konnten. Dazu kam, daß
die alte Mißstimmung zwischen Russen und Oesterreichern aufs Neue
hemmend hervortrat. Schon war Butturlin empfindlich darüber, daß sich
Laudon nicht eher mit ihm vereinigt, daß er ihn bis dahin der Gefahr
blosgestellt hatte, allein von den Preußen angegriffen zu werden; auch
mochte er wohl, da die Kaiserin krank lag, dem preußisch gesinnten Thronfolger zu Gefallen entscheidende Unternehmungen gegen Friedrich vermeiden. Vergebens bemühte sich Laudon, ihn zu einem gemeinschaftlichen Angriffe auf das feste Lager der Preußen zu bewegen. Es wird erzählt,
daß es ihm nur einmal, bei der Tafel, als der Wein die Gemüther erhitzt
hatte, gelungen sei, den russischen Heerführer zum Entschlusse zu bewegen,
daß derselbe aber auch diesmal, nachdem er den Rausch ausgeschlafen, alle
Befehle zum Angriff widerrufen habe. Aber schon machte sich im feindlichen Heere der Mangel an Nahrungsmitteln, ebenso wie im preußischen
Lager, auf eine drückende Weise bemerklich. Noch einmal versuchte Laudon einen entscheidenden Entschluß von seinem Bundesgenossen zu erzwingen; er entwarf eigenmächtig einen Plan zum Angriff und theilte den

Russen die nöthigen Rollen darin zu.   Dies aber verletzte Butturlins Empfindlichkeit im höchsten Maße; er benutzte den Vorwand, der ihm der ausgebrochene Mangel an die Hand geben mußte, und ging, am 10. September, mit seiner Armee nach der Oder ab.   Nur ein Corps von 12,000 Mann, unter dem General Tschernitschef, ließ er bei Laudons Armee zurück.   Nun bezog auch Laudon, entfernt vom preußischen Lager eine feste Stellung auf den Abhängen des Gebirges.   Bei den Preußen aber war großer Jubel über die Errettung aus so drohender Gefahr; vierzehn Tage gönnte Friedrich den Seinen die nöthige Rast nach all den Anstrengungen, denen sie sich hatten unterziehen müssen; dann ließ er das Lager abbrechen.

Sechsunddreißigstes Kapitel.

Schluß des Feldzuges von 1761. Das Lager zu Strehlen.

Das Jahr neigte sich seinem Ende entgegen, und der Feldzug in Schlesien schien einen glücklicheren Schluß gewonnen zu haben, als man sich zu Anfang des Jahres versprechen durfte.   Friedrich gedachte jetzt nur noch, die beiden feindlichen Armeen, ehe sie sich zu einem neuen Unternehmen entschließen könnten, ganz aus dem Lande hinauszudrängen.   Zu dem Zwecke sendete er, gleich nach dem Abmarsche der Russen, ein besonderes Corps nach Polen, die dortigen russischen Vorräthe zu vernichten; diesem gelang es, einen sehr bedeutenden Transport von Nahrungsmitteln aufzufangen, zu zerstören und die zahlreiche Bedeckung des Transportes zu zerstreuen oder gefangen zu nehmen.   Hiedurch wurde der Abmarsch der Russen aus Schlesien in der That bedeutend beschleunigt.   Friedrich selbst suchte Laudon unschädlich zu machen.   Er wünschte nichts mehr, als ihn vorerst aus seiner festen Gebirgsstellung herauszulocken, und begann mit seiner Armee einige künstliche Manövers, die einen Plan gegen die von den Oesterreichern besetzte Grafschaft Glatz oder gegen Mähren verrathen sollten.   Aber Laudon ging nicht in die Falle. Er besetzte nur die Pässe, welche nach der Grafschaft führen, und benutzte

den Umstand, daß Friedrich sich bereits auf zwei Tagemärsche von Schweid=
nitz entfernt hatte, zu einem kühnen, gänzlich unerwarteten Unternehmen.
In der Nacht vom 30. September auf den 1. October erschien er plötz=
lich mit seiner Armee vor Schweidnitz, dessen Besatzung nicht eben eine
große Anzahl zuverlässiger Truppen zählte, und eroberte die Festung mit
stürmender Hand.

Durch diesen einen raschen Schlag, der dem Feinde festen Fuß in
Schlesien gab, der es ihm verstatten mußte, seine Winterquartiere hier im
Lande zu nehmen und die Operationen des nächsten Jahres mit ungleich
entschiedenerem Nachdruck zu beginnen, hatte in der That Friedrichs Schick=
sal die traurigste Wendung genommen. Dennoch ließ er auch jetzt den
Muth nicht sinken. Der Niedergeschlagenheit, die sich seines Heeres bei
der Nachricht des Geschehenen bemächtigte, wußte er alsbald durch eine
Rede, welche nur unbeugsamen Muth athmete, zu wehren, und seine Trup=
pen auch jetzt aufs Neue zu glühender Begeisterung zu entflammen. Gern
hätte er es zu einer offenen Schlacht mit Laudon gebracht, aber vorsichtig
verharrte dieser in seiner sichern Stellung. Friedrich entschloß sich nun,
sein Quartier in Strehlen zu nehmen, von wo aus er feindlichen Unter=
nehmungen auf Breslau oder auf Neisse gleich rasch entgegentreten
konnte. Die Truppen wurden in den Dörfern um Strehlen in Canton=
nirungs=Quartiere gelegt. Laudon benutzte, bei solcher Stellung des
Gegners, seinen glücklichen Gewinn zu keinen weiteren Fortschritten.

Das Lager zu Strehlen sollte durch verschiedene Vorfälle historische
Merkwürdigkeit gewinnen. Hier erschien, im Verlaufe des Octobers, eine
Gesandtschaft des Tataren=Chans, Kerim Gerai, der, als ein entschiede=
ner Gegner der Russen, dem Preußenkönige seine Freundschaftsver=
sicherungen und das Anerbieten, Truppen gegen Geldvergütung zu stellen,
überbringen ließ. Der Gesandte, Mustapha Aga, — eigentlich der Bart=
putzer des Chans, ein Amt, das jedoch seiner gegenwärtigen Würde kei=
nen Eintrag that, — wurde mit aller Zuvorkommenheit aufgenommen.
Es kam in der That ein Bündniß zu Stande, demzufolge im nächsten
Jahre ein Corps von 16,000 Tataren in Oberschlesien eintreffen sollte,
während gleichzeitig der Chan einen Einfall in Rußland zu machen ver=
sprach. Auch mit dem türkischen Sultan war in diesem Jahre, nach langen
vergeblichen Versuchen, ein Freundschafts= und Handelsvertrag zu Stande

gekommen, und der Sultan zog bereits bei Belgrad ein drohendes Heer
gegen Friedrichs Feinde zusammen. Beide Bündnisse mußten Friedrich
sehr erwünscht sein, um die Macht seiner Gegner zu brechen; nur die
große Veränderung in der bisherigen europäischen Politik, welche im
nächsten Jahre vor sich ging, verhinderte die Ausführung der gefaßten
Entschlüsse.

Ein zweites Ereigniß, welches in Strehlen vorfiel, war der verrätherische Versuch, den König lebendig oder todt in die Hände seiner
Feinde zu liefern. Ein Vasall Friedrichs, Baron Warkotsch, dessen Besitzungen in der Nähe von Strehlen lagen und welcher es unbequem fand,
daß ihm die preußische Regierung keine willkürliche Behandlung seiner
Unterthanen verstattete, hatte den Plan dazu in Gemeinschaft mit einem
österreichischen Officier, dem Obersten Wallis, entworfen. Er hatte dem
Könige öfters in Strehlen aufgewartet und alle Gelegenheit ausgekund-
schaftet. Friedrich wohnte außerhalb der Stadt, in dem daneben gelegenen Dorfe Woiselwitz; die Wache vor seinem Hause bestand aus 13
Mann Garde; sonst waren wenig Militairs im Dorfe, und auch in der
Stadt befand sich, da die Armee schon zum Theil in die Winterquartiere
entsendet war, keine bedeutende Truppenmacht. Der Zwischenträger zwischen Warkotsch und Wallis war ein katholischer Geistlicher, Franz
Schmidt. Die Briefe an diesen, auch an Wallis, überbrachte ein Jäger
in des Barons Diensten, Matthias Kappel. Der letztere hatte aus dem
sehr geheim gehaltenen Briefwechsel, auch aus manchen Reden seines
Herrn und anderen Umständen Verdacht geschöpft. Am 29. November
war er mit dem Baron wieder in Strehlen gewesen. Als er mitten in
der Nacht darauf abermals Befehl erhielt, einen Brief mit der Adresse
des Obersten Wallis an Schmidt zu überbringen, wuchs sein Verdacht;
er öffnete den Brief und fand in dessen Inhalt den ganzen Verrath ausgesprochen. Schleunig ließ er sich nun durch einen evangelischen Geistlichen, welcher am Orte war, eine Abschrift des Briefes anfertigen, den
er an Schmidt sendete, während er mit dem Originalschreiben unverzüglich in das Hauptquartier des Königs jagte. Friedrich empfing den verhängnißvollen Brief. „Ihr seid," so sprach er zu dem Jäger, „ein Werk-
zeug, welches eine höhere Hand für mich bestimmt und abgeschickt hat."
Alle Anstalten wurden nun getroffen, um der Verräther habhaft zu

werden. Beide, der Baron und der katholische Geistliche, wurden ergriffen, während sie sich nichts Arges versahen; aber beide entkamen durch List. Der Baron, welchen ein preußischer Officier in seinem Schlosse über= raschte, erhielt von diesem die Erlaubniß, sich umzukleiden; aus seinem Schlafzimmer entkam er nach dem Stalle; hier warf er sich auf ein Pferd und gewann einen so bedeutenden Vorsprung vor den nachsetzenden Preußen, daß man ihn nicht mehr einholen konnte. Der Geistliche befand sich bei einem benachbarten Edelmanne zu Tische; er erhielt die Erlaubniß, ehe man ihn fortführte, noch erst das heimliche Gemach besuchen zu dür= fen; hier ließ er sich an einer Stange hinab und entging ebenfalls seinen Verfolgern.

Dem Könige war es im Grunde nicht unangenehm, daß die beiden Verräther entkommen waren. Das Gericht erkannte auf strenge Todes= strafe: Warkotsch sollte geviertheilt, Schmidt enthauptet und dann eben= falls geviertheilt werden. Friedrich war kein Freund von Blutgerichten und konnte es nun in Ruhe unterschreiben, daß das Urtheil an ihren Bildnissen vollstreckt würde. „Das mag immer geschehen," sagte er, „denn die Portraits werden vermuthlich ebenso wenig taugen, als die Originale selbst." So wurde das Urtheil im Mai des folgenden Jahres an den beiden Bildnissen, auf einem dazu erbauten Schaffote, in Breslau vollzogen.

Allen Ergebnissen der gerichtlichen Untersuchung zufolge war übri= gens dieser Verrath nur das Werk weniger einzelnen Personen. Bei den österreichischen Heerführern fand er gerechten Abscheu. Die gräfliche Fa= milie von Wallis machte öffentlich bekannt, daß der gleichnamige Oberst nicht mit ihr verwandt sei. Auch die katholische Kirche hatte daran keinen weitern Antheil, als daß einer ihrer Diener auf unwürdige Weise die Hand zu dem frevelhaften Beginnen geboten. Zwar wollte man bei mehreren Vorfällen wissen, daß die katholische Geistlichkeit Schlesiens sich während des Krieges feindselig gegen Friedrich benommen habe, und das Benehmen des Papstes nach der Schlacht von Hochkirch war wohl ge= eignet, solchem Argwohn größern Nachdruck zu geben. Indeß bezieht sich Alles, was zu jener Zeit von Unternehmungen der Art erzählt wurde, wie bei dem Verrathe des Barons Warkotsch nur auf das Beginnen Ein= zelner, ohne der ganzen Genossenschaft einen Vorwurf zu bereiten. Eine dieser Erzählungen trägt ein eigenthümlich launiges Gepräge. Gegen die preußische Regierung einer schlesischen Stadt wurde einst, wie man berichtet, ein Anschlag gemacht; sie sollte zu nächtlicher Weile von öster= reichischen Truppen überfallen werden, während es die Pfaffen in der Stadt übernommen hatten, die Wachen von ihren Posten zu vertreiben. Zu letzterem Vorhaben hatte einer von ihnen sich in das Costüm des Teufels gesteckt und trat so zu nächtlicher Weile, Phosphor=funkelnd, einer Schildwacht entgegen. Diese jedoch, ihrer Dienstpflicht eingedenk, schlug das Gewehr auf den Teufel an, welcher nun sein Heil in der Flucht suchen wollte, aber von dem rüstigen Gegner ergriffen und in die Haupt= wache abgeliefert wurde. Am nächsten Tage wurde er, der ganzen Armee zur Schau und zum Gespötte, ihre Reihen entlang geführt, und der feind= liche Anschlag unterblieb.

Bald nachdem die Gefahr in Strehlen vom Haupte des Königs abgewendet war, wurde ein anderer Anschlag geschmiedet, dessen Ausfüh= rung ihm nicht minder das größte Verderben bereiten mußte. Magde= burg, die Hauptfestung des preußischen Reiches, der Sitz des Hofes, der Aufbewahrungsort des königlichen Schatzes, der Archive, der zahllosen Kriegsbedürfnisse, sollte den Feinden in die Hände gespielt werden. Den Plan dazu faßte ein Mann, welcher in den Kerkern Magdeburgs in Ketten und Banden saß, der Baron v. der Trenck, auf dem Hochverrath und andere schwere Schuld haftete. Schon früher war er in Glatz gefangen gewesen, aber auf gewaltsame Weise entkommen. In Magdeburg wurde er, nachdem er manche Versuche gemacht, auf's Neue durchzubrechen, sehr strenge gehalten. Gleichwohl gelang es ihm, eine Verschwörung unter den zahlreichen Gefangenen, welche in dieser Festung eingeschlossen waren, anzustiften. Schon war das Verderben nahe, als man die Verschwörung entdeckte und Trenck's Schicksal nur noch furchtbarer steigerte.

Doch sollte den König, während so drohende Gefahren erfolglos vorübergingen, noch ein Schlag treffen, welcher, in Verbindung mit dem Falle von Schweidnitz, sein nahes Verderben zu verkünden schien. In Pommern war eine russische Armee eingerückt; eine russische Flotte, mit einer schwedischen vereinigt, war vor Colberg erschienen. Vor der Festung indeß lagerte ein preußisches Armeecorps unter dem Prinzen von Würt= temberg, welches sich fest verschanzt hatte und erst besiegt werden mußte,

wenn die Feinde zur eigentlichen Belagerung Colbergs schreiten wollten.
Die Festung und das preußische Lager wurden nun von der feindlichen
Uebermacht umschlossen, doch wehrten sie standhaft, mehrere Monate hin=
durch, jeden Angriff ab. Aber nun begann es an Nahrungsmitteln zu
fehlen, und noch drückender wurde die Lage der Eingeschlossenen, als auch
die russische Hauptarmee, nach ihrem Abzuge aus Schlesien, in Pommern
einrückte und alle Zufuhr abschnitt. Endlich sah sich der Prinz von
Württemberg genöthigt, sich durch die Feinde durchzuschlagen; dieses
glückte, aber vergeblich waren seine Versuche, im Rücken der russischen
Heere für den Entsatz Colbergs zu wirken. Nach der standhaftesten Ver=
theidigung wurde der tapfere Commandant dieser Festnng, welcher im
vorigen Jahre so viel Ruhm erworben, endlich durch Hunger genöthigt,
sich zu ergeben. Die Festung ging am 16. December in die Hände der
Russen über, welche hiedurch in Pommern, wie die Oesterreicher in
Schlesien, festen Fuß für ihre künftigen Unternehmungen gefaßt hatten.

Und doch war hiemit das Maß des Unglücks noch nicht gefüllt.
Zwar waren die schwachen Versuche der Schweden, wie gewöhnlich, ohne
Erfolg geblieben; zwar hatte Prinz Heinrich Sachsen gegen die Oester=
reicher unter Daun und gegen die Reichsarmee so erfolgreich beschirmt,
daß diese bedeutende Vortheile nicht erlangen konnten; zwar hatte Frie=
drichs Mitkämpfer, der Herzog Ferdinand von Braunschweig, glücklich
gegen die Franzosen gestritten, so daß auch von dieser Seite vor der Hand
nichts zu befürchten war: der eine Bundesgenosse, welchen Friedrich
hatte, fiel in diesem Jahre von ihm ab und er stand nun, lediglich auf seine
eigenen Kräfte zurückgeführt, den Feinden ganz allein gegenüber. Die
Subsidien aus England, welche ihm zur Bestreitung all seiner Kriegs=
bedürfnisse so dringend nöthig waren, blieben aus. Der Tod des Königs
von England und die Thronbesteigung seines Enkels, Georgs III., welche
im vorigen Jahre erfolgt war, brachte allmälig eine bedeutende Ver=
änderung in der englischen Politik hervor. Pitt sah sich genöthigt, dem
Günstlinge des neuen Königs, dem Lord Bute, Platz zu machen; und so
dringend sich auch das Parlament für die fernere Unterstützung Friedrichs,
welchen man in England nur „den Großen und Unermüdlichen" nannte,
verwendet hatte, so mußte es Bute, dem trotz aller Vortheile Englands
ein möglichst schleuniger Friede am Herzen lag, doch bald dahin zu

bringen, daß der Subsidientractat zwischen England und Preußen nicht erneut und die Hilfsgelder nicht weiter bezahlt wurden.

So schloß das Jahr 1761. Preußen und die westphälischen Provinzen schon seit dem Beginne des Krieges vom Feinde besetzt; jetzt auch Glatz und Schweidnitz, sowie Colberg und ein großer Theil Pommerns in ihren Händen; hierdurch ihnen der günstigste Weg zu weiteren Fortschritten gebahnt; die Besitzungen, welche Friedrich noch übrig blieben, zum Theil verödet und zerstört; Sachsen, welches bisher so reichliche Mittel zur Fortsetzung des Krieges geliefert hatte, völlig ausgesogen; die wichtige Unterstützung Englands zur Bestreitung der Kriegskosten verloren; England überdies geneigt, mit Frankreich Frieden zu schließen, wodurch Friedrich auch die Heere dieses Feindes mit eigener Kraft besiegen mußte; — und für alles Dieses nichts als das Versprechen einer verhältnißmäßig geringen Hilfe von Seiten der Tataren und einer, noch immer zweideutigen von Seiten der Türkei! Wahrlich, daß die gewaltig überlegenen Feinde im Verlaufe von sechs Jahren nicht größere Vortheile über die kleine Macht, welche Friedrich aufstellen konnte, errungen hatten, dieses ist das Zeugniß einer Feldherrngröße, wie sie in den Jahrbüchern der Geschichte nur selten erscheint; aber wie sollte Friedrich jetzt, mit hinschwindenden Kräften, noch ferner gegen die Uebermacht Stand halten? Alle früheren Unfälle bestanden nur in augenblicklich dringenden Verlegenheiten, aus denen ein schneller, kühner Entschluß retten konnte: — jetzt blieb für Friedrich, nach menschlicher Berechnung, nichts übrig, als schmachvoll auf die Stufe hinabzusteigen, die ihm vielleicht die Gnade seiner Feinde als ein kümmerliches Almosen lassen würde, oder mit Ehren unterzugehen.

Wohl Keiner, der mit kalter Besonnenheit den Stand der Verhältnisse prüfte, mochte eine andere Ansicht der Dinge gewinnen. Die Feinde frohlockten; Maria Theresia war der Erfolge des nächsten Jahres so gewiß, daß sie keinen falschen Schritt zu begehen glaubte, als sie, dem drückenden Geldmangel einigermaßen zu begegnen, 20,000 Mann ihres Heeres entließ. Friedrich hatte auch keine andere Ueberzeugung; aber mit ruhigem Muthe blickte er der Zukunft entgegen, nicht gewillt, der Würde seines Geistes etwas zu vergeben. Sein Entschluß war lange gefaßt; er hatte zu oft dem Tode in's Auge geschaut, hatte zu oft das Verderben

nahe über seinem Haupte dahinschweben gesehen, als daß er sich jetzt
kleinmüthigem Verzagen oder müssiger Verzweiflung hätte hingeben
sollen. Seinen Trost, seine Stärkung fand er in sich selber, in den dich=
terischen Gebilden, in welche er auch zu dieser Zeit die Stimmung seines
Gemüthes ergoß. Und hochmerkwürdig sind die Gedichte, welche er im
Lager zu Strehlen und im Winterquartier zu Breslau niederschrieb.
Nicht schwärmt er mehr, wie einst nach der Schlacht von Kollin, daß ihm
der Freund sein Grab mit Rosen und Myrten bestreuen möge; nicht
will er mehr aus dem Leben hinausgehen, weil es ihm zur Last gewor=
den; — er hatte sich schon an das Leiden gewöhnt und war unter den
wiederholten Schlägen des Schicksals nur immer neu erstarkt! Er gedenkt
des freiwilligen Todes nur aus dem Grunde, weil die Fortsetzung des
Lebens nichts als Schmach zu verkünden scheint. Bei dieser erhabenen
Ruhe gelingt es ihm, dem echten Dichter gleich, seinen Geist aus der
beengenden Gegenwart frei zu machen und die Größe verwandter Geister,
deren Gedächtniß die Geschichte bewahrt, in hehrer Gestalt zu belebter
Erscheinung zu bringen. Er dichtet den Kaiser Otho, welcher sich selbst
aufopferte, damit seine Getreuen nicht durch das Schwert des Siegers
vernichtet würden; den Cato von Utica, der als freier Bürger Roms
das Leben verließ, damit er nicht zur Untreue gegen sich selbst genöthigt
und an den Wagen des triumphirenden Tyrannen gekettet würde; — an
solchen Bildern stählt er seine Kraft, um bis zum letzten, entscheidenden
Augenblicke auszuharren.

Aber sein ausdauernder Muth sollte nicht des Lohnes entbehren.

Siebenunddreißigstes Kapitel.

Feldzug des Jahres 1762. — Burkersdorf und Schweidnitz. — Friede.

Der über den Wolken thront, der die Mächtigen stürzt und die
Rathschläge der Klugen verwirrt, der die Welt ohne Aufenthalt dem
Ziele ihrer Entwickelung entgegenführt, hatte es anders beschlossen, als
menschliche Voraussicht ahnen konnte. Einst war sein Sturmesathem

dahergebraust, und die unüberwindliche Flotte des Königs, in dessen Lan=
den die Sonne nicht unterging, sank in den Abgrund des Meeres, und
das Land der Freiheit blieb frei. Jetzt gesellte er den zahllosen Opfern,
welche der Todesengel seit sechs Jahren hinweggerafft, ein einziges neues
Opfer zu, und die stolzen Pläne der Widersacher zerrissen, und der König,
welcher dem Geiste der neuen Zeit mit mächtiger Hand Bahn gebrochen,
war vom Verderben gerettet.

Am 5. Januar 1762 starb Elisabeth von Rußland; ihr Neffe,
Peter III., bestieg den erledigten Thron. So erbittert Elisabeth sich
fort und fort gegen Friedrich bezeigt hatte, einen so innigen Verehrer
fand dieser an dem neuen Kaiser. Schon als Großfürst war Peter nie
in dem russischen Staatsrathe erschienen, wenn Beschlüsse gegen Friedrich
gefaßt werden sollten. Er trug Friedrichs Bildniß im Ringe am Finger;
er kannte alle einzelnen Umstände aus den Feldzügen des Königs, alle
Einrichtungen und Verhältnisse der preußischen Armee; er betrachtete
Friedrich nur als das Vorbild, welchem er in allen Stücken nachzueifern
habe. Von Friedrich zu Peter und von diesem zu Friedrich flogen als=
bald Gesandte, welche Glückwünsche und Freundschaftsversicherungen
überbrachten. Die preußischen Gefangenen im ganzen russischen Reiche
wurden nach der Hauptstadt berufen und, nachdem man sie dort ehrenvoll
aufgenommen, zu ihrer Armee zurückgesendet. Ein Waffenstillstand
wurde geschlossen. Auf diesen folgte bald, am 5. Mai, ein förmlicher
Friede, demgemäß Peter Alles, was unter seiner Vorgängerin erobert
war, ohne weitere Entschädigung zurückgab; die Provinz Preußen wurde
ihres Treueides entlassen; die russischen Truppen erhielten Befehl, Pom=
mern, die Neumark und Preußen zu räumen; Tschernitschefs Corps,
welches noch mit den Oesterreichern vereint war und in der Grafschaft
Glatz Winterquartiere genommen hatte, wurde ebenfalls zurückberufen.
Endlich folgte auf den Frieden ein gegenseitiges Schutzbündniß, und nun
wurde Tschernitschef, welcher unterdeß nach Polen gegangen war, beauf=
tragt, mit seinem Corps zu Friedrichs Armee zu stoßen.

Eine so außerordentliche, so plötzliche Veränderung der politischen
Verhältnisse machte alle Welt erstaunen; man konnte sich auf keine Weise
in die fast märchenhaften Berichte finden, welche dem Unerwarteten fort
und fort Unerwartetes hinzufügten. Lord Bute, der englische Minister,

der nichts als einen allgemeinen Frieden im Sinne hatte und welchem
dabei wenig an Friedrichs Ehre gelegen war, griff in solchem Maße fehl,
daß er dem russischen Kaiser, eben als dessen Friedensverhandlungen mit
Friedrich ihrem Schlusse nahe waren, die besten Anerbietungen machen
ließ, falls er den Krieg in gleicher Weise wie bisher fortsetzte; ihm wurde
Alles zugesichert, was er sich dabei von Friedrichs Besitzungen aussuchen
wolle.　　Peter aber war hierüber so entrüstet, daß er die Anträge nicht
nur mit Verachtung zurückwies, sondern sie auch an Friedrich mittheilte,
damit dieser den Verrath seines bisherigen Bundesgenossen einsehen möge.
Schweden, dem die neue Freundschaft zwischen Rußland und Preußen
am Meisten Gefahr drohte, faßte sich zuerst; die Königin, Friedrichs
Schwester, war sehr gern bereit, Friedens-Unterhandlungen einzuleiten,
und so kam schnell, am 22. Mai, auch mit dieser Krone ein Friede zu
Stande, welcher alle Verhältnisse auf den Fuß zurückführte, wie sie vor
dem Ausbruche des Krieges gewesen waren.　　Vor allem aber war Maria
Theresia bestürzt, als sie sich so plötzlich von all den glänzenden Hoffnungen, zu denen sie der Schluß des vorigen Jahres berechtigt hatte,
herabgestürzt sah.　　Durch die 20,000 Mann, welche sie in sicherem Vertrauen auf die Zukunft ihres Dienstes entlassen hatte, und durch den
Abzug des Tschernitschef'schen Corps war ihre Macht um 40,000 Mann
geschwächt und Friedrichs um 20,000 Mann vermehrt, was einen Unterschied von 60,000 Mann in die Wagschale des Krieges legte; Friedrich
sagte, daß ihm drei gewonnene Schlachten keine größeren Vortheile hätten
gewähren können.　　Dazu kamen ansteckende Krankheiten, welche gerade
in dieser Zeit große Verheerungen in der österreichischen Armee hervor-
brachten.　　Die Vereinigung des Tschernitschef'schen Corps mit der preußischen Armee war den Oesterreichern anfangs so unglaublich, daß sie
dieselbe für ein von Friedrich erfundenes Blendwerk hielten, sie meinten,
es seien unbedenklich preußische Soldaten, welche man in russische Uniformen gesteckt habe.

　　Bei Friedrich aber, bei seiner Armee und seinem Volke brachten
diese glücklichen Ereignisse die freudigste Stimmung hervor; die alte
Zuversicht des Sieges kehrte zurück, und man sah einer ehrenvollen und
schnellen Beendigung des langen Krieges entgegen.　　Die Hauptmacht
des preußischen Heeres wurde nach Schlesien zusammengezogen, den

Oesterreichern wieder zu entreißen, was sie im vorigen Jahre gewonnen hat=
ten. Doch verzögerte sich, durch all jene Verhandlungen mit Rußland, der
Beginn der Feindseligkeiten bis zum Sommer; auch gedachte Friedrich
nichts Entscheidendes vor der Ankunft des russischen Hilfscorps vorzu=
nehmen. Die Oesterreicher hatten unter den veränderten Verhältnissen
ebenfalls keine Lust, den Krieg vorzeitig zu beginnen; sie benutzten die
Zwischenzeit auf's Beste, um alle Einrichtungen zur Vertheidigung ihrer
Erwerbungen zu treffen. Die Befestigungen von Schweidnitz wurden
soviel wie möglich verstärkt; zum Schutze der Festung hatte sich auf den
benachbarten Abhängen des Gebirges die österreichische Hauptarmee, bei
welcher jetzt wiederum Daun den Oberbefehl führte, gelagert: die Pässe
des Gebirges waren durch starke Schanzarbeiten zu einer fast unangreif=
lichen Festung umgewandelt worden. Friedrich machte verschiedene Ver=
suche, den Feind in eine minder vortheilhafte Stellung zu bringen, damit
er ungestört zur Belagerung von Schweidnitz schreiten könne, doch ließ
sich Daun in seinen gewohnten Maßregeln nicht irre machen. Selbst als
Friedrich im Rücken Dauns einen Streifzug tief in Böhmen hinein ver=
anstaltete, blieb dieser unbeweglich in seiner sichern Stellung. Zu diesem
Streifzuge war neben anderen Truppen auch der Vortrab des Tschernit=
schef'schen Corps, eine Schaar von 2000 Kosaken, benutzt worden.

Indeß war Friedrich die Ehre aufbehalten, den Kampf, welchen er
so lange allein geführt hatte, auch ohne fremde Beihilfe zu beenden.
Wenige Tage waren erst vorübergegangen, seit Tschernitschef zu seiner
Armee gestoßen, als plötzlich, am 19. Juli, eine Nachricht von Peters=
burg kam, welche alle hoffnungsvollen Pläne wiederum zu vernichten und
den alten Stand der Dinge auf's Neue herzustellen drohte. Peter III.
hatte sich durch eine Menge sehr unüberlegter Neuerungen allen Classen
des Volkes verhaßt gemacht; er hatte seine Gemahlin Katharina in einer
Weise behandelt, daß diese das Schlimmste befürchten zu müssen glaubte;
eine Verschwörung war gegen ihn angestiftet worden, welche eine schnelle
Revolution, die Entsetzung des Kaisers und bald darauf auch seine Er=
mordung zur Folge hatte. Katharina war an seine Stelle getreten. Jetzt
wurde der Friede mit Preußen als ein Schimpf, welcher Rußland wider=
fahren sei, angesehen; Tschernitschef erhielt den Befehl, augenblicklich mit
seinem Corps die preußische Armee zu verlassen; aus Pommern und

Preußen kam die Nachricht, daß alle russischen Truppen sich zu neuen Feindseligkeiten anschickten.

Die erste Kunde all dieses neuen Unheils war wohl geeignet, Frie= drich gänzlich zu betäuben; nie hatte man ihn so niedergeschlagen gesehen, als in diesem Augenblicke. Durch Tschernitscheffs Hilfe hatte er geglaubt, Daun von den Abhängen des Gebirges vertreiben zu können, ohne wel= ches Unternehmen die Belagerung von Schweidnitz nicht ausführbar war; nun sollte er nicht blos diese Hilfe verlieren, sondern wiederum neue Armeen beschaffen, um den neuen Angriffen der Russen zu begegnen. Aber ebenso schnell, wie jene Kunde ihn niedergeschlagen hatte, erhielt auch sein Geist die nöthige Spannkraft wieder. Er faßte einen raschen, kühnen Entschluß. Noch war die Nachricht nicht weiter verbreitet, noch konnten namentlich die Oesterreicher davon nichts erfahren haben. Er sendete augenblicklich einen Adjutanten zu Tschernitscheff, damit dieser auf der Stelle zu ihm komme. Tschernitscheff war eben damit beschäftigt, seine Truppen der neuen Kaiserin schwören zu lassen; er wollte eben einen Boten an Daun senden, diesem seinen Abzug von der preußischen Armee zu melden; er verhieß dem Adjutanten, daß er am nächsten Tage vor dem Könige erscheinen werde. Aber dieser bat so dringend, daß sich Tschernitscheff entschließen mußte, ihm zu folgen. Friedrich forderte nichts weiter von Tschernitscheff, als daß er den Befehl zum Abzuge noch drei Tage verheimlichen, sein Corps so lange ruhig im preußischen Lager stehen und dasselbe am Tage der Schlacht, zu der er sich entschlossen habe, nur zum Scheine ausrücken lassen möge, ohne selbst Antheil am Gefechte zu nehmen. Tschernitscheff sah sehr wohl ein, daß ein solcher, wenn auch scheinbar geringer Ungehorsam gegen die Befehle der Kaiserin die schlimm= sten Folgen für ihn haben könne; aber noch nie hatte Einer der siegenden Beredsamkeit Friedrichs, dem strahlenden Glanze seines Auges widerstan= den. Der russische General mußte der Forderung des Königs nachgeben. „Machen Sie mit mir," so rief er am Ende des Gespräches aus, „was Sie wollen, Sire! Das, was ich Ihnen zu thun versprochen habe, kostet mir wahrscheinlich das Leben; aber hätte ich deren zehn zu verlieren, ich gäbe sie gern hin, um Ihnen zu zeigen, wie sehr ich Sie liebe!"

Die drei Tage, welche ihm Tschernitscheff bewilligt, benutzte Friedrich auf eine meisterhafte Weise, um den Feind von seiner drohenden Verbindung

mit Schweidnitz abzuschneiden. Er traf alle Anstalten, sich der ver-
schanzten Gebirgsposten bei Burkersdorf und Leutmannsdorf, welche von
österreichischen Truppen besetzt waren, durch einen kühnen Gewaltstreich
zu bemächtigen. Seine Armee wurde so vertheilt, daß Daun eher Angriffe auf seine Hauptmacht, als auf seine schwierigen Posten zu gewärtigen hatte; dabei figurirten auch die Russen, welche Daun nach wie vor
für Feinde hielt und denen er eine genügende Truppenmacht gegenüber
zu stellen genöthigt war. Am 21. Juli wurden die Gebirgsposten durch
plötzlich ungestümen Angriff überrascht. Eine starke Batterie, welche
über Nacht vor den feindlichen Verschanzungen aufgeworfen war, trieb
die leichten Truppen, die einen ersten Angriff abhalten sollten, durch
rasches Feuer in die Berge. Dann begannen die preußischen Regimenter
von allen Seiten den Sturm. Weder die senkrechten Berge mit ihren
Wällen und Wolfsgruben, noch die Pallisaden und Kanonen, welche aus
jeder einzelnen Anhöhe ein Fort bildeten, vermochten den Muth der Stür-
menden aufzuhalten. Von einem Absatze der Berge zum andern drangen
sie empor; wo die Pferde nicht fußen konnten, wurden die Kanonen mit
den Händen emporgetragen, immer tiefer in die Berge zogen sich die
Oesterreicher zurück, bis auch die Pallisaden ihrer letzten Befestigung in
Feuer aufgingen und sie sich nun in aufgelöster Flucht auf die Hauptarmee zurückwarfen. Eine große Menge von Gefangenen fiel in die
Hände der Preußen.

Friedrich hatte seine Absicht erreicht und konnte nun den russischen
Heerführer mit Dank entlassen. Bewundernd hatten die russischen Officiere den verwegenen Plan des Königs und die hingebende Tapferkeit
seiner Truppen, welche allein die Ausführung desselben möglich machte,
mit angesehen. Tschernitschef war zur Seite des Königs, als dieser,
gegen das Ende der Schlacht, einem verwundeten Soldaten begegnete.
Der König fragte ihn, wie es gehe. „Gottlob," antwortete der Soldat,
„es geht Alles gut, die Feinde laufen und wir siegen!" „Du bist verwundet, mein Sohn," fuhr der König fort und reichte ihm sein Taschentuch, „verbinde Dich damit." — „Nun wundere ich mich nicht mehr,"
sagte Tschernitschef, „daß man Ew. Majestät mit solchem Eifer dient, da
Sie Ihren Soldaten so liebreich begegnen." Als Tschernitschef von Friedrich ein kostbares Geschenk zum Abschiede erhielt, bat er den Ueberbringer,

seinem Herrn zu sagen: er habe ihn nun für die ganze Welt unbrauchbar gemacht, denn nie werde er Jemand finden, den er so lieben und hoch= schätzen könne, als ihn.

Indeß verschwand schnell die neue Gefahr, welche von russischer Seite zu befürchten war! Katharina hatte vermuthet, daß Peter III. durch Friedrichs Rath, sowohl in seinen unbesonnenen Neuerungen als auch in seinem feindlichen Betragen gegen sie wesentlich bestärkt worden sei. Als sie aber, unmittelbar nach der Bekanntmachung ihrer Entschlüsse gegen Preußen, die Papiere ihres verstorbenen Gemahls untersuchte, fand sie von alle dem das entschiedene Gegentheil. Friedrich hatte dem Kaiser nicht nur auf dringende Weise Mäßigung in seinen Reformen an= gerathen, sondern ihn auch beschworen, seine Gemahlin, wenn nicht mit Zärtlichkeit, so doch mit Hochachtung zu behandeln. Vielleicht war es Katharina schon ursprünglich mit ihren Absichten gegen Preußen nicht völlig Ernst gewesen; aller Haß gegen Friedrich wurde jetzt durch diese untrüglichen Zeugnisse ausgelöscht, die Kriegsbefehle wurden widerrufen, der frühere Friede mit allen seinen Bedingungen bestätigt, und nur das abberufene Hilfscorps kehrte nicht wieder zurück. So konnte sich Fried= rich der neuaufgewachten Sorgen entschlagen und seine Kräfte ungetheilt den Oesterreichern entgegensetzen.

Daun hatte sich nach dem Verluste der Posten von Burkersdorf und Leutmannsdorf tiefer in's Gebirge gezogen und war nun von Schweidnitz völlig abgeschnitten. Friedrich besetzte die Pässe und machte seine Anstalten zur Belagerung. Am 4. August wurde die Festung ein= geschlossen, am 7. begann man die Laufgräben zu ziehen. Zwei preußi= sche Armeen sicherten den Fortgang der Belagerung gegen etwanigen Entsatz. Bei der einen führte Friedrich den Oberbefehl, bei der anderen, die bis dahin in Oberschlesien gestanden hatte, der Herzog von Bevern. Daun aber gedachte, den Preußen nicht gutwillig alle Vortheile zu überlassen; er bereitete sich zu einem schnellen Angriff auf die Armee des Herzogs vor, um hiedurch den Entsatz von Schweidnitz zu bewerkstel= ligen. Der größte Theil seiner Armee umging die jetzt von den Preußen besetzten Gebirgspässe und fiel, am 19. August, in vier Corps auf die bedeutend geringere Macht des Herzogs, welche bei Reichenbach stand. Doch hielt der Herzog, obgleich von allen Seiten angefallen, muthig

Stand, bis Friedrich selbst bedeutende Truppencorps zu seiner Unter=
stützung herbeiführte. Unter großem Verlust sahen sich die Oesterreicher
genöthigt, wieder in ihre Berge zurückzukehren. Daun gab nun alle
Hoffnung zum Entsatze von Schweidnitz auf; er zog sich mit seiner
Armee nach der Grafschaft Glatz zurück und blieb dort, ohne während
des ganzen Feldzuges noch ein weiteres Lebenszeichen von sich zu geben.

Die Belagerung von Schweidnitz schritt indeß nur langsam vor=
wärts. Innerhalb der Festung leitete die Vertheidigungsarbeiten ein
berühmter Ingenieur, Gribauval, die Belagerungsarbeiten außerhalb
der Stadt ein anderer, Le Fevre. Beide hatten sich in der Wissenschaft
des Festungskrieges erfolgreich hervorgethan, hatten bisher in verschiede=
nen gelehrten Schriften gegeneinander gekämpft und strebten nun, ihre
von einander abweichenden Theorien durch glänzende Thaten zu rechtfer=
tigen. Während über der Erde das Geschützfeuer Tag für Tag donnerte,
entspann sich gleichzeitig ein eigenthümlicher unterirdischer Krieg. Ver=
schlungene Minengänge, nach allen Regeln der Kunst angelegt, wurden
gegeneinander geführt; der Eine strebte den Andern zu überraschen und
seine Arbeiten erfolglos zu machen; oft kamen die Gegner in ihren Höhlen
aneinander und machten sich auch hier die wenigen Zolle des Bodens, den
sie so eben zur Beschreitung zugerichtet, durch Feuer und Dampf streitig.
Le Fevre, preußischer Seits, hatte der neuen Erfindung der Druckkugeln,
welche dazu dienen sollten, die feindlichen Minen einzustürzen, großen Bei=
fall geschenkt. Mehrere solche Kugeln wurden mit großer Sorgfalt zube=
reitet, mißglückten aber zum Theil durch die zweckmäßigen Maßregeln des
Gegners. Ueberhaupt hielt die eine Kunst der anderen so geschickt die
Wage, daß keine Fortschritte erreicht werden konnten; Le Fevre gerieth in
Verzweiflung; er wünschte nichts als den Tod und suchte ihn, indem er
sich selbst an die gefährlichsten Stellen begab. Friedrich ward endlich
dieser erfolglosen Experimente überdrüssig. Er übernahm selbst die Leitung
der Belagerungsarbeiten und brachte mit weniger künstlichen Zurichtungen,
aber mit mehr Geschick, bald einen rascheren Gang der Dinge zuwege. Der
feindliche Commandant war bereit, die Festung zu übergeben, wenn der
Besatzung freier Abzug verstattet würde. Da Friedrich hierauf nicht ein=
gehen wollte, so fand auf's Neue die hartnäckigste Gegenwehr statt.

Wenige Tage nachdem Friedrich die Belagerung selbst zu leiten

begonnen hatte, ritt er beim Recognosciren den feindlichen Werken so
nahe, daß die Kugeln zu seinen Seiten einschlugen. Seinen Pagen
wurde das Pferd unter dem Leibe erschossen: er fiel mit den Rippen auf
das Gefäß des Degens und bog dasselbe ganz krumm. Er raffte sich
auf und wollte eilig von der gefährlichen Stelle entfliehen: Friedrich
aber rief ihm sehr ernsthaft zu, er solle den Sattel seines Pferdes mit=
nehmen. Der Page sah sich genöthigt, den Sattel mitten unter den
Kugeln abzuschnallen. Zu Friedrichs Seite ritt sein Neffe Friedrich
Wilhelm, der achtzehnjährige Thronfolger, der in diesem Jahr zum
Heere berufen war; der König hatte das Vergnügen, ihn unerschrocken
unter den umherfliegenden Kugeln halten zu sehen. Friedrich selbst hatte
einst, als man ihn bat, eine gefährliche Stelle zu verlassen, die inhalt=
schweren Worte erwidert: „Die Kugel, die mich treffen soll, kommt
von oben!"

Allmälig begannen den Belagerten die Mittel zum Widerstande
zu fehlen; doch wendeten sie unausgesetzt alle Kunst an, um die letzte
Entscheidung von sich abzuhalten. Eine glücklich geleitete preußische
Granate beendete die Belagerung. Sie fand ihren Weg in die Pulver=
kammer eines der Forts, welche Schweidnitz umgaben, und augenblick=
lich flog die Hälfte der Forts mit aller Mannschaft, welche darauf
stand, in die Luft. Der Donner dieser furchtbaren Explosion war so
heftig, daß die benachbarten Berge davon in ihren Gründen erbebten.
Jetzt war den Preußen der Zugang zur Festung geöffnet. Doch war=
tete der österreichische Commandant den Sturm nicht ab; er ergab sich
mit der gesammten Besatzung am 9. October zu Kriegsgefangenen, und
Schweidnitz wurde wiederum von preußischen Truppen besetzt.

Hiemit endete der Feldzug in Schlesien. Die Truppen wurden
in die Cantonnirungsquartiere gelegt. Ein Theil derselben wurde nach
Sachsen geschickt, wohin eben auch ein Theil der Daun'schen Armee ent=
sendet war. Friedrich selbst begab sich gleichfalls dahin.

In Sachsen hatte sich Prinz Heinrich wiederum sehr glücklich gegen
die Angriffe der Oesterreicher und Reichstruppen behauptet. In vie=
len kleineren und größeren Gefechten hatte er gesiegt und dem Feinde
mancherlei Abbruch gethan. Die Reichsarmee war ganz aus Sachsen
vertrieben und bedurfte eines weiten Umwegs durch Böhmen,

um sich wieder mit den Oesterreichern zu vereinen.   Noch einmal ver=
suchten die verbündeten Armeen mit entschiedener Uebermacht die Preußen
zurückzudrängen.   Heinrich nahm die Schlacht, am 29. October, bei
Freiberg an und erfocht aufs Neue einen glänzenden Sieg, an dessen
Gewinn, wie bei den früheren Gefechten in Sachsen, Seydlitz einen
wesentlichen Antheil hatte.   Es war die letzte Schlacht des siebenjährigen
Krieges.   Die Reichstruppen verließen Sachsen aufs Neue, die Oester=
reicher zogen sich um Dresden zusammen.   Erst nach der Schlacht kamen
von beiden Seiten die Verstärkungen aus Schlesien an.   Ein Waffen=
stillstand, für Sachsen und Schlesien, folgte auf diese Ereignisse, und
die Preußen, wie die Oesterreicher, bezogen die Winterquartiere.

Maria Theresia hatte nunmehr zu wenig günstige Aussichten auf
die Erfüllung ihrer, seit Jahren gehegten Pläne, als daß sie nicht
ernstlich hätte Friedensgedanken fassen sollen.   Sie mußte darin um so
mehr bestärkt werden, als es auch auf der Seite zwischen Frankreich
und England zu gleichem Schlusse kam.   Die Armee der Verbündeten
unter dem Herzog Ferdinand von Braunschweig hatte in der ersten
Hälfte des Jahres mehrere Siege über die französischen Armeen erfoch=
ten, obgleich Lord Bute wenig für ihre Verstärkung besorgt war.   Bei
Bute's großer Neigung zum Frieden kam es bald zu gegenseitigen Un=
terhandlungen; doch setzte Herzog Ferdinand den Krieg fort, anfangs
mit minder glücklichem Erfolge, dann aber krönte er die Reihe seiner
ruhmvollen Thaten durch die Eroberung des von den Franzosen besetzten
Cassel, welche am 1. November erfolgte.   Zwei Tage darauf wurden
die Präliminarien des Friedens unterzeichnet, in dem Lord Bute,
schmachvoller Weise, fast alle Eroberungen preisgab, welche die englische
Flotte in den Colonien errungen hatte.   Die beiderseitigen Bundesge=
nossen sollten ihrem Schicksal überlassen bleiben.

Schon hatte Friedrich, im Anfange des November, durch Ver=
mittelung des Kurprinzen von Sachsen, Friedensanträge von österrei=
chischer Seite erhalten; er war gern darauf eingegangen.   Doch beschloß
er, zumal da die Bedingungen des englisch=französischen Friedens für
sein Interesse zweideutig genug lauteten, noch einmal mit Nachdruck auf=
zutreten und durch ein kühnes Unternehmen das Verlangen nach Frieden
ganz allgemein zu machen.   Da der abgeschlossene Waffenstillstand nur

Sachsen und Schlesien galt, so ordnete er einen raschen Streifzug gegen
die Stände des deutschen Reichs, die feindlich gegen ihn aufgetreten
waren, an. Ein ansehnliches Corps drang in Franken ein und durch=
streifte fast das ganze Reich, allenthalben, namentlich von Nürnberg,
bedeutende Contributionen beitreibend. Ein allgemeiner Schreck ging
vor diesen Schaaren her. Es wird erzählt, daß, als 25 preußische
Husaren der freien Reichsstadt Rottenburg an der Tauber mit Sturm
drohten, diese sich willig dazu verstanden habe, die fürchterlich ausge=
sprochene Gefahr mit einer außerordentlichen Brandschatzung abzukaufen.
Auch bis nahe vor Regensburg kamen die preußischen Schaaren; die
Herren des Reichstages sahen sich ermüßigt, den dortigen preußischen
Gesandten, den sie bis dahin mit bitter feindlichem Sinne verfolgt, um
Rettung anzuflehen, die er ihnen auch gewährte. Ungefährdet und mit
reicher Beute beladen, zog das ganze preußische Corps nach Sachsen
zurück. Der Erfolg war, wie ihn Friedrich gewünscht hatte. Die
Reichsstände verloren die Lust, sich noch ferner für Oesterreichs Privat=
interesse aufzuopfern. Sie erklärten sich einer nach dem andern für
neutral, zogen ihre Contingente ohne Weiteres von der Reichsarmee
zurück und suchten sich mit Friedrich auszusöhnen. Auch Mecklenburg
schloß noch im December einen besondern Frieden mit Preußen. — Ein
zweiter Streifzug wurde gegen die französischen Truppen angeordnet, die
noch Friedrichs rheinische Besitzungen inne hatten. Auch dieser Zug
hatte den günstigen Erfolg, daß jene Besitzungen alsbald geräumt und
an Friedrich zurückgegeben wurden.

Für Oesterreich war übrigens jener erste Streifzug mit seinen
Folgen nicht ganz unangenehm. Der Wiener Hof hatte dem Reich die
feierliche Zusage gegeben: den Krieg nicht zu beendigen, ohne dasselbe
für alle seine Anstrengungen und Kosten schadlos zu halten. Durch das
freiwillige Zurücktreten der Reichsstände glaubte man der Erfüllung
dieses Versprechens überhoben zu sein.

Jetzt stand dem Wunsche nach Frieden, der bei der gegenseitigen
Erschöpfung vollkommen aufrichtig war, kein weiteres Hinderniß mehr
entgegen. Bald kam man über die nöthigsten Vorbereitungen überein.
Auf dem sächsischen Jagdschlosse Hubertsburg trafen die drei bevollmäch=

tigten Abgeordneten Preußens, Oesterreichs und Sachsens — v. Hertz=
berg, v. Collenbach und v. Fritsch — zusammen und begannen am
31. December die Verhandlungen.   Am 15. Februar 1763 wurde der
Friede geschlossen, vollkommen auf den Grund der früheren Friedens=
schlüsse, so daß alle Eroberungen herausgegeben wurden.   Das deutsche
Reich wurde in den Frieden mit einbegriffen, und von Seiten Preußens
dem ältesten Sohne der Kaiserin, dem Erzherzog Joseph, die Kurstimme
zur Römischen Königswahl versprochen.   Oesterreich hatte zwar zu An=
fang eine verfängliche Bedingung gemacht, namentlich, daß Glatz sein
Eigenthum verbleibe.   Aber Friedrich hatte durchaus darauf bestanden,
daß Alles auf den Punkt zurückgeführt werde, auf dem es vor dem Aus=
bruch des Krieges gestanden.   Man sah sich genöthigt, nachzugeben und
um so mehr, als der immer dringender gefühlte Mangel an baarem Gelde
und die Nähe des türkischen Heeres an der österreichischen Grenze kein
langes Säumniß verstatteten.

So hatten sieben Jahre voll unsäglicher Anstrengungen, voll
Blutes und Elends, zu keinen weiteren Erfolgen geführt, als zu der
einfachen Erkenntniß, daß alle Leiden hätten gespart werden können,
wenn man geneigt gewesen wäre, den Grimm der Leidenschaften
zu unterdrücken und die Waffen unblutig zu erhalten.   Wohl möchte
man bei solcher Betrachtung lächeln über die Eitelkeit menschlicher
Pläne und Berechnungen.   Aber dennoch war durch diesen Krieg Großes,
unendlich Großes erreicht.   In einer matten Zeit war den Augen des
Menschen eine Kraft des Geistes, eine Standhaftigkeit des Gemüthes, ein
ausdauerndes Heldenthum offenbart worden, wie die Welt lange mehr
kein ähnliches Beispiel gesehen hatte.   Der preußische Staat, zum Vor=
kämpfer der Entwickelung des freien Geistes berufen, hatte sich in der
herben Prüfung glorreich bewährt.   Das deutsche Volk, in seinen poli=
tischen Verhältnissen schier ohne Würde, herabgesunken von der Höhe
geistiger Klarheit und Bildung, vermochte an Dem, was Preußen, was
Friedrich gethan, sich wiederum aufzuerbauen und in dem Schwunge einer
lebhaften Begeisterung für das Hohe, dessen Zeuge es gewesen war, aufs
Neue die Blüthen eines frischen, freudigen Lebens zu entwickeln.   Der
dreißigjährige Krieg bezeichnet in der Geschichte Deutschlands den Verfall
der alten Herrlichkeit, der siebenjährige Krieg den jugendlichen Aufschwung

einer neuen. Darum sind alle die zahllosen Opfer, die ihm dargebracht wurden, nicht vergeblich gewesen.

Friedrich aber, wenn er auch diese Bedeutung des Krieges in seinem Innern ahnen mochte, konnte doch nicht mit derselben Freudigkeit, wie nach den Kriegen seiner jüngeren Zeit, heimkehren. Die sieben Jahre voll rastloser Anspannung, voll Noth und Mühe, hatten ihn vor der Zeit alt gemacht und Viele von seinen Theuren waren in diesen Jahren dahingegangen. „Ich armer alter Mann" — so schrieb er einige Wochen vor seiner Ankunft in Berlin an den Marquis d'Argens, — „ich kehre nach einer Stadt zurück, wo ich nur noch die Mauern kenne, wo ich Niemand von meinen Bekannten antreffe, wo unzählige Arbeiten mich erwarten, und wo ich in Kurzem meine alten Knochen in einer Freistätte lassen werde, die weder durch Krieg, noch durch Trübsale oder Bosheit beunruhigt werden wird.

Am 30. März traf Friedrich, nachdem er noch eine Reise durch Schlesien gemacht, in Berlin ein. Die Bürger hatten dem geliebten Landesvater einen festlichen Einzug zugedacht. Aber Friedrich kam erst spät am Abend; er hatte an diesem Tage noch das Schlachtfeld von Kunersdorf besucht und mochte dadurch wohl auf's Neue im Innersten seines Gemüths erregt sein. In seinem Wagen saßen der Herzog Ferdinand von Braunschweig und einer von seinen Generalen. Vom Morgen bis in die Nacht hatte ihn die Bürgerschaft am Thore und in den Gassen erwartet. Jetzt empfing ihn der tausendstimmige Ruf: „Es lebe der König!" und heller Fackelschein leuchtete rings zu den Seiten seines Wagens. Aber der Jubel war nicht in Einklang mit der trüben Stimmung seines Gemüths. Er wich in der Stadt aus, sobald er konnte, und fuhr durch einen Umweg nach dem Schlosse.

Es wird erzählt, daß sich Friedrich, bald nach seiner Ankunft, nach Charlottenburg begeben und Musiker und Sänger ebenfalls dahin bestellt habe, mit dem Befehl das Tedeum von Graun in der Schloßcapelle aufzuführen. Auf solche Anordnung habe man dem Erscheinen des gesammten Hofes entgegengesehen. Aber der König sei ohne Begleitung in die Capelle eingetreten, habe sich niedergesetzt und das Zeichen zum Anfang gegeben. Als die Singstimmen mit den Worten des Lobgesanges eintraten, habe er das Haupt in die Hand gestützt und geweint.

———

Viertes Buch.

Alter.

Achtunddreißigstes Kapitel.

Wiederherstellung der heimischen Verhältnisse im Frieden.

Friedrich hatte während des ganzen Krieges — und in den letzten Jahren mit nicht geringerem Eifer als in den ersten — dafür gesorgt, daß jederzeit die Mittel zur Bestreitung der Kriegsbedürfnisse, mindestens auf den Zeitraum eines Jahres, vorräthig seien. Dies war einer der wichtigsten Umstände, die es möglich machten, daß er mit seiner kleinen Macht so lange Zeit hindurch den höchst überlegenen Feinden widerstehen konnte. Auf gleiche Weise hatte er auch am Schluß des Jahres 1762, um auf alle Fälle nicht ungerüstet dazustehen, die nöthigen Summen zusammengebracht; und als nun der Friede eintrat, so konnte er diese Schätze alsbald mit rüstiger Hand auf die Pflege all der Wunden verwenden, welche der Krieg in seinem Lande geschlagen. Unablässig fuhr er in diesem edeln Bestreben fort; er hatte die Freude, zu sehen, wie sein Volk sich ungleich schneller von seinen vielfachen Leiden erholte, als dies in den meisten Ländern seiner Gegner der Fall war. Ja, damit er der Welt zeige, wie kräftig er sich, trotz all des Uebels, welches er erduldet, noch fühle, — damit Niemand, auf seine etwaige Erschöpfung bauend, neue Pläne wider ihn zu schmieden geneigt sein möge, begann er unmittelbar nach dem Abschluß des Friedens einen Prachtbau, den des sogenannten „neuen Palais" bei Sanssouci, auf den er, im Verlauf von sechs Jahren, viele Millionen verwendete und der noch jetzt, durch die kostbaren Stoffe, aus denen er aufgeführt wurde, und den außerordentlichen Reichthum an bildnerischem Schmucke, den Beschauer staunen macht. Doch war mit diesem Bau zugleich, wie bei allen Unternehmungen solcher Art, die weise Absicht verbunden, der Menge geschäftsloser Hände, welche der Krieg hervorgebracht, Verdienst zu geben und große Geldsummen in Umlauf zu bringen; denn Stoff und Arbeit sind fast durchweg nur aus dem Inlande beschafft worden. — Einer der Haupträume im Innern des neuen Palais ist der colossale „Marmorsaal." An der Decke desselben hatte der Maler Vanloo im Auftrage des Königs eine Götterversammlung gemalt; dabei hatte er unter Andern auch ein Paar Göttinnen des Ruhmes angebracht, welche den Namen des Königs zum Himmel emportrugen. Friedrich sah das Gemälde erst nach der Vollendung: es gefiel ihm überhaupt nicht sonderlich, der Prunk mit dem Namenszuge aber entrüstete ihn lebhaft; er befahl, ihn unverzüglich wieder wegzulöschen. Man mußte also das kostbare Gerüst von Neuem aufschlagen: und da der Maler nicht füglich das ganze colossale Bild umändern konnte, so begnügte er sich, eine grüne Decke über den Namenszug zu malen. So tragen die Göttinnen des Ruhmes noch heute das verhüllte Räthsel in ihren Händen.

Aber auch mit unmittelbarer Hilfe griff Friedrich überall ein, um den stockenden Betrieb in Land und Stadt wiederum in Bewegung zu setzen. Da die Felder ungebaut lagen, da es an Saatkorn, an Vieh, an Händen zur Bestellung der Aecker fehlte, so vertheilte er in die verschiedenen Provinzen von den vorhandenen Kriegsvorräthen 42,000 Scheffel an Getreide und Mehl, sowie 35,000 Armeepferde; nahe an 40,000 Inländer entließ er aus seiner Armee und sendete sie in ihre Heimat zurück. An baaren Geldern erhielten die Provinzen, unmittelbar nach dem Friedensschluß, bedeutende Summen zur Tilgung der empfindlichsten Schäden: Schlesien 3 Millionen Thaler, Pommern und die Neumark 1,400,000 Thaler, Preußen 800,000 Thaler, die Kurmark ebensoviel, Cleve 100,000 Thaler; an anderen Orten wurden die Abgaben zur Hälfte erlassen. Aber lange Jahre hindurch, bis an sein Ende, war Friedrich darauf bedacht, die Erinnerungen an die Greuel des Krieges auszulöschen und neuen Segen über sein Land heraufzuführen. Im Jahre 1766 schrieb er über diesen Gegenstand an Voltaire: „Der Fanatismus und die Wuth des Ehrgeizes haben blühende Gegenden meines Landes verwüstet. Wenn sie die Summe der geschehenen Verwüstungen erfahren wollen, so mögen Sie wissen, daß ich im Ganzen in Schlesien habe 8000 Häuser, in Pommern und der Neumark 6500 Häuser wieder aufbauen lassen: was, nach Newton und d'Alembert, 14,500 Wohnungen aus= macht. Der größte Theil ist durch die Russen abgebrannt worden. Wir haben nicht auf eine so abscheuliche Art Krieg geführt; von unserer Seite sind nur einige Häuser in den Städten zerstört worden, die wir belagert haben; ihre Zahl beläuft sich gewiß nicht auf 1000. Das böse Beispiel hat uns nicht verführt, und mein Gewissen ist von dieser Seite frei von allem Vorwurf."

Es ist schon früher bemerkt worden, daß Friedrich sich im Verlauf des Krieges, um die genügenden Mittel zur Bestreitung der Kosten her= beizuführen, zu eigenthümlichen Finanzkünsten genöthigt sah. Diese be= standen eines Theils in einer immer steigenden Verminderung des Geld= werthes, andern Theils in der Besoldung der Civilbeamten durch Kassen= scheine, welche erst nach dem Kriege in vollem Geldwerthe ausgezahlt wurden. Beides waren große Uebel, und der Ruin vieler Familien war die Folge davon. Dennoch war dies das Mittel gewesen, wodurch Fried= rich sein Land von den drückenden Schuldenlasten, die sich in dieser Zeit über anderen Ländern furchtbar zusammenhäuften, befreit hielt. Mit größter Sorgfalt und Schonung wurde auch diese Angelegenheit nach dem Schlusse des Friedens allmälig wieder zu ihrer alten Ordnung zurückgeführt; und man hat neuerlich berechnet, daß, so mannigfachen Schaden auch der Ein= zelne bei diesen nothgedrungenen Einrichtungen davongetragen, der Ver= lust der Unterthanen im Ganzen in der That nur gering gewesen ist. Bei dem Golde und dem Courant hatte das Volk nur wenige Procente, bei der schlechtesten Scheidemünze nicht mehr als 22 Procent auf sich genom= men, um den ganzen Krieg ohne Schulden beendet zu sehen.

Mit nicht geringerer Treue war Friedrich bemüht, den Helden, die mit ihm den siebenjährigen Kampf gekämpft, reiche Anerkennung zu ge= währen. Die Generale und Officiere, nicht minder auch die Gemeinen, die sich durch lange Erfüllung ihrer Dienstpflicht oder durch kühne That

ausgezeichnet hatten, wurden auf die verschiedenartigste Weise belohnt:
Friedrichs außerordentliches Gedächtniß behielt das Verdienst eines jeden
Einzelnen, soweit ihm nur Kunde davon zugekommen war, unverrückt im
Auge. Die Geschichte bewahrt eine Menge von Zügen, wie die Gnade
des Königs, je nachdem sich die Gelegenheit darbot, oft ganz unerwartet
dem Verdienten zu Theil wurde. Ebenso dankbar und väterlich sorgte er
für die Witwen und Waisen der gefallenen Helden.

Da Friedrich aber sehr wohl wußte, wie die Sicherheit seines Staates wesentlich darauf beruhe, daß er jederzeit zum Kriege gerüstet dastehe,
so unterließ er, trotz des so lange ersehnten Friedens, gleichwohl nichts
von alledem, was zur gesammten Einrichtung des Kriegswesens nothwendig war. Vielmehr wurden unmittelbar nach dem Friedensschlusse die
Rüstungen mit einem Eifer erneut, als ob noch in demselben Jahre der
Krieg aufs Neue beginnen solle. Sämmtliche Festungen wurden ausgebessert und den vorhandenen noch eine neue, bei Silberberg in Schlesien,
hinzugefügt. Die Vorrathshäuser wurden aufs Reichlichste gefüllt: Geschütz, Pulver, alles Geräth des Krieges wurde in genügender Menge
herbeigeschafft oder wiederhergestellt; die Armee aufs Neue vollzählig
gemacht, wozu sich, da man so viele Inländer hatte auf das Land entsen-
den müssen, dienstlose Ausländer in hinlänglicher Anzahl einfanden; und
da die gesammte Disciplin gegen das Ende des Krieges bereits bedeutend
gelitten hatte, so wurde nun mit größter Anstrengung dafür gesorgt, die
alte Tüchtigkeit und Zucht wieder zurückzuführen. Ja, noch mehr als
früher wurde jetzt der Stand des Kriegers zum bevorrechteten Stande im
Staate erhoben und ihm vor allen ein Gut zugesprochen, das die Leidenschaft des Menschen am Heftigsten zu erregen pflegt: — die Ehre. Friedrich wollte jetzt ausschließlich, den militairischen Verhältnissen jener Zeit
gemäß, nur Officiere von adeliger Geburt in seiner Armee sehen: die
bürgerlichen Officiere, die während des Krieges emporgerückt waren, wurden — nicht ohne Härte — entfernt; der Adel solle durch den ehrenvollen Dienst, die Ehre durch die Auszeichnung der Geburt zur kühnsten
Hingebung für das Vaterland entflammt werden. Einst war ein Rang-
streit zwischen dem Legationsrathe Grafen Schwerin, einem Neffen des
großen Feldmarschalls, und einem Fähndrich entstanden. Schwerin klagte
beim König und wurde beschieden: die Sache sei gar nicht streitig,

es verstehe sich von selbst, daß die Fähndriche den Rang vor allen Legations=
räthen hätten.　　Schwerin verließ den Civildienst und wurde Fähndrich.

Die strenge Zucht, die Friedrich bei seiner Armee fortan eingeführt
wissen wollte, erregte übrigens mancherlei Unwillen, und es ging die Fest=
setzung der neuen Einrichtungen nicht vorüber, ohne daß mehrfach die
Strenge der Gesetze gegen Unruhestifter eingreifen mußte.　　Mehr aber
wirkte Friedrichs persönliches Auftreten, um solche Fälle augenblicklich
niederzudrücken.　　So hatten sich unter der Potsdamer Garde einige un=
ruhige Köpfe vereinigt, um Vergünstigungen, auf die sie keine Ansprüche
machen durften, zu ertrotzen.　　Ohne zu erwägen, welchen strengen Ahn=
dungen sie sich nach den Kriegsartikeln aussetzten, gingen sie nach Sans=
souci.　　Friedrich wurde sie von fern gewahr; er steckte seinen Degen an,
setzte seinen Hut auf und trat ihnen auf der Terrasse vor dem Schloß ent=
gegen; ehe noch der Rädelsführer ein Wort sprechen konnte, commandirte
er: „Halt!" Die ganze Rotte stand plötzlich still. „Richtet Euch!" —
„Linksum kehrt!" — „Marsch!" — Sie hatten die Commandos pünkt=
lich befolgt und marschirten die Terrasse hinab, eingeschüchtert von dem
Blick und der Stimme des Königs, und hoch erfreut, daß sie ohne Strafe
davongekommen waren.

Ein anderes Mal erwies sich Friedrich noch nachsichtiger. Ein Soldat
in einer schlesischen Garnison, dem bis dahin der Krieg manche willkom=
mene Beute zugeführt hatte, fand bei seinem geringen Tractament wenig
Behagen; er suchte sich, seiner alten Gewohnheit treu, auf andere Weise
zu helfen　Bald wurde er überführt, daß er Mehreres von den silbernen
Opferspenden auf einem Muttergottesaltar entwendet habe.　　Er leugnete
indeß den Diebstahl hartnäckig und behauptete, die Mutter Gottes, der er
seine Noth geklagt, habe ihm geheißen, dieses oder jenes Stück vom Altar
zu nehmen. Das Kriegsgericht fand die Entschuldigung nicht zulässig und
verurtheilte ihn zu zwölfmaligem Gassenlaufen. Friedrich erhielt das Ur=
theil zur Bestätigung, fand aber — um dem Aberglauben eine kleine Lehre
zu geben — für gut, zuvor bei einigen katholischen Geistlichen anzufra=
gen, ob ein solcher Fall möglich sei.　　Die guten Geistlichen sahen sich,
um den Mirakelglauben nicht ganz zu verleugnen, zu der Erklärung ge=
nöthigt, daß allerdings ein solcher Fall, wie unwahrscheinlich und un=
glaublich das Vorgeben des Soldaten sei, doch wohl geschehen könne.

Friedrich schrieb somit zurück, der vorgebliche Dieb solle aus diesen Grün=
den von seiner Strafe freigesprochen sein: er verbiete ihm aber aufs Nach=
drücklichste, in Zukunft je wieder ein Geschenk, sei es von der heiligen
Jungfrau oder sei es von sonst irgend einem Heiligen, anzunehmen.

Für die Befreiung von all jenen Uebeln, welche der Krieg hinter=
lassen, für die Ausführung der mannigfachen Pläne zum Wohl seines Lan=
des, die Friedrich im Sinne hatte, für die Erhaltung des zahlreichen
Kriegsheeres, endlich auch, um neben dem letzteren die nöthigen baaren
Geldmittel auf den Fall eines neuen Krieges stets vorräthig zu haben,
waren größere Einkünfte erforderlich, als diejenigen, aus denen Friedrich
seither seine Unternehmungen bestritten hatte. Er wünschte dringend,
seine Einkünfte um zwei Millionen Thaler zu erhöhen; da aber im Mi=
nister=Rathe die Ansicht ausgesprochen wurde, das Land sei zu erschöpft,
um mit erhöhten Abgaben belastet zu werden, so entschloß er sich zu der
Einführung neuer Einrichtungen, deren Folgen er sich vielleicht nicht in
ihrer ganzen Ausdehnung klar gemacht hatte, die aber leider nicht geeignet
waren, neue Liebe für ihn und Freude bei seinen Unterthanen hervorzu=
rufen. Friedrich hatte sich überzeugt, daß die aus den Zöllen fließende
Einnahme vorzüglich geeignet sei, einen höhern Ertrag zu gewähren, und
daß durch dieselbe, in anderen Ländern, der Krone in der That ein Ge=
winn von ungleich größerer Bedeutung zu Theil werde. In Frankreich
namentlich hatte man damals die Zollkünste zu einer hohen Vollendung
gebracht. Dieses Beispiel schien zu guten Erfolg zu versprechen, als daß
Friedrich sich nicht hätte entschließen sollen, etwas Aehnliches zu versuchen.
Da es aber im eigenen Lande an geübten Leuten für die Einrichtung und
Ausführung eines solchen Vorhabens fehlte, so wurden einige Meister
dieser Kunst aus Frankreich verschrieben; in ihrem Gefolge kam sodann
eine ganze Schaar anderer Franzosen, die zu den unteren Stellen des
neuen Geschäftes bestimmt werden sollten. Doch konnte sich Friedrich,
hochherzigen Sinnes, nicht dazu entschließen, das ganze Zollwesen, wie es
in Frankreich Sitte war, den Franzosen zu verpachten und somit seine
Unterthanen ganz der Willkür der Fremden zu übergeben. Die Anstalt
wurde, unter dem Titel einer „General=Administration der königlichen
Gefälle,“ im gemeinen Leben „Regie“ genannt, als eine besondere Behörde
des Staates eingerichtet. Die einzelnen Gegenstände wurden nicht eben

hoch verzollt, aber es wurde der Zoll auf alle möglichen Bedürfnisse des
Lebens ausgedehnt und eben hiedurch fort und fort drückend. Ungleich
drückender aber war es, daß den Zollbedienten, um dem Schleichhandel
zu begegnen, jede beliebige Nachsuchung, nicht blos an den Thoren der
Städte, sondern auch bei den Reisenden auf freiem Felde, sowie in den
Häusern der Bürger verstattet war. Nichtsdestoweniger hob der Schleich=
handel immer verwegener und gewaltthätiger sein Haupt empor. Un=
zähliger Verdruß und Aerger, widerwärtige Processe, Auflehnung gegen
die obrigkeitlichen Befehle, Verderbniß der Sitten waren die Folge der
neuen Zolleinrichtungen. Und bei alledem brachten sie die Vortheile
nicht, welche Friedrich von ihnen erwartet hatte, und welche auf minder
beschwerlichem Wege vielleicht sicherer und ohne den Widerwillen der Un=
terthanen zu erreichen gewesen wären.

Außer dieser Vermehrung der Zölle suchte Friedrich seine Einkünfte
auch dadurch zu erhöhen, daß er den Verkauf oder auch sogar die Pro=
duction gewisser Gegenstände, die zum Theil ein unentbehrliches Bedürf=
niß waren, sich selbst vorbehielt, oder was dasselbe ist, das Vorrecht des
Handels mit denselben nur gegen starke Abgaben ertheilte. Tabak und
Kaffe waren die wichtigsten Gegenstände dieses königlichen Alleinhandels.
Abgesehen davon, daß hiedurch der freie Verkehr, und somit die freie
Entwickelung, wesentlich gehemmt wurde, so förderte auch diese Einrich=
tung den Schleichhandel auf eine nur zu verderbliche Weise.

Noch an den Vortheilen einer anderen Kunst, — der geheimen Po=
lizei, — die zu jener Zeit in Frankreich ebenfalls schon mit außerordent=
lichen Erfolgen geübt wurde, wünschte Friedrich Antheil zu nehmen.
Mancherlei Sittenverderbniß, die als Folge des Krieges zurückgeblieben
war, schien eine solche Anstalt wünschenswerth zu machen. Friedrich sen=
dete deshalb einen in diesem Fache vorzüglich geübten Geschäftsmann,
Philippi, nach Paris und machte ihn nachher zum Polizei=Präsidenten
von Berlin. Als aber einige Jahre darauf verschiedene Verbrechen verübt
wurden, ohne daß man die Urheber entdecken konnte, stellte Friedrich den
Polizei=Präsidenten zur Rede. Dieser erwiderte, daß er mit großem
Fleiß alle vom Könige genehmigten Maßregeln zur Ausführung bringe,
daß er indeß mehr zu leisten sich ohne ausdrücklichen Befehl nicht für be=
fugt halte. Er entwickelte dem König darauf das ganze Wesen der

geheimen Polizei, wodurch er ohne Zweifel jedem Verbrechen auf die Spur
kommen könne, wodurch aber auch der sittliche Charakter des Volkes
durchaus verdorben werde müsse. Er fügte hinzu, daß überdies in Berlin
die Wirkung der geheimen Polizei erst allmälig eintreten könne, indem
die Brandenburger für solche Einrichtung vor der Hand noch viel zu
treuherzig und zu ehrlich seien. Durch diese Vorstellungen wurde Friedrich sehr gerührt; er erwiderte ohne langes Bedenken, daß er kein größeres Uebel an die Stelle des kleineren setzen und die Ruhe und das Vertrauen seiner guten Unterthanen nicht gestört wissen wolle. Dabei hatte
es denn auch sein Bewenden.

Daß Friedrich — der Held, der durch siebenjähriges unablässiges
Ringen, durch die Aufopferung so mannigfacher Lebensfreuden die Würde
seines Staates erhalten, — von seinem Volke hochverehrt wurde, erscheint
nicht eben wunderbar; daß man ihm aber auch trotz jener empfindlichen
Neuerungen, und obgleich er, um dem königlichen Ansehen nichts zu vergeben, auf seinen Anordnungen bestand oder doch nur sehr allmälig davon
abging, diese Verehrung erhielt, das bezeugt, wie tiefe Wurzel die letztere
in den Gemüthern des Volkes geschlagen hatte. Man fügte sich allmälig
in das Unabänderliche; man sah es ein, daß Friedrich jener Einnahmen
nicht bedurfte, um sie in üppigen Festen, an Günstlinge oder Buhlerin-
nen zu vergeuden oder um heißhungrig über dem Glanze des Goldes zu
wachen; man empfand die Wohlthaten, in denen er sie wieder auf sein
Volk ausströmte; man sah ihn eben so leutselig, eben so zutraulich, eben
so theilnehmend wie sonst, und kein Riegel, kein ängstliches Verbot hemmte
die freie Rede, auch wenn sie sich mißbilligend, selbst in minder schicklicher
Weise, über des Königs Einrichtungen zu äußern wagte. Die Soldaten
des siebenjährigen Krieges erzählten von ihrem getreuen Cameraden, dem
alten Fritz, und wo Friedrich mit dem Volke verkehrte, da fand man in ihm
dieselben Züge wieder. Man hielt sein Bild im Herzen rein, und wendete
allen Groll und Haß gegen die lästigen Neuerungen nur den Fremden
zu, bis auch diese allmälig aus ihren Stellen verschwanden und Einge-
bornen Platz machten.

Es sind uns manche Berichte aufbehalten, die das Verhältniß des
Königs zu seinem Volke, unter Umständen, wie die obengenannten, vor
Augen stellen. Kaum dürfte einer unter diesen bezeichnender sein, als der

folgende, der in die Zeit gehört, da, wegen des königlichen Alleinhandels mit dem Kaffee, die sogenannte „Kaffeeregie" soeben eingeführt war und das Volk den französischen„ Kaffeeriechern," welche überall den einge= schmuggelten Kaffee aufzuspüren wußten, den bittersten Haß widmete. Friedrich kam eines Tages die Jägerstraße von Berlin herabgeritten und fand in der Nähe des sogenannten Fürstenhauses einen großen Volksauf= lauf. Er schickte seinen einzigen Begleiter, einen Heiducken, näher, um zu erfahren, was es da gebe. „Sie haben etwas auf Ew. Majestät ange= schlagen," war die Antwort des Boten, und Friedrich, der nun näher herangeritten war, sah sich selbst auf dem Bilde, wie er in höchst kläglicher Gestalt auf einem Fußschemel saß und, eine Kaffeemühle zwischen den Beinen, emsig mit der einen Hand malte, während er mit der anderen die herabfallenden Bohnen auflas. Sobald der König dies gesehen, winkte er mit der Hand und rief: „Hängt es doch niedriger, daß die Leute sich den Hals nicht ausrecken müssen!" Kaum aber hatte er die Worte gesprochen, als ein allgemeiner Jubel ausbrach. Man riß das Bild in tausend Stücken herunter und ein lautes Lebehoch begleitete den König, als er langsam seines Weges weiter ritt.

Die Gemüthlichkeit aber und die Gewöhnung des Königs, sich auch in die Lage eines Geringern theilnehmend zu versetzen, — was ihm fort und fort so viele Herzen gewann, — stellt wohl keine von den zahlreichen Anekdoten seines Lebens anschaulicher dar, als die Geschichte eines thü= ringischen Candidaten, der nach Berlin kam, um hier Versorgung zu suchen, aber durch die übermäßige Strenge der Zollbeamten unangenehmen Verlegenheiten ausgesetzt wurde. Die Erzählung trägt so ganz das Gepräge der einfachen Wahrheit, sie führt uns den König, seine Weise, sich in dergleichen Fällen zu benehmen, den ganzen Charakter der Zeit so lebendig entgegen, daß wir nicht umhin können, den vollständigen Bericht, mit allen seinen kleinen Zügen, wie ihn jener Candidat selbst handschrift= lich hinterlassen hat, im nächsten Capitel mitzutheilen.

Neununddreißigstes Kapitel.

Die Erzählung des thüringischen Candidaten.

„Als ich zum ersten Male im Jahre 1766 nach Berlin kam, wur=
den mir bei Visitirung meiner Sachen auf dem Packhofe 400 Reichstha=
ler Nürnberger ganze Batzen weggenommen. Der König, sagte man mir,
hätte schon etliche Jahre die Batzen ganz und gar verschlagen lassen, sie
sollten in seinem Lande nichts gelten, und ich wäre so kühn und brächte
die Batzen hierher, in die königliche Residenz, — auf den — Packhof!
— Contrebande! — Contrebande! — Das war ein schöner Will=
kommen! Ich entschuldigte mich mit Unwissenheit: käme aus Thürin=
gen, viele Meilen Weges her, hätte mithin ja unmöglich wissen können,
was Seine Majestät in Dero Ländern verbieten lassen.

Der Packhofs=Inspector: Das ist keine Entschuldigung. Wenn
man in eine solche Residenz reisen und daselbst verbleiben will, so muß
man sich nach Allem genau erkundigen und wissen, was für Geldsorten
im Schwange gehen, damit man nicht durch Einbringung verrufener
Münze Gefahr laufe.

Ich: Was soll ich denn anfangen? Sie nehmen mir ja sogar
unschuldig die Gelder weg! Wie und wovon soll ich denn leben?

Packhofs=Inspector: Da muß Er zusehen, und ich will ihm sogleich
bedeuten: wenn die Sachen auf dem Packhofe visitirt worden, so müssen
solche von der Stelle geschafft werden.

Es wurde ein Schiebkarrner herbeigerufen, meine Effecten fortzu=
fahren: dieser brachte mich in die Jüdenstraße in den weißen Schwan,
warf meine Sachen ab und forderte vier Groschen Lohn Die hatte ich
nicht. Der Wirth kam herbei, und als er sah, daß ich ein gemachtes Fe=
derbett, einen Koffer voll Wäsche, einen Sack voll Bücher und andere
Kleinigkeiten hatte, so bezahlte er den Träger und wies mir eine kleine
Stube im Hofe an. Da könnte ich wohnen, Essen und Trinken wolle er
mir geben; — und so lebte ich denn in diesem Gasthofe acht Wochen
lang ohne einen blutigen Heller, in lauter Furcht und Angst. In dem
weißen Schwan spannen Fuhrleute aus und logiren da, und so kam denn

öfters ein gewisser Advocat B. dahin und hatte sein Werk mit den Fuhr=
leuten; mit diesem wurde ich bekannt und klagte ihm meine unglücklichen
Fata. Er verobligirte sich, meine Gelder wieder herbeizuschaffen, und ich
versprach ihm für seine Bemühung einen Louisd'or. Den Augenblick
mußte ich mit ihm fortgehen, und so kamen wir in ein großes Haus;
da ließ B. durch einen Bedienten sich anmelden, und wir kamen in Con-
tinenti vor den Minister. Der Advocat trug die Sache vor und sagte
unter Anderm: „Wahr ist es, daß der König die Batzen ganz und gar
verschlagen lassen; sie sollen in seinem Lande nicht gelten; aber das weiß
der Fremde nicht. Ohnehin extendirt sich das Edict nicht so weit, daß
man den Leuten ihre Batzen wegnehmen soll ꝛc." — Hierauf fing der
Minister an zu reden: „Monsieur, seid Ihr der Mann, der meines
Königs Mandate durchlöchern will? Ich höre, Ihr habt Lust auf die Haus=
vogtei! Redet weiter, Ihr sollt zu der Ehre gelangen ꝛc." — Was thut
mein Advocat? Er submittirte sich und ging zum Tempel hinaus; ich
hinter ihm her, und als ich auf die Straße kam, so war B. über alle
Berge; und so hatte er denn meine Sache ausgemacht bis auf die strei=
tigen Punkte.

Endlich wurde mir der Rath gegeben, den König supplicando an=
zutreten, das Memorial aber müsse ganz kurz, gleichwohl aber die con-
tenta darinnen sein. Ich concipirte eins, mundirte es und ging damit
mit dem Aufschluß des Thors, ohne nur einen Pfennig Geld in der
Tasche zu haben (o der Verwegenheit!), in Gottes Namen nach Pots=
dam, und da war ich auch so glücklich, sogleich den König zum ersten
Male zu sehen. Er war auf dem Schloßplatze beim Exerciren seiner Soldaten. Als dieses vorbei war, ging er in den Garten; die Soldaten gingen
auseinander; vier Officiere aber blieben auf dem Platze und spazierten
auf und nieder. Ich wußte vor Angst nicht, was ich machen sollte, und
holte die Papiere aus der Tasche. Das war das Memorial, zwei Testi=
monia und ein gedruckter thüringischer Paß. Das sahen die Officiere,
kamen gerade auf mich zu und fragten, was ich da für Briefe hätte. Ich
communicirte solche willig und gern. Da sie gelesen hatten, so sagten sie:
„Wir wollen Ihm einen guten Rath geben. Der König ist heute extra=
gnädig und ganz allein in den Garten gegangen. Gehe Er ihm auf dem
Fuße nach, Er wird glücklich sein." Das wollte ich nicht; die Ehrfurcht

war zu groß; da griffen sie zu. Einer nahm mich beim rechten, der An=
dere beim linken Arm. Fort, fort in den Garten! Als wir nun dahin
kamen, so suchten sie den König auf. Er war bei einem Gewächse mit
den Gärtnern, bückte sich und hatte uns den Rücken zugewendet. Hier
mußte ich stehen, und die Officiere fingen an in der Stille zu comman=
diren: „Den Hut unter den linken Arm! — Den rechten Fuß vor! —
Die Brust heraus! — Den Kopf in die Höhe! · · Die Briefe aus der
Tasche! — Mit der rechten Hand hochgehalten! — So steht!“ — Sie
gingen fort und sahen sich immer um, ob ich auch so würde stehen blei=
ben. Ich bemerkte wohl, daß sie beliebten, ihren Spaß mit mir zu trei=
ben, stand aber wie eine Mauer, voller Furcht.

Die Officiere waren kaum aus dem Garten hinaus, so richtete sich
der König auf und sah die Maschine in ungewöhnlicher Positur dastehen.
Er warf einen Blick auf mich; es war, als wenn mich die Sonne durch=
strahlte: er schickte einen Gärtner, die Briefe abzuholen, und als er solche
in die Hände bekam, ging er in einen andern Gang, wo ich ihn nicht sehen
konnte. Kurz darauf kam er wieder zurück zu dem Gewächse, hatte die
Papiere in der linken Hand aufgeschlagen und winkte damit, näher zu
kommen. Ich hatte das Herz und ging gerade auf ihn zu. O wie aller=
huldreichst redete mich der große Monarch an: „Lieber Thüringer! Er
hat in Berlin durch fleißiges Informiren der Kinder das Brot gesucht,
und sie haben Ihm beim Visitiren der Sachen auf dem Packhofe Sein
mitgebrachtes thüringer Brot weggenommen. Wahr ist es, die Batzen
sollen in meinem Lande nichts gelten; aber sie hätten auf dem Packhofe
sagen sollen: „„Ihr seid ein Fremder und wisset das Verbot nicht.
Wohlan, wir wollen den Beutel mit den Batzen versiegeln; gebt solche
wieder zurück nach Thüringen und lasset Euch andere Sorten schicken,““
aber nicht wegnehmen. Gebe Er sich zufrieden: Er soll sein Geld cum
Interesse zurückerhalten. Aber, lieber Mann, Berlin ist schon ein heißes
Pflaster; sie verschenken da nichts; Er ist ein fremder Mann; ehe Er
bekannt wird und Information bekömmt, so ist das Bischen Geld ver=
zehrt; was dann?“ — Ich verstand die Sprache recht gut; die Ehr=
furcht war aber zu groß, daß ich hätte sagen können: Ew. Majestät haben
die Allerhöchste Gnade und versorgen mich. — Weil ich aber so einfäl=
tig war und um nichts bat, so wollte er mir auch nichts anbieten. —

Und so ging er denn von mir weg, war aber kaum sechs bis acht Schritte gegangen, so sah er sich nach mir um und gab ein Zeichen, daß ich mit ihm gehen solle. — Und so ging denn das Examen an:

Der König: Wo hat Er studirt?

Ich: Ew. Majestät, in Jena.

Der König: Unter welchem Prorector ist Er inscribirt worden?

Ich: Unter dem Professor Theologiae Dr. Förtsch.

Der König: Was waren denn sonst noch für Professoren in der theologischen Facultät?

Ich: Buddäus, Danz, Weissenborn, Walch.

Der König: Hat Er denn auch fleißig Biblica gehört?

Ich: Beim Buddäo.

Der König: Das ist der, der mit Wolffen so viel Krieg hatte?

Ich: Ja, Ew. Majestät. Es war —

Der König: Was hat Er denn sonst noch für nützliche Collegia gehört?

Ich: Ethica et Exegetica beim Dr. Förtsch, Hermonevtica et Polemica beim Dr. Walch, Hebraica beim Dr. Danz, Homiletica beim Dr. Weissenborn, Pastorale et Morale beim Dr. Buddäo.

Der König: Ging es denn zu Seiner Zeit noch so toll in Jena her, wie ehedem die Studenten sich ohne Unterlaß mit einander katzbalg= ten, daher der bekannte Vers kömmt:

> Wer von Jena kömmt ungeschlagen,
> Der hat von großem Glück zu sagen.

Ich: Diese Unsinnigkeit ist ganz aus der Mode gekommen, und man kann dort anjetzt so wohl, als auf anderen Universitäten, ein stilles und ruhiges Leben führen, wenn man nur das die cur hic? observiren will. Bei meinem Anzuge schafften die Durchl. Nutritores Academiae (Ernestinischer Linie) die sogenannten Renommisten aus dem Wege und ließen sie zu Eisenach auf die Wartburg in Verwahrung setzen; da haben sie gelernt ruhig zu sein.

Und da schlug die Glocke Eins. „Nun muß ich fort,“ sagte der König, „sie warten auf die Suppe.“ — Und da wir aus dem Garten kamen, waren die vier Officiere noch gegenwärtig und auf dem Schloß= platze, die gingen mit dem Könige ins Schloß hinein und kam keiner wieder zurück. Ich blieb auf dem Schloßplatze stehen, hatte in 27 Stunden nichts genossen, nicht einen Dreier in bonis zum Brote, und war in einer vehementen Hitze vier Meilen im Sande gewatet. Da wars wohl eine Kunst, das Heulen zu verbeißen.

In dieser Bangigkeit meines Herzens kam ein Kammerhusar aus dem Schlosse und fragte: „Wo ist der Mann, der mit meinem Könige in dem Garten gewesen?" Ich antwortete: „Hier!" Dieser führte mich ins Schloß in ein großes Gemach, wo Pagen, Lakaien und Husaren waren. Der Husar brachte mich an einen kleinen Tisch, der war gedeckt, und stand darauf: eine Suppe, ein Gericht Rindfleisch, eine Portion Karpfen mit einem Gartensalat, eine Portion Wildpret mit einem Gartensalat. Brot, Messer, Gabeln, Löffel, Salz war alles da. Der Husar präsentirte mir einen Stuhl und sagte: „Die Essen, die hier auf dem Tische stehen, hat Ihm der König auftragen lassen und befohlen, Er soll sich satt essen, sich an Niemand kehren und ich soll serviren. Nun also frisch daran!" Ich war sehr betreten und wußte nicht, was zu thun sei, am wenigsten wollte mir's in den Sinn, daß des Königs Kammerhusar auch mich bedienen sollte. — Ich nöthigte ihn, sich zu mir zu setzen; als er sich weigerte, that ich, wie er gesagt hatte, und ging frisch daran, nahm den Löffel und fuhr tapfer ein. Der Husar nahm das Fleisch vom Tische und setzte es auf eine Kohlenpfanne; eben so continuirte er mit Fisch und Braten und schenkte Wein und Bier ein. Ich aß und trank mich recht satt. Den Confect, dito einen Teller voll großer schwarzer Kirschen und einen Teller voll Birnen packte mein Bedienter ins Papier und senkte mir solche in die Tasche, auf dem Rückwege eine Erfrischung zu haben. Und so stand ich denn von meiner königlichen Tafel auf, dankte Gott und dem Könige von Herzen, daß ich so herrlich gespeiset worden. Der Husar räumte auf. Den Augenblick trat ein Secretarius herein und brachte ein verschlossenes Rescript an den Packhof, nebst meinen Testimoniis und dem Passe zurück, zählte auf den Tisch fünf Schwanzducaten und einen Friedrichsd'or: „Das schicke mir der König, daß ich wieder zurück nach Berlin kommen könnte." Hatte mich nun der Husar ins Schloß hineingeführt, so brachte mich der Secretarius wieder bis vor das Schloß hinaus. Und da hielt ein königlicher Proviantwagen mit sechs Pferden bespannt; zu dem brachte er mich hin und sagte: „Ihr Leute,

der König hat befohlen, Ihr sollt diesen Fremden mit nach Berlin fah=
ren, aber kein Trinkgeld von ihm nehmen." Ich ließ mich durch den Se=
cretarium noch einmal unterthänigst bedanken für alle königliche Gnade,
setzte mich auf und fuhr davon.

Als wir nach Berlin kamen, ging ich sogleich auf den Packhof, ge=
rade in die Expeditionsstube, und überreichte das königliche Rescript.
Der Oberste erbrach es; bei Lesung desselben verfärbte er sich, bald
bleich, bald roth, schwieg still und gab es dem Zweiten. Dieser nahm
eine Prise Schnupftaback, räusperte und schneuzte sich, setzte eine Brille
auf, las es, schwieg still und gab es weiter. Der letzte endlich regte sich,
ich solle näher kommen und eine Quittung schreiben: „daß ich für meine
400 Reichsthaler ganze Batzen so viel an Brandenburger Münzsorten,
ohne den mindesten Abzug, erhalten." Meine Summe wurde mir sogleich
richtig zugezählt. Darauf wurde der Schaffner gerufen, mit der Ordre:
„Er sollte mit mir auf die Jüdenstraße in den weißen Schwan gehen
und bezahlen, was ich schuldig wäre und verzehrt hätte." Dazu gaben
sie ihm 24 Thaler, und wenn das nicht zureichte, solle er kommen und
mehr holen. Das war es, daß der König sagte: „Er soll seine Gelder
cum Interesse wieder bekommen," daß der Packhof meine Schulden
bezahlen mußte. Es waren aber nur 10 Thaler 4 Groschen 6 Pfennige,
die ich in acht Wochen verzehrt hatte, und so hatte denn die betrübte
Historie ihr erwünschtes Ende." —

Vierzigstes Kapitel.

Freundschaftliche Verhältnisse zu Rußland und Oester= reich. — Die Erwerbung von West-Preußen.

Als Friedrich den Hubertsburger Frieden schloß, stand er ohne
einen eigentlichen Bundesgenossen da, durch dessen Beihilfe er seinem
Staate ein entschiedeneres Gewicht in den europäischen Angelegenheiten
hätte erhalten können. England war von ihm abgefallen, auf eine
Weise, daß er nie wieder zu der Regierung dieses Staates Vertrauen
fassen konnte; der Bund mit Rußland war seit dem schnellen Sturze

Peters III. zerrissen.   Nur mit den Tataren und Türken bestand noch
seit den letzten Jahren des siebenjährigen Krieges ein gewisses freundschaftliches Verhältniß.   Auch erschien in Folge des letzteren, schon im
Spätherbst des Jahres 1763, eine zahlreiche türkische Gesandschaft zu
Berlin, welche daselbst im vollen orientalischen Pomp, zum großen Ergötzen der Einwohner, am 9. November ihren Einzug hielt und dem Könige kostbare Gewandstoffe, Waffen und prächtige Pferde zum Geschenk
überbrachte.   Es wird erzählt, der Sultan habe Friedrich durch seinen
Gesandten Achmet Effendi bitten lassen, ihm drei der Astrologen zu über-
senden, durch deren Gelehrsamkeit der König, wie er meinte, alle jene
wunderwürdigen Erfolge des siebenjährigen Krieges erreicht habe; Friedrich aber habe geantwortet: die drei Astrologen wären seine Kenntniß
von politischen Dingen, seine Armee und sein Schatz.   Die Gesandtschaft blieb den Winter über in der preußischen Residenz und ersetzte den
Berlinern einigermaßen den Mangel an Schauspielen und sonstigen Lust-
barkeiten, an die man so schnell nach dem verheerenden Kriege noch nicht
denken konnte.   Als die Türken im nächsten Frühjahr wieder abzogen,
hatte sich eine ziemliche Anzahl junger Mädchen eingefunden, welche die
Reise nach Konstantinopel mitzumachen gedachten und schon auf dem türkischen Rüstwagen versteckt waren.   Die Polizei aber hatte von diesem
Vorhaben Kunde erhalten und wußte die zierlichen Flüchtlinge noch zu
rechter Zeit zu fassen.

Indeß waren Verhältnisse solcher Art zu wenig genügend, als daß
Friedrich nicht hätte einen wichtigeren Bundesgenossen zur Sicherung
seiner Macht suchen sollen.   Eine Verbindung mit Rußland schien die
besten Vortheile zu gewähren, und obgleich man österreichischer Seits
eifrig dagegen arbeitete, so fand sich doch bald Gelegenheit, eine solche zu
Stande zu bringen.   Die politischen Verhältnisse Polens gaben dazu
den Anlaß.   König August III. war im October 1763, sein Sohn zwei
Monate nach ihm gestorben, und es blieb nur ein unmündiger Enkel
übrig, der an eine so schwierige Bewerbung, wie die polnische Krone
damals war, nicht denken konnte.   Rußland hatte bisher ein entschiede-
nes Uebergewicht über Polen behauptet und das Land fast wie eine ab-
hängige Provinz behandelt; es schien der Kaiserin höchst wünschenswerth,
auch fortan diesen Einfluß auszuüben.   Polnische Patrioten, welche das

allerdings selbst verschuldete Elend ihres Vaterlandes fühlten, wendeten
sich an Friedrich, damit er ihnen seinen Bruder, den Prinzen Heinrich,
der aus dem siebenjährigen Kriege mit hohem Ruhme zurückgekehrt war,
zum Könige gebe; wenn Einer, so mochte dieser die Fähigkeiten besitzen,
das polnische Reich wieder stark und blühend zu machen. Aber Friedrich
sah zu wohl ein, welche Folgen ein solcher Schritt für ihn haben konnte;
er schlug die Bitte ab. Jetzt fand die russische Kaiserin in Friedrich eine
gleiche Stimmung rücksichtlich Polens und schnell, im April 1764, kam
das von Friedrich erwünschte Bündniß zu Stande. Man verbürgte sich
gegenseitig den gegenwärtigen Besitz beider Staaten, versprach sich im
Kriege eine Unterstützung von 12,000 Mann oder 480,000 Thalern
Subsidien und machte es in einem geheimen Artikel aus, daß man alle
Mittel, selbst Kriegsgewalt anwenden wolle, die Grundverfassung der
polnischen Republik, namentlich das unbeschränkt freie Wahlrecht — den
wesentlichen Grund der Anarchie, welche Polen schwach und für die Nach=
barländer ungefährlich machte! — zu erhalten. Gleichzeitig hatte man
den polnischen Grafen Stanislaus August Poniatowski als Bewerber der
polnischen Krone ausersehen; unter dem Schutze russischer Waffen wurde
dieser am 7. September desselben Jahres zum König gewählt.

　　Polen aber war von inneren Gährungen erfüllt. Religiöser Fana=
tismus hatte das Volk furchtbar entzweit; Diejenigen, die nicht zur rö=
misch=katholischen Kirche gehörten — sie führten den Namen der Diffi=
denten — wurden in jeder Weise unterdrückt. Nun verlangte die russische
Kaiserin für die letzteren durchaus gleiche Rechte. Dies regte die Zwie=
tracht immer heftiger auf. Um die Sache kurz zu beenden, entschloß sich
Katharina zu einem Gewaltstreich: die Häupter der katholischen Partei
wurden zu nächtlicher Weile überfallen und nach Sibirien abgeführt.
Aber so schrankenlose Gewalt trieb das polnische Volk zur Verzweiflung;
in den südlichen Gegenden, nahe an der türkischen Grenze, bildete sich,
im Jahre 1768, ein Aufstand, der alle Fremdherrschaft abschütteln und
den Thron Stanislaus Augusts umstürzen wollte. Doch schon waren
auf's Neue russische Truppen in Polen eingerückt; die Verbündeten wur=
den auseinandergesprengt; sie flüchteten sich auf türkisches Gebiet; die
Russen eilten ihnen unbedachtsam nach und legten eine türkische Stadt
in Asche.

Dieser Friedensbruch fachte urplötzlich das alte Feuer der Eifer=
sucht zwischen der Pforte und Rußland zu lodernder Flamme an. Der
russische Gesandte in Konstantinopel wurde ohne Weiteres ins Gefängniß
abgeführt; der Divan des Sultans erklärte dem Petersburger Hofe den
Krieg. Friedrich, der sich höchst ungern mit in den Krieg verwickelt sah,
suchte den Frieden zu erhalten, doch waren seine Unterhandlungen ver=
geblich: er zahlte somit an Rußland die bundesmäßige Geldhilfe. Aber
die Pforte hatte sich im höchsten Maße übereilt; sie war noch auf keine
Weise gerüstet. Rußland erfocht glänzende Siege und besetzte bedeutende
Landstrecken des türkischen Gebiets.

Die schnellen Fortschritte seines Bundesgenossen konnte Friedrich
indeß nicht ohne Besorgnisse ansehen; es stand wohl zu befürchten, daß
er aus einem Verbündeten zum Diener herabgedrückt werden könne. Er
sah sich somit nach einer anderen Seite um, das verlorene Gleichgewicht
wiederherzustellen; und nun begegneten sich die Staaten, die so lange
einander feindselig gegenüber gestanden hatten, in gleichem Interesse.
Oesterreich konnte die russischen Fortschritte ebenso wenig gleichgiltig an=
sehen wie Preußen.

Joseph II., geboren im Jahre 1741, war seinem Vater im Jahre
1765 als Kaiser und als Mitregent der österreichischen Erblande gefolgt.
Ihn hatten die Thaten Friedrichs mit hoher Bewunderung erfüllt; ihm
schien kein Loos ruhmvoller, als ebenso — oder vielleicht noch gewaltiger
— der Freiheit des menschlichen Geistes Bahn zu brechen, als seinen Na=
men mit ebenso unvergänglicher Schrift in die Tafeln der Geschichte ein=
zugraben. Hätte er Friedrichs kalte Besonnenheit und Charakterstärke
besessen, hätte ihn das Geschick nicht zu früh von seiner dornenvollen
Bahn abgerufen, er würde das Größte vollbracht haben. Schon im Jahre
1766, als Joseph Böhmen und Sachsen bereiste, um sich mit dem Schau=
platz des großen Krieges bekannt zu machen, hatte er Friedrich seinen
Wunsch kund gethan, ihn von Angesicht zu sehen und persönlich kennen
zu lernen; damals hatten jedoch Maria Theresia und ihr Kanzler, Fürst
Kaunitz, eine solche Zusammenkunft wenig passend gefunden, und Joseph
hatte, sich entschuldigend, gegen Friedrich geäußert, er werde schon Mittel
finden, um die Unhöflichkeit wieder gut zu machen, zu der seine Pädago=
gen ihn zwängen. Unter den gegenwärtigen Verhältnissen aber war das

Begehren des jungen Kaisers seiner Mutter ganz erwünscht. Die Vor=
bereitungen dazu konnten um so schneller beseitigt werden, als Joseph, der
seine Reisen stets unter dem Namen eines Grafen von Falkenstein machte,
sich alles Ceremoniell verbeten hatte. Neisse in Oberschlesien war zum Ort
der Zusammenkunft ausersehen worden. Am 25. August 1769 traf Jo=
seph daselbst ein; er fuhr geraden Weges nach dem bischöflichen Schlosse,
wo Friedrich seine Wohnung genommen hatte. Friedrich eilte ihm mit
den Prinzen, welche bei ihm waren, entgegen, aber kaum war er einige
Stufen der Treppe hinabgestiegen, als der Kaiser ihm schon in den Ar=
men lag. Der König führte seinen erhabenen Freund an der Hand in den
Saal. Joseph sagte: „Nun sehe ich meine Wünsche erfüllt, da ich die
Ehre habe, den größten König und Feldherrn zu umarmen." Friedrich
entgegnete, er sehe diesen Tag als den schönsten seines Lebens an, denn
er werde die Epoche der Vereinigung zweier Häuser ausmachen, die zu
lange Feinde gewesen seien und deren gegenseitiges Interesse es erfordere,
sich einander eher beizustehen, als aufzureiben. Der Kaiser fügte hinzu:
für Oesterreich gebe es kein Schlesien mehr. Er bemerkte sodann, daß er
zwar für jetzt noch keinen bedeutenden Einfluß habe, daß aber so wenig
er wie seine Mutter es zugeben würde, daß die Russen im Besitz der Mol=
dau und Walachei, welche sie bereits großentheils erobert hatten, blieben.
Es kam schließlich eine schriftliche Uebereinkunft zwischen ihm und Fried=
rich zu Stande, wodurch sie sich bei einem zu erwartenden Kriege zwischen
England und Frankreich, sowie bei anderen unvorhergesehenen Unruhen,
zu völliger Parteilosigkeit verpflichteten. — Die Tage des Besuchs gingen
unter militairischen Uebungen und traulichen Gesprächen hin: beim Aus=
gehen sah man die beiden Häupter des deutschen Reiches nur Arm in Arm.

Eine zweite, wichtigere Zusammenkunft zwischen Friedrich und dem
jungen Kaiser wurde im September des folgenden Jahres zu Neustadt
in Mähren veranstaltet. Auf der Reise dahin stattete Friedrich einem Be=
kannten früherer Zeit, dem Grafen Hoditz, auf seinem mährischen Land=
gut Roßwalde einen Besuch ab. Hoditz hatte unter den Gartenkünstlern
des vorigen Jahrhunderts einen Ruf erworben, der an das Wunderbare
grenzte; er hatte es möglich gemacht, alle Phantasien der bildenden Kunst
in seiner Besitzung lebendig auszuführen. Die gesammte Schaar seiner
Untergebenen hatte er zu diesem Endzwecke künstlerisch ausgebildet. Jetzt

ließ er es sich eifrigst angelegen sein, vor seinem königlichen Gaste den ganzen Zauber seines elysischen Aufenthalts zu entfalten. Da waren die Felder und Wiesen von arkadischen Schäfern und Schäferinnen belebt; im Wald und in den Gewässern bewegten sich, wie im heitersten Spiele, die Götter und Göttinnen der alten Fabelwelt. Die Gebäulichkeiten und ihre Umgebungen versetzten in die verschiedensten Zonen der Erde; selbst die kleine Stadt der Lilliputer, von denen Gulliver erzählt, fehlte nicht; ihre Thürme reichten nicht bis an die Stirn der Lustwandelnden empor. Schauspiele, Wasserkünste, Feuerwerke, tausend Ueberraschungen waren angewendet, um einen jeden Gedanken an die prosaische Wirklichkeit des Lebens fern zu halten.

Friedrich war sehr zufrieden aus den Zaubergärten von Roßwalde geschieden und traf am 3. September in Neustadt ein. Am Thor der Stadt stieg er aus seinem Wagen, um den Kaiser zu Fuße zu begrüßen; dieser aber hatte seine Ankunft bereits wahrgenommen und eilte ihm mit seinem Gefolge entgegen. Auf offenem Platze umarmten die Monarchen einander. Diesmal befand sich auch Fürst Kaunitz im Gefolge des Kaisers, und es kam zu näheren diplomatischen Verhandlungen. Kaunitz bemühte sich, den König zu einer unmittelbaren Verbindung zu gewinnen; er stellte ein Bündniß Oesterreichs und Preußens als die einzige Schutzwehr wider den ausgetretenen Strom da, welcher ganz Europa zu überschwemmen drohe. Friedrich indeß war nicht geneigt, mit Rußland zu brechen; doch versicherte er, er wolle Alles thun, um zu verhindern, daß aus dem gegenwärtigen Türkenkriege ein allgemeiner Brand entstehe; er versprach seine Vermittelung und erwies sich auch in anderen Dingen entgegenkommend. Zur Bestätigung dessen, wie eifrig er schon gegenwärtig für die Ruhe Europa's unterhandelt hatte, traf gerade in diesen Tagen ein Courier aus Konstantinopel mit dem Antrage des Sultans an die beiden Höfe von Berlin und Wien ein, die Vermittelung zwischen Rußland und der Pforte, welche letztere neuerdings wiederum bedeutende Verluste erlitten hatte, zu übernehmen. Joseph und Kaunitz waren hierüber sehr erfreut und bezeigten sich dankbar.

Der Besuch in Neustadt bot zugleich mancherlei anmuthige Unterhaltung dar. Der geistreiche Prinz von Ligne, der sich in Joseph's Gefolge befand, hat uns darüber und über die Weise, wie Friedrich durch lebendiges und witziges Gespräch zu fesseln verstand, anziehende Berichte hinterlassen. „Wissen Sie," sagte Friedrich eines Tages zu dem Prinzen von Ligne, „daß ich in Ihrem Dienste gestanden habe? Meine ersten Waffen habe ich für das Haus Oesterreich geführt. Mein Gott, wie die Zeit vergeht!" Er legte (fügt der Prinz hinzu) bei den Worten „Mein Gott" die Hände auf eine Weise zusammen, daß es ihm ein mildes Ansehen gab. „Wissen Sie," fuhr Friedrich fort, „daß ich die letzten Strahlen von dem Genie des Prinzen Eugen habe leuchten sehen?" — „„Vielleicht entzündete sich das Genie Ew. Majestät an diesen Strahlen."" — „Ach, mein Gott, wer dürfte sich dem Prinzen Eugen gleichstellen!" — „„Der,"" sagte der Prinz, „„der mehr gilt: derjenige zum Beispiel, der dreizehn Schlachten gewonnen hat.""

Ueber den Feldmarschall Traun äußerte Friedrich: „Dies war mein Meister; er lehrte mich die Fehler kennen, die ich machte." — „„Ew. Majestät,"" erwiderte der Prinz von Ligne, „„waren sehr undankbar, Sie bezahlten ihm die Unterrichtsstunden nicht. Sie hätten sich dafür wenigstens von ihm sollen schlagen lassen, aber ich erinnere mich nicht, daß dies geschehen ist."" — „Ich bin nicht geschlagen worden," entgegnete Friedrich, „weil ich mich nicht geschlagen habe."

Besondere Auszeichnung erwies Friedrich dem General Laudon, der sich mit in Neustadt befand. Er nannte ihn fortwährend nur „Herr Feldmarschall," obgleich Laudon erst acht Jahre später diese Würde, welche er, der gefährlichste Feind Friedrichs im siebenjährigen Kriege, schon lange verdient hatte, erhielt. Als man sich eines Tages zur Tafel setzen wollte, bemerkte man, daß Laudon sich noch nicht eingefunden habe. „Das ist gegen seine Gewohnheit," sagte Friedrich, „sonst pflegte er vor mir auf dem Platze zu sein." Er bat darauf, daß Laudon sich neben ihn setzen möge: er liebe es mehr, ihn zur Seite, als sich gegenüber zu sehen.

Friedrich, sowie sein Gefolge, trug während dieses ganzen Besuchs die österreichischen Farben, weiß, mit Silber gestickt, damit er den Augen der Oesterreicher nicht die wenig beliebten preußischen Blauröcke vorführe, und um den Anschein zu geben, als gehöre er zu ihrer Armee und zum Gefolge des Kaisers. Da Friedrich aber, seiner Gewohnheit nach, viel spanischen Tabak schnupfte, so blieben die Spuren davon auf der weißen Kleidung sehr bemerklich. „Ich bin für Euch, Ihr Herren," bemerkte er zu dem Prinzen von Ligne, „nicht sauber genug: ich bin nicht werth, Ihre Farben zu tragen."

Ueber Joseph äußerte sich Friedrich, kurz nachdem er aus Mähren zurückgekehrt war, mit hoher Anerkennung. „Ich bin," so schrieb er an Voltaire, „in Mähren gewesen und habe da den Kaiser gesehen, der sich in Bereitschaft setzt, eine große Rolle in Europa zu spielen. Er ist an einem bigotten Hofe geboren und hat den Aberglauben verworfen; ist in Prunk erzogen und hat einfache Sitten angenommen; wird mit Weih= rauch genährt und ist bescheiden; glüht von Ruhmbegierde und opfert seinen Ehrgeiz der kindlichen Pflicht auf, die er in der That äußerst ge= wissenhaft erfüllt; hat nur Pedanten zu Lehrern gehabt und doch Geschmack genug, Voltaire's Werke zu lesen und Ihr Verdienst zu schätzen." —

Indeß wollten die Vermittelungen zwischen den feindlichen Mächten vor der Hand zu keinen erwünschten Erfolgen führen. Rußland hatte zu wichtige Vortheile über die Türken erkämpft, als daß es sich zu billigen Friedensbedingungen hätte willig zeigen können; die Pforte wollte auf die russischen Forderungen nicht eingehen; Oesterreich bestand darauf, daß Rußland nicht der Nachbar seiner östlichen Provinzen werden dürfe, und rüstete seine Kriegsmacht, um solcher Erklärung Nachdruck zu verschaffen. Mit vermehrter Heftigkeit drohte der Krieg auszubrechen; es war drin= gend zu befürchten, daß die Polen so günstige Gelegenheit nicht ungenützt würden vorübergehen lassen, daß sich auch noch andere Mächte in diese Händel mischen würden und daß auf's Neue die Fackel des Krieges ganz Europa entzünden würde. Friedrich aber wünschte nichts mehr, als den Frieden zu erhalten und sein Land in ungestörter Muße erstarken zu lassen. Da zeigte sich plötzlich ein ganz unvermutheter Ausweg, um alle die widerstrebenden Gemüther zufrieden zu stellen.

Prinz Heinrich, der Bruder Friedrichs, befand sich in Petersburg zum Besuche und hatte sich das besondere Vertrauen der Kaiserin Katha= rina zu erwerben gewußt, als dort die Nachricht eintraf, Oesterreich habe einen Theil des polnischen Grenzlandes besetzt, um alte Ansprüche an dasselbe geltend zu machen. Auf diese Kunde sprach Katharina zu Hein= rich das berühmte Wort: „Es scheint, daß man sich in Polen nur zu bücken braucht, um nach Belieben zu nehmen; — wenn der Hof von Wien dieses Königreich zerstückeln will, so würden die übrigen Nachbarn desselben das Recht haben, ein Gleiches zu thun." Diese Aeußerung faßte Heinrich auf; er entwickelte der Kaiserin, wie sie sich auf diese Weise für eine gewisse, den übrigen Mächten so wünschenswerthe Nachgiebigkeit gegen die Pforte vollkommen schadlos halten könne, und Katharina ging bereitwillig darauf ein; die Ausführung konnte bei der inneren Zerrissenheit Polens keine Schwierigkeit haben. Als Friedrich die Nachricht von dieser Verhandlung erhielt, zögerte auch er nicht, seine Zustimmung zu geben.

Preußen und Rußland vereinigten sich bald über die zu ergreifenden Maßregeln und forderten Oesterreich auf, an dieser eigenthümlichen Verbindung gegen Polen Theil zu nehmen. Das österreichische Cabinet, obgleich es den ersten Anstoß dazu gegeben hatte, nahm jetzt den Anschein an, als ob es die ganze Angelegenheit mißbillige, — vielleicht der Kaiserin Maria Theresia zu Gefallen, die sich hierin allerdings nur äußerst schwer finden konnte. Als es aber seine Zustimmung gegeben hatte, machte es plötzlich so ausgedehnte Forderungen, daß der ganze Theilungsplan fast auf's Neue gescheitert wäre. Endlich, nach mancherlei schwierigen Unterhandlungen, kam man dahin überein, daß ein jeder der drei Staaten die seinen Grenzen zunächst gelegenen Landstriche Polens, welche zu seiner vollkommneren Abrundung dienlich waren, in Besitz nehmen sollte. Die Ausführung geschah im Herbst des Jahres 1772, ohne daß Polen fähig gewesen wäre, etwas dagegen zu unternehmen. Friedrich ließ Pomerellen und die übrigen, zwischen Pommern und Ostpreußen gelegenen Districte (mit Ausnahme von Danzig und Thorn) besetzen und sich huldigen. Jede der drei Mächte stellte Beweise zur Gültigkeit ihrer Forderungen auf. Friedrichs Erklärung betraf vornehmlich Pomerellen, welches vom Herzogthum Pommern durch die Polen im dreizehnten Jahrhundert abgerissen war und auf das somit Kurbrandenburg, als Erbe von Pommern, gerechte Ansprüche habe. Friedrichs Erwerbung war die geringste an Flächenraum, Einwohnerzahl und Werth des Bodens; aber sie war für ihn von allergrößter Wichtigkeit, sofern sie die naturgemäße Verbindung zwischen seinen Staaten herstellte und ihn, durch den Besitz der Weichselmündung, zum Herrn des polnischen Handels machte. Die neue Provinz erhielt den Namen West-Preußen und da Friedrich jetzt im Besitze des

ganzen altpreußischen Landes war, so nannte er sich nicht mehr wie bis=
her, König „in" Preußen, sondern König „von" Preußen.

Der polnische Reichstag war zur Anerkennung der Abtretungen,
trotz des Widerspruches der polnischen Patrioten, gezwungen worden.
Thaddäus Reyten, der eifrigste Gegner der Theilung seines Vaterlandes,
wurde wahnsinnig, als er alle seine Anstrengungen vergeblich sah. Maria
Theresia hatte den Plänen ihres Cabinets nur mit äußerstem Widerwillen
beigestimmt. Sie schrieb darüber an Kaunitz den merkwürdigen Brief:
„Als alle meine Länder angefochten wurden und gar nit mehr wußte, wo
ruhig niederkommen sollte, steiffete ich mich auf mein gutes Recht und
den Beistand Gottes. Aber in dieser Sach, wo nit allein das offenbare
Recht himmelschreiend wider uns, sondern auch alle Billigkeit und die
gesunde Vernunft wider uns ist, muß bekennen, daß zeitlebens nit so be=
ängstigt mich befunden und mich sehen zu lassen schäme. Bedenk der
Fürst, was wir aller Welt für ein Exempel geben, wenn wir um ein
elendes Stück von Polen oder von der Moldau und Walachei unsere
Ehr und Reputation in die Schanz schlagen. Ich merk' wohl, daß ich
allein bin und nit mehr en vigueur, darum laß ich die Sachen, jedoch
nit ohne meinen größten Gram, ihren Weg gehen." Auf den Entwurf
des Theilungs=Projects aber schrieb die hehre Frau eigenhändig die
Worte: „Placet, weil so viele große und gelehrte Männer es wollen;
wenn ich aber schon längst todt bin, wird man erfahren, was aus dieser
Verletzung von Allem, was bisher heilig und gerecht war, hervorgehen
wird." — Alle Welt war von dumpfem Erstaunen erfüllt, als das Er=
eigniß vor sich ging, welches bis dahin ohne Beispiel in der Geschichte
war. Doch schritt keine der übrigen Großmächte dagegen ein; die Vor=
bereitungen zu dem Freiheitskampfe der Nordamerikaner und die Auf=
hebung des Jesuiten=Ordens hatten die Interessen nach anderen Seiten
hin abgezogen.

Indem wir dem beginnenden Untergange eines Volkes, welches herr=
lich begabt und einst groß und mächtig war, gerechte Trauer widmen, ist
es der Hinblick auf den steten Fortschritt der Geschichte, der für solche
Betrachtung Trost gewähren muß. Die Geschichte lehrt uns, wie fort
und fort über den Gräbern ein neues Leben emporsprießt. Polen fiel,

weil es hinter der Entwickelung der Zeit gänzlich zurückgeblieben war, weil man im Lande selbst nur Willkür und Knechtschaft kannte, weil kein volksthümlicher Geist die Glieder des ausgedehnten Reiches mehr zusammenhielt. Der siebenjährige Krieg war die Zeit gewesen, in welcher sich für Polen die günstigste Gelegenheit darbot, zwischen den streitenden Mächten eine selbständige Stellung einzunehmen und sich somit auf's Neue Einfluß und Bedeutung innerhalb des europäischen Staatensystems zu erwerben; aber in unbegreiflicher Trägheit hatte es diese Jahre, welche nicht wiederkehren sollten, vorübergehen lassen, ohne sich zu irgend einer That zu entschließen. Preußen wurde, indem es vom polnischen Reiche einen Landstrich nahm, der — beiläufig bemerkt — nicht der ursprüngliche Sitz polnischer Volksthümlichkeit war, in welchem sich im Gegentheil ein germanisches Volksleben bereits entwickelt und den das polnische Volk nur durch Waffengewalt unterworfen hatte, auf eine Weise innerlich ausgerundet, welche beim Fortschritte seiner politischen Entwickelung mit Nothwendigkeit erfolgen mußte. Und was von dem ehemaligen Polen unter preußische Hoheit kam, wurde sofort, wenn natürlich auch nur in allmäligem Fortschritte, aus der tief eingerissenen Barbarei befreit und all derjenigen höheren Güter des Lebens theilhaftig gemacht, welche in den übrigen Provinzen des preußischen Staates im regen Wetteifer der Kräfte gediehen. Zagt unser Herz, dem Schritte beizustimmen, an welchem Friedrich Theil nahm, so müssen wir ihm in den neuen landesväterlichen Sorgen, denen er sich hingab, um mehr als eine halbe Million Menschen glücklich zu machen, wiederum die lauteste Bewunderung zollen. Er selbst war schon im Sommer 1772 nach West=Preußen geeilt, um die nötbigsten Vorkehrungen zu treffen. Wo bisher nur Verwirrung und Rechtlosigkeit geherrscht hatten, wurde eine geregelte Rechtspflege, welche Sicherheit des Lebens und Eigenthums gab, eingeführt; die Schmach der Leibeigenschaft und das barbarische Standrecht wurden aufgehoben; zahlreiche Schulen wurden gestiftet, um das Volk aus seiner stumpfen Gefühllosigkeit zu menschlichem Adel zu entwickeln; vortreffliche Einrichtungen wurden getroffen, um den ansteckenden Krankheiten zu wehren, welche so oft Verheerungen unter Menschen und Vieh angerichtet hatten. Endlich wurde nichts versäumt, um Thätigkeit und Verkehr zu befördern;

Colonisten wurden in entvölkerten Landstrecken angesetzt; an der Post-
einrichtung erhielt die Landschaft ein ganz neues Gut.

Die Verbindung zwischen Preußen und Rußland, welche bei den
Verhandlungen über die zu besetzenden Landstriche Polens in Etwas gestört war, was sodann die geschäftige Diplomatie feindlich Gesinnter
schnell zu benutzen gesucht hatte, wurde bald noch fester geknüpft. Prinz
Heinrich befand sich im Frühjahre 1776 zum zweiten Male in Petersburg, als die junge Gemahlin des Großfürsten Paul plötzlich starb. Er
wußte sich bei diesem Trauerfalle durch zarte Theilnahme das Vertrauen
des ganzen kaiserlichen Hofes zu erwerben; und als die Kaiserin eine
baldige Wiedervermählung des Großfürsten wünschte, brachte er eine
Prinzessin von Würtemberg, deren Mutter eine Prinzessin von Branden-
burg-Schwedt war, in Vorschlag. Die Wahl fand Beifall; es wurde
bestimmt, daß der Großfürst in Berlin mit der Prinzessin zusammentreffen und dort die Verlobung feiern solle.

Friedrich machte zum Empfange des hohen Gastes außerordentliche
Anstalten. Eine besondere Gesandtschaft war ihm bis an die russische
Grenze entgegengeschickt; unterdessen traf man alle Vorkehrungen, um
den königlichen Residenzen ein festliches Gepräge zu geben. Da der Hofstaat Friedrichs äußerst einfach war, so wurde für diesen Zweck auch die
Zahl der Pagen und Lakaien ansehnlich vermehrt. Am 21. Juli hielt
der Großfürst, in dessen Gefolge sich Graf Romanzow, der Besieger der
Türken befand, einen glänzenden Einzug in Berlin; Friedrich ging ihm
bis vor seine Wohnung entgegen. Paul Petrowitsch sagte: „Sire, die
Beweggründe, welche mich von dem äußersten Norden bis in diese glücklichen Gegenden führen, sind das Verlangen, Sie der Freundschaft zu
versichern, welche für immer Rußland und Preußen vereinigen soll, und
die Sehnsucht, eine Prinzessin zu sehen, welche auf den Thron der Mos-
kowitter zu steigen bestimmt ist. Indem ich sie aus Ihren Händen empfange, wage ich es, Ihnen zu versprechen, daß diese Fürstin mir und der
Nation, über welche sie regieren wird, um so theurer ist. Endlich erlange
ich, was ich so lange gewünscht habe: ich kann den größten Helden, die
Bewunderung unserer Zeit und das Staunen der Nachwelt, betrachten."
— Friedrich erwiderte: „Ich verdiene so große Lobeserhebungen nicht,

mein Prinz; Sie sehen in mir nur einen alten kränklichen Mann mit
weißen Haaren; aber glauben Sie, daß ich mich schon glücklich schätze, in
diesen Mauern den würdigen Erben eines mächtigen Reiches, den einzigen
Sohn meiner besten Freundin, der großen Katharina, zu empfangen."
Jeder Tag seiner Anwesenheit war durch die glänzendsten Feste gefeiert.

Einundvierzigstes Kapitel.

Friedrichs Sorgen für Deutschland. — Der bayrische Erbfolgekrieg und der deutsche Fürstenbund.

Rastlos hatte Friedrich unterdeß für das Wohl seines Volkes gewirkt; gern hätte er diese schöne Thätigkeit ohne Unterbrechung bis an
das Ende seines Lebens fortgeführt. Aber er ließ nicht nach, mit scharfem
Blicke die politischen Angelegenheiten zu verfolgen; und als die Gefahr
emporstieg, die früher oder später die bedeutsame Stellung, welche er seinem Staate gegeben, beeinträchtigen konnte, war er schnell, wie in den
Zeiten der Jugend, gerüstet, dem drohenden Uebel vorzubeugen.

Seit Jahrhunderten hatte man das österreichische Kaiserhaus im Verdacht, daß es dahin strebe, mit dem Schatten der Kaiserwürde eine Macht
zu verbinden, welche die unabhängigen Fürsten des Reiches dem Ober-
haupte des letztern wieder dienstbar zu machen bestimmt sei. Man hielt
sich für überzeugt, daß es keine Gelegenheit zur Ausführung solcher Pläne
würde ungenützt vorübergehen lassen. Auch Friedrich theilte diese Ansicht;
der leidenschaftlich emporstrebende Sinn des jungen Kaisers war allerdings hinlänglich geeignet, solche Besorgnisse rege zu halten. Darum
äußerte er einst zu einem seiner Generale, indem er ihm das Bild
des Kaisers zeigte, welches in seinem Zimmer auf einem Stuhle
stand: „Den stelle ich mir unter die Augen; das ist ein junger Mann,
den ich nicht vergessen darf. Der Kaiser Joseph hat Kopf, er könnte viel
ausrichten; Schade für ihn, daß er immer den zweiten Schritt thut, ehe
er den ersten gethan hat." — In diesen wenigen Worten ist zugleich der
Grund des ganzen tragischen Geschickes, welches den Kaiser traf, ausgesprochen.

Schon hatte es nicht an Gelegenheit gefehlt, die Rechte der deutschen Fürsten gegen Oesterreich zu vertreten, und Friedrich war dabei nicht un= thätig geblieben. Doch war es bisher bei einfachen Verhandlungen ge= blieben. Als aber der kaiserliche Hof mit Ansprüchen hervortrat, welche die bestehenden Verhältnisse durchaus zu untergraben drohten, sah sich auch Friedrich zu entschiednern Maßregeln genöthigt.

Der Kurfürst von Bayern, Maximilian Joseph, war am 30. De= cember 1777 plötzlich gestorben. Mit ihm erlosch der eine Pfalz Bayrische Regentenstamm; die Nachfolge gebührte, nach unzweifelhaftem Rechte dem Kurfürsten von der Pfalz, Karl Theodor; dieser hatte keine ehelichen Kinder, und sein nächster Lehnserbe war somit der Herzog Karl von Pfalz=Zweibrücken. Dem österreichischen Hofe aber war schon seit län= gerer Zeit der Erwerb von Bayern erwünscht gewesen. Jetzt wurden schnell einige wenig begründete Ansprüche hervorgesucht, österreichische Truppen rückten unverzüglich in Niederbayern und in die Oberpfalz ein, und Karl Theodor, eingeschüchtert und für das künftige Fortkommen sei= ner zahlreichen außerehelichen Kinder besorgt, vollzog einen Vergleich mit dem Kaiser, durch welchen er an den Letztern die bessere Hälfte seiner Erbschaft abtrat. Den Herzog Karl von Zweibrücken, dessen Stimme natürlich nicht übergangen werden durfte, hoffte man zur Bestätigung der Abtretung zu nöthigen.

Solch ein eigenmächtiges Verfahren war gegen die Grundgesetze des Reiches; blieb dasselbe unangefochten, so war fortan kein Stand des Reiches mehr vor den Eingriffen des Kaisers sicher. Friedrich beschloß, die Gerechtsame der deutschen Fürsten zu vertreten. Er erklärte dem Kurfürsten, daß er, als Glied des Reiches und als Bürge des zu Hu= bertsburg bekräftigten westphälischen Friedens, bei solcher Zerstückelung eines Kurstaates wesentlich beeinträchtigt sei. Der Herzog Karl, welcher anfangs ohne Unterstützung, schon entschlossen war, sich dem Willen des Kaisers zu fügen, wurde durch Friedrich zu einer Protestation veranlaßt und empfing von ihm das Versprechen, das pfälzische Haus bei seinen Rechten auf die bayrische Erbschaft gegen die ungerechten Ansprüche des Hauses Oesterreich mit aller Macht zu schützen. Neben dem Herzog Karl waren auch Sachsen und Mecklenburg bei dieser Angelegenheit betheiligt, indem auch sie einige untergeordnete, aber ebenfalls rechtskräftige

Ansprüche auf das bayrische Erbe hatten. Frankreich und Rußland erwiesen sich den Plänen Friedrichs geneigt, waren indeß beide nicht im Stande, eine weitere Unterstützung zu gewähren.

Diplomatische Verhandlungen mit dem Kaiser führten zu nichts. Der österreichische Hof war auf keine Weise gewillt, von dem, was er in Besitz genommen, irgend etwas aufzuopfern; vielmehr wurden bereits Truppen in Böhmen zusammengezogen, um den Einsprüchen Preußens mit gewaffneter Hand entgegenzutreten. Da gedachte auch Friedrich, obgleich er das sechsundsechzigste Jahr bereits überschritten hatte und körperlich leidend war, nicht länger zu säumen und, wenn es einmal so sein müsse, Gewalt mit Gewalt zu vertreiben. Er versammelte seine Armee, von welcher ein Corps durch Schlesien, das andere durch Sachsen den Oesterreichern entgegentreten sollte, und machte sich bereit, noch einmal die Anstrengungen des Krieges zu ertragen. Nachdem er seine Truppen bei Berlin gemustert, sprach er zu den versammelten Generalen: „Meine Herren! Die meisten unter uns haben von ihren frühesten Jahren an zusammen gedient und sind im Dienste des Vaterlandes grau geworden: wir kennen einander also vollkommen wohl. Wir haben die Unruhen und Beschwerlichkeiten des Krieges schon redlich mit einander getheilt, und ich bin überzeugt, daß Sie eben so ungern Blut vergießen, als ich. Aber mein Reich ist jetzt in Gefahr. Mir liegt als König die Pflicht ob, meine Unterthanen zu beschützen, auch die kräftigsten und schleunigsten Mittel anzuwenden, um das über ihnen schwebende Ungewitter wo möglich zu zerstreuen. Diesen wichtigen Vorsatz zu bewerkstelligen, rechne ich auf Ihren Diensteifer und Ihre Neigung zu meiner Person, welche Sie noch allemal gezeigt haben und die auch bisher nie ohne Wirkung war. Uebrigens können Sie versichert sein, daß ich die Dienste, die Sie Ihrem Könige und Vaterlande leisten, stets mit warmem Herzen und wahrer Dankbarkeit erkennen werde. Nur darum will ich Sie bitten, daß Sie die Menschlichkeit nicht aus den Augen setzen, wenn auch der Feind in Ihrer Gewalt ist, und daß Sie die unter Ihren Befehlen stehenden Truppen die strengste Mannszucht beobachten lassen. Ich reise jetzt ab; aber ich verlange nicht als König zu reisen; reiche und schöne Equipagen haben keinen Reiz für mich: doch erlaubt mir mein schwächliches Alter nicht, so zu reisen, wie ich in der feurigen Jugend

that. Ich werde mich einer Postkutsche bedienen müssen, und Sie haben
die Freiheit, eben dergleichen zu thun; aber am Tage einer Schlacht werden Sie mich zu Pferde sehen, und da, hoffe ich, werden meine Generale
meinem Beispiele folgen."

Am 5. April 1778 ging Friedrich nach Breslau ab, indem er den
Oberbefehl über die schlesische Armee nehmen wollte; das zweite Armeecorps sollte Prinz Heinrich commandiren   Friedrich hatte den Plan, in
Mähren einzubrechen, und er hätte durch dessen schleunige Ausführung
bedeutende Vortheile über die Oesterreicher, deren Rüstungen noch nicht
vollendet waren, erringen können.   Aber es entspannen sich neue Unterhandlungen zwischen ihm und Joseph, welche indeß wiederum kein Re-
sultat gewährten und nur Gelegenheit gaben, daß die österreichische Macht
vollständig zusammengezogen werden konnte.   Jetzt ließ Friedrich den
Plan auf Mähren fahren und rückte durch die Grafschaft Glatz in Böhmen ein.   Am 5. Juli betrat er mit dem Vortrabe seines Heeres den
böhmischen Boden.   Man hatte in Wien nicht daran geglaubt, daß es
dem alten Könige mit seinen kriegerischen Unternehmungen Ernst sei; die
Kunde seines Anmarsches erregte dort die größte Bestürzung; Maria
Theresia hatte wenig Lust, den verderblichen siebenjährigen Krieg noch
einmal erneut zu sehen; sie zitterte für das Leben ihres Sohnes, welcher
nur nach kriegerischem Ruhme dürstete, und sendete somit unverzüglich
und insgeheim einen neuen Unterhändler zu Friedrich.   Sie ließ dem
Letztern ausdrücklich sagen, daß es ihm gewiß ebenso leid thun würde, wie
ihr, sich einander die Haare auszuraufen, welche schon das Alter gebleicht
habe.   Aber auch diesmal blieben die österreichischen Anforderungen von
der Art, daß Friedrich nicht darauf eingehen konnte, und so wurden sie
nach einigen Wochen wiederum abgebrochen.

Unterdeß war auch Prinz Heinrich, durch ein sächsisches Corps verstärkt, aus Sachsen in Böhmen eingedrungen und hatte dem Feinde einige
wichtige Magazine weggenommen.   400,000 Mann, auf's Gewaltigste
gerüstet, beide Armeen ungewöhnlich reich mit schwerem Geschütz versehen, standen sich nunmehr auf böhmischem Boden gegenüber.   Alles
drohte einen unerhörten Kampf.   Aber — es kam zu keiner einzigen
großen Schlacht.   Der Name Friedrichs klang zu drohend in die Ohren
der Oesterreicher, als daß sie es gewagt hätten, die Kette der unangreiflichen

Verschanzungen, hinter denen sie aufgestellt waren, zu verlassen und sich anders, als in leichten Scharmützeln, mit dem Gegner einzulassen. Und auch Friedrich, gerade in dieser Zeit hinfälliger als sonst und von körperlichen Leiden gedrückt, war nicht Willens, den wohlerworbenen Ruhm durch ein kühnes Wagniß auf das Spiel zu setzen. Er begnügte sich, die böhmischen Grenzstriche, in welche er eingerückt war, ihrer Lebens= mittel zu entblößen, um dadurch eine Scheidewand zwischen Böhmen und Schlesien zu ziehen. Persönlich indeß bewies er ganz den früheren Muth und setzte sich, wie ein junger Officier, den größten Gefahren aus. Ein besonderer Zug, welcher uns aus dieser Zeit aufbehalten ist, giebt einen Beleg seiner alten Unerschrockenheit. Er hatte eines Tages zur Ader las= sen müssen. An demselben Tage fiel eine Kanonade mit dem Feinde vor, die so stark wurde, daß er für nöthig fand, selbst dahin zu reiten. Bei der Bewegung sprang ihm die Ader auf. Er stieg vom Pferde und ließ sich durch einen Compagniechirurgus, welcher sich zufällig an der Stelle befand, die Ader wieder zubinden. In dem Augenblicke schlug eine Ka= nonenkugel hart neben ihm nieder. Der Chirurg erschrak und zitterte. Friedrich aber sagte lächelnd zu den Umstehenden: „Der muß noch nicht viel Kanonenkugeln gesehen haben!"

Bald aber brach unter den preußischen Truppen Mangel an Nah= rungsmitteln aus, und verderbliche Krankheiten und häufige Desertion waren die Folge davon. Die Regimenter wurden hiedurch mehr gelichtet, als wenn es zu blutigen Schlachten gekommen wäre. Friedrich sah sich zum Rückzuge aus Böhmen genöthigt, welchen seine beiden Armeen in der Mitte Septembers antraten. Die meisterhafte Umkehr aus dem ver= derblichen Aufenthalte war der vorzüglichste Ruhm, den Friedrich, in militairischer Beziehung, aus diesem Kriege davontrug. Die österreichische Hauptarmee wagte ihn auch hiebei nicht zu stören; einzelne Corps, welche von der schwierigen Lage der Preußen Nutzen zu ziehen suchten, wurden überall erfolgreich zurückgeschlagen. Besonders zeichnete sich bei diesem Rückzuge der preußische Thronfolger, Friedrich Wilhelm, aus, indem der= selbe die ihm anvertrauten Truppen ebenso geschickt auf den gefahrvollsten Wegen zu führen, wie den wiederholten Angriffen der Feinde mit stand= hafter Tapferkeit zu begegnen wußte. Friedrich hörte die Berichte über die Thaten seines Neffen mit freudiger Genugthuung an. Als Beide

nachher zusammentrafen, ging er ihm mit der heitersten Miene entgegen
und sagte: „Ich betrachte Sie von heute an nicht mehr als meinen Nef=
fen, — ich sehe Sie als meinen Sohn an. Sie haben Alles gethan,
was ich hätte thun können, Alles, was man von dem erfahrensten Ge=
nerale erwarten konnte.“ Dann umarmte er den Prinzen mit vieler
Zärtlichkeit. Dieses Ergebniß erweckte überall um so größere Freude, als
man wußte, daß zwischen Friedrich und dem Thronfolger nicht eben ein
innigeres Verhältniß obwaltete. ·

Friedrich hatte sein Hauptquartier noch auf böhmischen Boden, in
Schatzlar, genommen, während die Quartiere, welche er seine Truppen
beziehen ließ, sich nach Schlesien hinein erstreckten. Hier blieb er bis
Mitte October und lebte, den widerwärtigen Eindruck des thatenlosen
und doch so beschwerlichen Krieges von sich abschüttelnd, der edelsten lite=
rarischen Beschäftigung. Voltaire war im Frühlinge dieses Jahres gestor=
ben. Friedrich hatte ihm lange verziehen und stand seit dem siebenjährigen
Kriege wiederum mit ihm im lebhaftesten Briefwechsel. Jetzt schrieb er
eine Gedächtnißrede auf den Hingeschiedenen, welche den ganzen Enthu=
siasmus seiner Jugendzeit athmet. Er ließ sie noch im November dessel=
ben Jahres in der Akademie von Berlin vorlesen.

Von Schatzlar begab sich Friedrich nach Oberschlesien und trieb die
Oesterreicher zurück, welche hier die Grenze beunruhigten. Er besetzte
einige Städte des österreichischen Schlesiens und ging dann nach Breslau,
wo er den Winter über blieb. Einige Gefechte, die während des Winters
an der Grenze vorfielen, blieben ohne entscheidenden Erfolg. Jetzt traten
auch Frankreich und Rußland mit größerem Nachdrucke gegen den kaiser=
lichen Hof auf, indem sie Abstellung der Beschwerden der Reichsfürsten
forderten. Und da nun auch die Türken, durch welche man Rußland zu
beschäftigen gesucht, mit dieser Macht Frieden geschlossen, und man somit
russische Waffenhilfe zu befürchten hatte, so fand man sich endlich zur
Nachgiebigkeit geneigt. Im März 1779 wurde ein Waffenstillstand, und
am 13. Mai, zu Teschen, der Friede geschlossen. Der Vergleich zwischen
Oesterreich und dem Kurfürsten Karl Theodor wurde aufgehoben, Bayern
— bis auf einen District zunächst an der österreichischen Grenze — sei=
nen rechtmäßigen Besitzern zurückgegeben, und Sachsen so wie Mecklen=
burg auf andere Weise befriedigt.

Friedrich, welcher für den Krieg 29 Millionen Thaler geopfert und eine große Anzahl seiner Truppen verloren hatte, verlangte im Frieden keine Entschädigung. Gleichwohl trug er einen Vortheil davon, der alle die Vortheile überstieg, welche er vielleicht erworben hätte, wenn er den Bestrebungen des Kaisers die Hand geboten. Er gewann durch seinen uneigennützigen Kampf das Vertrauen und die Zuneigung seiner Mit=stände in einem höhern Grade, als er sie je gehabt hatte. Auch Diejenigen, welche bisher die steigende Macht seines Hauses nur mit Eifersucht ange=schaut, erblickten jetzt in diesem Hause einen Schutzgeist der bestehenden Verfassung des deutschen Reiches. Ueberall nannte man Friedrich „den Großen," ja, um ihn von den Anderen, denen die Geschichte einen solchen Beinamen ertheilt, zu unterscheiden, „den Einzigen." Das bayrische Volk vornehmlich verehrte ihn als den Gründer seiner Selbständigkeit. In den bayrischen Bauernhäusern sah man fortan sein Bildniß neben dem des heiligen Corbinian, des Schutzheiligen von Bayern; oft brannte unter beiden Bildern Eine Lampe. So fand es einst ein österreichischer Officier in einem bayrischen Dorfe; er fragte, was das bedeute. Der Wirth gab zur Antwort: „Dieser da ist der Bayern Schutzpatron im Himmel; und dieser hier, Friedrich, der Preußenkönig, ist unser Schutz=patron auf Erden. Beide sind unsere Heiligen; und vor Heiligen bren=nen wir, als gute Katholiken, Lichter."

Und noch ein schöner Zug schließt sich dem bayrischen Erbfolgekriege an. Als Friedrich im Frühjahre 1779 erfuhr, daß die Einwohner des Strichs von Böhmen, welchen seine Armee im vorigen Jahre besetzt und verheert hatte, in äußerster Verlegenheit seien, da es ihnen durchaus an Saatkorn mangle, so öffnete er ihnen seine an der Grenze befindlichen Magazine. Sie konnten aus demselben, wie es ihnen am Gelegensten war, entweder für sehr mäßigen Preis Getreide kaufen oder auch geborgt erhalten, um es nach der Ernte durch neue Frucht zu ersetzen. —

Nach solchen Vorgängen erscheinen die letzten Jahre von Friedrichs politischer Thätigkeit, trotz all der neuen, mannigfach verschiedenen Lebens= und Entwickelungsmomente, welche er um sich her emporsprießen sah, von eigenthümlichem Glanze verklärt. Ehrerbietig horcht man überall den weisen Lehren, den Worten der Mäßigung und Billigkeit, die er in das lebhafte, sich lösende oder neu verwirrende Getriebe des Völkerverkehrs

hinaussendet; begierig strebt man, den eigenen Entschlüssen durch das
Gewicht seines Namens größeren Nachdruck zu geben. So ließ es sich
Rußland, obgleich dessen Interesse von dem preußischen schon wiederum
abgewendet war, und obgleich Friedrich keine Flotte zur Disposition hatte,
sehr angelegen sein, ihn zum Beitritt zu der bewaffneten Seeneutralität
zu vermögen, nur damit durch seine bloße Erklärung die Verbindung einen
um so größeren Einfluß erhalte. Er trat im Jahre 1781 bei. — Bei den
Irrungen, die in Holland zwischen dem Statthalter (dem Gemahl seiner
Nichte) und den sogenannten Patrioten entstanden waren, suchte er nach
beiden Seiten hin begütigend zu wirken, ohne aber anders als durch das
Wort sich in die Angelegenheiten des fremden Volkes zu mischen. Dem
Statthalter schrieb Friedrich, er möge sich vor Allem die Achtung und
das Vertrauen der Nation zu erwerben suchen. „Mit diesen," setzte er
hinzu, „werden Sie, gleich Ihren großen Vorfahren, von denen abzu=
stammen auch ich mir zur Ehre rechne, Ansehn und Einfluß in alle Ge=
schäfte genug haben." — Die ehrenvollste Anerkennung wurde Friedrich
von Seiten der nordamerikanischen Freistaaten zu Theil, die im Jahre
1783 in die Reihe der unabhängigen Staaten eingetreten waren. Sie
wünschten möglichst ausgebreitete Handelsverbindungen mit Europa zu
unterhalten und mit verschiedenen Mächten Tractate abzuschließen, durch
welche den Grundsätzen der Seeneutralität möglichst weite Ausdehnung
gegeben und den unseligen Folgen unvermeidlicher Kriege möglichst enge
Schranken gesetzt würden. Friedrich wurde von ihnen zu solcher Verbin=
dung aufgefordert: „als derjenige Regent, welcher dazu gemacht sei, hierin
allen anderen ein Beispiel zu geben." Friedrich stimmte dem Antrage unver=
züglich bei, und Franklin, Adams und Jefferson schlossen mit dem preußi=
schen Gesandten im Haag, v. Thulemeyer, im Jahre 1785 das Bündniß,
dessen auf geläuterte Humanität gegründete Bestimmungen eins der
ruhmwürdigsten Denkmäler der Geschichte sind.

In demselben Jahre endlich stiftete Friedrich den deutschen Fürsten=
bund, der Dasjenige, was er durch den bayrischen Erbfolgekrieg erstrebt,
auf eine umfassende Weise vollendete. Joseph, seit dem Jahre 1780, da
seine Mutter gestorben war, Alleinherrscher von Oesterreich, hatte nicht
aufgehört, die Furcht der deutschen Reichsstände, daß er nach einer all=
mäligen Umwandlung der Reichsverfassung strebe, rege zu erhalten. Das

Schlimmste glaubte man befürchten zu müssen, als er aufs Neue Anstal=
ten machte, den Erwerb Bayerns, den er im Frieden von Teschen aufge=
geben, auf eine, zwar minder gewaltthätige, Weise zu erringen, und als
sowohl Rußland wie Frankreich jetzt ihre Zustimmung zu dem neuen
Plane gaben. Karl Theodor, der Kurfürst von Pfalzbayern, erhielt den
Antrag, die bayrischen Lande gegen die österreichischen Niederlande, mit
Ausschluß von Luxemburg und Namur, und gegen eine Summe von drei
Millionen für ihn und seine Lehenserben an den Kaiser zu vertauschen.
Die Nachricht hievon wurde dem Herzog von Zweibrücken, im Januar
1785, durch einen russischen Abgeordneten mit dem Bedeuten überbracht,
daß Rußland und Frankreich den Tausch gebilligt hätten und daß der=
selbe, auch wenn der Herzog sich weigere, gleichwohl vor sich gehen würde.
Die Sache erregte sofort das größte Aufsehen; nicht nur war der Tausch
für das bayrische Haus allzu unvortheilhaft: man hielt sich auch für über=
zeugt, daß Oesterreich nach solchem Schritte immer weiter um sich greifen
werde; man sprach davon, daß auch dem Herzoge von Württemberg ein
ähnlicher Antrag gemacht sei, indem ihm Modena für sein väterliches
Erbe sei geboten worden; man sah im Geiste schon alle kleinen Fürsten
Süddeutschlands der österreichischen Oberhoheit unterworfen. Der Her=
zog von Zweibrücken protestirte; er wendete sich wiederum an Friedrich,
der alsbald dem russischen Hofe nachdrückliche Vorstellungen über das un=
gesetzmäßige Verfahren des Kaisers machte, und Katharina sah sich nun
zu der Erklärung bewogen, sie habe den ganzen Plan nur gebilligt, sofern
von einem freiwilligen Tausche die Rede gewesen sei. Von Frankreich er=
folgte dieselbe Erklärung. So sah sich denn auch Joseph genöthigt, die
Sache fallen zu lassen und gleichfalls die Erklärung abzugeben, daß er an
einen erzwungenen Tausch nie gedacht habe.

Aber die Gemüther waren einmal im höchsten Grade erregt, und
es schienen fortan entschiedenere Maßregeln nöthig, um die kleineren Für=
sten des Reiches gegen Oesterreichs Uebermacht zu schützen. Friedrich hatte
dies, in weiser Uebersicht der Verhältnisse, bereits vorausbedacht. Schon
im vorigen Jahre hatte er seinen Ministern den Plan vorgelegt, eine
engere Verbindung der deutschen Reichsstände, ähnlich, wie dergleichen
schon in früheren Jahrhunderten geschehen war, zu Stande zu bringen.
Der bayrische Tausch beschleunigte jetzt die Ausführung dieser Idee.

Sachsen und Hannover wurden zunächst zu einer Verbindung aufgefordert, welche dazu dienen sollte, die Gerechtsame der Stände des deutschen Reichs und überhaupt die Verfassung desselben unverletzt zu erhalten. Schon am 23. Juli kam die Verbindung zu Stande; und sehr schnell, zum Theil unaufgefordert, schloß sich nun auch der bei weitem größere Theil der übrigen Regenten Deutschlands an.

So hatte Friedrich, kurz vor dem Ziele seiner irdischen Bahn, seinem Staate und dem gesammten deutschen Vaterlande durch den deut= schen Fürstenbund das edelste Vermächtniß, die Bürgschaft innerer Kraft und fortdauernden Friedens, gestiftet, — — soweit menschliche Voraus= sicht für die Schicksale der Völker Bürgschaft leisten kann! Daß mit sei= nem Leben wiederum eine Periode geschichtlicher Entwickelung abgelaufen war, daß in wenig Jahren die ungeheuerste Erschütterung aller europäi= schen Staaten erfolgen, daß die Verhältnisse der Fürsten und der Völker eine ganz neue Gestalt annehmen sollten, konnte damals Keiner ahnen. Friedrich hatte sein irdisches Thun zum schönsten Schlusse gebracht; er durfte mit Ruhe und Zufriedenheit sein Auge schließen.

Aber ehe wir uns seinen letzten Augenblicken zuwenden, haben wir noch sein Wirken im Innern seines Staates, seit er die Wunden des siebenjährigen Krieges zu heilen begonnen und den stillen Verkehr seines Hauses zu betrachten.

- - - - - - -

Zweiundvierzigstes Kapitel.

Friedrichs innere Regierung seit dem siebenjährigen Kriege.

Die Verwaltung seines Staates führte Friedrich in den letzten Jahrzehnten seines Lebens, seit der glorreichen Beendigung des sieben= jährigen Krieges, in derselben Weise fort wie er sie in den glücklichen Jahren vor dem verheerenden Kriege begonnen hatte. Die Stunden des Tages waren fortan mit derselben Pünktlichkeit zwischen den Pflichten des höchsten Berufes und zwischen der Muße des Weisen getheilt; das

Jahr verfloß nach denselben Abschnitten, indem er theils von seinem stillen
Landhause aus den allgemeinen Gang der Dinge lenkte, theils an Ort
und Stelle alles Einzelne mit scharfem Blick prüfte. Bis zur Stunde
seines Todes war sein Geist es, der den Organismus seines vielgegliederten Staates belebte, war seine Hand es, die alle Fäden der Regierung
zusammenhielt und lenkte.

Indeß tritt uns, indem wir den allgemeinen Charakter dieser fortgesetzten landesväterlichen Thätigkeit des großen Königs betrachten, zunächst eine Anschauungsweise entgegen, die unserer Zeit bereits fremd geworden ist, die wir uns jedoch klar machen müssen, um ein unbefangenes
Urtheil zu bewahren. Friedrich steht an der Schwelle der neuen Zeit.
Er gab dem Gedanken des Menschen eine Freiheit, die zu jener Zeit ohne
Beispiel gewesen war: er gewährte jedem seiner Unterthanen eine unbedingt gleiche Geltung vor dem Stuhle des Rechtes. Aber es sind im Wesentlichen eben nur diese allgemeineren Verhältnisse, durch welche er dem
neuen Geiste Bahn brach: in der Gestaltung des Einzelnen fand er es
für gut, noch die gemessenen Schranken bestehen zu lassen, die er vorgefunden hatte, ihre Linien sogar noch fester zu ziehen, und der Thätigkeit
seiner Unterthanen die Richtungen vorzuzeichnen, in denen sie sich bewegen sollte. Hierin mag ihn vornehmlich der Umstand bestärkt haben, daß
bereits durch die Bemühungen seines Vaters ein Mechanismus in dem
ganzen Körper des Staates ausgebildet war, dessen Vorzüge vielleicht
schwer durch eine andere Gestaltung der Dinge zu ersetzen waren, und daß
gerade ein solcher Mechanismus günstig schien, um der Ueberlegenheit seines
eigenen Geistes freien Spielraum zu gewähren. In solcher Weise konnte
er eine großartige Selbstherrschaft üben, wie die Geschichte kein zweites
Beispiel kennt. In den späteren Jahren seines Lebens trat, wie es einmal in der Natur des Menschen begründet ist, diese Richtung schärfer hervor als früher; aber wenn auch manche Hemmnisse in der freien Entwickelung der Kräfte seines Volkes dadurch bedingt waren, so hat er diesem
Uebelstande gleichwohl durch den hohen Sinn, mit dem er fort und fort
seine Regierung führte, durch die außerordentlichen Unterstützungen, die
er nach allen Seiten hin spendete, um das Begonnene zu fördern, durch
den reinen Willen, der nur das Gedeihen des Staates im Auge hatte,
aufs Glücklichste entgegengearbeitet.

So erklärt es sich zunächst, daß er den Unterschied der Stände ent=
schieden festhielt und daß er über demselben, als die veränderten Verhält=
nisse in der späteren Zeit seiner Regierung manche Lösung des Alther=
gebrachten wünschenswerth erscheinen ließen, nur mit vermehrter Sorge
wacht. Adel, Bürger und Bauern sollten, ein jeder in seinem abgeschlosse=
nen Berufe, für das Beste des Staates arbeiten; keiner von ihnen sollte
in die Gerechtsame des andern eingreifen. Der Adel sollte seine Stellung
als erster Stand behaupten; er sollte ausschließlich dazu dienen, die
ehrenvollsten Aemter des Staates und besonders die Officierstellen der
Armee zu besetzen; diesem höhern Berufe zu genügen, sollte er seine Ge=
danken von der Richtung auf gemeinen Erwerb unentweiht erhalten, sollte
seine Kraft allein durch den großen Grundbesitz getragen werden. Da
aber der Adel schon gar sehr in Verfall gerathen war und Vielen ein
einträgliches Gewerbe behaglicher gewesen wäre, als der Besitz von Län=
dereien, mit denen sie nichts anzufangen wußten, so wurde Alles gethan,
um sie, selbst wider ihren Willen, in solchem Besitze zu erhalten und sie
zu einer zweckmäßigen Bewirthschaftung desselben zu vermögen. Dem
Verkauf der Rittergüter an Bürgerliche wurde alle mögliche Schwierigkeit
in den Weg gelegt, endlich wurde er ganz verboten. Auf die Verbesserung
der adeligen Güter wurden ansehnliche Summen verwendet, die der König
bereitwillig hergab; von der größten Bedeutung aber und von besonders
günstigem Einflusse auf die wankenden Umstände des Adels war die
Stiftung der landschaftlichen Creditsysteme, die Friedrich in dieser spä=
teren Zeit ins Leben rief und durch welche für die Gelder, die auf die
Güter einer besonderen Provinz erhoben wurden, fortan die ganze Land=
schaft bürgte, so daß der gesunkene Credit rasch und lebendig emporge=
bracht wurde. Noch mancherlei andere Anstalten, unter denen besonders
Cadettenhäuser und Ritterakademien anzuführen sind, richtete Friedrich
zum Besten des Adels ein.

Bei solcher Gesinnung mußte ihm natürlich die Verbesserung des
Ackerbaues sehr am Herzen liegen, und er hat auch dafür nach Kräften
und mit reifer Einsicht gewirkt. Hiebei ließ er sich mit ganz besonderer
Theilnahme auf die persönlichen Verhältnisse der Letzten seiner Unter=
thanen, der Bauern, ein, indem er der Meinung war, daß die Entfer=
nung des Bauernstandes vom Throne, wie sie eben in jenen kastenartigen

Unterschieden begründet war, nur durch das eigene Auge des Landesvaters ausgeglichen werden könne. Doch wagte er es nicht, obgleich er keine wirkliche Leibeigenschaft in seinen Staaten duldete, die Bauern aus den mannigfach abhängigen Verhältnissen zu ihren adeligen Gutsherren zu lösen, indem er hiedurch die vorhandenen Vorrechte der letzteren hätte antasten müssen. So konnte denn auch der Ackerbau nicht zu der erwünschten Blüthe emporgeführt werden. Was in dieser Beziehung mangelhaft blieb, suchte Friedrich durch die Einführung zahlreicher Colonisten aus der Fremde, denen die wüst liegenden Ländereien übergeben wurden und die sich der mannigfachsten Unterstützung erfreuten, zu bewirken. Fast nichts gab seinem Geiste eine solche Befriedigung, als wenn er Wüsten in blühende Gegenden umgewandelt hatte und nun auf diesen ein reges Leben entfaltet sah. Unermeßliche Summen hat er hierauf im Laufe seiner Regierung verwendet. In allen Provinzen seines Staates ließ er, wie er es bereits vor dem siebenjährigen Kriege im Oderbruch begonnen, Moräste und Seen entwässern, durch Dammbauten gegen die Gewalt der Fluthen beschützen, Sandschollen befestigen und zur Erzeugung von Pflanzen geschickt machen. Um alle, auch die geringfügigsten Einzelheiten kümmerte er sich bei diesen neuen Anlagen; manche Gespräche, die er darüber auf seinen Reisen mit den Beamten geführt und die man aufgezeichnet hat, geben hierüber interessante Zeugnisse. Noch heute danken ihm viele reiche Fluren des preußischen Staates ihr Dasein. Ein sehr tüchtiger Mann, v. Brenkenhoff, dessen Verdienste er in dem kleinen dessauischen Lande kennen gelernt hatte, stand ihm in diesen großartigen Bemühungen erfolgreich zur Seite.

Ebenso, wie Adel und Bauern, blieb auch der Bürgerstand in sich abgeschlossen und durch die mittelalterlichen Zunftverhältnisse beengt. Auch ihm wurde die bestimmte Richtung und Thätigkeit, mit welcher er in den Organismus des Staates einzugreifen habe, vorgeschrieben. Besonders ließ es sich Friedrich angelegen sein, das Fabrikwesen zu begünstigen, damit auf solche Weise die Bedürfnisse des Volkes im eigenen Lande erzeugt, das Erworbene im Lande behalten, zugleich auch die Einwohnerzahl soviel als möglich vermehrt würde. In jeder Weise und mit Aufopferung der größten Summen, sowie durch hohe Besteuerung der fremden Waaren, suchte er neue Unternehmungen solcher Art zu unterstützen, und er hatte sich, wenigstens im Einzelnen, manches glücklichen Erfolges zu erfreuen. Vorzügliches Gedeihen hatte die große Porzellanfabrik von Berlin, deren Erzeugnisse bald denen der sächsischen Fabriken zur Seite standen. Friedrich hatte für diese Porzellanarbeiten eine besondere Lieb= haberei; die Fabrik in Aufnahme zu bringen, ließ er in ihr große Tisch= Service anfertigen und bediente sich dieser zu Geschenken. Ehe die Fa= brik in Aufnahme kam, machte er, um den Juwelieren Beschäftigung zu geben, die meisten Geschenke mit Dosen und Ringen. Wenn er zum Carneval nach Berlin ging, nahm er eine ziemliche Anzahl kostbarer Dosen in zwei Kasten mit, welche durch den langen Sandweg gewöhnlich von einem der beiden Dromedare getragen wurden, die ihm der General Tscher= nitschef überbracht hatte, als er im siebenjährigen Kriege mit seinem Ar= meecorps zu den Preußen gestoßen war. — Ebenso war Friedrich fort und fort bemüht, auch den Handel, wie alle Zweige des Erwerbs, durch verschiedene Einrichtungen in Aufnahme zu bringen, namentlich durch die vermehrte Anlage bedeutender Wasserstraßen, unter denen besonders der Bromberger Canal, welcher die Oder mit der Weichsel verbindet, von Bedeutung ist.

Nach allen Richtungen hin war der unermüdliche König bemüht, ob auch die Last der Jahre allgemach schwer zu tragen wurde, Betriebsamkeit und eifrige Regung der Kräfte zu verbreiten, allenthalben suchte er, wo Elend und Verfall drohte, zu steuern und die sinkenden Kräfte emporzuhalten. Von seinem hohen Wohlthätigkeitssinne und von der Weisheit, durch welche derselbe begleitet wurde, bewährt die Geschichte eine Reihe von Zeugnissen, die auch das stumpfste Gemüth zur Verwunderung und Ver= ehrung hinreißen. Er sammelte in den fruchtbaren Jahren mit umsich= tiger Sorgfalt ein, um in den Jahren des Mangels sein Volk vor dem Hunger zu bewahren. So waren im Jahre 1770 und zunächst vorher die Ernten überall äußerst ergiebig gewesen, an manchen Orten so be= deutend, daß man das Getreide nicht aufzuspeichern vermochte und auf dem Felde verderben ließ. Friedrich aber hatte seine großen Magazine reichlich gefüllt; und als nun auf diese Zeit, in den Jahren 1771 und 1772, furchtbarer Mißwachs folgte, da konnte er seine Kornspeicher öff= nen, das Gesammelte zu wohlfeilen Preisen verkaufen und den Dürftigen umsonst geben. Viele Tausende starben in den Nachbarländern des

entsetzlichsten Hungertodes: in Preußen erlag Keiner dem Hunger oder des=
sen Folgeu; vielmehr konnte auch noch den großen Schaaren der Frem=
den, die in Preußen Hilfe suchten, Unterstützung gereicht werden. Von
dieser Zeit an erkannte man es, daß Friedrich eben so weise als Regent,
wie groß als Feldherr sei.

Als die Stadt Greiffenberg in Schlesien, durch ihren Leinwand=
handel ausgezeichnet, im Jahre 1783 abgebrannt war, gab Friedrich an=
sehnliche Baugelder, sodaß die unglückliche Stadt schnell wieder aufge=
baut werden konnte. Die Bürger sendeten ihm im folgenden Jahre, als
er auf seiner schlesischen Reise sich in Hirschberg aufhielt, eine Deputation,
ihm ihren Dank auszusprechen. Friedrich saß mit dem Prinzen von Preu=
ßen und zwei Adjutanten an der Tafel, als die Deputirten eintraten.
Der Sprecher sagte zu ihm: „Ew. Königlichen Majestät statten wir im
Namen der abgebrannten Greiffenberger den allersubmissesten Dank ab
für das zur Aufbauung unserer Häuser allergnädigst verliehene Gnaden=
geschenk. Freilich ist der Dank eines Staubes, wie wir sind, ganz un=
bedeutend und ein Nichts. Wir werden aber Gott bitten, daß er Ew.
Majestät für dieses königliche Geschenk göttlich belohne.“ Hier stiegen
dem alten Könige Thränen ins Auge, und er sagte die ewig denkwürdi=
gen Worte: „Ihr habt nicht nöthig, Euch dafür bei mir zu bedanken.
Es ist meine Schuldigkeit, meinen verunglückten Unterthanen wieder auf=
zuhelfen: dafür bin ich da!“

Auch fuhr Friedrich fort, durch verschiedene Bauten sowohl müßige
Hände zu beschäftigen, als seinen Residenzen ein immer würdevolleres
Ansehen zu geben. Zu den Prachtbauten seiner späteren Zeit gehören
das Bibliothekgebäude und die colossalen Gensdarmenthürme zu Berlin.
Der Bau der letzteren wurde 1780 begonnen und schnell ausgeführt. Der
eine dieser Thürme, der zu der sogenannten deutschen Kirche gehörige,
stürzte bereits im nächsten Jahre, bei nächtlicher Weile, zusammen; aber
eben so rüstig wurde der Bau von Neuem begonnen und das mächtige
Werk im Jahre 1785 vollendet.

Für die Bildung des Volkes durch Schulen hat Friedrich wenig
Umfassendes und Durchgreifendes gethan, und man hat dies als einen
Hauptmangel seiner Regierung herausgestellt. In der That ist es so;
aber indem Friedrich zugleich alle Beschränkung des Gedankens und allen

Gewissenszwang aus seinen Landen fern hielt, wurde gleichwohl dem wissenschaftlichen Bestreben eine Bahn eröffnet, welche in kurzer Frist zu den schönsten Erfolgen führte und welche, wenn auch erst allmälig und in später Zeit, schon von selbst einen höhern Bildungsgrad über die Gesammtmasse des Volkes verbreiten mußte. Dieselben Grundsätze der kirchlichen Duldung, wie in seinen früheren Jahren, übte Friedrich auch in der späteren Zeit seines Lebens aus. Wie frei er selber denken mochte, er störte Keinen in seiner religiösen Ueberzeugung. Selbst unter seinen nächsten Freunden befanden sich mehrere von streng kirchlicher Gesinnung, den verschiedenen Confessionen zugethan; Friedrich ließ sie ruhig gewähren und wußte sie nur, wegen der festen Ueberzeugung, die sie einmal gewonnen hatten, zu beneiden. Unschuldigen Schwärmern, so lange sie von ihrer Seite nicht das Gebot der Toleranz überschritten, legte er keine Hindernisse in den Weg. Die zahlreichen Katholiken Westpreußens fanden dieselbe Anerkennung wie die Katholiken in Schlesien. Ja, Friedrich ging mit diesen Maßregeln so weit, daß er selbst den Jesuitenorden, nachdem derselbe durch päpstlichen Befehl aufgehoben war, in Schlesien noch mehrere Jahre fortbestehen ließ, indem er den Werth dieses Ordens für die Bildung der katholischen Geistlichen, die er vor der Hand durch kein besseres Mittel zu ersetzen wußte, wohl anerkannte. So wurde auch die Bücher-Censur im allgemeinen mit größter Milde gehandhabt. Besonders gegen Satiren auf seine eigene Person erwies sich Friedrich, königlichen Sinnes, äußerst nachsichtig. Als die Wiener es mißdeuteten, daß man einem Berliner Kalender mit Darstellungen aus dem Don Quichote das Bildniß Kaiser Josephs vorgesetzt hatte, befahl Friedrich, man möge für den nächsten Kalender noch lächerlichere Gegenstände ersinnen und sein eigenes Bildniß voranstellen; dies geschah auch, und man wählte dazu den rasenden Roland.

Mit höchstem Eifer aber sorgte Friedrich bis an den Abend seines Lebens für eine umfassende und parteilose Rechtspflege. Darüber schrieb er einst, im Jahre 1780, an d'Alembert: „Ursprünglich sind die Regenten die Richter des Staates; nur die Menge der Geschäfte hat sie gezwungen, dieses Amt Leuten zu übertragen, denen sie das Fach der Gesetzgebung anvertrauen. Aber dennoch müssen sie diesen Theil der Staatsverwaltung nicht zu sehr vernachlässigen, oder wohl gar dulden,

daß man ihren Namen und ihr Ansehen dazu mißbraucht, um Ungerech=
tigkeiten zu begehen.   Aus diesem Grunde bin ich benöthigt, über Die=
jenigen zu wachen, denen die Handhabung der Gerechtigkeit übertragen
ist; denn ein ungerechter Richter ist ärger als ein Straßenräuber.   Allen
Bürgern ihr Eigenthum sichern und sie so glücklich machen, als es die
Natur des Menschen gestattet, diese Pflicht hat ein Jeder, der das Ober=
haupt einer Gesellschaft ist, und ich bestrebe mich, diese Pflicht aufs
Beste zu erfüllen.   Wozu nützte es mir auch sonst, den Plato, Aristote=
les, die Gesetze des Lykurg und Solon gelesen zu haben? Ausübung der
guten Lehren der Philosophen, das ist wahre Philosophie." — Friedrich
war in diesem Bestreben um so eifriger, als die frühere Justizreform bei
der Schnelligkeit, mit der sie ausgeführt war, noch mancherlei Uebel=
stände zurückgelassen hatte und er die Abstufungen der verschiedenen
Stände keineswegs bis auf den Spruch des Rechtes ausgedehnt wissen
wollte.   Im Gegentheil trieb ihn seine landesväterliche Sorgfalt, sich
gerade seiner niedrig gestellten Unterthanen gegen die höheren, bei denen
möglicherweise mancherlei Einfluß auf das richterliche Urtheil vorausge=
setzt werden konnte, vorzugsweise anzunehmen; jedem seiner Untertha=
nen hatte er es freigestellt, sich unmittelbar an ihn zu wenden.   Dies
gab ihm das innigste Zutrauen von Seiten des Volkes.   Aber auch
mancher unbegründete Einspruch gegen die Urtheile des Gerichts kam auf
diese Weise vor ihn; und da überhaupt im Lauf der Jahre alte und
neue Mißbräuche in den Rechtsangelegenheiten sichtbar geworden waren,
so dienen jene Klagen der Niederen oft nur dazu, ihn gelegentlich gegen
die Richter mit Mißtrauen zu erfüllen.   Eine kleine Begebenheit gab
den Anlaß, daß dieses Mißtrauen auf eine unerwartet heftige Weise
hervorbrach; aber sie bewirkte zugleich eine neue, äußerst wohlthätige
Reform.

Ein Müller, Namens Arnold, besaß in der Neumark eine Mühle,
für welche er dem Grafen v. Schmettau eine jährliche Erbpacht zu be=
zahlen hatte.   Hiermit blieb er im Rückstande, unter dem Vorwande,
daß ihm durch die Anlage eines Teiches, den ein anderer Gutsherr, der
Landrath v. Gersdorff, oberhalb der Mühle graben lassen, das nöthige
Wasser genommen sei.   Graf Schmettau klagte endlich den Säumigen
aus, und die Mühle wurde auf gerichtlichem Wege verkauft.   Der Müller

führte nun vielfache Beschwerde, wurde aber stets, weil seine Klage, den besonderen Verhältnissen gemäß, ganz unstatthaft sei, abgewiesen. Er wendete sich nunmehr zu verschiedenen Malen unmittelbar an den Kö= nig, bis dieser die Sache durch einen Officier untersuchen ließ, den er für unparteiisch hielt, der aber, die Verhältnisse nicht eben genau unter= suchend, die Angelegenheit zu Gunsten des Müllers darstellte. Es er= folgten noch weitere gerichtliche Untersuchungen, welche wiederum bei dem bisherigen Urtheil stehen blieben. Friedrich, eingenommen durch den Bericht jenes Officiers und unwillig, daß dem Armen sein Recht so lange vorenthalten bleibe, übergab endlich die Sache dem Kammergericht zu Berlin, mit dem Befehl, den Proceß schleunig zu beenden. Doch auch das Kammergericht fand nur, daß das Urtheil zu bestätigen sei. Nun glaubte Friedrich, daß man blos den Adeligen zu Gunsten Recht gespro= chen habe und daß man die vermeinte Unabhängigkeit der richterlichen Würde auch gegen ihn zu behaupten suche; er beschloß, gewaltig durchzu= greifen und ein Beispiel der Warnung für gewissenlose Richter aufzustel= len. Es war im December 1779. Der Großkanzler v. Fürst und drei Räthe des Kammergerichts erhielten Befehl, vor ihm zu erscheinen. Sie fanden ihn in seinem Zimmer, am Chiragra leidend. Hier hielt er ihnen mit heftigen Worten ihr Benehmen vor, so wie es ihm erschienen war. „Sie müßten wissen,“ sagte er, „daß der geringste Bauer und Bettler ebensowohl ein Mensch sei, wie der König. Ein Justiz=Colle= gium,“ fügte er hinzu, „das Ungerechtigkeiten ausübt, ist gefährlicher wie eine Diebsbande: vor der kann man sich schützen; aber vor Schel= men, die den Mantel der Justiz gebrauchen, um ihre übeln Passionen auszuführen, vor denen kann sich kein Mensch hüten; die sind ärger wie die größten Spitzbuben, die in der Welt sind, und meritiren eine dop= pelte Bestrafung.“ Den Großkanzler entließ er mit harten Ausdrücken und mit der Erklärung, daß er seines Dienstes nicht weiter bedürfe und seine Stelle schon wieder besetzt sei; die drei Räthe wurden in das Stadt= gefängniß gebracht. Sodann wurde dem Criminalsenate des Kammer= gerichts eine Untersuchung über die verschiedenen richterlichen Collegien, welche bisher in dieser Sache geurtheilt hatten, übertragen; doch der Senat erkannte auf ihre Unschuld. Friedrich aber bestimmte aus eigener Machtvollkommenheit, daß jene Räthe des Kammergerichts und mehrere andere Justizbeamte cassirt, mit einjähriger Festungsstrafe belegt werden und allen Schaden des Müllers ersetzen sollten.

Der ganze Vorfall, besonders aber das durch königlichen Macht= spruch erfolgte Urtheil, erregte außerordentliches Aufsehen. In fernen Ländern pries man die unnachsichtige Rechtspflege des Königs, die sorg= sam auch über dem Wohle des Geringsten seiner Unterthanen wache. In der Nähe hatte das unerwartete Ereigniß zwar viele Gemüther auf's Tiefste erschüttert; man mußte die unglücklichen Opfer innig bedauern, aber man erkannte zugleich die hehre Absicht und durfte sich der freudigen Zuversicht hingeben, daß aus so edlem Willen kein weiteres Uebel her= vorgehen könne. Auch war man der Gesinnung des Königs zu gewiß, als daß man in sclavischer Furcht seine Meinung über das Ereigniß un= terdrückt hätte. Alles eilte, dem abgesetzten Großkanzler sein Beileid zu bezeigen; die Wagenreihen der Besucher waren so aufgefahren, daß sie geradezu aus den Fenstern des königlichen Schlosses gesehen werden muß= ten. Wenige Tage zuvor war ein neuer österreichischer Gesandter ange= kommen und hatte eine Wohnung in der Nähe des abgesetzten Großkanz= lers bezogen; als er das Gedränge der Besucher wahrnahm, äußerte er: „In anderen Ländern eilt man zu den Ministern, die neu angestellt sind; hier, wie ich sehe, zu dem, der ungnädig entlassen worden." Ebenso wurde auch den nach der Festung abgeführten Räthen von allen Sei= ten Theilnahme bezeugt und mannigfach für die Erleichterung ihres Schicksals gesorgt. Friedrich hinderte das Alles auf keine Weise; und so dürften in der That nur wenige Züge zu finden sein, die — rücksichtlich der Begeisterung, welche das Volk für seinen König hegte, — für die Würde dieses Verhältnisses ein ehrenvolleres Zeugniß geben könnten.

An die Stelle des verabschiedeten Großkanzlers hatte Friedrich den bisherigen schlesischen Justizminister von Carmer berufen. Er hatte in diesem schon früher den Mann erkannt, der fähig war, die erwünschte neue Justizreform zu Stande zu bringen. Jetzt erhielt Carmer den Auftrag, ein dem Geiste der Nation und dem Standpunkte der bürgerlichen Ver= fassung angemessenes Gesetzbuch und eine neue Proceßordnung zu besor= gen. Carmer machte sich an das Werk; er wählte sich ausgezeichnete Gehilfen zu dieser Arbeit, ernannte eine besondere Gesetz=Commission, erweiterte den Antheil an dem großen Geschäfte durch ausgesetzte Prämien und brachte endlich, nach jahrelanger rastloser Mühe, in dem „Allgemeinen Landrecht" und der „Allgemeinen Gerichtsordnung für die preußischen Staaten" ein Gesetzbuch zu Stande, dessen Gleichen das neuere Europa noch nicht gekannt hatte. Friedrich erlebte die Vollendung dieses Werkes nicht; aber ihm bleibt die Ehre, von dem Beginn seiner Regierung bis in die letzten Jahre seines Lebens mit höchstem und erfolgreichstem Eifer für eine Angelegenheit gewirkt zu haben, welche die erhabenste Pflicht des Herrschers und die Grundbedingung all des Glückes ist, welches der Mensch im gesellschaftlichen Verbande sucht.

Dreiundvierzigstes Kapitel.

Friedrichs häusliches Leben im Alter.

Von dem heitern Kreise, der sich in früheren Jahren in Sanssouci bewegt und die Muße des großen Königs verschönert hatte, war im Verlaufe des siebenjährigen Krieges gar Mancher geschieden. Ein großer Theil von Friedrichs Freunden lag bereits, als er nach den Stürmen des Krieges in sein stilles Asyl zurückzog, im fernen Reiche der Erinnerung. Aber gern gedachte er der glücklichen Zeiten, und gern ließ er ihren Abglanz in die stets einsamer werdende Gegenwart herüberleuchten. Seiner verehrten Schwester, der Markgräfin von Baireuth, weihte er ein eigenthümliches Denkmal. „Mag es Schwachheit oder übertriebene Berehrung sein," — so schrieb er im Jahre 1773 an Voltaire, — „genug, ich habe für diese Schwester das ausgeführt, worauf Cicero für seine Tullia dachte, und ihr zu Ehren einen Tempel der Freundschaft errichten lassen. Im Hintergrunde steht ihre Statue, und an jeder Säule ist ein Medaillon von einem solchen Helden befindlich, der sich durch Freundschaft berühmt gemacht hat. Der Tempel liegt in einem Bosquet meines Gartens, und ich gehe oft dahin, um an so manchen Verlust und an das Glück zu denken, das ich einst genoß." — Noch heute giebt der zierliche Marmorbau dieses Freundschafts-Tempels den schönen landwirthschaftlichen Bildern, welche sich in dem Garten von Sanssouci aneinanderreihen, mehrfach einen charakteristischen Reiz.

In gleicher Weise gab Friedrich auch der Erinnerung an die abge=
schiedenen Helden, die unter ihm für das Vaterland gekämpft, durch eine
Reihe von Denkmälern eine feste Stätte. Das marmorne Standbild
Schwerins hatte er schon während des siebenjährigen Krieges beginnen
lassen; im April 1769 wurde dasselbe auf dem Wilhelmsplatze zu
Berlin aufgestellt. In späteren Jahren folgten auf derselben Stelle die
Statuen von Seydlitz, Keith (dem Feldmarschall, der bei Hochkirch ge=
fallen war) und Winterfeldt. Zieten, der wenige Monate vor Friedrich
starb, erhielt sein Denkmal erst unter dem folgenden Könige und noch
später ward diesen Fünfen das Standbild des Siegers von Kesselsdorf,
des Fürsten Leopold von Dessau, hinzugefügt. So gemahnen die Mar=
morbilder, die unter den Linden des Wilhelmsplatzes stehen, die Nach=
kommen fort und fort an jene unvergeßliche Zeit.

Bis zur Zeit des bayrischen Erbfolgekrieges blieben Friedrich indeß
noch einige nähere Freunde erhalten, mit denen er der Vergangenheit ge=
denken und sich auch noch so mancher anmuthigen Blüthe, welche der Herbst
des Lebens aufs Neue emporsprießen machte, erfreuen konnte. Marquis
d'Argens zwar, der während des siebenjährigen Krieges so treu an dem
Könige gehalten und mit der Schärfe seiner Feder für ihn gekämpft hatte,
fand sich, als das gebrechliche Alter sich einstellte, in der rauhen Luft des
Nordens nicht mehr behaglich und sehnte sich bald nach seiner warmen
Heimat, nach der schönen Provence, zurück. Friedrich mußte ihn schon
im Jahre 1764 zu einem Besuche dorthin entlassen; da ihm aber der
Freund zu lange ausblieb, so sann er auf ein eigenes Mittel, seine Rück=
kehr zu beschleunigen. Er setzte, im Namen des Erzbischofs von Aix,
einen förmlichen Hirtenbrief gegen die Freigeister auf, unter denen der
Marquis namentlich angeführt wurde, und sendete diesen in einigen Exem=
plaren an Personen von d'Argens Bekanntschaft. D'Argens, nicht ge=
wohnt, mit persönlicher Gefahr zu scherzen, meinte, das könne ihm von
Seiten fanatischer Landsleute eine bedenkliche Bewegung bereiten; noth=
gedrungen entschloß er sich zur Rückreise. Doch blieb die Sehnsucht nach
der Heimat wach, und aufs Neue bat er Friedrich, ihn zu entlassen. Da
der König sich entschieden weigerte, seine Zustimmung zu geben, so glaubte
d'Argens endlich, Friedrich halte ihn nur deshalb fest, weil er so viele
vertraute Briefe, die leicht zu Mißbrauch Anlaß geben könnten, von

seiner Hand besitze. Er packte sie zusammen und sendete sie an Friedrich
zurück, mit innig ausgesprochenem Dank für alle die Gnade, welche er
bei ihm genossen, und mit der erneuten Bitte um seinen Abschied. Jetzt
gewährte Friedrich, tief gerührt, die Bitte des Freundes. D'Argens erhielt das Packet Briefe uneröffnet zurück; gleichwohl nahm er sie nicht
mit, als er, im Jahre 1769, den gastlichen Boden verließ. Bald nachdem er seine Heimat erreicht hatte, starb er.

Zwei Andere, Fouqué und der Lord-Marschall Keith, beide hoch-
betagt, blieben bis an ihren Tod getreu zur Seite des Königs und erfreuten sich der theilnehmendsten Sorgfalt, mit der Friedrich, selbst schon
die Beschwerden des Alters fühlend, ihre letzten Tage zu erheitern suchte.
Fouqué hatte, nachdem er aus der österreichischen Gefangenschaft zurückgekehrt war, dem Kriegsdienste entsagt, zu dessen Erfüllung seine Kräfte
nicht mehr hinreichten; zum Domprobste in Brandenburg ernannt, nahm
er fortan dort seine Wohnung, aber mehrfach besuchte er den König in
Sanssouci oder empfing, als er nicht mehr reisen konnte, dessen Besuche
in seiner stillen Zurückgezogenheit. Friedrich sendete ihm Alles zu, was
ihm das Leben noch angenehm und behaglich machen konnte, hundertjäh-
rige Weine, die ausgesuchtesten Früchte seines Gartens und andere Dinge
für seinen häuslichen Bedarf. Um seine Spaziergänge in des Freundes
Gesellschaft zu genießen, ließ Friedrich ihn, den seine Füße nicht mehr
tragen wollten, in einem Sessel die Treppen herabtragen, in einen eigends
dazu verfertigten Wagen setzen und durch die Alleen von Sanssouci fahren, während er zu Fuße nebenher ging. Als sein Gehör schwach wurde,
sendete er ihm mancherlei Röhren zur Verstärkung des Schalles. Als ihm
selbst das Sprechen schwer wurde, erfand man eine Maschine, durch Zu-
sammensetzung der Buchstaben die Worte zu ergänzen, die er nicht aussprechen konnte, und auch Friedrich bediente sich dieser Methode, um sich
mit ihm zu unterhalten. Im Jahre 1774 starb Fouqué.

Noch näher gestaltete sich das Verhältniß mit dem Lord-Marschall
Keith, der während des siebenjährigen Krieges in wichtigen diplomatischen Sendungen beschäftigt gewesen war. Zwar hatte auch diesen, nach
Beendigung des Krieges, das Heimweh nach Schottland gezogen; aber
der Siebzigjährige hatte sich dort gar vereinsamt gefühlt, und so führte
ihn schon im Jahre 1764 ein stärkeres Heimweh nach Sanssouci zurück

Friedrich ließ ihm neben Sanssouci ein Haus bauen und einrichten, über dessen Eingang Keith die Worte setzte: Fridericus II. nobis haec otia fecit. Täglich konnte er, ganz nach seinem Belieben, um Friedrich sein und alle Bequemlichkeiten genießen. Er fühlte sich in dem Landhause des großen Königs, das scherzweise unter den Freunden oft „das Kloster" genannt wurde, sehr glücklich. „Unser Pater Abt," pflegte er zu sagen, „ist der umgänglichste Mensch von der Welt." — „Indeß (fügte er hinzu), wenn ich in Spanien wäre, so würde ich mich in meinem Gewissen verpflichtet achten, ihn bei der heiligen Inquisition als der Zauberei schuldig anzugeben. Denn würde ich wohl, wenn er mich nicht bezaubert hätte, hier verbleiben, wo ich nur das Bild der Sonne sehe, während ich in dem schönen Klima von Valencia leben und sterben könnte?" — In Valencia hatte Keith früher glückliche Tage verlebt und dort, wie er sagte, „viele gute Freunde gefunden, besonders die liebe Sonne." Er blieb Friedrich in unwandelbarer Treue und Offenheit ergeben und hieß allgemein nur „der Freund des Königs." Er starb, 88 Jahr alt, während des bayrischen Erbfolgekrieges.

Ebenso erfreute sich auch der alte Zieten mannigfacher Huld und Theilnahme. Zieten wohnte in Berlin und der König besuchte ihn allemal, wenn er dahin kam. Einst war Zieten an Friedrichs Tafel eingeschlummert; einer der Mitspeisenden wollte ihn wecken, aber Friedrich sagte: „Laßt ihn schlafen, er hat lange genug für uns gewacht." Im Jahr 1784, als Friedrich zur Carnevalszeit Berlin besuchte, erschien Zieten, 84 Jahre alt, im Parolesaale des Schlosses. So wie ihn Friedrich bemerkte, trat er auf ihn zu, begrüßte ihn und sagte: „Es thut mir leid, daß Er sich die Mühe gegeben hat, die vielen Treppen zu steigen; ich wäre gern zu Ihm gekommen. Wie steht's mit der Gesundheit?" — „Die ist gut, Ew. Majestät, mir schmeckt noch Essen und Trinken, aber ich fühl's, daß die Kräfte abnehmen." — „Das Erste hör' ich gern; aber das Stehen muß Ihm sauer werden." Friedrich befahl, einen Stuhl herbeizubringen. Zieten weigerte sich, davon Gebrauch zu machen, versichernd, er sei nicht müde; der König aber bestand darauf; mit den mehrmals wiederholten Worten: „Setz' Er sich, alter Vater! setz' Er sich, sonst geh' ich fort, denn ich will Ihm durchaus nicht zur Last fallen." Zieten gehorchte endlich, und Friedrich unterhielt sich stehend noch geraume Zeit mit ihm.

Mit den Entfernten setzte Friedrich, wie in früheren Zeiten, einen lebhaften Briefwechsel fort, unablässig bemüht, seine Gedanken über die wichtigsten Interessen des Menschen auszutauschen. Vorzüglich ist unter diesem Briefwechsel der mit Voltaire und mit d'Alembert ausgezeichnet. Doch auch hier riß der Tod bald neue Lücken. Voltaire starb, wie bereits bemerkt, während des bayrischen Erbfolgekrieges, gleichzeitig mit dem Lord=Marschall Keith. D'Alembert's vertrauliche Worte blieben dem Könige bis zum Jahre 1783.

Neben dem Genusse, den die Freunde aus der alten Zeit gewährten, tauchten nach dem siebenjährigen Kriege indeß auch noch einige eigen=thümliche Freuden geselligen Verkehrs für den alternden König auf. So wurde der Sylvesterabend an sogenannter „Confidenztafel" mit einigen Damen, die Friedrich aus jener alten Zeit werth waren, unter dem Vor=sitz seiner Schwester, der unvermählten Prinzessin Amalie, gefeiert. Da nach althergebrachter Sitte den Frauen am letzten Tage des Jahres die Herrschaft gebührt, so fand eine Jede von ihnen unter ihrer Serviette Krone und Scepter von Zucker, die Süßigkeit ihres Regiments anzudeu=ten. Wirth und Gäste boten an diesem Abend allen Witz und alle Laune auf, um das Fest mit Fröhlichkeit zu schmücken. Aber auch hier trat nur zu bald der Tod störend hinein. — Noch heiterer entfaltete sich auf kurze Zeit das Leben um Friedrich, als der Prinz von Preußen, Friedrich Wil=helm, sich im Jahre 1765 mit der anmuthigen Prinzessin Elisabeth von Braunschweig vermählte. Fast täglich wurden jetzt einige Officiere, oft schon des Nachmittags, zum Könige eingeladen, auch wenn er auf Sans=souci war; zur Unterhaltung dienten theatralische Vorstellungen, jede Woche war einige Male Tanz nebst kleinen gesellschaftlichen Spielen. Der König selbst nahm an diesen Vergnügungen stets lebhaften Antheil. Aber die Ehe war unglücklich; sie mußte nach einigen Jahren schon auf=gelöst und die Prinzessin vom Hofe entfernt werden. Neue Einsamkeit, durch bittern Unmuth verdüstert, trat schnell an die Stelle des fröhlichen Verkehrs. — Die Prinzessin Elisabeth ist im höchsten Alter erst kürzlich (am 18. Februar 1840) zu Stettin gestorben, die Einzige, die von den Tagen des alten Glanzes von Sanssouci noch aus eigener Theilnahme Kunde zu geben vermochte.

Die Zeit des bayrischen Erbfolgekrieges, von der ab der Tod mit

rascher Hand die letzten Umgebungen Friedrichs lichtete, bezeichnet auch
die Periode, bis zu welcher die musikalischen Genüsse, die so wesentlich
zur Erfrischung seines Geistes beitrugen, andauerten. Bis gegen diese
Jahre war des Abends regelmäßig, nach alter Sitte, im Zimmer des Kö=
nigs Concert. Als ein besonders merkwürdiges Concert hat man jenes
aufgezeichnet, welches im September 1770, als Friedrich in Potsdam
den Besuch der verwitweten Kurfürstin Antonie von Sachsen empfing,
angeordnet wurde: die Kurfürstin spielte den Flügel und sang; Friedrich,
von Quantz begleitet, blies die erste Flöte, der Erbprinz von Braunschweig
spielte die erste Violine und der Prinz von Preußen das Violoncell. Aber
Quantz starb im Jahre 1773, mangelnde Vorderzähne verhinderten
Friedrich am Flöteblasen und so fand er, da er die eigene Thätigkeit auf=
geben mußte, bald auch im Anhören der Concerte keine Freude mehr.

Allmälig wird es immer einsamer um den König her. Auch von
den Gliedern seiner Familie verläßt einer nach dem andern, mancher in
blühender Jugend, seinen Platz. Aufs Tiefste hatte ihn besonders der
Tod eines geliebten hoffnungsvollen Neffen erschüttert, des Prinzen Hein=
rich, jüngern Bruders des Prinzen von Preußen, der im Jahre 1767,
zwanzig Jahre alt, starb. Er schrieb auf ihn eine Gedächtnißrede, die all
seine Zärtlichkeit für diesen Prinzen und alle Trauer über seinen Verlust
athmet, und ließ dieselbe in der Akademie vorlesen. Ueberhaupt hatte er
mit seiner Familie allmälig immer weniger vertrauten Verkehr. Seine
Gemahlin lebte in ihrer stillen Zurückgezogenheit, ihre Tage nur durch
Wohlthun, wissenschaftliche Beschäftigung und kindliche Frömmigkeit be=
zeichnend, ohne Sanssouci je gesehen zu haben. Zuweilen pflegte er des
Winters bei ihr im Schlosse von Berlin zu speisen, ohne doch jemals mit
ihr zu sprechen. Das seltene Fest des goldenen Ehejubiläums, das im
Jahre 1783 fiel, wurde nicht öffentlich gefeiert. Doch sorgte er nach
wie vor, sie in den gebührenden Ehren zu erhalten. Sie starb elf Jahre
nach ihm.

Auch zu dem Thronfolger, dem Prinzen von Preußen, gestaltete sich
kein näheres Verhältniß. Manche Gründe hatten eine gegenseitige Kälte
veranlaßt. Indeß äußerte Friedrich eine lebhafte Freude, als dem Prin=
zen, nachdem dieser zur zweiten Ehe geschritten, der erste Sohn, der nach=
malige König Friedrich Wilhelm III., am 3. August 1770 geboren und

hiedurch der weiteren Thronfolge eine Bürgschaft gegeben wurde. „Ich wünsche,“ — so schrieb er über dieses Ereigniß prophetischen Sinnes an Voltaire, — „daß dieses Kind die Eigenschaften habe, welche es haben muß, und daß es, fern davon, die Geißel des menschlichen Geschlechtes zu sein, vielmehr dessen Wohlthäter werde.“ Und an einen andern Freund schrieb er: „Ein Ereigniß, das für mich und für mein ganzes königliches Haus so wichtig ist, hat mich mit der lebhaftesten Freude erfüllt; und was mir diese Freude noch inniger macht, ist, daß sie das ganze Vater= land mit mir theilt. Könnte es einst auch mit mir die Freude theilen, diesen jungen Prinzen auf den ruhmvollen Bahnen seiner Vorfahren schreiten zu sehen!“ — In solcher Weise knüpft sich die schicksalsvolle Zu= kunft unmittelbar an die Tage Friedrichs; und wie er selbst einst, am Tage seiner Taufe, von seinem Großvater in das Leben eingeführt wurde, so trägt er jetzt das nachfolgende Geschlecht den Worten der Weihe für das Leben entgegen. Ein Bericht über die Taufe des Prinzen Wilhelm, jüngsten Sohnes des Thronfolgers, des nachmaligen Siegers von Laon, giebt uns das Bild einer solchen Scene, die freilich, im Gegensatz gegen die prunkvollen Ceremonien König Friedrich's I., den Charakter einer we= sentlich verschiedenen Zeit offenbart. Es war der 10. Juli 1783, an welchem Prinz Wilhelm zu Potsdam getauft werden sollte. Das Corps der höheren Officiere von der Garde hatte sich vor dem Palais des Prin= zen versammelt und erwartete hier den König. Als dieser, in Begleitung des Prinzen Friedrich von Braunschweig, angekommen war, wurde er durch den Thronfolger hinaufgeleitet, während die übrige Versammlung nachfolgte. Vor dem Zimmer der Prinzessin befanden sich die Kinder des Prinzen, den König zu empfangen. Hier stand auch ein Tisch mit einem silbernen Taufbecken, zur Seite ein rothes Paradebett, auf welchem der Täufling lag. Dabei standen der Hofprediger, die Amme und ein paar Kammermädchen. Nachdem der König sich hier etwa eine Minute aufgehalten hatte, ging er in das folgende Zimmer, in welchem die Prin= zessin von Preußen auf dem Bette saß. Nach kurzer Beglückwünschung kehrte Friedrich wieder in das Taufzimmer zurück; eine der Hofdamen hatte unterdeß den Prinzen von dem Paradebette aufgenommen und legte ihn dem Könige, sobald er an den Tauftisch trat, in die Arme. Der Geistliche verrichtete die Handlung mit wenigen Worten, unter denen der

Wunsch, daß der Prinz zur Zierde des königlichen Hauses aufwachsen möge, die Hauptsache war. Hierauf ging der König wieder zu der Prinzessin, um sich zu empfehlen. Als er wegging, standen die kleinen Prinzen noch im Taufzimmer; sie küßten ihm die Hand; der zweite, zehnjährige Prinz — Ludwig, gestorben 1796, — sah seinen großen Oheim beweglich an. „Was fehlt Ihm?" fragte ihn der König. „Sein Rock steht Ihm wohl nicht mehr an? Nun, so ziehe Er nur einen Soldatenrock, wie Sein Bruder, an!" Der kleine Prinz war über diese Erlaubniß außerordentlich erfreut, bedankte sich und Friedrich ging, von dem Prinzen von Preußen begleitet, hinunter und stieg wieder zu Pferde. Das Alles geschah in sieben Minuten.

Besondere Anregung in das Leben von Sanssouci bringen fortan fast nur noch die, freilich nicht seltenen, Besuche ausgezeichneter Reisenden, welche den Mann des Jahrhunderts zu sehen und ihm ihre Huldigung auszusprechen kommen. Viele ausgezeichnete Namen sind unter diesen Besuchern aufbewahrt. Wir nennen nur zwei von ihnen: Lafayette und Mirabeau. Der Letztere wurde dem Könige am 25. Januar 1786 vorgestellt. So knüpft sich auch hier alte und neue Zeit zusammen.

Friedrichs Dienerschaft bestand nur aus wenigen Personen, indem bei seiner einfachen Lebensweise seine Bedürfnisse leicht befriedigt waren. Ueber seinen Verkehr mit diesen Leuten wird eine Menge von Anekdoten erzählt; sie stellen den König meist als einen sehr strengen, oft aber auch als einen ungemein nachsichtigen Herrn dar. Unter diesen Anekdoten ist eine, die seinen eigenthümlichen Charakter auf sehr liebenswürdige Weise hervortreten läßt. An einem Tage, so erzählt man, schellte der König in seinem Zimmer. Da Niemand kam, öffnete er das Vorzimmer und fand seinen Leibpagen auf einem Stuhle eingeschlafen. Er ging auf ihn zu und wollte ihn aufwecken; doch bemerkte er in dem Augenblicke in der Rocktasche des Pagen ein beschriebenes Papier. Dies erregte seine Aufmerksamkeit und Neugier; er zog es hervor und las es. Es war ein Brief von der Mutter des Pagen und enthielt ungefähr Folgendes: Sie danke ihrem Sohne für die Unterstützung, die er ihr übersendet und sich von seinem Gehalt erspart habe. Gott werde ihn dafür belohnen; und diesem solle er so getreu, wie seinem Könige stets ergeben sein, dann werde er Segen haben, und sein irdisches Glück werde ihm gewiß nicht fehlen. Der.

König ging leise in sein Zimmer zurück, holte eine Rolle Ducaten und
steckte sie mit dem Briefe dem Pagen wieder in die Tasche. Bald darauf
schellte er so stark, daß der Page erwachte. „Du hast wohl geschlafen?"
fragte der König. Der Page stammelte eine halbe Entschuldigung und
eine halbe Bejahung her, fuhr in der Verwirrung mit einer Hand in die
Tasche und ergriff mit Erstaunen die Rolle Ducaten. Er zog sie hervor,
wurde blaß und sah den König mit Thränen in den Augen an, ohne ein
Wort reden zu können. „Was ist Dir?" fragte der König. „Ach, Ew.
Majestät," erwiderte der Page, indem er vor ihm auf die Knie fiel, „man
will mich unglücklich machen; ich weiß von diesem Gelde nichts!" —
„Ei," sagte der König, „wem es Gott giebt, dem giebt er's im Schlafe.
Schick's nur Deiner Mutter, grüße sie und versichere ihr, daß ich für Dich
und sie sorgen werde."

Endlich gehören zu der täglichen Umgebung Friedrichs auch noch
die zierlichen Windspiele, deren berührige Lebendigkeit die Stille um ihn
unterbrach und an denen er bis zu seinen letzten Augenblicken seine Freude
hatte. Drei oder vier Hunde waren beständig um ihn; der eine war der
Liebling, diesem dienten die anderen zur Gesellschaft. Er lag stets an der
Seite seines Herrn auf einem besonderen Stuhle, im Winter mit Kissen
bedeckt, und schlief des Nachts in dem Bette des Königs. Alle möglichen
Unarten waren diesen Hunden verstattet; sie durften sich die kostbarsten
Kanapees nach Gefallen aussuchen. Zu ihrem Zeitvertreibe fanden sie in
den Zimmern lederne Bälle zum Spielen. Wenn der König die Bilder=
gallerie von Sanssouci, wo er sich gern aufhielt, oder die Gärten besuchte,
waren sie seine beständigen Begleiter. Auch zum Carneval folgten sie ihm
nach Berlin, in einer sechsspännigen Kutsche, unter der Aufsicht eines be=
sonderen Lakaien. Man versichert, der Letztere habe sich in der Kutsche auf
den Rücksitz gesetzt, da die Windspiele den Vordersitz einnahmen, habe
auch die Hunde stets mit Sie angeredet, z. B. „Biche, sein Sie doch artig!
Alcemene, bellen Sie nicht so!" — Einst ließ sich Friedrich aus Bayle's
Wörterbuch einen Artikel über die Thierseelen vorlesen; er hatte
eben seinen damaligen Lieblingshund Arsinoe auf dem Schoose und sagte
dabei zu dem: „Hörst du, mein Liebling? von dir ist die Rede! Sie sa=
gen, du hättest keinen Geist; aber du hast doch Geist, mein kleiner Lieb=
ling!" — Neben der Flora von Sanssouci, unter der Friedrich sein Grab

sich hatte bereiten lassen, — auch noch in seinem letzten Willen bestimmte er diese Stelle zu seiner Ruhestätte, — sind seine Lieblingshunde nach= einander begraben worden; Steinplatten mit ihren Namen bedecken ihre Gräber.

Auch für seine Leibpferde hatte Friedrich eine eigenthümliche Zunei= gung. Er sorgte für ihre beste Pflege und gab ihnen oft, ihrem besondern Charakter gemäß, die Namen historischer Zeitgenossen. So gehörten der Brühl, Choiseul, Kaunitz, Pitt u. a. zu seinen vorzüglichsten Pferden. Eins hieß Lord Bute; dieses mußte aber die Schuld seines Namensvet= ters abbüßen und mit den Mauleseln Orangenbäume ziehen, als England im Jahre 1762, bundbrüchig gegen Preußen, mit Frankreich Frieden schloß. Besonderer Zuneigung erfreute sich der Rothschimmel Cäsar; als er alt wurde, durfte er frei im Lustgarten des Potsdamer Schlosses umhergehen, auch äußerte das Thier stets große Freude, wenn Friedrich von Sanssouci zur Parade nach Potsdam kam. Oft mußte die Wacht= parade eine andere Wendung machen, wenn Cäsar im Wege stand. Die höchste Gunst aber wurde dem Fliegenschimmel Condé, welcher sich durch ebenso große Schönheit wie durch Tüchtigkeit und munteres Wesen aus= zeichnete, zu Theil. Friedrich hatte für ihn zwei kostbare Reitzeuge von blauem Sammet mit reicher Silberstickerei machen lassen und brauchte ihn fast nur zu Spazierritten. Fast täglich ließ er sich ihn vorführen und fütterte ihn mit Zucker, Melonen und Feigen. Auch kannte der Condé ebenfalls seinen Wohlthäter so gut, daß er, wenn man ihn frei gehen ließ, gerade auf ihn zulief, um sich die gewohnten Delicatessen zu holen; er verfolgte dabei den König oft bis an die Zimmer, selbst bis in den Saal des Schlosses von Sanssouci.

Immer stiller ist es in Sanssouci geworden. Das heitere Gespräch, das einst von Geist und Laune übersprudelte, ist allgemach verhallt; Flöte und Saitenspiel erklingen schon geraume Zeit nicht mehr in den Räumen, welche ihnen gewidmet waren. Aber eins schwindet nicht; Eins ist es, was diesen unbesieglichen Geist trotz aller Entbehrungen, trotz all der Last, mit welcher Alter und Krankheit den Körper drücken, immer auf's Neue frisch und jugendlich macht: es ist die unausgesetzte Beschäf= tigung mit der Wissenschaft. Fort und fort saugt er, wie in den Zeiten des jugendlichen Wissensdranges, neue lebenskräftige Nahrung aus den

Schriftwerken des griechischen und römischen Alterthums und aus denen, welche die Heroen der französischen Literatur hinterlassen haben. Seine Begeisterung bleibt immer neu, mit immer wiederkehrender Liebe erfreut und erwärmt er sich an den Schönheiten, durch welche ihm einst das Auge des Geistes geöffnet wurde. Auch die eigene geistige Thätigkeit rastet nicht; eine große Anzahl von den Erzeugnissen seiner Feder gehört dieser späteren Periode seit dem Ende des siebenjährigen Krieges an. Schon unmittelbar nach dem Kriege hatte er die Geschichte desselben gearbeitet; dann hatten die Geschichten der Theilung von Polen und des bayrischen Erbfolgekrieges ebenfalls Anlaß zu historischer Darstellung gegeben, so daß wir, neben der Geschichte von Friedrichs Vorgängern, zugleich fast die ganze lange Reihe der politischen Ereignisse, an denen er selbst seit dem Beginne des ersten schlesischen Krieges Theil gehabt, von seiner eige= nen Hand und nach seiner eigenen Anschauung aufgezeichnet besitzen, — eine Reihe historischer Werke, wie in ähnlicher Beziehung keine zweite vorhanden ist. Auch waltet in Allem, was Friedrich über die Geschichte seines eigenen Lebens schrieb, die strengste Unparteilichkeit ob; nichts davon ist bei seinen Lebzeiten gedruckt worden, nichts wissentlich der Zu= neigung oder Abneigung wegen im falschen Lichte dargestellt; diese Ar= beiten waren nur für die Nachwelt bestimmt. Neben diesen Werken ist eine große Anzahl verschiedener Abhandlungen, meist moralischen und staatswissenschaftlichen Inhalts, zu nennen. Mehrere derselben, wie z. B. die „Abhandlung über die Regierungsformen und die Pflichten der Re= genten," vom Jahre 1777, und „die Briefe über die Liebe zum Vater= lande," vom Jahre 1779, schließen sich, in merkwürdiger Uebereinstim= mung der Gesinnungen, dem berühmten Werke seiner Jugend, dem An= timacchiavelli, an. Auch in Gedichten spricht er wiederholt den Drang seines Innern aus, und wie er in seiner frühen Zeit nach der Erforschung ewiger Wahrheit gerungen, so strömt er in dichterischer Form auch noch kurz vor seinem Tode — in seinem „Unde? Ubi? Quo?" — alle ban= gen Zweifel und alle tröstende Sehnsucht nach dem klaren Lichte des Jenseits aus.

In einer Beziehung aber tritt auch bei dieser wissenschaftlichen Be= schäftigung ein eigenthümlich tragisches Verhältniß hervor, und es hält schwer, sich der tiefsten Wehmuth zu erwehren, wenn man auf dasselbe

zurückblickt. Friedrich hatte ein langes Leben mit treuer Gewissenhaf=
tigkeit dem Dienste des Vaterlandes gewidmet; er hatte unermüdlich für
dasselbe gewacht und gekämpft; er hatte die Freude, am Abende seines
Lebens nicht blos seinen eigenen Staat geehrt, blühend und reich zu
sehen: auch das gesammte deutsche Land hatte an seiner Größe sich auf=
erbaut, aus seinem Heldenstreben hohe Kräftigung in sich gesogen; an
der Weisheit seines Regiments sich erwärmt und entzündet. Das war
der schönste Lohn seiner Mühen; aber um diesen Lohn vollständig zu
genießen, um sich zu überzeugen, daß er Alles erreicht habe, was er er=
strebt, verlangte er auch noch den Anblick derjenigen Blüthen, welche das
einzige Kennzeichen der höheren Entwickelung sind, den Anblick einer
frischen, schöpferischen Thätigkeit im Bereiche der Wissenschaft und Poesie.
Ihm stand das Leben des Geistes zu hoch, als daß er sich nicht innig
gesehnt hätte, sein Volk auch darin unter den ersten hervorleuchten zu
sehen. Und auch dieses Glückes, dieser edelsten Befriedigung seiner
Wünsche hätte er theilhaftig werden können. Seit er dem deutschen
Volke seine alte Würde zurückgegeben, war schnell eine Schaar der reg=
samsten, gediegensten Geister erwacht, welche in Schrift und Rede den
Preis der deutschen Wissenschaft verkündeten, und Lieder klangen durch
das deutsche Land, wie sie seit den schönen Zeiten der Minnesinger nicht
gehört waren. Den Namen eines Klopstock, eines Lessing hatten sich
bereits die eines Winkelmann, Herder, Wieland, Goethe und vieler An=
derer angereiht, welche keinem der gefeiertsten Namen der Fremde nach=
stehen. Aber Friedrich kannte sie nicht, und, was trauriger ist, er hatte
nicht den Sinn, ihre Sprache zu verstehen. Er, der für einen Gedanken
von Voltaire's Henriade die ganze Iliade Homers herzugeben geneigt
war, vermochte nicht über die Schranken hinauszublicken, welche die
höfische Etikette der französischen Poesie um sich und um ihn gezogen.
Er ahnte so wenig, in welchem Boden die Kraft und die Schönheit un=
serer Sprache und Poesie wurzele, daß er, als der Professor Müller in
Berlin ihm die große Sammlung der schönen Gedichte des deutschen
Mittelalters widmete, welche er mit sorgenvoller Mühe zu Stande ge=
bracht, nichts weiter zu antworten wußte, als: die Gedichte seien keinen
Schuß Pulver werth. So mußte er, weil er dem deutschen Sinne sich
abgewendet, darben mitten im Ueberflusse; so vereinsamte er mitten unter

den Zeugnissen eines reichen heitern Lebens, welche vorzugsweise durch
die großen Thaten seines Lebens hervorgerufen waren; so ging der trö=
stende, der erhebende Zuspruch der deutschen Muse an seinem Ohre un= .
vernommen vorüber. Und dennoch, obgleich er sein Volk noch in all der
Rohheit befangen glaubte, welche in den Zeiten seiner Jugend vorherr=
schend war, dennoch hielt er die freudige Zuversicht aufrecht, daß der
Geist des deutschen Volkes sich dereinst in glänzender Herrlichkeit offen=
baren müsse und daß die Aeußerung seiner Kraft sich über alle Lande
ausbreiten werde. Er schrieb, im Jahre 1780, eine ausführliche Ab=
handlung „über die deutsche Literatur, über die Fehler, welche man ihr
vorwerfen kann, über deren Ursachen und über die Mittel, durch welche
sie zu verbessern sind." Die Abhandlung ist insofern mangelhaft und
werthlos, als Friedrich sich nur auf die schlechtesten Erscheinungen, welche
die deutsche Literatur in seiner Jugend hervorgebracht hatte, bezieht.
Aber der Sinn, in welchem die Abhandlung geschrieben ist, versöhnt mit
all diesen Mängeln und giebt das lauterste, das rührendste Zeugniß der
Liebe und Treue, mit der er bis an das Ende seiner Tage am Vater=
lande festhielt. Denn mit den folgenden prophetischen Worten, welche
freilich noch Bedeutenderes verkünden, als die deutsche Literatur damals
erreicht hatte, beschließt er diese Schrift: „Wir werden unsere classischen
Schriftsteller haben; Jeder wird sie lesen, um sich an ihnen zu erfreuen;
unsere Nachbarn werden die deutsche Sprache lernen, an den Höfen wird
man sie mit Vergnügen sprechen; und es kann geschehen, daß unsere
Sprache ausgebildet und vollendet, sich zu Gunsten unserer guten Schrift=
steller von einem Ende Europa's bis zum andern ausbreitet. Diese schö=
nen Tage unserer Literatur sind noch nicht gekommen, aber sie nahen
heran. Ich sage es euch, sie werden erscheinen: ich werde sie nicht sehen,
mein Alter gestattet mir dazu keine Hoffnung. Ich bin wie Moses; ich
sehe von fern das gelobte Land, aber ich werde es nicht betreten." —

Vierundvierzigstes Kapitel.

Friedrichs Ende.

Friedrich hatte bereits das siebente Jahrzehnt seines Lebens über=
schritten. Neue Geschlechter waren um ihn her aufgewachsen: sie kann=
ten die Leiden und die Freuden seiner frühern Zeit nicht; aber innig war
ihr Leben durchwebt von dem Ruhme seines Namens und kindliche Ver=
ehrung brachten sie Dem entgegen, der mit Vatertreue unablässig für das
Wohl seines Volkes sorgte. Wahrlich, wenn Friedrich unter seinen Un=
terthanen erschien, es war, als ob der Vater zu seinen Kindern komme.
Darum ruhte er sicher in der Liebe seines Volkes, und sein Haus bedurfte,
während andere Monarchen sich durch bewaffnete Miethlinge und Kanonen
vor den Ihrigen zu schützen suchten, keiner Wache. Wohl lautete es
rührend, wenn ein Zeitgenosse erzählt: „Ich bestieg diesen Hügel (Sans=
souci) zum ersten Male im Winter in der Abenddämmerung. Als ich die=
ses Welterschütterers kleines Haus vor mir erblickte, schon nahe war an
seinem Zimmer, sah ich zwar Licht, aber keine Wache vor des Helden Thür,
keinen Menschen, der mich gefragt hätte, was ich wolle. Ich sah nichts
und ging frei und froh umher vor diesem kleinen stillen Hause." Ein
Anderer berichtet, wie er eines Abends, in Gesellschaft eines königlichen
Pagen, nach Sanssouci gekommen sei und dort im zweiten Zimmer, durch
die halbgeöffnete Thür, Friedrich gesehen habe, auf einem Ruhebette schlum=
mernd, nur leicht bedeckt und blos von einem schlafenden Kammerdiener
bewacht.

Wenn Friedrich in die Stadt geritten kam, war es stets ein festliches
Ereigniß für das Volk. Die Bürger traten aus den Thüren und grüßten
ihn ehrerbietig; er erwiederte jeden Gruß, indem er den Hut abzog. Viele
folgten ihm zu den Seiten, den alten König recht lange und deutlich an=
zusehen. Stets lief eine Menge von Kindern und Buben vor und neben
ihm; sie riefen dem Landesvater ihr Lebehoch zu, warfen ihre Mützen
jubelnd empor, wischten ihm auch wohl den Staub von den Stiefeln und
trieben sonst allerlei Possen. Friedrich ließ sie nie in ihrer Freude stören;
nur wenn sie gar zu weit gingen und das Pferd neckten, daß es scheu wurde,
stieß er wohl einige rasche Drohungen aus und ritt dann ruhig weiter. Auch

wird erzählt, wie er einst, als die Buben es zu arg machten, seinen Krück=
stock erhoben und ihnen drohend geboten habe, in die Schule zu gehen,
wie die Buben aber jubelnd ausgerufen hätten: „Ach, der will König sein,
und weiß nicht, daß Mittwoch Nachmittags keine Schule ist!"

Ebenso drängten sich die höheren Stände, denen der Zutritt zur Oper
verstattet war, ihn zu sehen, wenn er in das Theater trat. „Mir schlägt
immer das Herz," so sagt ein Augenzeuge, „wenn Pauken und Trompeten
seinen Eintritt verkündigen, die Leute sich fast erdrücken, ihn zu sehen, und
die alten Soldaten unten nur Augen für ihn haben."

Und wie in der nächsten Umgebung seines Volkes, so zollte man
ihm überall, selbst in fern entlegenen Ländern, Ehrfurcht und Bewunde=
rung. Es war im Jahre 1780, als ein aus Amsterdam gebürtiger
Schiffscapitain Klock, der in Emden das Bürgerrecht erworben, sein
Schiff auf der marokkanischen Küste durch einen Sturm verlor. Er,
sammt der Mannschaft, wurde in die schrecklichste Gefangenschaft nach
Mogadore geführt. Als aber der Kaiser Muley Ismael erfahren, daß
ihre Flagge und sie selbst dem großen Könige angehörten, ließ er die Un=
glücklichen nach Marokko kommen, befragte sie nach Friedrich und sagte:
„Von Eurem Monarchen sind so viele Wunderdinge zu meinen Ohren
gekommen, daß es mich mit Liebe und Bewunderung zu ihm erfüllt hat.
Die Welt hat keinen größeren Mann aufzuweisen, als ihn; als Freund
und Bruder habe ich ihn in mein Herz geschlossen. Ich will darum auch
nicht, daß Ihr, die Ihr ihm angehört, in meinen Staaten als Gefangene
angesehen werdet; vielmehr habe ich beschlossen, Euch frank und frei in
Euer Vaterland heim zu schicken, auch meinen Kreuzern anbefohlen, wo
sie preußische Schiffe in See antreffen, ihren Flaggen Achtung zu erwei=
sen und sie selbst nach Möglichkeit zu beschützen." Klock mit seinem Ge=
folge wurde darauf neu gekleidet, sehr anständig bewirthet und unentgelt=
lich nach Lissabon eingeschifft. —

Mit einem schwächlichen Körper war Friedrich in die Welt getreten:
mehrfach hatte man in jüngeren Jahren für sein Leben gefürchtet. Dann
war die Zeit der Arbeit und Mühe gekommen, deren Last ihm schon in
den männlichen Jahren das Gepräge eines höhern Alters gegeben hatte.
Gleichwohl war durch die mannigfachen Anstrengungen im Felde sein
Körper abgehärtet worden und mit bewunderungswürdiger Kraft, die

freilich nur durch einen so starken Geist erzeugt werden konnte, ertrug er
die folgenden Mühen und so manche Krankheitsleiden, welche fast regel=
mäßig wiederkehrten. Sein Körper war von der Zeit gebeugt worden,
sein Geist war es nicht. So schildert ihn noch wenig Monate vor seinem Tode
ein Zeitgenosse: „Mit lebendiger Neugierde," sagt er, „betrachtete ich diesen
Mann, der, groß von Genie, klein von Statur, gekrümmt und gleich=
sam unter der Last seiner Lorbeeren und seiner langen Mühen gebeugt war.
Sein blauer Rock, abgenutzt wie sein Körper, seine bis über die Knie hinaufrei=
chenden langen Stiefeln, seine mit Schnupftabak bedeckte Weste bildeten ein
wunderliches und doch imponirendes Ganze. An dem Feuer seiner Blicke
erkannte man, daß er nicht gealtert hatte. Ungeachtet er sich wie ein In=
valide hielt, fühlte man doch, daß er sich noch wie ein junger Soldat schla=
gen könne; trotz seines kleinen Wuchses erblickte ihn der Geist doch grö=
ßer, als alle anderen Menschen."

Aber die wiederkehrenden Krankheitsanfälle wurden mit den steigen=
den Jahren immer beschwerlicher und drohten, die Kraft des Körpers
immer mehr zu untergraben. „Was meine Gesundheit betrifft" (schrieb
Friedrich schon im Jahre 1780 an einen Freund), „so werden Sie na=
türlicherweise selbst vermuthen, daß ich, bei 68 Jahren, die Schwach=
heiten des Alters empfinde. Bald belustigt sich das Podagra, bald das
Hüftweh und bald ein eintägiges Fieber auf Kosten meines Daseins,
und sie bereiten mich vor, das abgenutzte Futteral meiner Seele zu ver=
lassen." — Unausgesetzt aber erfüllte er alle, auch die beschwerlichsten
Pflichten seines königlichen Amtes ebenso, wie er dieselben seit dem
Antritt seiner Regierung übernommen. Nicht blos die täglichen Ge=
schäfte seines Cabinets und die tägliche Soldatenschau, auch die Reisen
in die Provinzen und die Abhaltung der militairischen Revüen erlitten keine
Unterbrechung. Noch im August 1785 hatte er, bei der schlesischen Re=
vüe, sechs Stunden lang in einem kalten und heftigen Regen zu Pferde
gesessen und alles Ungemach der Witterung ruhig ertragen. Nur eine
schnell vorübergehende Unpäßlichkeit war die Folge davon gewesen.

Mit dem Herbste desselben Jahres trat ein ernstlicher und anhal=
tender Krankheitszustand ein; bald äußerten sich die bedrohlichen Vorbo=
ten der Wassersucht. Aber, wie beängstigend und quälend auch diese Lei=
den waren, doch litt die ganze Regententhätigkeit des großen Königs keine

Unterbrechung. Alle Cabinetsgeschäfte wurden abgemacht, wie in den
Tagen der Gesundheit. Wie Friedrich in dem letzten Jahre den deutschen Fürstenbund zu Stande gebracht, den denkwürdigen Vertrag mit
Nordamerika abgeschlossen hatte, so sorgte er unermüdet auch für das
Innere seines Reiches. Er wollte auch hier sein Werk getreu abschließen.
Alle entworfenen und beschlossenen Unternehmungen zur Landeswohlfahrt
wurden ausgeführt und vollendet. Drei Millionen Thaler waren für
diese Zwecke bestimmt. Und da im vorigen Frühjahr die Niederungen
in den Ostseeprovinzen durch große Ueberschwemmungen gelitten hatten,
so wurden unverzüglich die nöthigen Anstalten zur Wiederherstellung der
Dämme getroffen, auch eine halbe Million Thaler unter die Nothleidenden
vertheilt. Ebenso ergriff Friedrich die nöthigen Maßregeln, um den Folgen eines in demselben Jahre erfolgten Mißwachses vorzubeugen.

Am 26. Januar war der alte Zieten gestorben. Als Friedrich seinen
Tod erfuhr, war er den ganzen Morgen sehr ernst, aber gefaßt. Einige
Generale kamen zu ihm; absichtlich vermieden sie es, von Zietens Tod
zu sprechen. Friedrich selbst fing davon an. „Unser alter Zieten," sagte
er, „hat auch bei seinem Tode sich als General gezeigt. Im Kriege commandirte er immer die Avantgarde, auch mit dem Tode hat er den Anfang
gemacht. Ich führte die Hauptarmee, ich werde ihm folgen."

Der April brachte die ersten warmen Tage, und Friedrich hoffte,
obgleich die Krankheit immer mehr vorgeschritten war, von der Verjüngung
der Natur auch eine neue Belebung seiner Kräfte. Die Strahlen der
Sonne, die milde Frühlingsluft thaten ihm wohl und gern genoß er die
Erquickung, indem er sich auf die sogenannte grüne Treppe vor dem Potsdamer Schlosse, wo er den Winter zugebracht, einen Stuhl hinausbringen
ließ und sich dort ruhte. Einst bemerkte er, daß die beiden Grenadiere,
die an jener Treppe Schildwache standen, das Gewehr scharf beim Fuß
behielten, während er sich der Ruhe überließ. Er winkte einen von ihnen zu
sich heran und sagte mit gütigem Tone: „Geht Ihr nur immer auf und
nieder. Ihr könnt nicht so lange stehen, als ich hier sitzen kann!"

Noch im April zog er auf sein geliebtes Landhaus hinaus. Mehrmals versuchte er hier auf seinem getreuen Condé einen kurzen Spazier-
ritt, aber die Kräfte ließen immer mehr nach. Die Aerzte wußten keine
Hilfe mehr. Auch die Ankunft des berühmten hannöverschen Leibarztes

Zimmermann, der zwar angenehme Unterhaltung und Zerstreuung zu bringen im Stande war, blieb im Uebrigen ohne Erfolg. Im Anfang des Sommers hatte sich die Wassersucht vollständig ausgebildet. Friedrich litt unendlich, liegen konnte er gar nicht mehr. Tag und Nacht mußte er auf einem Stuhle sitzend zubringen. Und dennoch zeigte er auch jetzt nur Heiterkeit und Zufriedenheit, dennoch ließ er kein Zeichen von Schmerz blicken, kam keine Klage über seine Lippen. Trat ihn über Nacht bisweilen die Engbrüstigkeit zu heftig an, so rief er ganz leise, um die im Nebenzimmer schlafende Bedienung nicht zu wecken, einen der beiden Lakaien, welche bei ihm wachten, zu sich und bat ihn in den freundlichsten Ausdrücken, ihm eine Weile den Kopf zu halten. Eines Morgens fragte er einen Laufer, der die Wache hatte, welche Zeit es sei; als dieser sagte, daß es eben zwei Uhr geschlagen habe, antwortete er: „Es ist noch zu früh, wollen sie (die Kammerdiener) noch schlafen lassen." Dem Herzog von Curland, der ihn in dieser schweren Zeit besuchte, sagte er scherzend: wenn er einen guten Nachtwächter brauche, so bitte er sich dieses Amt aus; er könne vortrefflich wachen. Und bei alledem gingen auch jetzt noch die Regierungsgeschäfte unausgesetzt ihren Gang fort. Die Cabinetsräthe, die sonst gewöhnlich um 6 oder 7 Uhr erschienen, wurden jetzt bereits um 4 oder 5 Uhr Morgens vor ihn berufen. „Mein Zustand" (so kündigte er ihnen diese, freilich unbequeme Neuerung an) „nöthigt mich, Ihnen diese Mühe zu machen, die für Sie nicht lange dauern wird. Mein Leben ist auf der Neige; die Zeit, die ich noch habe, muß ich benutzen. Sie gehört nicht mir, sondern dem Staate."

In warmen Nachmittagsstunden ließ er sich auch in seinen letzten Tagen gern an die Sonne hinaustragen. Einst hörte man ihn, als er seinen Blick auf die Sonne gewendet hatte, die Worte sagen: „Bald werde ich dir näher kommen!"

Gegen Mitte des August bemerkte man eine Wendung der Krankheit, welche die nahe Auflösung zu verkünden schien. Am 15. August schlummerte er wider seine Gewohnheit bis 11 Uhr, besorgte darauf aber, wenn auch mit schwacher Stimme, seine Cabinetsgeschäfte mit derselben Geistesgegenwart, und mit derselben Frische, wie in den Tagen rüstiger Kraft. Auch dictirte er an diesem Tage noch so richtig durchdachte Depeschen, daß sie dem erfahrensten Minister würden Ehre gemacht haben. Zugleich ertheilte er dem Commandanten von Potsdam, Generallieutenant

v. Rohdig, die Disposition zu einem Manöver der Potsdamer Garni=
son für den folgenden Tag mit vollkommen richtiger und zweckmäßiger
Anordnung in Bezug auf das Terrain.

Am folgenden Morgen verschlimmerte sich der Zustand auf bedenk=
liche Weise, die Sprache stockte, das Bewußtsein schien aufzuhören. Die
Cabinetsräthe wurden nicht zum Vortrage gerufen. Rohdig trat vor
den leidenden Herrn; man bemerkte deutlich, wie dieser bemüht war, sich
zu sammeln, um einen Theil seines Lieblingsgeschäftes zu verrichten. Er
arbeitete daran, aus dem Winkel des Stuhles sein Haupt emporzuheben,
das matte Auge mehr zu öffnen, die Sprechorgane in Bewegung zu setzen.
Alle Anstrengung war vergebens. Er gab durch einen klagenden Blick
beim Drehen des Kopfes zu verstehen, daß es ihm nicht mehr möglich sei
Rohdig drückte sein Taschentuch vor die Augen und verließ schweigend
das Zimmer.

Auch dieser Tag verging, ohne daß die beginnende Auflösung des
Körpers das starke Leben überwältigen konnte. Die Nacht war gekommen,
es schlug elf Uhr. Vernehmlich fragte der König, was die Glocke sei.
Als man es ihm gesagt, erwiderte er: „Um vier Uhr will ich aufstehen.‟
Ein trockener Husten beklemmte ihn und raubte ihm die Luft. Der
eine von den anwesenden Dienern, der Kammerlakai Strützki, faßte ihn,
indem er niederkniete, unter den Arm und hielt ihn aufrecht, um ihm Er=
leichterung zu gewähren. Allmälig veränderten sich die Gesichtszüge,
das Auge wurde matter und gebrochener; dann wurde der Körper ruhig,
und nach und nach schwand der Odem. Einige Stunden nach Mitter=
nacht starb Friedrich in des Lakaien Armen. Außer diesem waren nur
der Arzt und zwei Kammerdiener die Zeugen seines Todes. Es war
der 17. August 1786.

Am Morgen erschien der neue König, Friedrich Wilhelm II., dem
Dahingeschiedenen das Opfer des Schmerzes darzubringen. Mit der
Uniform des ersten Garde=Bataillons angethan lag Friedrich auf einer
schwarzbehängten Feldbettstelle, als die Officiere der Garnison, die um
11 Uhr zur Parole nach Sanssouci beschieden waren, die Erlaubniß
erhielten, das Trauerzimmer zu betreten. Sie vergossen tausend schmerz=
liche Thränen, als sie die schwache, entseelte Hülle dieses mächtigen
Geistes vor sich sahen. Ihre Stimmung theilten die Söhne des neuen

Königs, der Kronprinz Friedrich Wilhelm und der Prinz Ludwig, als auch sie an die Bahre traten.

Abends acht Uhr wurde der Leichnam von zwölf Unterofficieren des ersten Garde-Bataillons in den Sarg gelegt und auf einem acht= spännigen Leichenwagen nach dem Schlosse in der Stadt gebracht. Voran ritt der Adjutant des ersten Garde-Bataillons, zu beiden Sei= ten des Wagens gingen die zwölf Unterofficiere, drei Wagen folgten. Der stille Zug ging zum Brandenburger Thore in Potsdam hinein, wo sich viele Officiere anschlossen, die sich hier versammelt hatten und dem großen Todten gesenkten Blickes das Geleit gaben. Alle Straßen von Potsdam waren mit Menschenhaufen überfüllt; aber Stille der Mitter= nacht lag auf dem Volke; nur hier und da hörte man ein schwerver= haltenes Schluchzen und den Seufzer: „Ach der gute König!" Am Ein= gang des Schlosses wurde der Sarg von vier Obersten empfangen und in dem Audienz=Zimmer die Nacht hindurch bewacht. Am andern Tage war hier, unter dem daselbst befindlichen Baldachin, der Leichnam in Pa= rade ausgestellt, einfach, ganz wie im Leben bei festlicher Gelegenheit angethan, das dünne eisgraue Haar etwas gepudert und in kunstlose Locken gelegt. Ruhig sinnender Ernst sprach aus den erbleichten Zügen des Gesichts. Krückstock, Degen und Schärpe lagen auf einem Tabouret neben ihm. So war er den ganzen Tag zu sehen. Tausende waren auf die Trauerkunde aus Berlin, aus den kleinen Städten, vom Lande herbeigeströmt, den einzigen Landesvater Einmal noch im Sarge zu betrachten.

Die Gruft auf den Terrassen von Sanssouci, die Friedrich selbst zu seiner Ruhestätte bestimmt hatte, schien eines so großen Königs nicht würdig zu sein. Der neue Herrscher wählte dafür den Platz neben der Gruft Friedrich Wilhelm's I., unter der Kanzel in der Garnisonkirche zu Potsdam. Dahin setzte sich der Zug am Abend des 18. August in Bewegung, begleitet von den Generalen und Officieren, von dem Magistrate der Stadt und von des verstorbenen Königs Hofstaat. Zwei Prediger gingen der Leiche entgegen und begleiteten sie bis zum Eingange des Gewölbes, indem die Orgel das Lied „Dein sind wir, Gott, in Ewig= keit" mit gedämpften Tönen spielte.. Der üblichen Gedächtnißpredigt wurde in der ganzen Monarchie die Stelle aus dem ersten Buche der Chronik zum Grunde gelegt: „Ich habe Dir einen Namen gemacht,

wie die Großen auf Erden Namen haben." Das feierliche Leichenbe=
gängniß fand am 8. September in der Garnisonkirche zu Potsdam
statt. Es wurde dieses Ehrenfest gerade so eingerichtet, wie es bei dem
Tode Friedrich Wilhelms I. war gehalten worden.

Was die Welt bei der Nachricht von dem Tode des Königs, den
sie vor allen übrigen, den Großen, den Einzigen nannte, empfunden
habe? wer möchte dies heute nachsprechen können! Besser wissen wir
es nicht zu sagen, als mit den schlichten Worten jenes schwäbischen
Bauern: „Wer wird nun die Welt regieren?" —

Schluß.

Das Testament des großen Königs.

Friedrichs letzter Wille lautet in seinen bedeutsamsten Theilen
folgendergestalt:

Unser Leben ist ein flüchtiger Uebergang von dem Augenblicke
der Geburt zu dem des Todes. Die Bestimmung des Menschen wäh=
rend dieses kurzen Zeitraumes ist, für das Wohl der Gesellschaft, deren
Mitglied er ist, zu arbeiten. Seitdem ich zur Handhabung der öffent=
lichen Geschäfte gelangt bin, habe ich mich mit allen Kräften, welche die
Natur mir verliehen hat, und nach Maßgabe meiner geringen Einsichten
bestrebt, den Staat, welchen ich die Ehre gehabt habe zu regieren, glücklich
und blühend zu machen. Ich habe Gesetze und Gerechtigkeit herrschen
lassen; ich habe Ordnung und Pünktlichkeit in die Finanzen gebracht:
ich habe in die Armee jene Mannszucht eingeführt, wodurch sie vor allen
übrigen Truppen Europa's den Vorrang erhalten hat. Nachdem ich so
meine Pflichten gegen den Staat erfüllt habe, würde ich mir unablässig
einen Vorwurf machen müssen, wenn ich meine Familienangelegenheiten
vernachlässigte. Um also allen Streitigkeiten, die unter meinen nächsten
Verwandten über meinen Nachlaß sich erheben könnten, vorzubeugen, er=
kläre ich durch diese feierliche Urkunde meinen letzten Willen."

„Ich gebe gern und ohne Bedauern diesen Lebenshauch, der mich
beseelt, der wohlthätigen Natur, die mir ihn geliehen hat, meinen Körper

aber den Elementen, aus welchen er zusammengesetzt ist, zurück. Ich
habe als Philosoph gelebt und will auch als solcher begraben werden,
ohne Prunk, ohne Pracht, ohne Pomp. Ich mag weder geöffnet, noch
einbalsamirt werden. Man setze mich in Sanssouci oben auf den Terrassen in eine Gruft, die ich mir habe bereiten lassen. Sollte ich im
Kriege oder auf der Reise sterben, so begrabe man mich an dem ersten
besten Orte und lasse mich nachher zur Winterszeit nach Sanssouci an
den bezeichneten Ort bringen."

„Ich überlasse meinem lieben Neffen, Friedrich Wilhelm, als erstem
Thronfolger, das Königreich Preußen, die Provinzen, Städte, Schlösser,
Forts, Festungen, alle Munition, Arsenäle, die von mir eroberten oder
ererbten Länder, alle Edelgesteine der Krone, die Gold- und Silberservice,
die in Berlin sind, meine Landhäuser, Bibliothek, Münzcabinet, Bilder-
gallerie, Gärten u. s. w. Auch überlasse ich ihm außerdem den Schatz
in dem Zustande, in welchem er sich an meinem Sterbetage befinden wird,
als ein dem Staate zugehöriges Gut, das nur zur Vertheidigung oder zur
Unterstützung des Volkes angewendet werden darf."

„Sollte es sich nach meinem Tode zeigen, daß ich einige kleine Schulden hinterlasse, an deren Zahlung mich der Tod hindert, so soll mein
Neffe sie entrichten. Das ist mein Wille."

„Der Königin, meiner Gemahlin, vermache ich zu den Einkünften,
die sie schon bezieht, noch jährlich 10,000 Thaler als Zulage, zwei Faß
Wein jährlich, freies Holz und Wildpret für ihre Tafel. So hat die
Königin versprochen, meinen Neffen zu ihrem Erben einzusetzen. Da
sich übrigens kein schicklicher Ort findet, ihr denselben zur Residenz anzuweisen, so mag es Stettin dem Namen nach sein. Doch fordere ich
zugleich von meinem Neffen, ihr eine standesmäßige Wohnung im Berliner Schlosse frei zu lassen; auch wird er ihr seine Hochachtung beweisen,
die ihr, als der Witwe seines Oheims und als einer Fürstin, die nie vom
Tugendpfade abgewichen ist, gebühret."

„Nun zur Allodialverlassenschaft. Ich bin nie weder geizig noch
reich gewesen und habe folglich auch nicht viel eigenes Vermögen, worüber
ich disponiren kann. Ich habe die Einkünfte des Staats immer als die
Bundeslade betrachtet, welche keine unheilige Hand berühren durfte. Ich
habe die öffentlichen Einkünfte nie zu meinem besondern Nutzen verwendet.

Meine Ausgaben haben nie in einem Jahre 220,000 Thaler überstiegen. Auch läßt mir meine Staatsverwaltung ein ruhiges Gewissen, ich scheue mich nicht, öffentlich Rechenschaft davon abzulegen."

„Mein Neffe Friedrich Wilhelm soll Universalerbe meines Ver= mögens sein."

Hierauf folgen die besonderen Bedingungen für die letztere Bestimmung und die Legate, welche der Nachfolger bezahlen solle. Dann heißt es weiter:

„Ich empfehle meinem Thronerben mit aller Wärme der Zuneigung, deren ich fähig bin, jene braven Officiere, welche unter meiner Anführung den Krieg mitgemacht haben. Ich bitte ihn, auch besonders für diejenigen Officiere Sorge zu tragen, die in meinem Gefolge gewesen sind; daß er keinen derselben verabschiede, daß keiner von ihnen, mit Krankheit beladen, im Elende umkomme. Er wird geschickte Kriegsmänner und überhaupt Leute an ihnen finden, welche Beweise von ihren Einsichten, von ihrer Tapferkeit, ihrer Ergebenheit und Treue abgelegt haben."

Auf gleiche Weise werden dem Nachfolger die Geheimen Secretaire und die Bedienten Friedrichs empfohlen. Nach einigen ferneren Bestim= mungen schließt das Testament mit den Worten:

„Ich empfehle meinem Nachfolger ferner, sein Geblüt auch in den Personen seiner Oheime, Tanten und übrigen Anverwandten zu ehren. Das Ungefähr, welches bei der Bestimmung der Menschen obwaltet, bestimmt auch die Erstgeburt, und darum, daß man König ist, ist man nicht mehr werth, als die übrigen. Ich empfehle allen meinen Verwand= ten, in gutem Einverständnisse zu leben und nicht zu vergessen, im Noth= fall ihr persönliches Interesse dem Wohl des Vaterlandes und dem Vor= theil des Staates aufzuopfern."

„Meine letzten Wünsche in dem Augenblicke, wo ich den letzten Hauch von mir gebe, werden für die Glückseligkeit meines Reiches sein. Möge es stets mit Gerechtigkeit, Weisheit und Nachdruck regiert werden, möge es durch die Milde seiner Gesetze der glücklichste, möge es in Rücksicht auf die Finanzen der am Besten verwaltete, möge es durch ein Heer, das nur nach Ehre und edlem Ruhme strebt, der am Tapfersten vertheidigte Staat sein! O möge es in höchster Blüthe bis an das Ende der Zeit fortdauern!"

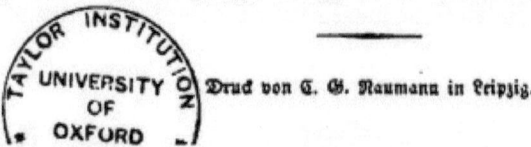

Druck von C. G. Naumann in Leipzig.